国家出版基金项目
NATIONAL PUBLICATION FOUNDATION

国家社会科学基金项目
（课题编号 15BZJ003）
资助

丝绸之路历史文化研究书系

第三辑　　杨富学　主编

摩尼教西方文献研究

芮传明　著

甘肃文化出版社

图书在版编目（CIP）数据

摩尼教西方文献研究 / 芮传明著. -- 兰州 ： 甘肃文化出版社，2022.12
（丝绸之路历史文化研究书系 / 杨富学主编. 第三辑）
ISBN 978-7-5490-2406-3

Ⅰ. ①摩… Ⅱ. ①芮… Ⅲ. ①摩尼教－研究－文献－西方国家 Ⅳ. ①B989.1

中国版本图书馆CIP数据核字（2022）第163315号

摩尼教西方文献研究

芮传明 ｜ 著

项目策划 ｜ 郧军涛

项目统筹 ｜ 周乾隆　贾　莉　甄惠娟

责任编辑 ｜ 周桂珍

封面设计 ｜ 马吉庆

出版发行 ｜ 甘肃文化出版社
网　　　址 ｜ http://www.gswenhua.cn
投稿邮箱 ｜ gswenhuapress@163.com
地　　　址 ｜ 甘肃省兰州市城关区曹家巷 1 号 ｜ 730030（邮编）

营销中心 ｜ 贾　莉　　王　俊
电　　　话 ｜ 0931-2131306

印　　　刷 ｜ 北京联兴盛业印刷股份有限公司
开　　　本 ｜ 787 毫米 × 1092 毫米　1/16
字　　　数 ｜ 320 千
印　　　张 ｜ 24
版　　　次 ｜ 2022 年 12 月第 1 版
印　　　次 ｜ 2022 年 12 月第 1 次
书　　　号 ｜ ISBN 978-7-5490-2406-3
定　　　价 ｜ 108.00 元

总　序

丝绸之路是一条贯通亚、欧、非三洲经济文化交流的大动脉。自古以来，世界各地不同族群的人都会在不同环境、不同传统的背景下创造出独特的文化成就，而人类的发明与创造往往会突破民族或国家的界限，能够在相互交流的过程中获得新的发展。丝绸之路得以形成的一个重要原因，就在于东西经济文化的多样性和互补性。

在中西交往的经久历程中，中国的茶叶、瓷器及四大发明西传至欧洲，对当时的西方社会带来了影响，至今在西方人的生活中扮演着重要角色。反观丝绸之路对中国的影响，传来的大多是香料、金银器等特殊商品，还有胡腾舞、胡旋舞等西方文化。尽管这些西方的舶来品在考古现场有发现，在壁画、诗词等艺术形式上西方的文化元素有展示，但始终没有触及中华文明的根基。

早在远古时期，虽然面对着难以想象的天然艰险的挑战，但是欧亚大陆之间并非隔绝。在尼罗河流域、两河流域、印度河流域和黄河流域之北的草原上，存在着一条由许多不连贯的小规模贸易路线大体衔接而成的草原之路。这一点已经被沿路诸多的考古发现所证实。这条路就是最早的丝绸之路的雏形。

草创期的丝绸之路经历了漫长的历史演进，最初，首要的交易物资并不是丝绸。在公元前15世纪左右，中原商人就已经出入塔克拉玛干沙漠边缘，购买产自现新疆地区的和田玉石，同时出售海贝等沿海特产，同中亚地区进行小规模贸易交流。而良种马及其他适合长距离运输的动物也开始不断被人们所使用，于是大规模的贸易往来成为可能。比如阿拉伯地区经常使用的耐渴、耐旱、耐饿的单峰骆驼，在公元前11世纪便用于商旅运输。而分散在亚欧大陆的游牧民族据传在公元前4世纪左右才开始饲养马。双峰骆驼则在不久后也被运用在商贸旅行中。另外，欧亚大陆腹地是广阔的草原和肥沃的土地，对于游牧民族和商队运输的牲畜而言可以随时随地安定下来，就近补给水、食物和燃料。这样一来，一支商队、旅行队或军队可以在沿线各强国没有注意到他们的存在或激发敌意的情况下，进行长期、持久而路途遥远的旅行。

随着游牧民族的不断强盛，他们同定居民族之间不断争斗、分裂、碰撞、融合，这使原始的文化贸易交流仅存于局部地区或某些地区之间。不过，随着各定居民族强国的不断反击和扩张，这些国家之间就开始了直接的接触，如西亚地区马其顿亚历山大的东征，安息王朝与罗马在中亚和地中海沿岸的扩张，大夏国对阿富汗北部、印度河流域的统治以及促使张骞动身西域的大月氏西迁。这些都说明上述地区之间进行大规模交通的要素已经具备，出入中国的河西走廊和连通各国的陆路交通业已被游牧民族所熟知。

丝路商贸活动的直接结果是大大激发了中原人的消费欲望，因为商贸往来首先带给人们的是物质（包括钱财等）上的富足，其次是来自不同地域的商品丰富了人们的精神文化生活。"紫驼载锦凉州西，换得黄金铸马蹄"，丝路商贸活动可谓奇货可点，令人眼花缭乱，从外奴、艺人、歌舞伎到家畜、野兽，从皮毛植物、香料、颜料到金银珠宝、矿石金属，从器具、牙角到武器、书籍、乐器，几乎应有尽有。而外来工艺、宗教、风俗等随商人进入更是不胜枚举。这一切都成了中原高门大户的消费对象与消费时尚。相对而言，唐代的财力物力要比其他一些朝代强得多，因此他们本身就有足够的能力去追求超级消费，而丝路商贸活动的发达无非是为他们提供了更多的机遇而已。理所当然的就有许许多多的人竭力囤积居奇，有钱人不仅购置珍奇异宝而且还尽可能在家里蓄养宠物、奴伎。诚如美国学者谢弗所言：7世纪的中国是一个崇尚外来物品的时代。当时追求各种各样的外国奢侈品和奇珍异宝的风气开始从宫廷中传播开来，从而广泛地流行于一般的城市居民阶层之中。古代丝绸之路的开辟，促进了东西方的交流，从而大大推动了世界各国的经济、政治发展，丰富了各国人们的物质文化生活。

丝绸之路上文化交流，更是繁荣昌盛。丝绸之路沿线各民族由于生活的环境不同，从而形成不同的文化系统，如印度文化系统、中亚诸族系统、波斯—阿拉伯文化系统、环地中海文化系统、西域民族文化系统、河西走廊文化系统、黄河民族文化系统、青藏高原文化系统等等。而在这其中，处于主导地位的无疑是中原汉文化、印度文化、希腊文化和波斯—阿拉伯文化。

季羡林先生曾言："世界上历史悠久、地域广阔、自成体系、影响深远的文化体系只有四个，即中国、印度、希腊和伊斯兰……目前研究这种汇流现象和汇流规律的地区，最好的、最有条件的恐怕就是敦煌和新疆。"这两个地方汇聚了四大文化的精华，自古以来，不仅是多民族地区，也是多宗教的地区，在丝绸之路沿线流行过的宗教，如萨满教、祆教、佛教、道教、摩尼教、景教、伊斯兰教，甚至还有印度教，以及与之相伴的各种文化，都曾在这里交汇、融合，进而促成了当地文化的高度发展。尤其是摩尼教，以其与商人的特殊关系，始终沿丝绸之路沿线传播。过去，学术界一般认为摩尼教自13世纪始即巴彻底消亡，而最近在福建霞浦等地发现了大批摩尼教文献与文物，证明摩尼教以改变了的形式，在福建、浙江一带留存至今。对霞浦摩尼教文献的研究与刊布，将是本丛书的重点议题之一。

季先生之所以要使用"最好的"和"最有条件"这两个具有限定性意义的词语，其实是别有一番深意的，因为除了敦煌和新疆外，不同文明的交汇点还有许多，如张掖、武威、西安、洛阳乃至东南沿海地带的泉州，莫不如此。新疆以西，这样的交汇点就更多，如中亚之讹答剌、碎叶（今吉尔吉斯斯坦托克马克）、怛罗斯、撒马尔罕、布哈拉、塔什干、花剌子模，巴基斯坦之犍陀罗地区，阿富汗之大夏（巴克特里亚）、喀布尔，伊朗之巴姆、亚兹德，土耳其之以弗所、伊斯坦布尔等，亦都概莫能外，其中尤以长安、撒马尔罕和伊斯坦布尔最具有典型意义。

西安古称长安，有着 1100 多年的建都史，是中华文明与外来文明的交流的坩埚，世所瞩目的长安文明就是由各种地域文化、流派文化融汇而成的，其来源是多元的，在本体上又是一元的，这种融汇百家而成的文化进一步支撑和推动了中央集权制度。在吸收整合大量外域文化之后，长安文明又向周边广大地域辐射，带动了全国的文明进程，将中国古代文化的发展推向高峰，并进一步影响周围的民族和国家；同时中国的商品如丝绸、瓷器、纸张大量输出，长安文明的许多方面如冶铁、穿井、造纸、丝织等技术都传到域外，为域外广大地区所接受，对丝绸之路沿线各地文明的发展产生了重大影响，体现出长安文化的扩散性和长安文明的辐射性。这是东西方文化长期交流、沟通的结果。在兼容并蓄思想的推动下，作为"丝绸之路"起点的长安，不断进取，由此谱写了一部辉煌的中外文化交流史。长安文化中数量浩繁的遗存遗物、宗教遗迹和文献记载，是印证东西方文化交流、往来的重要内容。

撒马尔罕可谓古代丝绸之路上最重要的枢纽城市之一，其地连接着波斯、印度和中国这三大帝国。关于该城的记载最早可以追溯到公元前 5 世纪，其为康国的都城，善于经商的粟特人由这里出发，足迹遍及世界各地。这里汇聚了世界上的多种文明，摩尼教、拜火教、基督教、伊斯兰教在这里都有传播。位于撒马尔罕市中心的"列吉斯坦"神学院存在于 15—17 世纪，由三座神学院组成，他们虽建于不同时代，但风格相偕，结构合理，堪称中世纪建筑的杰作。撒马尔罕的东北郊坐落着举世闻名的兀鲁伯天文台，建造于 1428—1429 年，系撒马尔罕的统治者、乌兹别克斯坦著名天文学家、学者、诗人、哲学家兀鲁伯所建，是中世纪具有世界影响的天文台之一。兀鲁伯在此测出一年时间的长短，与现代科学计算的结果相差极微；他对星辰位置的测定，堪称继古希腊天文学家希巴尔赫之后最准确的测定。撒马尔罕北边的卡塞西亚，原本为何国的都城，都城附近有重楼，北绘中华古帝，东面是突厥、婆罗门君王，西面供奉波斯、拂菻（拜占庭）等国帝王，这些都受到国王的崇拜。文化之多样性显而易见。

伊斯坦布尔为土耳其最大的城市和港口，其前身为拜占庭帝国（即东罗马帝国）的首都君士坦丁堡，地跨博斯普鲁斯海峡的两岸，是世界上唯一地跨两个大洲的大都市，海峡以北为欧洲部分（色雷斯），以南为亚洲部分（安纳托利亚），为欧亚交通之要冲。伊斯坦布尔自公元前658年开始建城，至今已有2600年的历史，其间，伊斯坦布尔曾经是罗马帝国、拜占庭帝国、拉丁帝国、奥斯曼帝国与土耳其共和国建国初期的首都。伊斯坦布尔位处亚洲、欧洲两大洲的结合部，是丝绸之路亚洲部分的终点和欧洲部分的起点，其历史进程始终与欧亚大陆之政治、经济、文化变迁联系在一起，见证了两大洲许许多多的历史大事。来自东方的中华文明以及伊斯兰教文化和基督教文化在这里彼此融合、繁荣共处，使这里成为东西方交流的重要地区。

综上可见，丝绸之路上的文化多元、民族和谐主要得益于宗教信仰的自由和民族政策的宽松——无论是中原王朝控制时期，还是地方政权当政期间，都不轻易干涉居民的宗教信仰和民族之间的文化交流。丝绸之路上各种思想文化之间相互切磋砥砺，在这种交互的影响中，包含着各民族对各种外来思想观念的改造和调适。"波斯老贾度流沙，夜听驼铃识路赊。采玉河边青石子，收来东国易桑麻。"通过多手段、多途径的传播与交流，中西文化融会贯通，构成一道独具魅力、异彩纷呈的历史奇观。从这个意义上说，丝绸之路可称得上是一条东西方异质经济的交流之路和多元文化传播之路，同时又是不同宗教的碰撞与交融之路。

为了进一步推进"丝绸之路"历史文化价值的研究，本人在甘肃文化出版社的支持与通力合作下策划了"丝绸之路历史文化研究书系"，得到全国各地及港澳台学者的支持与响应。幸运的是，该丛书一经申报，便被批准为国家出版基金资助项目。

"丝绸之路历史文化研究书系"为一套综合性学术研究丛书，从不同方面探讨丝绸之路的兴衰演进及沿线地区历史、宗教、语言、艺术等文化遗存。和以往的有关丝绸之路文化方面的论著相比，本套丛书有自身个性，即特别注重于西北少数民族文献与地下考古资料，在充分掌握大量的最新、最前沿的研究动态和学术成果的基础上，在内容的选取和研究成果方面，具有一定的权威性和前沿性。整套丛书也力求创新，注重学科的多样性和延续性。

杨富学

2016 年 8 月 23 日于敦煌莫高窟

导　言

摩尼教（Manicheism）始创于西亚，时在公元3世纪中叶。同样创建于西亚的还有琐罗亚斯德教（Zoroastrianism），它比摩尼教的流行早七八百年。此外，中东地区还有一个影响巨大的宗教基督教，其初创的时间要比摩尼教早二百多年。正因为当时在西亚、小亚细亚、欧洲以及北非等地同时存在至少三个大宗教，它们相互之间始终密切关注着其他的"异端"竞争对手，所以早期有关摩尼教的文字记载，除了摩尼教本教撰写的经典和作品外，至少还包括基督教、琐罗亚斯德教，以及稍后伊斯兰教撰写的涉及摩尼教的著述。这些文字记载因其产生的地域位于欧亚大陆的西方，故通常称之为摩尼教的"西方文献"。

在萨珊波斯王朝第二任国君沙普尔一世（Shapur I）在位的约三十年间（3世纪40—70年代），摩尼教获得了较多的庇护与支持，从而得以繁荣发展。但是，沙普尔一世去世（270年）后不久，摩尼教便遭到当政者全方位的排斥和迫害，从而被迫逃出波斯王朝本土。其中，向东方逃亡或发展的教徒们先是在中亚的绿洲地区索格底亚那（Sogdiana）建立了基地，嗣后更向东去，相继传播到中央欧亚的草原地区和中原王朝的西北地区，乃至东南沿海的浙、闽等地。于是，摩尼教在向东方逐步传播的过程中，也留下了许多有关摩尼教本教和教外的文字资料。这些文字记载的产生地域相对处于欧亚大陆的东方，故通常称之为摩尼教的"东方文献"。

若按这样的地域划分原则，所谓的摩尼教"西方文献"，主要见于埃及的科普特语文书，以及中东的希腊语、拉丁语、叙利亚语、阿拉伯语等文书。而所谓的"东方文献"，则主要见于中国新疆吐鲁番、甘肃敦煌以及东南沿海的文书，这部分文献涉及的语种同样十分繁杂，诸如属于伊朗语的中古波斯语、帕提亚语、粟特语，以及中亚游牧人使用的古代突厥语、回纥语，当然，还有中原王朝普遍使用的汉语。

摩尼教的"西方文献"和"东方文献"，除了其撰写地域的区别之外，尚有其撰写时代的差别——当然，这仅是大体而言——即见于"西方"的摩尼教文献大多完成时间较早，上距摩尼教的初创阶段不远，有的甚至是摩尼的亲撰著述或者其同时代的他人作品。而见于"东方"的摩尼教文献，则撰成年代相对较晚，其主体上距摩尼教的初创时间少则三四百年，多则七八百年。至于中国东南沿海的"明教"（"华化"后的摩尼教称号）资料，则更不乏千余年后的记载。

本书以摩尼教的"西方文献"为研究主题，一方面意在利用更"原始"的资料探讨摩尼教的早期教义，并与摩尼教在后世的某些演变相比照，更全面地和真实地展示摩尼教的文化特色；另一方面旨在为中文学界提供更多颇有价值的摩尼教"非汉语"资料，改变此前几无摩尼教原始文献汉译版的局面，为相关的学术研究贡献绵薄之力。

在简单的"释题"之后，再略谈本书的结构和内容。本书拟分两大部分：上编是对几篇原始文献的汉译和注释，下编则主要针对上编的内容进行若干研究。在上编的"译释"部分中，无论是全译的还是节译的，都尽量挑选具有重要史料价值的文献，同时，也兼顾文献的语种和来源。例如，本书所选的三种文献分别是《阿基来行传》《克弗来亚》和《驳摩尼的〈要义书信〉》。其中，《阿基来行传》是由基督教徒撰成于4世纪上半叶，借着基督教主教阿基来与摩尼的两场辩论而批驳摩尼教教义的"教外文书"。在20世纪上半叶大量摩尼教"本教文书"被发现之前，它始终是学界和世人了解摩尼教教义的主要原始资料。虽然《阿基来行传》的最完备现行本为拉丁文本，但是其最初的版本则被认为是叙利亚文或希腊文。

至于可能成书于3世纪末左右的《克弗来亚》，则是最为重要的摩尼教"本教文书"，因为从形式上看，它是摩尼的弟子们直接记录的摩尼的亲口教谕，几乎对全部的摩尼教教义进行了诠释。另一方面，《克弗来亚》用科普特文撰写，而这个文种是北非的大批摩尼教文书的典型代表。

最后，成于4世纪末的圣奥古斯丁的《驳摩尼的〈要义书信〉》也是甚具代表性的一件文书。因为它是罗马帝国著名的基督教主教（北非希波的主教）奥古斯丁（Aurelius Augustinus）批驳摩尼教的众多著述中的一篇。针对摩尼教为信徒们所编的教义入门书，奥古斯丁进行了尖锐的批判，虽然篇幅不大，只涉及摩尼教的宇宙观和二元论等少数教义，但是从侧面为后人提供了不少有关摩尼教教义的珍贵资料。此文是用拉丁文撰写，因此就语种而言，它也是具有代表性的摩尼教"西方文献"。

本书下编主要围绕上编译释的三份原始文献，针对相关的典籍和教义展开初步的梳理、探讨和研究。关于《阿基来行传》，由于它一方面在千百年间被世人乃至学者视为了解摩尼教的最重要史料，另一方面又遭到"虚构"的质疑，故本书比较系统地梳理了《阿基来行传》，摘录其中颇具价值的资料，以期尽量公允和客观地评价这部重要文献。

作为摩尼教的"教外资料"，各时代基督教的批驳著述占了很大的比例，而著名主教奥古斯丁的批驳著述又是基督教相关著述中的主角。因此，本书比较全面地梳理和介绍了奥古斯丁批驳摩尼教的诸多著述，并做出若干评论，以令读者对这部分重要的"西方文献"有个较为系统的了解，从而有利于日后的使用和研究。

如上文所言，《克弗来亚》作为摩尼教的"本教文献"，提供了极有价值的教义资料。但是其涉及范围非常广泛，难以用有限的篇幅作详尽的阐述。因此，本书选择了《克弗来亚》未能清晰界定，学界也颇多异议的明心、摩尼与"圣灵"称号的相互关系作为具体论题，进行了仔细的辨析和合理的考证，从而得出新的结论。

本书的最后两章，大体上充分利用摩尼教的东、西方资料，以更宽广的视野，考察摩尼教在由西向东的传播过程中，不断适应社会和文化环境的变化，逐步修正本教教义的现象,从而更深入地揭示这一宗教的史实真相。

最后,扼要地谈一下所谓的摩尼教"西方文献"对于整个摩尼教研究领域——尤其是中文学界的摩尼教研究——的重要意义。摩尼教研究者们都知道,在成千上万份大大小小的摩尼教文书中,具有千年以上历史的汉语文书只有三份,即发现于敦煌、被收载于《大正大藏经》的《摩尼教残经》《下部赞》和《摩尼光佛教法仪略》。即使近年来中国学者从敦煌文书和福建民间宗教科仪文书中陆续发现了若干与摩尼教相关的文书,也都是简短和残缺,或者较晚(明清时期)的转抄件,仍然未能撼动这三件敦煌文书的"主体"地位。鉴于此,可供中文学界使用的摩尼教汉语资料,主要集中在这三份"本教文书"上。而它们的形式则是非常"佛教化"的,从而往往给人以"摩尼教与佛教关系密切"的印象。

即使百年之前发现于中国吐鲁番的大量非汉语的摩尼教文书(主要涉及伊朗语系的中古波斯语、帕提亚语、粟特语和古代回纥/突厥语等),通常也展现出相当浓厚的佛教色彩,如著名的《摩尼大颂》《摩尼致冒末之信》等,莫不如此。就文书发现的地域来说,这些文书都在"东方"(中国境内),故可统称为摩尼教的"东方文献",而不管它们是用汉语还是非汉语撰写。其共同的特征是它们具有颇多佛教文化色彩。

如果只以"东方文献"为参考资料,则难免令人将摩尼教与佛教联系起来。然而,一旦翻检摩尼教的"西方文献",就极易使人把摩尼教与基督教联系起来。换言之,大部分的"西方文献"都展示出摩尼教具有浓厚的基督教文化色彩,这一文化因素甚至超过琐罗亚斯德教文化因素。这在本书译释的《阿基来行传》《克弗来亚》,以及奥古斯丁的著述——包括大量其他的"西方文献"中都可以找到明显的例证。

因此,若要全面和深入地研究摩尼教,则这些"西方文献"是不可或缺的重要资料。如若单纯使用"东方文献",甚至只使用汉语文献,那么必将导致研究者陷入"井蛙"的窘境。鉴于在此之前,中文学界未见对于摩尼教"西方文献"中任何文书的全文汉译,更未见详细的注释和具体的研究,故笔者不揣谫陋,初步选译若干重要的"西方文献",并作一定程度的研究,以冀略为弥补中文学界的资料缺失,利于摩尼教研究的深入发展。此即本书之要旨和意义所在。

目　录

上编

原始文献译释

第一章 《阿基来行传》全书译释

　　《阿基来行传》（Acta Archelai）成于公元348年前，由署名"海格摩纽斯"（Hegemonius）的作者撰写。书中记载了美索不达米亚北部卡尔恰尔城（Carchar）的基督教主教阿基来（Archelaus）与异教领袖摩尼进行辩论的诸多事迹；显然，其主题是驳斥摩尼教的教义。有人认为，此书最初用叙利亚文撰写，后则译成希腊文。如今最为完备的是拉丁文抄本，约成于4世纪末。

　　现代学者大多认可这样的看法：《阿基来行传》涉及摩尼及其教派的"历史"记载，多有歪曲乃至杜撰者，但是细加分析，毕竟包含和反映了一定的史实，故与同时代或后世的其他资料一样，也具有一定的参考价值。刘南强曾撰文分析《阿基来行传》的事实部分和虚构部分[①]，结论比较公允："《阿基来行传》再也不是如19世纪前那样，是有关摩尼生平的主要资料来源了；尽管如此，其本身作为一种历史文献，并非没有价值。对照摩尼教来源的传记和历史资料，《阿基来行传》只是提供了其教派通常描绘的摩尼生平的一种扭曲了的印象。不过，此书作为一种辩论文献倒是成功的，因为是摩尼教的宣传作品而非纯粹的空想，为此书的编者提供了伪造与讽刺的框架和次要的细节。该书极高的流

[①] Samuel N.C.Lieu, "Fact and Fiction in the Acta Archelai", in P. Bryder (ed.), *Manichaean Studies, Proceedings of the First International Conferrence on Manichaeism*, Lund Studies in African and Asian Religions I, Lund, 1988. 后又刊于 Lieu,1999, pp.132—152。

行程度证明作者对其论敌的宣传了解得多么详细。"①

《阿基来行传》的篇幅并不大,约合汉字 9 万。其内容则可分为四大部分。科伊尔(Coyle)曾扼要地归纳了这四部分及其包含的细目:第一部分又分成三个次级内容。一是有关马塞卢斯(Marcellus)的导言,纳入第 1—3 章;二是摩尼与马塞卢斯的通信,一来一往,纳入第 4—6 章;三是图尔博有关摩尼教之创世说的概括介绍,纳入第 7—13 章。第二部分描述了阿基来与摩尼首次相遇的情况,纳入第 14—43 章第 2 节。第三部分复分四个次级内容:一是有关摩尼逃往迪俄多里斯(Diodoris)的情况,纳入第 43 章 3—5 节;二是迪俄多鲁斯与阿基来的书信往来,纳入第 44—51 章;三是摩尼与迪俄多鲁斯相遇的情况,纳入第 52章;四是摩尼与阿基来的第二次相遇,纳入第 53—60 章。第四部分是阿基来向公众谈论摩尼的先人和他本人早期的生活,纳入第 61—68 章;但是,他在第 66章插入了有关摩尼之不体面下场的简短叙述。书末则为结语②。

在此汉译《阿基来行传》所据的原文,主要参考菲末斯英译、刘南强注释的版本③,所使用的章节标志方式亦从之,即罗马数字标志的为"章",阿拉伯数字标志的为"节"。至于参考其他版本之处,将会适当注明。

《阿基来行传》——海格摩纽斯撰

I,1: 真正的《宝藏经》④是阿基来主教在美索不达米亚的卡尔恰尔(Carchar)城对摩尼的辩论会,当时担任裁判的是马尼普斯(Manippus)、伊吉亚留斯(Aegialeus)、克劳迪乌斯(Claudius)以及克利奥布卢斯(Cleobulus)。

---

① 见 Lieu, 1999, p.152。
② Coyle, 2009, pp.25—26。
③ Vermes (trans.) & Lieu (comm.), 2001。
④ 在此提到的《宝藏经》,是指摩尼所撰的经典之一,拉丁文名 thesaurus,意为"宝藏"。然而《阿基来行传》的作者特别强调"真正的《宝藏经》是阿基来举行的辩论会"云云,显然是在嘲讽摩尼所撰的经典只是虚假的"宝藏",而驳斥他的言论才是真正的"宝藏"。

2：城中居住着一位名叫马塞卢斯(Marcellus)的长者,他因其善举和家世,更因其睿智和高尚的品德而声誉卓著。他的收入颇丰。而最为重要的是,他非常虔诚地敬畏天主,对于基督所言始终崇敬地听取。总之,他拥有一切优秀的品格。

3：因此,他备受全城居民的敬重。他也经常用大量的捐赠来回报居民们。他帮助穷人,缓解他们的痛苦,为受难者提供援助。我将避免因言辞的匮乏而减弱其美德的体现,我将充分描述和展示他的高尚品格;我现今的任务便是如此。

4：有一次,在此扎营的军士们将一大批囚徒交给阿基来主教,人数多达7700名。但是他们索要许多金币,以换取这些俘虏的人身安全。这令阿基来十分焦虑,他的宗教信仰和对天主的敬畏使他极为关心这批囚徒,但是他又无力支付赎金。最终,他匆匆去见马塞卢斯,向他解释了此事的前因后果。

5：马塞卢斯是个非常虔诚的信徒,他得知详情后,立即毫不犹豫地赶回家去,取出那些军人所索取的巨额赎金。他当即打开自己的库藏,数也不数地拿出财物,分发给那些军人,仿佛这些财物并不是赎金,而只是礼物一般。

6：军人们极为惊诧,并被马塞卢斯的深度虔诚和慷慨大度所感动。他们震惊于他的义举,感动于他的同情心,乃至其中的许多人信奉了我们的主耶稣基督,放弃了以前的军队生涯。另一些人则仅仅收取了四分之一的赎金,就返回军营去了;还有一些人所取的报酬还抵不上他们前来的旅途费用,就这样离开了。

II,1：马塞卢斯因这样的结果而欣喜万分。他招来俘虏中一个名叫科提纽斯(Cortynius)的人,询问他战争的起因,或者他们像囚徒一样被铁链锁住,成为奴隶的原因。

2：科提纽斯得到说话的机会后,便说道:"我的主人马塞卢斯,我们相信有一位活生生的神灵。我们的先祖们流传下来下面所说的习俗,并由我们一直沿袭到今天。我们每年都要带着妻子、儿女出城去,祈祷、恳求这位无形的神灵为我们的庄稼和植物提供雨水。我们按照这一习俗,在固定的时间,以固定的方式举行仪式,并在黄昏降临之前始终禁食。于是,我们最艰苦的两件事便是禁食和缺乏睡眠。"

3:"大约在半夜时分,一阵不利的和不合时宜的睡意悄悄侵袭了我们。我们的头颈变得沉重而松弛,我们的头颅沉下来,我们的额头碰到了膝盖。于是,神灵因我们的行为而给予的处罚降临了;或许是由于我们并未意识到自己的罪过,甚至是因为我们意识到了罪过而仍未停止。"

4:"就这样,当时突然来了一帮军士,包围了我们。我想,他们是认为我们在那里设下了伏兵,并且具备打仗的经历和技巧。于是,他们在还未搞清楚我们在那里聚集的原因之前,就向我们宣战了,不是用言辞而是用刀剑宣战。他们毫不怜悯地用标枪刺伤我们,用长矛洞穿我们,用短剑割开我们的喉咙。"

5:"他们杀了我们将近1300人,伤了500人。拂晓过后,他们毫不怜悯地把我们这些幸存者像俘虏一般带到这里。他们驱赶我们走在其战马前面,用长矛抽打,用马头推搡。"

6:"体格强壮一些的人还能维持生命,但是极多较弱的人则在其残酷主人的面前倒了下去,咽下了最后一口气。母亲们的手臂越来越软弱无力,以至将手中的东西掉了下来,她们甚至把因为驱赶者的威胁而依偎在自己胸前的婴儿摔到了地上。所有的老年人都因这痛苦的处境和食物的匮乏而濒于死亡,跌倒在地上。"

7:"但是那些嚣张的士兵却把人命毁灭的血腥场面视作乐趣,他们看着倒在地上深陷绝望的人,看着被干渴折磨得奄奄一息,因舌头干焦僵硬而声音都发不出来的人;他们看着人们目光呆滞地哀叹那些垂死婴儿的命运,他们哭喊着可怜的母亲。这些母亲被残暴的匪徒驱赶而去,她们能使用的唯一方式恐怕就是悲叹了。"

8:"有一些母亲宁愿与自己的孩子一起死去,但是也有一些更有忍耐力的母亲则作为囚徒,经历千辛万苦,被带到了这里。就这样,三天之后,我们几乎日夜不息,被带到了这里。随后发生的事情,你们就知道得很清楚了。"

III,1:听了这番话,虔诚的马塞卢斯泪如雨下,对于他们遭受如此巨大的不幸充满了同情。他立即准备了食物,为这些筋疲力尽的人提供帮助。这样,他就模仿了我们的先祖亚伯拉罕(Abraham):亚伯拉罕曾经款待天使们,他不是命令仆人,而是亲自去畜群取来小牛,虽然年事已高,却仍将小牛扛在肩上带回来。他还亲自烹饪,亲自将食品双手奉献给天使们①。

2:马塞卢斯做了类似的事。他指导他们分成10人一组进餐。这样,当700只桌子摆好后,他就以极大的欢乐使他们重新振作起来。于是,那些幸存的人得以忘却了他们曾经遭受的苦难,忘却了他们的所有不幸。

3:马塞卢斯用丰盛的食物款待这些俘虏,满足他们的一切需求。14天后,他决定给予他们返回家园的机会;那些有伤在身的人只能继续留滞在此。他一方面为伤员们提供了合适的照顾,另一方面则布置其余的人启程返回家乡。

4:马塞卢斯还为俘虏们做了一件更大的善事。他带领自己的雇员,一起去收殓掩埋那些死于途中之人的尸体。凡是被找到的尸体,他都托人将他们按正常的方式埋葬。完成此事后,他回到了卡尔恰尔城。他向伤员们许诺,一旦他们康复,就让他们返回自己的家乡,并将提供丰厚的旅途资费。

5:马塞卢斯这一善举所获得的声誉为他所做的其他诸般功德更添光彩。在他生活的整个地区都传颂着有关他虔敬积德的美妙故事。于是,来自各个城市的许多人,特别是那些以前因消息闭塞而从未知晓他的人,都十分渴望见见马塞卢斯,认识和了解他。优秀的人效学马塞卢斯,为人们提供慷慨的帮助。大家都说,无人能超过马塞卢斯对天主的虔敬。

6:信仰天主的寡妇都来求见马塞卢斯,低能儿也渴望从他那里获得帮

---

① 有关亚伯拉罕款待天使们的典故,出自《旧约·创世记》,其中描述道:"天正热的时候,亚巴郎(亚伯拉罕)坐在帐幕门口,上主在玛默勒橡树林那里,给他显现出来。他举目一望,见有三人站在对面。他一见就由帐幕门口跑去迎接他们,俯伏在地……亚巴郎赶快进入帐幕,到撒辣(拉)前说:'你快拿三斗细面,和一和,作(做)些饼。'遂又跑到牛群中,选了一头又嫩又肥的牛犊,交给仆人,要他赶快煮好。亚巴郎遂拿了凝乳和牛奶,及预备好了的牛犊,摆在他们面前;他们吃的时候,自己在树下侍候。"见《旧约·创世记》第18章第1—2节、第6—8节(思高,1968年,第28、29页)。

助,更有甚者,是所有的孤儿都由他来抚养。我还能说什么呢?马塞卢斯被称为"穷人的爱抚者",他的住宅被称为"外来人和贫民之家"。总而言之,他以独特的方式为其信仰做出奉献,他对天主的信念坚如磐石,丝毫不能撼动。

IV,1:于是,马塞卢斯的卓著名声远播四方,甚至越过了斯特兰伽河(Stranga)①。这样,他也引起了波斯境内居民的注意。波斯人中有一个名叫摩尼(Manes)的人,他听闻马塞卢斯的盛名后,便非常认真地思考一个问题:如何诱使马塞卢斯落入他的宗教学说陷阱?希望马塞卢斯能够宣称同意他的教义。

2:摩尼认为,他只要争取到马塞卢斯这样的著名人物,就必定能控制马塞卢斯所在的整个地区。为了达到这一目的,他内心就有两种可行的方案激烈地斗争着:是亲自面见马塞卢斯,还是先发一封信去? 他怕出乎意料的突然拜访会对自己产生不利的影响。

3:于是,他最终采取了更为谨慎的方式,即写信。他招来阿达斯(Addas)②的一名弟子图尔博(Turbo),给了他一封信,命他送给马塞卢斯。于是,图尔博便带着信,前去送交摩尼所指定的人,他在途中花费了5天时间。

4:图尔博确实用了尽可能快速的方式去送这封信,就如他的名字那样(Turbo意为"旋风")。他艰苦跋涉,经历了无比的辛劳。每当黄昏时分他投宿客栈(这些都是马塞卢斯极为好客而设在大道旁的旅馆之一),店主问他来自何方、什么身份、受谁派遣等问题时,他都会这样回答:"我是美索不达米亚人,但我是从波斯来此,是受基督徒的导师摩尼派遣。"

---

① 按刘南强的注释所言,这里的 Stranga 河可能是当地人对 Khabur 河的希腊称呼,它是从戴克里先(Diocletian)皇帝以降,罗马与波斯的界河(见 Vermes & Lieu, 2001, p.39, note 8)。那么,此河当位于今土耳其的东南方,叙利亚的东北方,长约 200 英里,发源于 Karacadag 山南麓,向南流入幼发拉底河。

② 在不同的文献中,摩尼的这个弟子的名字略有不同,如 Adda、Addas、Addā、Mār Addā 等;汉文的《摩尼教残经》则译为"阿驮"。有关阿达斯的业绩,不同的资料也有不同的说法,描述其布教的地区分别包括东方、塞西亚、耶路撒冷、北方、叙利亚、也门、埃及等地。中古波斯语文书 M2 比较具体地谈到了阿达斯的布教活动:他被任命为主教,前赴罗马帝国的统治地区传布摩尼教,他的上司是导师 Pattikios,他们抵达了亚历山大里亚。大约一年过后,Pattikios 返回了宗教领袖摩尼所在的萨珊王朝的美索不达米亚地区,阿达斯便接管了传教团的领导权。阿达斯最大的成就是使一位罗马皇后的姊姊纳芙莎(Nafsā)改宗了摩尼教。现代学者把这一传教团的活动时间定在公元 244—262 年。所以,不管阿达斯曾经去过多少地方,埃及恐怕是他最主要的布教地区。

5:然而,旅店主人对于他们并不熟悉的"摩尼"名字往往毫无好感,有时候甚至把图尔博逐出旅店,乃至不友好到连喝口水的机会都不给他。在整个旅途中,他每天都得承受这种待遇,甚至遭受各地旅店主人更恶劣的态度。要不是他最终声称他带着致马塞卢斯的信函,图尔博在旅途中可能会招致毁灭性的下场。

V,1:马塞卢斯收到此信后,当着本城主教阿基来的面打开并朗读了它。该信的抄本如下:

"摩尼,耶稣基督的使徒①,以及一切追随我的圣徒和贞女②,向其最亲爱的儿子马塞卢斯致意。来自父尊天主与我主耶稣基督的恩典、仁慈与和平。愿这光明的右手③,保佑你在这邪恶的时代平安,免遭灾难,以及不会堕入邪恶时代的种种陷阱。阿门!"

2:"见到你的大量善举后,我极其高兴。但是,我为你的信仰与正确的标准不相匹配而十分担忧。相应地,当我接受派遣,去纠正整个人类,拯救那些背叛自己而屈从于诱惑和谬误的人之时,我就想到,必须把这封信交给你。"

3:"我要送信给你,首先是为了拯救你自己的灵魂,其次是拯救与你一起的那些人的灵魂,以避免你接受是非混淆的观点,诸如那些蠢人所教导的,声称邪恶与善良出于同源,假设只有一种原质,以及不能辨别黑暗与光明、善良与邪恶、外人与内人④,即如我们此前业已谈过的那样。相反地,

① 这几个词语,是摩尼书信的标准开首格式。但是,其后所跟随的一长串布道式的词语,与摩尼的其他几封亲撰书信相比起来,则显得有些矫揉造作了。
② 英文原作 saints、virgins,故汉译作"圣徒"和"贞女"。但是,这显然是指摩尼教的专职修道士"选民"(elects),盖因按摩尼教的教规,信徒分成专职的修道士和俗家的信徒两大类,分别称"选民"和"听者",略似于佛教的出家僧人和世俗居士(实际上这一教规恐怕确实借鉴自东方的佛教)。至于这两大类修道者中,则男女兼有,故若意译,当可作"男选民""女选民"。
③ 这里所言的"右手",是摩尼教的重要象征符号。它的出典是这样的:早期,当初人(奥尔密兹德/先意)与暗魔交战失败,被囚于深狱后,大明尊"第二次召唤",创造了生命神(净风)等,于是生命神便与生命母(善母)前赴深渊拯救初人。双方一唤一应后,生命神与生命母都向初人伸出右手,将他救离暗狱。所以,此后若两人相遇,伸出右手便成为将灵魂救离黑暗囚禁的象征符号。
④ 英语原文作 outer man、inner man,意为"外部之人""内部之人"。这一术语虽然看来有些别扭,但是体现了摩尼教的一个重要教义:同一个"人"其实拥有两种存在,一为灵魂,即光明分子,另一为肉体,源出黑暗原质;前者是"内在的",后者是"外在的"。内在的灵魂只有通过修道,脱离肉体的囚禁,回归明界,才能成为"新人"。因此,所谓的"外人""内人"即是摩尼教其他文书所言的"旧人"(old man)和"新人"(new man)。

他们却始终不断地混淆此者与彼者。"

4:"但是,我的儿子,你可不要也像这大多数人一样,不合理地,简单化地,不加区别地混淆这二者,不要侮辱了尊神的善良。因为他们将开端与结局,以及这些邪恶者的父亲都归之于尊神;'他们的结局极像诅咒',① 因为他们不相信我们的救世主和主耶稣基督在《福音》中讲的话:'坏树不能结好果,好树也不会结坏果。'②"

5:"他们竟敢把尊神说成是撒旦及其一切邪恶行为的制作者和创造者,我对此极为震惊。我希望他们贫乏的智慧只是到此为止,而不要再说'从父尊的胸怀降生'③ 的独生子基督是一个称为玛丽的女人的儿子,是诞生于肉和血,以及女人的一切其他污秽物的人。④"

6:"为了避免我在此信中写得过多,因我缺乏天然的辩才而过多地耗费了你的时间,导致你的不耐烦,话说到这里已经足够了。不管怎样,只要你急于展示仁慈,以及认真考虑你自己的得救问题,那么,当我前来面见你时,你就会了解一切。因为我不会如许多蠢人那样,'为任何人设下圈套'⑤。请理解我所说的话,尊贵的儿子。"

VI,1:读完信后,马塞卢斯非常客气地款待了送信人。然而阿基来对于该信函的内容毫无喜色,他恼怒地咬牙切齿,犹如被关在笼子里的一头狮

---

① 这是书信中引用的一句话,英文作"their end is very like a curse"。刘南强注谓此语出自基督教《圣经》的《希伯来书》(Vermes & Lieu, 2001, p.42, note 18)。而《圣经·新约·希伯来书》第6章第8节之语则为"但若生出荆棘蒺藜来,就必被废弃,必要受诅咒,它的结局就是焚烧"(思高,1968年,第1888页)。二者的意思接近。

② 此语完全引自《圣经·新约·玛实(马太)福音》第7章第18节:"好树不能结坏果子,坏树也不能结好果子。"(思高,1968年,第1518页)

③ 此语出自《圣经·新约·若望(约翰)福音》第1章第18节:"从来没有人见过天主,只有那在父怀里的独生者。"(思高,1968年,第1640页)

④ 声称基督不具有肉身,是早期基督教的一种非正统学说,由于它认为基督无肉身,系幻影,故被称为"基督幻影说",这与摩尼教的源流诺斯替教派的观点接近。摩尼教的科普特语文献《赞美诗》中亦曾强调了这一说法:"耶稣,新的神,我始终对他充满了期望,我因他的降临而变得十分强大。他并非由腐败的子宫所诞生,即使那巨大的威力被认为足以使他居于他们的屋檐下,他也不会被禁锢在一个低级女人的子宫中。"(Allberry, 1938, Chapter CCXLV, 5223—26)

⑤ 此语也出自《圣经》,盖因《圣经·新约·格(歌)林多前书》第7章第35节称:"我说这话,是为你们的益处,并不是要设下圈套陷害你们。"(思高,1968年,第1776页)

子,激动地想要咬下写信人的双手。马塞卢斯则劝他平静下来,并答应他道,他保证那写信的人一定会亲自前来。于是,马塞卢斯决定立即复信,复信的内容如下:

2:"马塞卢斯,一个有声望的人,向用其书信而使自己闻名的摩尼致敬。我已接到你写来的信,并且以我惯常的宽厚欢迎了图尔博。但是我对你所说的话完全不得要领,除非你在某时亲自前来,向我们解释一下,即如你在信上所承诺的那样。再见。"①

3:马塞卢斯写好此信后封了口,交给图尔博,要他递送给此前派他送信的那个人。然而,图尔博极不愿意再回到摩尼那里,因为他对前来途中的艰苦跋涉记忆犹新,他要求派遣当地的其他人去送信。他说道,他将永远不会返回摩尼那里,或者不会与他再有任何接触。

4:于是,马塞卢斯召来了他的一个名叫卡利斯图斯(Callistus)的仆人,吩咐他前去送信。卡利斯图斯没有丝毫耽搁就出发了,三天后抵达目的地,在阿拉比翁(Arabion)要塞②中见到了摩尼,向他递交了信函。摩尼读了信后,对于获得马塞卢斯的邀请一事非常高兴,于是立即启程,踏上旅途。然而,他预感到图尔博滞留不归不是个好兆头,因此在前赴卡尔恰尔城的途中,他一直在反复思考。

5:在此同时,图尔博确实并未马上离开马塞卢斯的家,而且与阿基来的交谈也一直持续着。因为马塞卢斯和阿基来二人都很想深入了解摩尼的情况,想知道他是何许人,他的身世来历,以及他的宗教思想。图尔博十分简洁明了地讲解了每个问题,归纳和阐述了摩尼的信仰,如下:

VII,1:"如果你们想从我这里了解摩尼的信仰,那么请听我的概述。他

① 颇有意思的是,马塞卢斯在复信中的问候套语相当简单,从而与摩尼的来信形成了鲜明的对照。这两封风格各异的信表明,它们不像是《阿基来行传》的作者编造的,否则很难想象同一作者如此精心地炮制两封短信。

② 关于这个 Arabion 要塞,刘南强倾向于认为,此即幼发拉底河的支流 Khabur 河(即《阿基来行传》上文提及的 Strabga 河)西岸的一个军事要塞,称为 Oraba 或 Horaba;而这可能便是阿拉伯语对 Arabion 的讹称。说见 Vermes & Lieu, 2001, p.18。

崇拜两种神灵①;二神都是天然诞生的,永久地相互对立。其中的一位坚持善良,另一个则坚持邪恶。一个称为'光明',另一个称为'黑暗'。光明成为人类的灵魂,黑暗则成为他们的肉体及其物质构成。"

2:"他(指摩尼——汉译者)说道,它们是以下述方式混合起来的,两个神灵通过这种方式发生了联系,恰如两个国王打架一般;他俩从一开始就是仇敌,各占一块地盘。但是忽然间黑暗越出了自己的领域,欲与光明交战。"

3:"当善良父尊意识到黑暗业已侵入自己的领地时,便从自身创造出一股威力,称为生命母(Mother of Life);他用以护卫初人(the First Man)的是五要素②,即风、光、水、火、黑疠③。初人用他们作为武装,犹如准备出征一般;他随后降临下界,与黑暗交战。"

4:"然而,暗王吞噬了他的一部分武器装备,即灵魂。初人就这样被黑暗重重地击倒在地;若不是光明父尊听到他的求救声,又派遣了另一神灵——这也从他自身创造,名叫生命神(Living Spirit)④——下来向他伸出

① 这里所言的"两种神灵",显然是指摩尼教的基本要素明、暗二宗。但是,摩尼及其教徒们几乎只将本教的主神大明尊以及一系列的光明方面的善神称为"神",而对于黑暗方的最高存在则以"二宗""二要素""二本原"等来指称,而不与大明尊一起并称"二神"。所以,在此所谓的"两种神灵"不过是图尔博在叙述时的口吻,或者是《阿基来行传》作者在转述使用的习惯称呼。

② 本句提及摩尼教的三种重要神灵,即生命母、初人、五要素。由于图尔博的介绍语焉不详,故在此加以说明。这些神灵都是在摩尼教创世神话的早期阶段现身的:生命母(即汉语文书中的"善母")由大明尊"召唤"或"发射"(都是摩尼教神灵创生的专用术语)出来;生命母又用召唤或发射的方式相继创生出"儿子"初人(即汉语文书中的"先意");初人以同样方式创生出的五个"儿子"即五要素(汉语文书的"五明"或"五明子")。《阿基来行传》在此遗漏了生命母创生初人以及初人创生五要素的叙述,从而令摩尼教创世神话的内容显得有些模糊。

③ 这里的"黑疠"乃是希腊文ύλη的音译,拉丁文转写则作 hylè。对于此名,有几点解释。第一,其他的摩尼教或非摩尼教文书,似乎都将五要素(即"五明子")说成是风、光、水、火、气(或以太,ether),异于《阿基来行传》此说。第二,hylè 本为木材、物质之意,在古希腊的哲学中则为实质、原质、原始物质之意。此外,按照二元论的思想,又是与心灵、精神相对立的"物质",故英译名常作 matter。而在摩尼教中,hylè(黑疠)几乎完全成为暗魔、贪魔的专称。所以,《阿基来行传》是在此谓明界的重要神灵"五明子"之一为黑疠,令人颇为费解。第三,有鉴于此,我认为,图尔博可能并不是很虔诚和"专业"的摩尼教信徒,故他对摩尼教教义的转述有误;或者,《阿基来行传》的作者不熟悉摩尼教,故其记录有误。他们都把摩尼教中同样显著的专名"黑疠"误植在了"五要素"内。

④ 生命神(汉语文书中的"净风")是大明尊第二次召唤/发射时,间接创生的神灵:大明尊召唤出明友,明友召唤出大般(建筑师),大般召唤出净风,净风再召唤出他的五个儿子。嗣后,净风及其五子在击败暗魔、创造宇宙的过程中发挥了巨大的作用。

右手,把他救出黑暗,初人就将长久地陷入危险境地。"

5:"这样,从那时候开始,他就将灵魂留在了下界。并由于这一原因(指生命神用右手拯救初人的形式——汉译者),摩尼教信徒们相遇时,都互相伸出右手,以表示他们都已脱离黑暗,获得解脱;至于一切'异端',则被说成仍在黑暗之中。"

VIII,1:"然后,生命神创造了世界,并与另外三大神灵①一起到下界,逮住暗王们,把它们钉在苍穹中的十字架上,其尸体便形成星球。生命神又用残余的灵魂创造了天体,让它们绕着苍穹运行;他们还创造了八层地。"

2:"在下方,是霍莫福鲁斯②,他用肩膀扛着大地。当他扛得疲乏时,就颤抖起来。这就导致了并非预定时间的地震。正是由于这一原因,仁慈的父尊便派遣其儿子(指耶稣——汉译者),离开其怀抱,前赴地界,进入大地的最深处,抑制他的举止,以正确行事。所以,只要发生地震,即是源于他因这艰巨任务而发生的颤抖, 以及他将沉重宇宙从这一肩换到另一肩的行为。"

3:"随后,黑疬也从植物或精子创造了自己:一些暗王盗窃了植物或精子后,黑疬便召来了所有的暗王,取出他们所有的威力,模仿初人的样子制造出一人,并将灵魂禁锢在此人体内。"

4:"生命父尊看到灵魂在肉体内备受折磨时, 充满了同情和怜悯,他便派遣其心爱的儿子前去拯救灵魂。他是出于这个原因以及为了霍莫福鲁斯才派遣了他。这位儿子将自己变化成男子的模样,尽管他并非人类,人们却认为他是被人孕生的人类。"

5:"他到达目的地后,便设置了一个器械来拯救灵魂,这是一个轮子,

---

① 这里所谓的三大神灵,应该是指生命神的五个"儿子"中的三个,因为据其他文书(例如叙利亚文书《注疏集》)记载,与生命神一起创造世界的,还有他的三个儿子:一个去斩杀诸魔;另两个则将诸魔剥皮,并把它们运送给生命母,让她用皮来造天,用尸体来造地。

② 在此的"霍莫福鲁斯"为拉丁文 Homoforus 的音译名,有时亦作 Omophoros。是生命神(净风)的五个儿子之一,通常称负重者、支撑者、阿特拉斯(Atlas),相当于汉语文书中的"地藏明使"。

擎着十二个瓶子。它在这个天体中旋转,排出垂死的灵魂。更大的天体太阳用其光芒取走它们,净化后转送给月亮。这就是月亮由缺而变圆的原因。"

6:"他(指摩尼——汉译者)说,这两个天体是舟船或商船。月亮盈满即是表明它载满了东方地区的灵魂;月亮亏缺则表明它已经卸去了运载物。随后,舟船再次注满,重新装载灵魂,再度卸载;灵魂是通过瓶罐排放的。"

7:"他声称,每个灵魂和每只动物都是善良父尊之本原的一部分。所以,当月亮将所载灵魂运送到父尊诸界后,他们会留在光耀柱(Column of Glory)中,光耀柱被称为完人(Perfect Man)①。这个'完人'是一股光柱,它里面充满了纯洁的灵魂。这就是灵魂拯救的情况。"

IX,1:"人类死亡的情况是这样的:一位衣着华贵的美丽少女,举止高雅,她悄悄地来到被生命神钉在苍穹中十字架上的暗王们面前,对男性展示美貌女子的形象,对女性则显示为英俊、性感的男青年。"

2:"当男性暗王见到她的一切美妙后,深陷爱河,色心顿起,却无法触摸到她,于是欲火更盛,备受煎熬。"

3:"这样,当他们在她后面追逐时,她忽然失去了踪影。黑暗大王恼怒之下,从自身发出一阵烟云,从而令整个世界黑暗下来。他非常痛苦,犹如一般人因劳累而出汗一样,这个暗王因痛苦而出汗。这些汗便成为雨水。"

4:"暗王受到少女的欺骗后所导致的后果,便是整个大地流行饥荒,从而使人类遭受死亡。人类的肉体也称'世界',因为它与大的世界类似;下界所有的人都有根茎与上界系结着。"

5:"因此,当他受到少女的欺骗后,他就开始割断人类的根茎;而人们的根茎被割断后,瘟疫就流行起来,他们也就死亡了。如果暗王不停地摇晃根茎的上部,那么就会发生地震,接着发生霍莫福鲁斯的晃动。这就是有关

① "光耀柱"是大明尊第三次"召唤"后创造的三位神灵(第三使、光明少女、光耀柱)之一。他是光明分子(洁净灵魂)的总和,也是天体中银河的象征。在摩尼教汉语文书中,此神被称为金刚相柱、大相柱,或者借用梵文神名的"卢舍那"、借用琐罗亚斯德教神名的"苏露沙罗夷"等。至于"完人",则意为完美之人,所以汉语文书作"具足丈夫"。

死亡的情况。"

X,1:"我还将告诉你们,灵魂是如何转生入其他躯体的。首先,它的一小部分是净化的;然后,它转生入一只狗或一只骆驼,抑或其他动物的体内。但是,如果他犯了谋杀罪,灵魂就会转生入麻风病人体内;如果收割过庄稼,就会转生入哑巴体内①。灵魂的名字是:心智(mind)、意识(sense)、审慎(prudense)、智慧(intellect)、理性(reasoning)。②"

2:"采集庄稼的收割者可以类比于源自黑疬,处于黑暗中的暗王们,他们当时咀嚼初人的甲胄(指五明子——汉译者)。有鉴于此,他们一定得转生入干草、豆子、稻谷、小麦或者蔬菜中,从而也被砍倒和收割。任何咬嚼面包的人也得变成面包而被咬。"

3:"杀死鸡的人,自己也得变成鸡;如果杀死了老鼠,那么也得变成老鼠。在现世富裕的人,其灵魂脱离躯体后,必然被投入穷人的躯体,从而到处奔波乞食,并在此后受到永久的惩罚。"

4:"既然躯体是暗王的躯体和黑疬,那么栽种波斯树③的人(的灵魂)必须转生许多躯体,直到他所种植的树倒下。"

---

① 在此谓犯了谋杀罪后,灵魂将转生于麻风病患者,这可以理解。因为摩尼教是戒杀的,故作为对谋杀罪的惩戒,使之在下一轮回成为受苦的麻风病人,完全合乎情理。然而,为何"收割了庄稼",也会受到转生于哑巴的惩罚呢?客观地看,《阿基来行传》的此说虽然不无曲解教义之处,却也并非全然胡编乱造。因为按摩尼教教义,光明分子(灵魂)存在于万物之中,包括动物、植物等;专业修道者"选民"必须素食,以便从蔬菜、水果中"回收"更多的光明分子。然而,他们却不可以亲手种植和收割庄稼,以免刀刃伤害了其中的"灵魂"或"光明分子",亦即大明尊之原质的一部分。于是,种植和收割庄稼,以及制作食品的一切工作都得由世俗修道者"听者"来代劳了。尽管由于这个以及其他原因,"听者"的修道成功率要远低于"选民",但是也不至于因为收割庄稼而被罚转生哑巴。所以,《阿基来行传》的此说恐怕只是暗示了"收割庄稼"有一定的罪过,而并不是摩尼教真有惩罚此举的教义。

② 在此所说的"灵魂",是特指初人的五个"儿子",即五明子。就这五者的集合名称而言,西文有五荣耀、五国土、五居所、五品性等名称;汉语文书则有五妙身、五体、五种净体、五种国土、五种世界等名称。至于五者各自的个体名称,汉语文书通常作相、心、念、思、意;西文的表达比较杂乱,但是总的说来,都是五种心智行为。除了《阿基来行传》在此处的五种表述外,尚有"智慧(intellect)、知识(knowledge)、理性(reasoning)、思想(thought)、熟虑(deliberation)"或"智慧(intellect)、理性(reasoning)、思想(thought)、反省(reflection)、慎思(counsel)"等组合。

③ 在此所谓的波斯树,即是指无花果树。原产于地中海沿岸和西亚,为常绿小乔木,属于桑科榕族。其果实可供食用,并有药用价值。古代的好几个宗教都把它视作圣树,如印度佛教所称的"菩提树"便是同为桑科、榕族的一种乔木。在基督教中,无花果树也具有神圣意义,例如《旧约·创世记》谓亚当和夏娃用无花果树的叶子遮掩自己赤裸的身体。又,在古代塞浦路斯,无花果树是神圣的丰育力的象征符号。

5:"为自己建造房子的人将转生所有的躯体。任何人在水中洗澡,就是伤害了他的灵魂。不把食品奉献给选民的人,将在地狱里遭受惩罚,并将转生入新信徒的体内,遭受许多苦难。所以,他们只要有美味的食品,都会献给选民。"

6:"他们在咬嚼面包前,先要祈祷,对面包这样说道:'我没有收割你,没有磨你,没有揉捏你,也没有把你放在烤炉里;是其他人制备了你而送给我的;我吃你前并未犯下过错。'他如此祈祷后,又对送他面包的人说道:'我将为你祈祷。'那人便离开了。"

7:"就如我刚才告诉你们的那样,人们如果收割过庄稼,那他也将被收割;同样的道理,如果他曾将谷物放入磨石碾磨,那么他自己也必定会被置入碾磨;或者,人们撒播了种子,则他自己也将被撒播;或者,他如果烘烤了面包,则自己也将被烘烤。出于这一原因,他们将被禁止干任何事情。"

8:"他们还说道,除了我们所看见的这个世界外,还有其他的世界。当这个世界见到的天体沉下去时,就在那些世界升起来。他们又说道,人在地上走,就会伤害了大地;挥舞他的手,就会伤害了空气,因为空气即是人类和走兽、飞禽、鱼、爬行动物,以及世上一切事物的灵魂。如我所告诉你们的那样,这个肉体不属于尊神,而是属于黑暗之质,因此它肯定是朦胧不清的。"

XI,1:"天堂被称为'尘世'。那里的树木即是贪欲以及腐蚀人类思想的诱惑物。天堂里能够识辨善良的树即是耶稣本身和他的知识;人们只要获得这些知识,就能辨别善与恶。尘世并不属于尊神,而是由黑房要素构成;正因为如此,其中的万物都是会毁灭的。"

2:"暗王从初人那里偷走的,正是充满月亮的事物,它们每天从尘世净化出来。如果一个灵魂不懂得真理,他就会被交付给魔鬼,在地狱之火中被驯服;他被抓住以后,就转生入其他已被驯服的躯体,然后被投入大火,直到最后审判。"

3:"有关先知们的问题,他这样说道:他们源自不虔敬的精灵,或者源自在最初就已存在的黑暗邪魔。他的欺骗使得他们从来不说真话,因为暗王蒙蔽了他们的心灵。如果有谁听从了他们的话,那么就无法获得保惠师的灵知,将永世陷于死亡,被束缚在一堆泥土中。"

4:"他还教导他的选民,其数量不足七人①。他们在停止进食后将举行祈祷,把橄榄油涂在头上进行宣誓,向许多名字祈求,以确认这些誓言。但是他不把那些名字告诉我,那只是供这七个选民使用的。"

5:"又,撒包思(Sabaoth)②这个名字,在你们眼里是伟大和杰出的;但是他说这不过是普通人,是贪欲之父。他说,正因为如此,那些崇拜欲望的愚蠢者便将他视作神灵。"

XII,1:"关于亚当以及他如何被创生的情况,他说道,那个说'让我们按我们的形貌来造个人',并模仿所见者造人的人③,即是暗王,他是对其属下说这番话的,即"

2:"'来吧,给我一些我们已经获得的光明,让我们以此来造人,按照我们所见到的形貌,即初人来造人。'就这样,暗王们创生了一个男人。他们以同样的方式制造了夏娃,并给了她一些他们的贪欲,以欺骗亚当。通过这样的方法,暗王创造了世界。"

3:"他(指摩尼——汉译者)说道,尊神在尘世并无分身,他不喜欢分身,因为在最初他曾遭到暗王的盗窃,引起了不小的麻烦。出于这个原因,他派遣诸天体,即太阳和月亮,每天悄悄地收回他的灵魂;通过太阳和月亮,整个尘世和万物都被控制了。"

4:"他说道,与摩西、犹太人和神甫们谈话的那人即是黑暗之王,因此,

---

① 在此所言的"选民",应该不是泛指摩尼教的专职修道者,而可能是特指摩尼的骨干弟子。然而,按其他记载,摩尼的弟子当是十二个。故不知《阿基来行传》"七"数的出典;或许是作者的一个误解。

② Sabaoth 是希伯来语 tsebaoth 的希腊语形式,原义为"(众多)军队",在《圣经》中通常译作"万军之主",是率军战胜敌人,立下不朽功勋的英雄。如《新约·罗马书》第 9 章第 29 节所言:"依撒意亚又预言过:'若非万军的上主给我们留下苗裔,我们早已如同索多玛,相似哈摩辣了。'"(思高,1968 年,第 1753 页)

③ 在此声称要"造个人",并模仿所见者造人的人,实际上是指基督教最崇拜的上帝,因为《旧约·创世记》第 1 章第 26 节有这样的话:"天主说:'让我们照我们的肖像,按我们的模样造人。'"(思高,1968 年,第 10 页)

基督教徒、犹太人和异教徒都是同一种人,他们崇拜同一种神,那是诱导他们堕入贪欲之中的非真理之神。"

5:"正因为如此,相信那神灵——即是和摩西及先知们谈话的人——的人们必将被系缚在他的铁链上,因为他们并未寄希望于真理之神。他(指那神——汉译者)和他们的谈话是与其贪欲一致的。"

XIII,1:"在此之后,他(指摩尼——汉译者)谈到了有关最终结局的所有问题,如长者自己所写的那样:'霍莫福鲁斯现出身形之后,就松手放开了大地,于是大火陡起,烧毁了整个尘世。随后,他们派遣另一位神灵下界,置于新时代的中间;这样,犯有罪孽的所有灵魂都被永久地系缚住了。这些事情将发生在光辉塑像来临之际。'"

2:"'所有的迹象是:耶稣乘在小船①中,此外还有生命母和十二船主,以及光明少女和第三长者②。随后,生命神将被置于大船上;与大火墙、风墙、气墙一起的,还有水墙和内部生命墙,它们都生活在月亮上,直到大火烧尽整个尘世。然而,大火将要燃烧多少年,我却并不了解。'③"

3:"'在此之后,两个天体将得到修复,暗王们居于下部区域,光明父尊则居上部区域,恢复了他的领地。'"

4:"这即是他教给他三名弟子的全部教义。他并吩咐他们前赴世界上的三个地区:阿达(Addas)负责东方诸地,托马斯(Thomas)负责叙利亚人的居地,赫尔马斯(Hermas)则被派往埃及。时至今日,他们仍然留在那些地方,以传播他的信仰。"

XIV,1:当图尔博讲完这番话后,阿基来被彻底激怒了。然而马塞卢斯

---

① 这一"小船"是指月亮,相对于"大船"(太阳)而言。"船"是摩尼教的重要象征符号之一,作为"光明之舟"的太阳和月亮在拯救灵魂,运载和净化被暗魔污染的光明分子的事业中发挥着巨大和关键的作用。"大船"(太阳)和"小船"(月亮)各有其"船主"。通常来说,月船上的船主是耶稣;日船上的船主是第三使。有关摩尼教的"船"与"船主"问题,可参看芮传明《东方摩尼教研究》下编第1章,上海:上海人民出版社,2009年。

② 在此所谓的"第三长者",系英文 Third Elder 的汉译,而后者则是《阿基来行传》拉丁文版 senior tertius 的直译。这即是摩尼教重要神灵之一"第三使"的异名。

③ 按摩尼的《沙卜拉干》所言,这场末日大火要燃烧1468年。至于为什么是这个数字,则不得而知了。

倒是未见过多的烦恼，因为他预料到，天主会来帮助传播其真理的。阿基来为他的子民感到担心，就像牧人担心其羊群落入群狼设置的陷阱一样。马塞卢斯赠送了许多礼物给图尔博，并指点他继续留在阿基来的家里。

2：就在同一天，摩尼抵达了。他带来了二十二个选民，都是年轻的男子和女子。他首先到马塞卢斯的家去寻找图尔博，在未能发现图尔博后，他便问候马塞卢斯。

3：马塞卢斯见到摩尼时，首先惊异于他的服饰。因为他穿着通常称为"三层底"的鞋子①，披着多色的斗篷，颇有点飘飘欲仙的样子，手中则拿着一根用黑檀木制成的非常结实的手杖。在其左臂下夹着一本巴比伦古书。裤子的两条腿管颜色迥异：一条腿管为深红色，另一条腿管为葱绿色。他的模样就像是一个年老的波斯巫师或战将。

4：于是，马塞卢斯立即派人带话给阿基来，后者闻讯后很快到来了。他内心很急切地想向摩尼发起攻击，因为他看不惯摩尼的服饰和貌相，尤其是因为他已经因图尔博的介绍而对摩尼产生了成见，从而做好了充分的准备。

5：然而，马塞卢斯显示了十分审慎的做派，他抑制着对于辩论的热切渴望，先召来了本城的头面人物。他在并非信仰犹太人宗教的人中选出了几位担任裁判。于是，共有四位裁判，他们的名字分别是：马尼普斯（Manippus），深谙语法，具有高超的雄辩术；埃吉亚留斯（Aegialeus），非常杰出的物理学家，并有着极为丰富的文学知识；还有克劳第乌斯（Claudius）和克里奥布卢斯（Cleobulus），他们是兄弟俩，都是优秀的雄辩家。

6：于是，就有了一个人数众多的盛会，以至于马塞卢斯的宅第虽然相当宽广，也仍然挤满了受邀前来听讲的人们。总的看来，那里聚集着不少很希望参与辩论的人，被选出的裁判坐在众人的上方，并将首先发言的机

① 原文作 trisolium。刘南强的注释称，这可能是有着三层垫底的鞋子，亦即所谓的"厚底鞋"。见 Vermes & Lieu, 2001, p.58, note 80。

会给予了摩尼。于是,当全场安静下来时,摩尼开始了如下的演讲:

XV,1:"弟兄们,我肯定是基督的弟子,确实是耶稣的使者。我之所以匆忙赶来这里,是因为马塞卢斯极为广泛的慈善事业,我旨在教导他如何维持这神圣宗教的事业,以至于不要像不会说话的动物那样,毫无智力地意识不到自己在干什么。马塞卢斯如今像个囚徒一样臣服于阿基来的学说,但是他有可能不会在世界末日时因失去灵魂而被击倒,因为他再无机会从事这样的崇拜了。"

2:"此外,我知道并确信,一旦马塞卢斯得到救赎,那么你们大家也就都能得救了。因为你们全城取决于对他的最终判决。但是,如果你们每个人都抛弃无用的偏见,用追求真理的态度来听从我将要说的话,那么你们就能获得将要降临的时代的遗产——天国。"

3:"我确实是耶稣预言的,即将派遣来'指证世界关于罪恶、正义和审判所犯的错误'的那个护慰者(保惠师)①。并且,由于先我被遣的保罗(保禄)曾说,他'所知道的,只是局部的;我们作先知所讲的,也只是局部的'②,于是便将圆满的知识留给了我,我因此能够摧毁局部的知识。"

4:"第三个证据是,我是基督选中的使徒,因此,如果你们愿意听从我的教导,你们就能得救;若不愿意的话,那么永恒的大火就将把你们烧光。"

5:"正如依默纳约(许米乃,Hymenaeus)和亚历山大(Alexander)已被'交给撒殚(撒旦),为叫他们学习不再亵渎'③ 一样,你们所有的人也都要被交给暗王,加以惩罚,因为当你们说基督父尊是一切罪恶的起源,是不公正和所有邪恶的创始者时,即是伤害了他。你们是在用同一泉源既制作甜水,也制作苦水,这是用任何方法都不可能做到的,或者是不可理解的。"

6:"应该相信谁呢? 是享受鱼肉盛宴,寻欢作乐的你们的那些导师呢,还是说'好树不能结坏果子,坏树也不能结好果子'之话(已被写入《福音》

---

① 在此所言"指证世界……的护慰者",典出《新约·若望(约翰)福音》第16章第8节(思高,1968年,第1670页)。
② 这一引言出自《新约·哥林多(格林多)前书》第13章第9节(思高,1968年,第1784页)。
③ 语出《新约·提茂德(提摩太)前书》第1章第20节(思高,1968年,第1858页)。

中)①的救世主耶稣基督呢？"

7:"而在另一处,他(指耶稣——汉译者)肯定地说道,你们的父亲魔鬼从一开始就是撒谎者和杀人凶手②;此外,他有着追求黑暗的欲望,所以他们来攻击最初由光明发送出的世界。这敌人,(邪恶)种子的散播者,本时代的暗王,尘世的神灵,蒙蔽了人们的心灵,以至于他们不遵从基督的《福音》。那么,善良的尊神难道不希望拯救他的子民?"

8:"为了避免涉及其他许多主题,浪费大量时间,我将把谈论真正教义的时间推迟一些,以便有足够的时间来谈这个问题。所以,我要重提我的话题,来充分证明这些人的教义是荒谬的;不能丝毫归咎于天主以及父亲主和救世主,而只能认为,撒旦才是我们一切邪恶的根源。他们是被他(指魔鬼撒旦——汉译者)抛弃的,因为所有这类邪恶都是他创造的。"

9:"但是写在预言书和律法中的某些东西也可以归之于他。因为他是先知们谈到的角色之一,他提出了许多有关天主的无知观念,也包括诱惑和欲望。"

10:"此外,预言书把他描绘成血和肉的吞噬者。所有这些事情都与撒旦及其预言书有关,虽然他想把它们转让给父尊基督,并且写几条真理,从而让其余的虚妄之语也被人相信。"

11:"因此,你们最好不要听信约翰之前撰写的任何东西,而只信奉自他以来一直宣讲的天国。那些先知们因为引入了荒谬可笑的观念而使自己成为笑柄;概括了律法中的少量微言,却没有认识到,善良事物若与邪恶事物混杂,则因邪恶事物的腐蚀作用,善良事物也会被消灭。"

12:"毫无疑问,如果任何人能够证明律法坚持了正确的东西,那么律法就应该保存下来。但是,如果我展示了它是邪恶的,那么它就应该被抛弃和拒绝,因为它包含了镌刻的属死的职务,遮蔽和毁坏了摩西面容的荣光。③"

---

① 语见《新约·玛实(马太)福音》第 7 章第 18 节(思高,1968 年,第 1518 页)。

② 《新约·若望(约翰)福音》第 8 章第 44 节的原语是这样的:"你们是出于你们的父亲魔鬼,并愿意追随你们父亲的欲望。从起初,他就是杀人的凶手,不站在真理上,因为在他内没有真理;他几时撒谎,正出于他的本性,因为他是撒谎者,而且又是撒谎者的父亲。"(思高,1968 年,第 1656 页)。

③ 此语可看《新约·格林多(哥林多)后书》第 3 章第 7 节(思高,1968 年,第 1794 页)。

13:"因此,你们如果把《新约》和律法及预言书同等看待,仿佛它们都是同一圣贤的作品,那就会有危险,因为我们的救世主的学识是逐日更新的,而其他的学识则会逐渐陈旧和被淘汰,以至到达几乎灭绝的地步。"

14:"对于具有洞察力的人来说,这是显而易见的事情。一棵树长得年岁久了,它的枝干就不会再结果子,于是就被砍去。出于同样的道理,一旦人类的肢体变得腐烂,那么就得截肢,以免腐烂的病毒扩散到全身。若不是外科医生医术高明,找到了治疗的方法,就会全身溃烂。因此,如果你们接受律法,那就得具备识辨对错的能力,否则将会丧失你们的灵魂,得不到拯救。"

15:"因为'法律及先知到若翰(约翰)为止'①,自从约翰之后,真理法、诺言法、天堂法等,确实有一部新律法向人类宣布。无可否认,确实没人教给你们有关我们的主耶稣基督的最真实的知识, 那么你们并无罪过。"

16:"而如今你们都看见和听到了,你们也想否定他,为的是保护已被破坏和抛弃的律法;而你们认为最值得信任的保罗在他的一封信中说道:'如果我把我所拆毁的再修建起来,我就证明我是个罪犯。'②他是在审判异教徒时说这番话的, 因为他们曾经处于尘世的环境中, 在信仰成熟之前,是信奉律法和预言书的。"

XVI,1:这时,裁判们说道:"你是否能用更为清晰的话告诉我们你的教义体系,并谈谈你的信仰。"摩尼说道:"我说的是:有两种原质,一种是善良,另一种是邪恶。善良原质居于某些地域,而邪恶原质即是这个尘世以及其中的一切事物,它们被置于邪恶者区域内,犹如约翰所言'全世界却屈服于恶者'③,而非天主。"

2:"因此,我们只能说,有两个地方,一个是善良的,另一个是邪恶的,

---

① 语见《新约·路加福音》第16章第16节(思高,1968年,第1621页)。
② 语见《新约·迦拉达(加拉太)书》第2章第18节(思高,1968年,第1810页)。
③ 语见《新约·若望(约翰)一书》第5章第19节(思高,1968年,第1936页)。

并位于前者之外；所以二者之间有一个区域，能够容纳世界的创造物。如果我们说，只有独一原质的一个王国，天主用万物充满其中，此外别无其他区域，那么，谁将是创造物的接收者？地狱之火在哪里？外部黑暗在哪里？哀号又在哪里？"

3："我能说是在天主自身之中吗？显然绝非如此，否则天主自己也要与他们一起遭受折磨了。你们不会考虑这些事情的，你们都只关心自己的得救。我将举个例子，帮助你们更为充分地理解这个问题。世界好比一个容器，如果天主的原质充斥了整个容器，那么其他的任何东西如何再放进这同一个容器中？"

4："如果它充满了，如何再容纳再放进去的其他东西？除非在容器之外还有空着的区域。那么，如果没有了容纳之处，这外部空间又在哪里？大地在哪里？天堂在哪里？地狱在哪里？星辰在哪里？居所在哪里？威力在哪里？暗王们在哪里？外部黑暗在哪里？它们的创建者是谁？又居于何处？"

5："没人能够说清楚，除非他是在亵渎天主。此外，如果没有早已存在的物质，他如何制造万物？如果说它们源自虚无，那么尚可说这些有形的万物是更好的，充满了一切美德。然而，如果它们充满了邪恶，其中都是死亡、腐朽，以及和善良完全相反的一切事物，那么，我们还能说它们不是源自另外的原质吗？"

6："如果你们确实思考过人类繁衍后代的问题，你们就会发现，人类的创造者并不是天主，而是另一个也属天生的原质，他没有建立者，也无创始者，也无制造者，而只是他自己的邪恶造成了他的现状。"

7："于是，你们男人与妻子的性交便起因于如下的情况：当你们饭饱酒足后，便产生了性欲的冲动，就增添了生儿子的乐趣。所以，这并不是起因于什么美德或哲学，或者任何其他理性的进程，而只是餍足于美食、色欲的结果。"

8："如今，有谁还会对我说，由于我们的祖先亚当是按照天主的面貌和形体创造的，所以相似于他的创造者？亚当繁衍出来的所有的我们这些人，怎么可能与天主相像？恰恰相反，我们的形貌五花八门，展示了迥然不同的面貌。我将用寓言来向你们证明，这个说法是多么正确。"

9："注意了，例如，有人想在他的库藏或其他东西上盖个封印，他取来了蜡或陶土，想将自己的脸形盖在封印上。如果其他人也以同样的方式将自己的脸像盖在封印上，那么这封印还能识辨吗？绝无可能，即使你不愿接受这事实，也仍然如此。"

10："但是，假如我们的封印各不相同，互有区别，那就无法反驳我们都是暗王和黑疠之创造品的说法了。因为我们相像于他们的形貌，也是形形色色，各不相同的。如果你们想要知道最初之时的混合，以及它是如何发生的，我将告诉你们。"

XVII,1：这时，裁判们说道："除非先有证据表明确实存在两种原质，否则就不会出现最初的混合如何发生的问题。存在两种原质的说法开始变得清楚了，但是其他的说法也得取信于人，尽管部分说法还未见可信性。既然赋予了我们裁判权，我们就得宣布，依我们之见，哪些问题已经清楚了。"

2："然而，让我们也给予阿基来主教讲话应答的机会，以便我们比较双方所言，做出符合真理的裁决。"于是，阿基来说道："即使这敌手的说法完全是胆大妄为的不敬和亵渎……"摩尼马上说道："裁判们，你们听听他说的话——'敌手'①。这因此表明，世上存在着两种对立的事物。"

3：阿基来说道："在我看来，他似乎失去了理智，更近乎精神错乱，因为他如今竟借我所说的'敌手'一语而挑起辩论。然而，假如你确实认为你能利用这一点来证明二元之说，那么三言两语就能驳倒你的观点。对于你那荒诞不经的教义，你的两个论断都无法支持它。"

4："对于不是因其本质而是因其意愿而成为敌手的人来说，是能够变成朋友而不再成为敌手的，因此我们两人若相互默许，是都可以显得如同

---

① 英译文在此使用了 adversary 一词。而此词一方面有"敌手""对手"等义，另一方面也常被基督教徒用来指称与"上帝"对着干的角色，于是有"魔鬼"之义。显然，此词对于基督教徒而言，是一个带有很大攻击性的贬义词。摩尼的反驳，可能一是抗议阿基来侮辱他，二是借题发挥，证明他的"二元论"。

一人的。这一解释表明，理性的生物具有自由的意愿，这即是他们能够改变宗教信仰的原因，因此就不可能具有天生的不变本质。这两种原质是不变的还是可变的？抑或其中之一是可变的？"

5：对于这个问题，摩尼踌躇起来，因为他无法解答。他仔细查检了给予两种答案而导致的结果，再次考虑了自己的观点："如果我说，他们是可以转换的，那么他必定会用《福音》中所写的关于树的说法①来反驳我；但是假如我否认他们是可变的，那么他又必然要求知道他们混杂在一起的条件和原因。"

6：半晌之后，摩尼答道："他们就其对立性而言，确是不可改变的；但是就其特性而言，则是可以改变的。"

7：阿基来说道："我觉得你似乎有点精神错乱和健忘，连自己的主张也记不清了，居然不能识辨你已经熟悉的词汇的性质。因为你不知道什么叫作转换，什么叫作天生，什么叫作二元性，也不知道什么是过去、现在或未来，正如我刚才从你所言中观察到的那样。"

8："因为你声称，就二者的对立性而言，两种原质都是不可改变的；但是就各自的特性而言，却是可以改变的。但是我要声称的是，坚持其特性的人不会背离自身，而是始终不变地保留其原有特性；反之，接受可变性的人则放弃了自己的固有属性，拥有了其他人的属性。"

XVIII，1：裁判们说道："可变性把发生变化的那人转变为另一种人。例如，假设我们曾说，如果一个犹太人想变成基督徒，或者一个基督徒想成为异教徒，这即是一种可变性类型及其动因。以异教徒为例，如果他仍然保持着原来的所有属性，献祭原来的神灵，祀奉往常的神庙，那么他肯定不能说是已经改宗了。"

2："那么你怎么说呢？他们是接受了可变性，还是没有呢？"当摩尼踌躇而未答之际，阿基来又说道，"如果他说两种原质都是不可变易的，那么

---

① 这即是指上文所引《新约·玛实(马太)福音》第7章第18节"好树不能结坏果子，坏树也不能结好果子"(思高，1968年，第1518页)之语。

还有什么能阻止我们说二者都是同一的呢？因为，假如他们是不可变易的，那么这两种原质之间就没有什么区别——同样的不可变易，同样的天生，二者也都不能视为善良或邪恶。"

3："但是，如果他们是可变易的，那么就很清楚地知道，善可以变成恶，恶也可以变成善。既然这是可能发生的情况，那么我们为什么不能说，只有独一的天生的存在，这是经过真正的理性思考后得出的更有价值的观念。我们必须思考邪恶者在太初之时的作为问题：他在世界形成之前对谁施行邪恶？"

4："当天空尚未出现，大地尚未存在，也无人类，也无动物之时，他的邪恶针对何者施行？他不公正地虐待了谁？他抢劫和杀害了谁？如果你说他对其同类施行了邪恶，那么毫无疑问，这正好证明他是善良原质。而假如他们全都是邪恶的，那么'撒殚（撒旦）怎能驱逐撒殚（撒旦）？'①"

5："当然，你在反驳时，就改变了说法，声称是善良者遭受了邪恶者的侵犯。但是你不敢确认这一说法，声称光明是被击败了，遭到了其邻居的毁灭性打击。《圣经》是怎样说的？'决没有人能进入壮士的家，抢劫他的家具的，除非先把那壮士捆起来，然后抢劫他的家。'②"

6："但是，如果你说他对人类显现出邪恶，并从此以后展示出其邪恶的证据，那么可由此推导出，在这以前他是善良的；人类的创造成为他变邪恶的动因，他由此获得了可变性。"

7："最后，你谈谈什么是邪恶，假如你只是为这一名称辩护或构建概念的话。如果谈的不是邪恶的名称，而是它的实质，那么请向我们解释一下这种邪恶的产物，因为若无果实，是无法认识该树木之本质的。"

XIX,1：摩尼答道："你首先得同意，有另一种邪恶之根，这并非天主所

---

① 此语为耶稣所说，出自《新约·玛尔谷（马可）福音》第3章第23节，思高，1968年，第1562页。
② 语见《新约·玛尔谷（马可）福音》第3章第27节，思高，1968年，第1562页。不过，《阿基来行传》的英译文所引的略有不同，作"谁能进入壮士之家，抢劫他的财物？除非他（指抢劫者）比他更为强壮"。实际上，"他比他更为强壮"一语在此更能清楚地支持阿基来的论点：以此暗示摩尼教之"光明遭黑暗入侵"的说法，证明了光明弱于黑暗。

种植,然后,我会告诉你它的果实。"阿基来说道:"对真理的思考需要有对立面,我不同意你所说的这类邪恶之树的根,它的果实无人品尝过。"

2:"正如有人要买某样东西,在他通过品尝而了解它是干是湿之前,是不会付钱的;我也是这样,在其果实的品质被我知道之前,我是不会同意你说它是邪恶和极坏之树的。因为《圣经》记载着'从其果实了解树木'①。"

3:"所以,你得告诉我们,摩尼,被称为邪恶之树的,它所产的果实是什么?或者它的品性是什么,它拥有什么威力?以便我们相信你所说的,这树木的根也属同样的性质。"摩尼答道:"这根确实是邪恶的,这树也非常坏,只是它并非源出天主而生长起来。它的乱伦、通奸、谋杀、贪婪和一切恶行的果实都来自那邪恶的根。"

4:阿基来说道:"那么我们可以相信你,它们是邪恶根子的果实,那品尝给我们看看。因为你一直声称,这树的本质是天生的,它所产的果实也应该相应地与之一样。"摩尼说道:"存在于世人中的极端非正义——诸如贪婪——提供了品尝邪恶之根的证据。"

5:阿基来说道:"按你所说,这树的果实即是人类行为的罪孽。"摩尼答道:"肯定是这样的。"阿基来说道:"如果它们是这果实,即人类的邪恶行为,那么人类本身就占据了树根的地位,因为你声称是他们结出了这样的果实。"摩尼答道:"这是我所说的。"

6:阿基来说道:"你说'这是我所说'是不对的,因为这不可能是你所说,否则若人们停止犯罪时,邪恶之树也将不再结果实了。"摩尼答道:"你所假设的情况不可能发生,因为当一个人停止犯罪时,另一个人或另几个人会继续犯下罪过。"

7:阿基来说道:"如果一个人或几个人完全有可能不再犯罪的话,那么所有的人也都可以做到。因为所有的人都有着同一个创造者,他们属于

---

① 这一断语见于《圣经》的好多处,例如,《新约·玛实(马太)福音》第12章第33节:"你们或者说树好,它的果子也好;或者说树坏,它的果子也坏,因为由果子可认树来。"(思高,1968年,第1526页)又,《新约·路加福音》第6章第44节:"每一棵树,凭它的果子就可认出来。从荆棘上收不到无花果,从茨藤上也剪不到葡萄。"(思高,1968年,第1602页)

同一个整体。因此我不想再回答你那些毫无意义的愚蠢问题了,我将用清晰的理由来反驳你的混乱说辞。"

8:"你不是说,邪恶之根和邪恶之树的果实即是人类的行为,亦即乱伦、通奸、伪证、谋杀以及诸如此类的其他罪恶吗?"摩尼答道:"是的。"阿基来说道:"因此,如果人类从大地上毁灭,那么他们也就不再犯罪,这树的本质也就随之毁灭,它也不再结出果实了。"

9:摩尼问道:"你所描述的情况何时发生?"阿基来答道:"我不知道将来会发生什么,因为我只是一个凡人;但是不管怎样,我不想让辩论不经探讨就结束了。你所说的人类,是天生的,还是被创造的作品?"摩尼答道:"人类是被创造的。"

10:阿基来说道:"如果人类是被创造的,那么谁是通奸、乱伦和诸如此类罪行的父亲?这是谁的果实?在人类被创造之前,谁是乱伦者或通奸者,或杀人犯?"

11:摩尼答道:"很显然,人类是由邪恶原质制成的,因为他本身是个果实,不管他是否犯罪或者不犯罪。因此这个名称以及人类是彻彻底底的邪恶,无论他的行为是正当还是不正当。"阿基来说道:"但是让我们也谈谈另一个问题:如你所说,那邪恶者创造了人类,那么他为什么还要对人类施行罪恶?"

XX,1:裁判们说道:"摩尼,我们想从你这里知道,你为什么声称他是邪恶的?他是从人类被创造时,还是从更早的时候就邪恶的?你必须展示你所声称的他作恶之时以来所犯的邪恶事实,并且得确信无误。"

2:"酒的质量在有人品尝它之前是不被认识的,正如每棵树都是从其果实而被辨识的一样。那么你将怎么说?他从何时开始变得邪恶的?这点对于我们来说是至关重要的。"摩尼答道:"他自始至终是邪恶的。"

3:阿基来说道:"优秀的绅士们,睿智的听众们,有关这个问题,我也将向你们提供证据,因为他的辩解是完全不合逻辑的。例如,铁并非始终是邪恶的,只是当人类存在之后,由于人的行为,不正当地使用了它,才使之变得邪恶。同样的道理,自从人类存在之后,种种罪恶也就出现了。"

4:"甚至巨蟒本身在人类时代之前也并不邪恶,只是在人类出现之后,人类在他身上展示了邪恶的果实。所以,如果按照《圣经》,邪恶之父是在人类时代之后出现的,那么当他随着人类之后而变得邪恶时,他是如何成为天生的?谁是被创造物?或者,如果人类是由他创造的,那他为什么从人类时代开始变得邪恶?"

5:"他希望人类干什么?既然人类的整个躯体都是他创造的,那么他还想在人身上追求什么?因为每个人都是渴望更好或者更不相同的事物的。所以,假如邪恶原质确实是在人类出现时存在的,那么就像我不断指出的那样,人类怎么又会是他的创造物呢?如果人类属于他的创造,则人类本身也当如恶树之果一样邪恶,因为如你所言,恶树结出恶果。"

6:"既然大家都是邪恶的,那么他还有什么追求?或者,既然人类从形成以来就是他邪恶的原因,那么他又用什么方式来展示他是邪恶之始?此外,一旦将律法和戒条赋予人类,人类完全可以不服从巨蟒及其所言,那么人类又是出于什么原因而变得邪恶的?假如邪恶是天生的,那么怎么会不时发现人类比它更为强大?"

7:"因为当人类遵奉了天主的戒条,他就能经常击败每一种邪恶之根。十分可笑的是,作为被创造者的人类,居然能够比天生的事物更为强大。此外,这是谁的律法和戒条?我是指给予人类的指令。毫无疑问,这被确认为是天主的指令。"

8:"这样的律法怎么能给予外人?或者,谁会把戒律给予敌人?换言之,接受戒律的人怎么会向邪魔——亦即他自己的创造者——开战?犹如一个儿子会希望伤害其父亲吗?他即是其馈赠的接受者。因此,你从这个意义上表明,如果人类想用律法和戒条对付制造他们的邪魔,并击败他,那是无能为力的。"

9:"我们是否可以假设,邪魔愚蠢到未能意识到他所创造的人类会反对自己,以及未能考虑到将来,或者未能预见到后果?而即使我们人类自己,仅仅作为被创造的制品,也至少有点知识,有些正确的预见性和深思熟虑。"

10:"人们怎么能够相信,一个天生的存在居然没有最少的预见,或思考和智慧?所以,按照你的论点,他似乎有着最迟钝的知觉、最愚笨的心思以及兽类的素质。"

11:"既然他是如此情况,那么具有相当智力和知识的人类,怎么可能是这种浑浑噩噩、心智不全者创造的呢?有谁敢声称人类是这种始创者的制品呢?"

XXI,1:"如果人类由灵魂和肉体构成,并非只有肉体没有灵魂,而且相互都是,若无,对方就不能存在的。那么,你为什么还要说,他们是相互敌对的?我似乎记得,主耶稣基督在一些寓言中曾经谈到他们:'没有人把新酒装入旧皮囊里的;不然,皮囊一破裂,酒也就漏了。'①"

2:"所以,新酒应该放入新皮囊,因为皮囊和酒拥有同一个主人。尽管它们的质地不同,可是通过这两种要素的力量、性能和操作的配合,单一原质的人就存在了。"

3:"我们并不认为灵魂和躯体属于同一质地,而认为它们各有自己的品质。皮囊和酒可以相比于同一原质的人类,而同一原质的人是由创造了天地万物的天主造就的。灵魂在躯体中十分欢乐,爱护和抚育躯体。同样地,躯体也很欢乐,它因灵魂而变得生气勃勃。"

4:"但是,有人会说躯体是邪恶者的制品,由于它易于腐朽,会衰老,无足轻重,故无法承受精神的美德、灵魂的活动,以及它最辉煌的创造。正如有人在一件旧袍子上缝了一块新布的补丁,其裂口会变得更大②;人的躯体也是一样,假如它依附于非常荣耀的制品灵魂,就会毁灭的。"

---

① 语见《新约·玛实(马太)福音》第9章第17节(思高,1968年,1520页)。亦见《新约·玛尔谷(马可)福音》第2章第22节、《新约·路加福音》第5章第37节等处。
② 此语的出典见《新约·玛实(马太)福音》第9章第16节:"没有人用未漂过的布作补丁,补在旧衣服上的,因为补上的必扯裂了旧衣,破绽就更加坏了。"(思高,1968年,第1520页)《新约·玛尔谷(马可)福音》第2章第21节、《新约·路加福音》第5章第36节等处也有类似说法。

5:"同样地,如果有人拿着火炬进入黑暗处,黑暗就会被立即驱散,消失不见。所以,也就可以理解这样的情况了:当灵魂进入躯体,那里的黑暗立即被驱逐,于是马上创造了单一的原质,也就形成了同一原质的人。这样,新酒要装入新皮囊,新布补丁不能缝在旧衣上,而得缝在新衣上就显得和谐一致了。"

6:"据此,我们能够证明,躯体和灵魂的各自质地中都存在着和谐的力量;对此,最伟大的《圣经》博士保罗曾说:'天主却按自己的意思,把肢体个个都安排在身体上了。'①"

XXII,1:"假如你似乎难以理解,或者并不默认这些说法,那么我至少可以用实例来证明它们。如《圣经》所言,把人看成一座神殿②,并把人体内的精神比作居于神殿的神灵。若不首先认可神殿内的居住者,就不会建造神殿;若不建造神殿,该神灵也无处安身。"

2:"所以,既然这二者是被一起和同时崇拜的,那么他们之间怎么还有敌对关系呢?更为明显的是,二者是作为追求同一目标的朋友而被创造的。因此你可以知道,他们是以友谊和血统联结起来的,他知道和听闻后答道:'让我们来创造人',以及如此等等。"

3:"建造神殿者询问塑造神像者,了解神像的尺寸、宽度、体积等,以规划神殿基础的大小。没有人会在不了解所置神像之尺寸的情况下,就盲目建造神殿的。因此,万物的缔造者天主在创造人体时也是以类似的方式,首先了解其外形和尺寸,然后将灵魂很合适地放进去。"

4:"如果有人说,躯体制造者是灵魂创造者天主的敌人,那么他们为什么不因为相互忌恨对方而羞辱对方的工作呢?例如,神殿建造者把神殿造得十分狭窄,以至容纳不下对方所造的神像(灵魂);或者,神像塑造者将神像造得十分粗笨,以至于放进去时把神殿也压垮。"

---

① 语见《新约·格林多(哥林多)前书》第12章第18节(思高,1968年,第1783页)。
② 典出《新约·格林多(哥林多)前书》第3章第16节:"你们不知道,你们是天主的宫殿,天主圣神住在你们内吗?"(思高,1968年,第1770页)

5:"让我们来思考一下这一情况:假如二者并非敌人,则上面设想的敌对行为也就不会发生,那么每一件事都会安排得十分妥帖,匹配的尺寸,相同的公正,获得一样的荣耀。既然如此,我们为什么还要对此怀疑?"

6:"如果你愿意的话,我们还可以补充一个例子。人似乎就像一艘船,它由设计师装配好后驶入大海。若无舵手,它不可能航行;有了舵手,它就得到控制,驶向舵手希望的任何方向。毫无疑问,舵手需要设计师制造的整艘船只;而若没有舵手,这艘躯体庞大的船也完全只是个迟钝的笨重物。"

7:"从这个意义上看,我们说灵魂是躯体的舵手。二者都由灵魂的意愿所操控,灵魂是我们雇用的舵手。当他们结合为一体时,干每一件事都具有和谐一致的功能,他们获得的每一项成就都是单一创造者的证据。"

XXIII,1:现场的群众听了这番演讲后,为己方几乎已击败了摩尼而欣喜若狂。阿基来好不容易才抑制住他们的热情,强令他们安静下来。于是,裁判们说道:"阿基来已经充分证明了,人的躯体和灵魂是由同一个创造者制作的,因为一个设计师的制品是不可能与意见相左之设计师的作品和谐一致的。"

2:"假如有人说,单个创造者是没有能力同时设计躯体和灵魂二者的,那么只能表明这个设计者能力太弱;即使如有人所言,灵魂是善神的创造物,那么他若不能认可躯体,则所创造的这种人类也是毫无价值的。另一方面,如果说躯体是恶神的创造物,则若他不认可灵魂,也仍然是没有意义的。毫无疑问,灵魂如果不是混融在躯体之中,那就不可能形成人类,也不能如此描述他。所以阿基来用许多例子证明了,人类的创造者只有一个。"

3:阿基来说道:"摩尼,我想你应该知道,被生育或被创造者是那称为生育者或创造者的'儿子';所以,若是邪恶者创造了人类,那么他就应该是人类的'父亲'了。因此,主耶稣曾经教导人类这样祈祷:'祈祷时要这样说:父亲啊,谁在天堂里?'又说道:'向你的神龙见首不见尾的父亲祈祷。'"

4:"有关撒旦,他说他曾经看见他'像闪电一样从天堂跌落',所以无人敢说他曾教导我们向撒旦祈祷。耶稣从未为了调解人类与撒旦的争端而降临尘世，而是让他的忠诚信徒将撒旦踩在脚下。"

5:"我现在要说的是，异教徒假设有许多神灵，但主张他们是同心同德，友好相处的，这还算是幸运的；而摩尼却假设有两种神灵，并厚颜无耻地虚构他们之间敌对与不和谐的思想观念。如果他假设有许多神灵都属于这类情况，那么你们将看到他们因其无数的特性和形形色色的思想而争斗得不亦乐乎。"

XXIV,1:"我现在必须谈到的有关内人和外人的问题，这可以看作是救世主向那些吞下骆驼、被阿谀奉承包围的伪君子呼喊的话。"

2:"耶稣对他们说道：'你们这些文士和法利赛人，伪君子们，现在可要遭祸了！因为你们只洗了杯、盘的外表，而里面则满是肮脏。你们不知道他既创造了外表，也创造了内里吗？'①他是在谈论杯子和盘子的问题吗？说这番话的是用陶土制作器皿的吹玻璃工或陶工吗？不，他肯定非常清楚地谈论了躯体和灵魂。"

3:"实际上，法利赛人热衷于追求茴香的什一税，却放任律法的大事于不顾；他们只注意事物的外表方面，却忽视了与灵魂拯救相关的事情。他们追求的是公共场合的寒暄问候，以及就餐时的首席座位。"

4:"由于主耶稣知道这些，所以他说他们是该受诅咒的，他们只注意了事物的外表形式，而忽视了其内在品质，仿佛与之毫不相干一般，没有意识到创造肉体者也创造了灵魂。有谁蠢笨得像块石头一样，连这样的说法都丝毫不能领会的？"

5:"保罗的说法与此一致，他解释律法中所写的条文道：'梅瑟（摩西）法律上记载说：牛在打场的时候，不可笼住它的嘴。难道天主所关心的是牛吗？岂不是完全为我们说的吗？'②我们还有什么犹豫不决的吗？不过，我还有几个问题要辩说。"

---

① 有关此语，可以参看《新约·玛实（马太）福音》第23章第25—26节："祸哉，你们经师和法利塞假善人！因为你们洗擦杯盘的外面，里面却满是劫夺与贪欲。瞎眼的法利塞人，你先应清洁杯的里面，好叫它外面也成为清洁的。"（思高，1968年，第1544页）

② 引语见《新约·格林多（哥林多）前书》第9章第9—10节（思高，1968年，第1778页）。

6:"如果有两种天生的存在，并且能够因其所处的地域而被清楚地区分，那么，天主就被分割了。因为如果他处于某个界限明确的地方，而非散布于各处，那么他就将大大劣于他所处之地；因为限制他物的始终比被限者伟大。天主被局限于那个范围内，就如人类被局限于家中一样。"

7:"其次，理智要求我们了解，是谁区分了他们，或者是谁在二者之间划分了界限？而事实是，如今发现这二者的威力都远逊于人类。利西马科斯(Lysimachus)①和亚历山大掌握了全世界的统治权，得以征服所有蛮族乃至全人类，当时除了他们没人能够掌控天下。"

8:"谁敢说天主不是存在于每一个地方？他是永恒的真正光明，他的王国是神圣的和不朽的。唉，可怜的人类大不敬啊，他们并未将无所不能的威力归之于天主，反而认为与人类相等。"

XXV,1:裁判们说道："我们知道，灯要照亮整个屋子，而不是任何一个角落。正如耶稣所说：'没有人会点了一盏灯，却放在蒲式耳②下，而总是放在灯柱上，以照亮屋内的所有人和物。'"

2:"因此，若按耶稣之说，假如有一盏灯，那它就应照遍整个世界，而不是其中的一部分。所以，如果光明占据了整个世界，那么天生的黑暗又在哪里呢？除非它只是偶然出现。"

3:阿基来说道："你们对《福音》要旨的理解远胜于他；他自称保惠师，我却宁可称他寄生虫，而非保惠师③。我现在则来谈谈黑暗是如何出现的。"

4:"当光明散布于各处后，天主着手建造大地，始自天空和陆地。在此过程中出现这样的情况：中央部位(即是大地被阴影遮蔽之处；阴影可能是

---

① Lysimachus，约前360—前281年，是亚历山大大帝的继承者之一，曾统治色雷西(Thrace)、小亚细亚、马其顿地区。确实曾经威震古代世界，但是远非阿基来所言的"掌控全世界"。显然，阿基来颇有夸张之辞。

② Bushel，汉译通常作"蒲式耳"，欧美人的定量容器。其用途相当于古代中国的"斗"，用以计量谷物、大豆等固体农作物。其容量为35升左右，重量为27公斤左右，因计量品种的相异而有所不同。

③ "寄生虫"的原文作parasite，"保惠师"的原文作paraclete，二者为谐音词。显然，阿基来是用贬义的谐音词parasite来讥讽摩尼。

由己创造物的介入而造成)是黑暗的,因此,这就要求光明被引导到这中央部位。"

5:"所以,摩西在《创世记》中描述世界的结构时,根本没有谈及黑暗,也没有提及它是被创造的还是天生的。他只是保持了沉默,而将这个智力问题的解释交给有志于此的人们去完成,实际上,它并不难以解答。"

6:"因为以下的现象对于每个人来说都是显而易见的:有形的太阳升起在东方,然后向着西方运行,在它沉入大地之下后,便进入了希腊人所谓球体的内部,因介入物体的遮蔽而不再显现。"

7:"太阳被遮蔽时,大地阻挡着它,于是产生了一个阴影,它是由自己的黑暗造成的。直到太阳于夜间在下方运行一段距离后,它重新升起于东方,出现在通常的位置。所以,阴影和黑暗是由大地实体造成的,就像一个人产生自己的影子一样。"

8:"在天、地和所有这些实体事物存在之前,光明就已永恒存在。当时,并无物体介入中间而产生阴影,因此我们可以说,当时任何地方都没有黑暗,没有黑夜。"

9:"为了便于辩论,假设对万物都有操控权的这位决定将西方区域从场景中撤除,那么太阳就不会朝着这个区域运行,也就没有地方会有黄昏或黑暗了。而太阳则始终在运行,永不沉落,并且几乎始终占据着天轴的中心,永远是看得见的。于是,整个世界都阳光灿烂,没有任何地方产生阴影,每个地方都处于同样的光明中。"

10:"反之,若西方区域仍保持原来的位置,太阳在世界的三个方位运行,那么在太阳下方者显然会被照得更亮。这样,我就几乎可以说,当对立区域的人打算睡觉时,另一端的人已在迎接黎明了。"

11:"比位于西方区域者更先见到光明的人,也更早地见到光明的隐没。在全人类中,只有位于世界中心的人才始终看得到同样的光亮。因为当太阳位于天空中央时,似乎没有一处地方是更明亮些或更黑暗些,而是世界的所有地方都被太阳光平均地照到。所以,如我前面所言,假如西方区域被撤离这个场景,那么与它相邻的区域就再也不会处于黑暗中了。"

12:"所有这些都可以说得更简单些,我也可以描述一下黄道十二宫。但是我想,现在谈论这些并不十分妥当,因此我不再谈论这些问题,而是回到我的对手挑起的论题上(他竭尽全力证明黑暗是天生的);如今,我已尽我所能把这点批驳得体无完肤了。"

XXVI,1:裁判们说道:"假如我们考虑到,光明在万物被创造之前就已存在,并且没有任何物体插入其间而产生阴影,那么必须得到这样的结论:光明散布于每个区域,所有地方都被光芒照射到,正如你刚才所展示的那样。由于我们见到了真正的解释,所以我们赞赏阿基来的辩驳。"

2:"即使整个宇宙被分割开来,犹如一堵墙筑在中间,一侧居住着黑暗,另一侧生活着光明,但是仍可将黑暗理解成是这一结构建立后而生成的阴影。所以,我们将再一次请教摩尼,倘若你承认这堵墙是建造的,那么是谁在二者之间建造了这堵墙?"

3:"假如这个问题必须以'并未建墙'为前提来考虑,那么我们就得理解为绝对地只有一个宇宙,并且处于一种威力的掌控下。相应地,每个区域的黑暗都被证明是由偶然的环境所形成,而并非其天生的本质。"

4:阿基来说道:"他还应该回答与若干主张相关的下列问题:如果天主位于他的国度中,邪恶者同样位于自己国内,那么是谁在他们之间建造了这堵墙?因为若不是比这两种物质都伟大,是不可能将二者划分开的,就如《创世记》所言:'天主见光好,就将光与黑暗分开。'[①]"

5:"必然地,那墙的筑造者也是这样的角色。墙标出了双方的界限,就如乡村居民中的界石通常划分出了各地主的产业一般。还有一个例子提供了更好的理解方式:这种类型的区分犹如弟兄之间的遗产划分。"

6:"但是我现在不谈这些事情,尽管它们显得很必要。我们要提这个问题:是谁建造了这堵墙,以标志出光明与黑暗的区域界限?不要让他拖

---

① 语见《旧约·创世记》第1章第4节(思高,1968年,第9页)。

延,我不能让这狡猾的家伙推诿搪塞,而是要他立即承认其二元对立的物质已经被归纳成了一个统一体。"

7:"告诉我,到底是谁筑造了这堵中间墙?当第二个存在筑墙时,最早的存在在干什么?他是睡着了,还是没有觉察到?或者是无力抵抗?抑或是收受了酬金而允诺了?告诉我,他干了些什么?或者,到底是谁能够筑造这堵墙?裁判们哪,天主提供的最有智慧的馈赠,我恳求你们让他告诉你们,二者中的哪一个建造了这堵墙?以及一个在筑墙时,另一个在干什么?"

XXVII,1:于是,裁判们说道:"摩尼,告诉我们,是谁标志出了两个国度的界限?以及是谁建造了中间的墙?阿基来所提的这个问题对于本次辩论具有非常重要的意义。"

2:摩尼答道:"天主是善良的,与邪恶毫无关系,他将苍穹置于中央,以隔离邪恶者,把它与自己分离开。"

3:阿基来说道:"你利用这高尚的名号来撒谎,到底要到达何等程度?你称呼他为天主,只是借用了一个名字,实际上你却把他的神性与人类的缺点相比较。你有时候说他从一无所有创建事物,有时候又说他使用在他之前就已存在的基本物质创建事物,就如人类建筑师通常所做的那样。有时候,你又把他描绘成胆小怕事、善感易变者。你应该知道,天主干属于天主的事,人类则干人类的事。"

4:"因此,如你所言,假若天主建造了那堵墙,那就证明他心怀恐惧,缺乏勇气。因为我们知道,生性多疑的人总是掉进陌生人设计的陷阱,惧怕敌人圈套的人往往用城墙围住自己。他们就这样保持了自己的无知,同时也展示了自己的愚蠢。"

5:"有关这点,我们不想保持沉默,而是要把它公之于众。这样,通过大量的辩驳,我们对手的五花八门的诡计可以被摧毁,因为真理是站在我们这边的。"

6:"让我们先同意墙作为两个国度的分界而建立起来的说法;因为若无

这堵墙,双方就不可能有各自的国度。但是出于同样的道理,如果这堵障碍墙足够坚固的话,那邪恶者也不可能越出本界,侵入善良者境内,除非它偶然被先行摧毁了,正如我们已听说过的敌军所为,以及确实在最近亲眼所见的情况那样。"

7:"当一个国王攻打围以坚固城墙的城堡时,他首先使用弹射器和投射物,其次是试图用斧子砍倒城门,以及用攻城槌撞倒城墙。夺取城池后,他最终入城,可以任性而为,或者将市民们捕作俘虏,或者破坏一切事物,甚至,他也可以应民众之求而展示一下宽容。那么,此人对这个情况有何说法?"

8:"是某种敌对力量摧毁了立在他们之间的城堡?因为他在先前的演讲中,声称黑暗曾越过了自己的边界,进入善良天主的国度。谁首先摧毁了这防御?因为当防御足够坚固时,邪恶者是不可能越过它的。你为什么沉默了?你为什么犹豫了?摩尼!即使你拖延时间,我也仍然要按照自己的进程辩论。"

9:"倘若你说是天主摧毁了它,那么我要问了:是什么动机促使他毁坏了自己先前为隔离强硬的邪恶者而建造的墙?他为什么生气?或者,他这样对付自己会遭受什么损失?或者,他确实能夺得邪恶者的任何一点领地吗?"

10:"如果所有这些都不是天主摧毁自己许久前为了隔离邪恶而建墙的原因,那么若谓天主喜欢邪恶者的社会和群体,也就不足为怪了。既然当初这堵防护墙是为了避免遭受邪恶者的侵扰而建起,那么嗣后毁坏它的原因,似乎是他认为邪恶者不再是种骚扰,而是朋友了。"

11:"反之,倘若你说这堵防御墙是被邪恶者摧毁的,那么善良天主的创制品怎么会被邪恶者破坏?在此情况下,邪恶原质变得比天主更强大了。既然邪恶者是完全黑暗的,那么它又怎么能胜过光明?因为福音传教士宣称'光在黑暗中照耀,黑暗决不能胜过他'①失明者如何能武装起来?黑暗如何能与光明王国交战?"

---

① 语见《新约·若望(约翰)福音》第 1 章第 5 节(思高,1968 年,第 1639 页)。

12："恰似虚弱的眼睛接受不了太阳的光芒,邪恶者也绝对无力承受光明王国的眼光,而只能始终是个外来者和异类。"

XXVIII,1：摩尼说道："并非所有的人,而只是被授权了解天国奥秘的人才能接受'天主'一词。如今,我确实知道谁是我们的人,因为他(指耶稣——汉译者)说过'我的羊听我的声音'①。现在,为了属于我们的人,为了已被赋予理解真理之能力的那些人,我将用譬喻来谈论这个问题。"

2："邪恶者就像妄图偷偷接近善良牧人羊群的狮子,牧人见此情况,就挖了一个深坑,再从羊群中取来一只羊羔,放在坑中。狮子急于攻击它,垂涎欲滴地想吃掉它,于是冲向深坑,从而跌入其中。狮子再也无力攀爬出坑。"

3："牧人抓住了狮子,为安全起见,把它关在一个笼子里,并保护此前与狮子一起待在坑中的羊羔的安全和健康。就这样,通过这一方法,邪恶者变得衰弱了,犹如那狮子一样,再也无力作恶;整个灵魂之族将得到拯救,被毁坏者得以康复,回到自己的群体中。"

4：阿基来问道："如果你将狮子比作邪恶者,将天主比作牧羊人,那么,告诉我,你把我们比作羊和羊羔吗?"摩尼答道："在我看来,羊和羊羔是属于同一原质,他们可以比作灵魂。"

5：阿基来说道："那么,当天主将羊羔投入诱捕狮子的深坑中时,是把它送入地狱吗?"摩尼答道："肯定不是这样,绝非如此!这只是诱捕狮子的一个骗局而已。为了未来,天主将保护灵魂的安全。"

6：阿基来说道："听讲的先生们,如今事情变得越来越荒唐了:牧羊人由于惧怕狮子的攻击而把紧紧依偎在他怀中的小羊羔扔给狮子,任它吞食,居然声称这是为了羊羔未来的安全!所有这些话明白无误,不荒诞可笑吗?这种说法简直丧失了正常的判断,因为倘若天主把灵魂交给撒旦,它是会被撒旦折磨死的。"

① 此语典出《新约·若望(约翰)福音》第 10 章第 27 节,耶稣答道:"我的羊听我的声音,我也认识他们,他们也跟随我。"(思高,1968 年,第 1659 页)

7:"牧人什么时候能从狮子的口中或肚子里救出已被它吞食的东西了？你大概会对我说:他办得到,因为他是天主,能办成任何事情。那么你听着:为什么你不索性声称,天主能办到,他能利用他自己的力量击败狮子(只要他的威力是圣洁的),而无须使用任何诡计,或者把羊羔或者把小孩放在坑中。"

8:"并且再告诉我:倘若狮子扑向牧人而非羊群,那么又会发生什么情况？牧人被说成是天生的,而狮子亦然如此。所以当人类尚未出现,在牧人拥有'羊群'之前,如若狮子到来,则会发生什么？因为在羊羔存在之前,狮子是没有食物可吃的。"

9:摩尼答道:"确实,狮子当时是没有什么可吃的,但是当它沿着山脊奔跑时,对见到的任何东西发泄恶意。一旦它也需要吃东西时,它会捕捉自己国度中的一只野兽。"

10:阿基来说道:"因此,邪恶者国度里的野兽是与善良天主国度里的羔羊属于同一原质啦？"摩尼答道:"绝非如此,绝对不是这样的。他们二者之间绝无共同之处;他们各自的隶属者之间也绝无共同之处。"

11:阿基来说道:"可是有一点是相同的,即狮子的食物。因为,如果狮子在某一时间从它自己的兽类摄取养料,而在另一时间又从善良天主的羔羊摄取养料,那就表明这二者在充任它的食物方面并无区别。所以十分清楚,它们属于同一种原质。"

12:"但是,假如我们说这二者迥然不同,只是由于牧人的无知,才将不适合的食物扔给了狮子,那么你恐怕又要掩饰道,狮子是不吃东西的。难道是连吃什么都不知道的这位激怒了去吞食灵魂的另一位？难道他不仅仅是用个坑来诱骗狮子？想想看,天主值得干这种事,以及设置骗局吗？"

13:"这就好比有个国王,敌人已经向他宣战,他却丝毫不相信自己的力量,而是因自己的软弱吓得心惊胆战,把自己紧闭在城墙里面,四周绕以城堡和防御工事,对自己的军队始终没有信心。假如他是个勇敢的人,他就会走出城去,奔赴远离本国边境之处迎击敌军,尽其所能地战斗,直到击败敌人,主宰敌人。"

XXIX,1:裁判们说道:"如果你是说狮子冲向它的天生敌手时,牧人把羔羊扔给了狮子,那么这情况就清楚了。当牧羊人自己成为这件罪孽的起因时,他还能谴责谁呢?"

2:"由于牧人的软弱而交给狮子的羔羊本身无力抵抗狮子,从而只能任狮子为所欲为。恰似一个主人因惧怕对手而将自己的一个仆人送给了对方,嗣后又无法凭借自己的能力索回一样。"

3:"倘若仆人出于某种机遇而恢复了健康,居然听从那对手的每个指令,则也无可厚非,因为是他的前主人像牧人把羔羊送给狮子一样,把他送给了对手。你声称,牧人是有先见之明的。那么当羔羊被征服,牧人问他为何对狮子言听计从时,他会这样答道:"

4:"'你曾毫不抵抗地把我交给狮子,尽管你预见到我会怎么做。既然如此,我就必须听从他的指令了。'长话短说吧,按你之说,既未能显示天主是完美的牧人,也未能证明狮子可以吃异质的食物,因此,确切的事实教导了我们,显然,我们应该赞赏阿基来所说的话。"

XXX,1:阿基来说道:"确实,在已经讨论过的所有主题中,裁判们英明地给予了我们极大的宽容。对于余下的问题,我们将不再提出,而是留给其他的机会吧。正如击碎了蛇头,则是否再斩断蛇身就不是很重要了一样,一旦二元论被驳倒——我们已尽力做到这点——与之相应的其他论点也就一起被摧毁了。"

2:"然而,对于在此提出这些主张的人,我还要稍稍说几句,以让大家都清楚,他是何许人?他从哪里来?以及他属于哪一类人?他曾说,他是保惠师;耶稣在升天之时曾经承诺,将来会派遣他降临人间,拯救信徒们的灵魂。因此,保罗应该在他之前不久;这位神选的使徒随后宣讲了真正的教义,并说:'你们是想寻求基督在我内心说话的证据吗?'①"

---

① 此语典出《新约·格林多(哥林多)后书》第13章第2—3节:"我第二次在你们那里时已经说过,如今不在的时候,再预先向那以前犯了罪的,和其余的众人说:我若再来,必不宽容!这是因为你们愿寻求基督在我内说话的证验。"(思高,1968年,第1805页)

3："诚然,通过下述例子,我所说的问题将会变得更加清楚:某人将大量粮食存放在仓库中,装满后,他就锁了仓库,并使用了许多封印,还下令卫士守护。随后,这个人就离开了。

4："过了一段时期后,另有一人来到仓库,声称自己是由先前封印仓库的人派来的,其目的也是用这个仓库来收藏小麦。"

5："卫士们便要求他出示印信证据,验证印信之后,他们自然会打开仓库,听从他的指令,确认他是锁仓者派遣来的人。然而,倘若他因为根本未获授权而既拿不出仓库钥匙,又拿不出印信证据,那么他必定会被卫士们扔出去撵走。"

6："他们发现他是个窃贼或强盗,于是谴责了他,把他赶走,罪名是:在锁仓人做出承诺的许久之后到来,既无仓库钥匙,也无印信,也无证明身份的任何证据,并且居然不知道仓库里已经装满了粮食!所有这些都提供了充分的证据,表明他并不是主人派遣来的那人,因此他就被卫士们撵走了。"

XXXI,1:"假如你们同意的话,我可以再举一个例子。有个人,是个豪富家族的家长。他要外出一段时期,临行前向儿子们承诺,他日后会派遣一个人来,代表他来公平地分配他的资源。

2："果然,不久之后他派来了一个相当正派的人,公正、诚实。此人抵达之后,接管了主人的全部产业,亲自组织和管理它们,不辞辛劳地巡游、安置,事必躬亲,勤奋操持。"

3："他在去世之际写下遗嘱,把遗产留给其亲属和近亲,并给予他们印信。他把他们召集在一起,指导他们在获得这些产业并享用其成果时,自己成为主人和继承者时,应该如何保存这些遗产,如何维护与经营这些产业。"

4："假如有人要求分享田里的果实,他们应该乐意地提供;但若有人声称自己也是继承者,提出诉求,那么他们就应该拒绝他,把他宣布为异己分子。任何人若希望被接纳,就得干更多的工作。总之,这些正确和适宜的安排确定之后,按此规定持续了很长的时期。那么,我们怎么能不排斥将近三百年后到来的,声称自己是继承者的那个人?"

5:"那么,我们难道不能确切无疑地把下列这种人宣称为异己分子吗?他不能证明自己是我们的亲近同伴之一;我们的已故主人遭受磨难时,他并不在现场;主人殉难于十字架上后,他没有参加丧葬仪式;他并未站在主人的墓前默哀;他对于主人的离开方式毫无了解;最后,他想要进入谷仓,却又拿不出谷仓封印者的证明。"

6:"我们肯定会像对待盗匪或窃贼那样摒弃他,想方设法地排斥他。所以,如今在我们面前的这个人,正是前面例子中所说的拿不出印信的人。他说他就是耶稣预言所声称的在未来派遣的保惠师;他这样说可能是出于无知,实际上却等于断言耶稣是个撒谎者。"

7:"因为按照他的说法,曾称旋即派遣保惠师的耶稣被发现是在三百年或更久后才派遣保惠师的。那么,那些在耶稣离世到今天的这段时间里去世的人,在审判日将会对耶稣说些什么呢?"

8:"他们肯定会这样对他说:如果我们没有完成你的事业,请不要惩罚我们。因为你在提比略①皇帝统治时期曾经允诺,将派遣保惠师,以'指证世界关于罪恶、正义和审判所犯的错误'②,而你为何直到普罗布斯③皇帝治下时才派他到来?为什么你说了'我不留下你们为孤儿,我必回到你们这里来'④,以及答应将很快派遣保惠师前来之后,却把我们像孤儿一样留下了?若无护卫者,我们这些孤儿还能干什么?我们并未犯下罪过,而你却欺骗了我们。"

9:"但是我们的主耶稣基督,每个灵魂的拯救者,粉碎了这样的想法。因为他丝毫没有拖延地兑现了自己的诺言。当他说了'我也要求父,他必会赐给你们另一位护慰者'⑤之后,就立即派遣了保惠师,将礼物分配给他的

① Tiberius,罗马帝国的第二任皇帝,公元14—37年在位。正是在他任命的犹太巡抚彼拉多的任期内,耶稣被杀死在十字架上。
② 语出《新约·若望(约翰)福音》第16章第8节(思高,1968年,第1670页)。
③ Probus,罗马帝国的皇帝,公元276—282年在位。这差不多是摩尼教流行于波斯的时期。
④ 语见《新约·若望(约翰)福音》第14章第18节(思高,1968年,第1667页)。
⑤ 语出《新约·若望(约翰)福音》第14章第16节(思高,1968年,第1667页)。

门徒们,只是给予保罗的更丰富。"

XXXII,1:摩尼说道:"你用你的辩论为我设下了圈套。但是刚才所说的一切其实对你自己是不利的,你并未认识到,当你对我发出强烈指责时,自己反而犯下了更大的罪过。现在请告诉我,假如在提比略至普罗布斯统治期间被毁灭的人对耶稣说:"

2:"'不要因为我们没有完成你的事业而审判我们,因为你离世之际曾说将很快派遣保惠师下凡,而实际上却并未派遣'这番话,那么,岂不是在摩西至耶稣基督降临期间死亡的人更有资格说这些话?他们岂不是完全有权说'不要对我们处以惩罚,因为我们对你毫无了解'?"

3:"此外,不仅仅是基督降临前的那些人,并且从亚当时代直到耶稣临凡期间被毁的那些人,似乎也都有着充分正当的理由这样申诉。因为他们既对保惠师的情况一无所知,也从未获得耶稣教导的启示。"

4:"但是按你所说,只有自提比略时代以降的那一代人才能获救,因为基督本人'为他们赎出了律法的诅咒'[①],正如保罗亲口所言:'文字只会杀人,不会给予任何人生命。'[②]以及'律法是死亡的帮助者,是罪恶的力量'[③]。"

5:阿基来答道:"你错了,因为你既不懂圣经,也不了解天主的威力[④]。从基督降临直到现在的这段时间里,因拒绝献身于事业而被毁的人仍然会毁灭;只有曾经接受基督,并继续接受他的人才能'获得威力,成为天主的儿子'[⑤]。他不说'所有的',也不宣布时间限制,而是说'接受他的任何人'。"

6:"自从世界被创造之后,他始终和正义的人们在一起,并且从未停

---

① 此语典出《新约·迦拉达(加拉太)书》第3章第13节:"基督由法律的咒骂中赎出了我们,为我们成了可咒骂的。"(思高,1968年,第1812页)

② 此语典出《新约·格林多(哥林多)后书》第3章第6节:"这约并不是在于文字,而是在于神,因为文字叫人死,神却叫人活。"(思高,1968年,第1794页)

③ 此语典出《新约·格林多(哥林多)前书》第15章第56节:"死亡的刺就是罪过,罪过的权势就是律法。"(思高,1968年,第1789页)

④ 此语借自耶稣的话:"耶稣回答他们说:'你们错了,不明了经书,也不明了天主的能力。'"见《新约·玛实(马太)福音》第22章第29节(思高,1968年,第1542页)

⑤ 此语典出《新约·若望(约翰)福音》第1章第12节:"凡接受他的,他给他们,即给那些信他名字的人权能,好成为天主的子女。"(思高,1968年,第1639页)

止过为义人追讨血债,从义人亚伯(Abel)的血债直到撒迦利亚(Zacharias)的血债①。那么,当亚伯尚未创制律法之时,当先知们尚未出现而完成预言书的任务之时,亚伯以及继其之后的所有义人是如何看待正义的?"

7:"他们肯定是正义的,因为他们履行着律法。'他们每个人都将律法写在其内心,他们的良知为此作证。'②有人'在没有律法的情况下自然地按律法行事,他虽然没有律法,但其本身就是律法。'③"

8:"各个义人遵守着众多的律法,他们过着幸福的生活,有时候制定出植根于他们内心的天主的律法,有时候从自己的父母那里寻求律法,偶然地,也从其长辈和祖先那里学习律法。"

9:"但是,由于采用此法——即家长传授之法——后达到正义高峰的人只是少数,所以并无书面律法留存下来。天主同情人类,因此通过摩西将书面律法赋予人类,因为出于本性的律法基本上不能长久保存在内心。"

10:"所以,与创造第一个人类相配合的,是书面的法律法规,这是经由摩西发布的,旨在拯救众多人类。假如我们认为人类无须律法也可被视作正义的,以及亚伯拉罕被认为是正义的,那么,遵守对人类有利之法律的那些人将会获得更多的正义。"

11:"既然你刚才引用了三段《圣经》,即使徒曾说过'律法是死亡的帮助者','基督将我们从律法的诅咒中救赎出来',以及'律法是罪恶的力量',那么请再多说点,告诉我们,你所认为的《圣经》中反对律法的所有例证。"

XXXIII,1:摩尼答道:"耶稣对其门徒所说的与对不信天主者所说的,

---

① 有关此语,可参看《新约·玛实(马太)福音》第23章第35节:"自义人亚伯尔的血,直到你们曾在圣所与全燔祭坛间,所杀的贝勒基雅的儿子则加黎雅的血,都归到你们身上。"(思高,1968年,第1544页)

② 此语可参看《新约·罗马书》第2章第15节:"如此证明了法律的精华已刻在他们的心上,他们的良心也为此作证。"(思高,1968年,第1741页)

③ 此语可参看《新约·罗马书》第2章第14节:"没有法律的外邦人,顺着本性去行法律上的事,他们虽然没有法律,但自己对自己就是法律。"(思高,1968年,第1741页)

是完全不同的两码事；他对后者说道：'你们是出于你们的父亲魔鬼，并愿意追随你们父亲的欲望。'①这无疑意味着，凡世的邪恶之王无论需要什么，追求什么，他都通过摩西书写下来，交给人类去完成。"

2："耶稣还说：'从起初，他就是杀人的凶手，不站在真理上，因为在他内没有真理；他几时撒谎，正出于他的本性，因为他是撒谎者，而且又是撒谎者的父亲。'②"

3：阿基来问道："你说完了吗？还是有更多的话要说？"摩尼答道："我确实还有许多更好的论证，但是现在就说到这里吧。"

4：阿基来说道："或许我们可以从你刚才所作的申辩中拿出一个例子来，倘若它被恰如其分地驳倒，则可认为其余的申辩论据也一并被否定了；但若相反，那么我将服从裁判们的裁决，换言之，我会承担失败的耻辱。"

5："你说了，律法是死亡的帮助者，而死亡则是尘世之王，从亚当直到摩西时代都在掌权，因为《圣经》写道：'从亚当起，直到摩西，死亡都统治着没有罪过的人。'③"摩尼答道："毫无疑问，死亡确实掌着权，因为存在二元性，他只能是天生的。"

6：阿基来说道："假如死亡是天生的，那么他是在什么时候开始其统治的？因为经文声称'从亚当开始'，而不是说'亚当之前'。"摩尼答道："你不妨先告诉我，他是如何获得统治义人和罪人之国度的？"阿基来答道："你先得承认他是从某一特定时间，而非永恒时间开始其统治的，然后我再回答你这个问题。"摩尼答道："经文记载道：'他从亚当时期直到摩西时代都在掌权。'"

7：阿基来说道："因此，他也有个起点，他始自一个固定时间。所以，'在胜利中，死亡被吞灭了'④这句话是确实的。而一旦证明死亡有个始点和终

---

① 语见《新约·若望(约翰)福音》第8章第44节(思高，1968年，第1656页)。
② 同上。
③ 此语出自《新约·罗马书》第5章第14节，其原句是："从亚当起，直到梅瑟，死亡却作了王，连那些没有像亚当一样违法犯罪的人，也属它权下。"(思高，1968年，第1745—1746页)
④ 语见《新约·格林多(哥林多)前书》第15章第54节(思高，1968年，第1789页)。

点,那他就不是天生的。"摩尼说道:"因此,是天主创造了他。"

8:阿基来说道:"肯定不是的,绝非如此。因为'天主不创造死亡,对于毁灭生物也毫无兴趣。'①摩尼说道:"天主不创造死亡,但是按你所言,死亡是被创造的。那么请告诉我,死亡是从谁手中获得了帝国?又是谁创造了他?"

9:阿基来答道:"假如我能充分证明死亡不可能包含丝毫的天生原质,那么你能承认只有一个天主,并且是天生的吗?"摩尼答道:"你继续说吧,你正在试图制造微妙的差别。"

10:阿基来说道:"那是因为你所作的陈述仿佛表明你能够提供足够的证据来证明死亡是天生的。然而,我刚才所作的相关论述已经非常充分地证明了,是不可能存在两种天生原质的。"

XXXIV,1:裁判们说道:"阿基来,请回答他刚才提出的问题。"于是阿基来说道:"他说尘世之王,即邪恶者、黑暗、死亡,这都是同一种存在。他还说,律法是这一存在赋予的,依据即是经文所言的'死亡的帮助者'以及其他一些理由。"

2:"如我刚才所说,律法不可能一成不变地存留在我们祖先的记忆中,尽管通过他们的天性而记录了下来。前辈们并未形成足够强大的传统,因为抗衡记忆的遗忘始终控制着他们。有时候,某人按照一个导师的指导行事,有时候则按自己的想法行事,所以很容易发生违犯由天性形成之律法的情况。死亡正是利用人们对戒条的违犯而获得了操控人类的王国。"

3:"因为人类是需要天主用铁棍来管理的生物。所以死亡取得了胜利,统治着全体人类,甚至包括那些并无罪过的人,直到摩西时代。如我们已经描述的那样,死亡统治着仿佛隶属于他的罪恶者,如该隐(Cain)和犹大(Judas)之流。"

---

① 此语见伪经《所罗门的智慧》(*Wisdom of Solomon*)第 1 章第 13 节。

4："并还统治着义人,因为他们不赞同他,而且通过戒除各种贪欲和恶习来抵制他。这样的人从亚伯（Abel）时代就存在,直到撒迦利亚（Zacharias）时代。于是,邪恶者就设置了该隐,让他杀死了正义的亚伯;他本身转化成如该隐这样的人,直到撒加利亚时代。①"

5："然而,当摩西出现之后,他便将律法给予以色列的孩童们,唤醒了他们记忆中有关法律的一切必要条件,以及他们应该遵奉和从事的每一件事。于是,交付给死亡的只剩下了那些违反律法的人,而死亡也不再能够操控全体人类了。他只能操控那些犯罪者,因为律法说:'不准触犯遵奉我指令的人。'②"

6："于是,摩西就把这样的安排加给了死亡,将违反律法的所有人送入毁灭的境地。其目的是使得死亡能统治摩西来临后的任何地方,因为在摩西之后肯定还有许多人处于死亡的控制下。"

7："在此之后出现了'死亡的帮助者'一名,因为只有律法的违背者而非维护者受到惩罚。维护者即是如亚伯这样按律法行事的人,他被该隐所杀,而该隐则成为邪恶者的化身。"

8："但是在此之后,死亡仍然企图破坏经摩西同意的立约,想再一次操控义人。他攻击先知,杀戮天主派来的人,或对他们施以石刑,直到撒迦利亚时代。"

9："然而,保存着摩西律法之正义性的我主耶稣,恼怒于死亡对立约及整个安排的违犯,认为他进入某人的躯体,并非报复那人,而是旨在报复摩西,使得摩西之后的追随者遭到死亡暴力的虐待。"

10："而邪恶者则丝毫不顾这样的安排,他进入了犹大的体内,通过他而杀死了耶稣,就如此前杀死亚伯一样。有关此事,《圣经》说道:'死亡,你

---

① 有关这几句话,刘南强在《阿基来行传》英译版的注释中有一段较详细的评论,大意如下:由于摩尼对于阿基来的这段话未作回应,所以很可能他俩没有就这点展开辩论,而是摩尼同意了阿基来的观点,即人类体内的黑暗、邪恶、死亡让此人违背了自己的意愿,干下了罪恶之事。亦即是说,是该隐体内的邪魔杀死了亚伯,而并非该隐本身杀死了亚伯。参看 Vermes & Lieu, 2001, p.90, note 155。

② 此语出自《旧约·圣咏集（诗篇）》第 105 章第 15 节:"你们决不可触犯我的受傅者,你们切不可把我的先知伤害。"（思高,1968 年,第 955 页）

的胜利在哪里？死亡,你的刺在哪里？'①"

11:"以及'在胜利中,死亡被吞灭了。'②出于这个原因,律法被称为'死亡的帮助者',因为它将罪人和律法违背者送交死亡,然而却保护了遵从律法者免遭死亡,并且在我主耶稣基督的帮助下确立他们的荣耀。"

XXXV,1:"再听听这一说法:'基督在法律的咒骂中赎出了我们'③。我理解这段的意思是,天主的高贵仆人摩西把既是名义上的又是真正的一部法律交给了那些希望探寻真相的人。"

2:"天主在六日内创造了世界和万物,在第七日则停止了一切劳作而休息了(我的意思是说,他并非因筋疲力尽而休息,而是为了让他所创造的每样事物都尽善尽美)。耶稣曾说:'我父到现在一直工作,我也应该工作。'④天主不是创造了天空,或太阳,或人类、动物、森林,或其他一切事物吗?"

3:"无疑地,他完成了这些有形的工作后就休息了;然而,他仍在操持着那些无形的及其内心的工作,在救赎人类。于是,立法者希望我们每个人像天主一样,也以这种方式不停地从事这样的工作。他也要求我们定期休息,停止从事所有的世俗事务。这一天就称为安息日(Sabbath)。他还将'不干任何无意义之事'的条款也列入律法中;所以我们应该遵守它,用公平和正义指导我们的生活。"

4:"这部律法交给了人类,将严厉的诅咒加之于违犯它的人。然而,既然大家都是人类,就会经常产生不同的看法,以及遭受打击和伤害。律法会立即对犯错者施以最严格的惩罚,以致倘若有个穷人想在安息日采拾一捆木柴,就会遭到律法的诅咒,立即被处死刑。"

5:"所以,那些脱离埃及而被带出来的人受到律法的约束,他们不能

---

① 语见《新约·格林多(哥林多)前书》第15章第55节(思高,1968年,第1789页)。
② 语见《新约·格林多(哥林多)前书》第15章第54节(思高,1968年,第1789页)。
③ 语见《新约·迦拉达(加拉太)书》第3章第13节(思高,1968年,第1812页)。
④ 语见《新约·若望(约翰)福音》第5章第17节(思高,1968年,第1647页)。这是犹太人指责耶稣命人在安息日干事时,耶稣答复他们的一句话。

容忍律法的处罚或诅咒。而始终作为救世主的我主耶稣再次降临,将他们从种种折磨和诅咒中解放出来,免除了他们的伤害。"

6:"耶稣不像摩西那样使用严厉的律法条款,不宽恕任何人,而是这样说道:如果有人遭受了邻居的伤害,他应该不止一次,也不止两次、三次地宽恕他们,'不是仅仅七次,而是七次的七十倍'①。但是倘若在此之后他仍然遭到伤害,那么他才应该最终使用摩西的律法,再也不宽恕那个被宽恕了七十倍的七次之后仍然坚持伤害他人的人。"

7:"耶稣不但宽恕这样的人,甚至还能宽恕伤害人子的人。但是如果有人伤害了圣灵,他就将给予他两种诅咒,即摩西律法的诅咒和他自己的律法的诅咒。摩西律法的诅咒用于当今的时代;他自己律法的诅咒则用于大审判时代。因为他说过:'这种人在今世和来世都不能赦免。'②所以,摩西的律法是在今世不予宽恕,而基督的律法则在来世予以惩罚。"

8:"由此你可以发现,耶稣是如何确认律法的,他不仅没有摒弃它,而是进一步完善了它。所以,他是把人们从现世的律法的诅咒中救赎出来,由此产生了'律法的诅咒'一语。这即是此语的完整解释。然而,为什么律法被称为'罪恶的力量'③?对此,我将尽我所能作一个简短的解释。《圣经》写道:'律法不是为义人设立的,而是为不义者和叛逆者,为不虔诚者和邪恶者设立的。'④"

9:"因此,在摩西以前的时代,没有为违犯者设立的书面律法,并未意识到罪恶之力量的法老将不公正施之于以色列的孩子们身上,无视了神性。这

---

① 此语的出典见《新约·玛实(马太)福音》第 18 章第 21—22 节:"那时,伯多禄(彼得)前来对耶稣说:'主啊,若我的弟兄得罪了我,我该宽恕他多少次?直到七次吗?'耶稣对他说:'我不对你说:直到七次,而是到七十个七次。'"(思高,1968 年,第 1536 页)

② 此语出自《新约·玛实(马太)福音》第 12 章第 32 节,其完整的意思是:"凡出言干犯人子的,可得赦免;但出言干犯圣神的,在今世及来世,都不得赦免。"(思高,1968 年,第 1526 页)

③ 此语出自《新约·格林多(哥林多)前书》第 15 章第 56 节:"死亡的刺就是罪过,罪过的权势就是法律。"(思高,1968 年,第 1789 页)

④ 此话的原语见《新约·弟茂德(提摩太)前书》第 1 章第 9—10 节:"我们也知道法律不是为义人立的,而是为叛逆和不服从的,为不虔诚和犯罪的,为不敬神和渎圣的,为弑父弑母的,为杀人的,为犯奸淫的,为行男色的,为拐卖人口的,为说谎言的,为发虚誓的,并为其他相反健全道理的事而立的。"(思高,1968 年,第 1857 页)

样干的不仅是法老,还有他的全体臣民。无须冗长的发言,我将简短地谈一下这个问题。"

10:"摩西在沙漠里时,治理的臣民中混有一些埃及人。当摩西为获得律法而前赴山区之后,那些混杂在臣民中的埃及人——并非真正的以色列人——变得焦躁不安起来。他们按照旧俗,为自己安排了一只牛犊,向偶像献祭,以使自己在犯罪之后永不遭到惩罚。这样,他们完全没有意识到罪恶的力量。"

11:"当摩西回来,发现这一切情况后,便下令用剑把他们都处决了。自此以降,就有了由摩西的律法体现的罪恶之力量的观念。相应地,这部律法就被称为了'罪恶的力量'。"

XXXVI,1:"如今要谈谈《福音》中的话:'你们是出于你们的父亲魔鬼'①以及如此云云。简言之,在我们的内心有个魔鬼,他始终想利用其意志力把我们变得像他一样。"

2:"天主创造了万物,使之尽善尽美,给予每个人以自由的意愿,并且通过这种方式确立了审判的律法,在我们的内心确认什么是罪过,什么是非罪。毫无疑问,摩尼,你也完全知道,倘若你把自己的弟子们聚集在一起,告诫他们不要违法,不要干任何不义之事,那么他们必定都能避免律法的审判。"

3:"显然,肯定每个人都希望遵奉诫命,而那些鄙视诫命、堕入邪恶歧途的人则无疑会受到律法的审判。结果,即使不服从天主诫命的某些天使,也会违背他的意愿。其中有一个天使从天堂坠落地上,犹如一道闪电;其他天使则陷入悲惨命运,与人类的女子结合,遭到巨蛇的折磨,罪有应得地承受永恒之火的惩罚。"

4:"于是,坠落地上的那个天使从此不得回到天堂,便在人类中游荡夸耀,欺骗人们,怂恿他们成为像他一样的违法者;直到今天,他始终是天

---

① 语出《新约·若望(约翰)福音》第8章第44节(思高,1968年,第1656页)。

主诫命的敌人。但是,并不是所有的人都追随这种毁灭性的堕落,因为各人都有自由的意志。他之所以被称为邪魔,是因为他是从天堂坠落的,并因为他是以天主诫命的诽谤者的身份出现在大地上的。"

5:"由于是天主首先发布诫命,主耶稣便对魔鬼说道:'跟在我的后面,撒旦!'毫无疑问,跟在天主后面是奴仆的行为。他又对他说:'你应该崇拜主,你的天主,你只能侍奉他。'①由于某些人听从了魔鬼的愿望,所以他们听到了救世主这样的话:'你们是出于你们的父亲魔鬼,并愿意追随你们父亲的欲望。'②"

6:"最后,当他们实施他的愿望时,就听到了这样的话:'毒蛇的种类!谁指教你们逃避那即将来临的愤怒?那么,就结与悔改相称的果实吧!'③因此,你由此应该明白,人类拥有自由的意志是多么重要的事情。那么,让他自己说说,是否存在对虔诚和不虔诚的审判?"摩尼答道:"确实存在审判。"

7:阿基来说道:"我想我已经说过,魔鬼没有一点儿理智,也没有虔诚。每种生物都有自己的类别,一种类别是人类,另一种类别是动物,还有一种是天使。但是只有一种不变的、神圣的原质,永恒而无形,正如众所周知的《圣经》记载所言:'从来没有人见过天主,只有那在父怀里的独生者。'④"

8:"因此,其余的一切事物就必定是有形的:天、地、海洋、人类、天使和大天使。既然从未有人见过天主,那么他又如何与其他事物共享同一种原质?因此我说,每种事物按其类别的不同而各有自己的原质。"

---

① 《阿基来行传》在此引用《圣经》的几句话,源出《新约·玛实(马太)福音》第 4 章第 10 节,而该章第 1—11 节均叙述圣灵让魔鬼试探耶稣的内容。但是,按今天所见的《圣经》版本,与《阿基来行传》转引者的意思有所出入(尤其是耶稣对魔鬼说的"跟在我后面"云云)。不知是"阿基来"对《圣经》的理解有差异呢,还是确实古今的《圣经》版本有所不同?有待考证。兹抄录今版《圣经》的相关内容于下,以供读者比照:"那时,耶稣就对他说:'去吧!撒殚(撒旦)!因为经上记载:你要朝拜上主,你的天主,唯独事奉他。'"(思高,1968 年,第 1512 页)

② 语见《新约·若望(约翰)福音》第 8 章第 44 节(思高,1968 年,第 1656 页)。

③ 语见《新约·玛实(马太)福音》第 3 章第 7—8 节(思高,1968 年,第 1511 页)。

④ 语见《新约·若望(约翰)福音》第 1 章第 18 节(思高,1968 年,第 1640 页)。

9："而你却说每种有生命的动物都由同一种原质形成,是从天主那里获得了相同的原质,以及这种原质会犯下罪过,并受到审判。你不愿意接受《圣经》所言魔鬼乃是违命的堕落天使,以及他与天主并非同质的说法。你应该放弃有关审判的任何观念,这样就会很清楚,我与你究竟是谁错了。"

10："如果由天主创造的天使不会堕落成违法者,那么作为天主一部分的灵魂如何会犯下罪过?你说存在着对于犯罪灵魂的审判,说他们与天主同质,还有,当你声称他们出自神圣本质时,却从来没有说过他们并未遵奉天主的诫命。"

11："即使如此,我的观点仍然拥有巨大的优势:我说魔鬼是最早堕落的,因为他并未遵守天主的诫命,他与天主并不同质。他的堕落没有达到伤害人类的地步,却成了被人类嘲弄的对象,因为天主给了我们'践踏毒蛇和蝎子的威力,以及制服一切敌对势力的威力'[1]。"

XXXVII,1：裁判们说道:"他对于魔鬼的起源已经提供了足够的信息。既然双方都承认,未来会有审判,那么必然每个人都有其自主的意愿。一旦这点得以清楚显示,就无人能够怀疑,每个人都会用自己的意志力来选择其行事方向。"摩尼说道:"倘若按你所说,魔鬼源自天主,那么你已经把耶稣说成撒谎者了。"

2：阿基来说道:"首先得承认,我刚才所概括的有关事物的解释是确实的,然后我将向你展示魔鬼的父亲。"摩尼说道:"如果你能向我证明他的父亲是个撒谎者,而这与天主丝毫无涉,那么我将相信你所说的一切事情。"

3：阿基来说道:"倘若认真地诠释有关魔鬼的每个说法,并解释天道,那么具有理性常识的任何人都能仔细地分辨出谁是那个被称为魔鬼之父的人。虽然你自称是保惠师,但是即使是人类的智慧,你也非常缺乏。因此

---

① 此语出自《新约·路加福音》第 10 章第 19 节。不过,按今版《圣经》,这是耶稣对七十二门徒所说的话,而非阿基来声称的天主的话。今版《圣经》第 10 章第 18—19 节的原语是:"耶稣向他们说:'我看见撒殚(撒旦)如同闪电一般自天跌下。看,我已经授予你们权柄,使你们践踏在蛇蝎上,并能制服仇敌的一切势力。'"(思高,1968 年,第 1610 页)

你已经暴露了你的无知;现在我将告诉你,谁是魔鬼的父亲。"

4:摩尼说道:"那告诉我吧。"接着又补充道:"作为某物之奠基者或创造者的任何人,都可以被称为他所创造的事物的父亲。"阿基来说道:"我很惊讶的是,你至少在回答这个问题时具有十分正确的理性,你并未隐瞒你对于这个主题或其本质的理解。如今则听好了,谁是魔鬼的父亲。"

5:"当他从天国坠落时,跌到了大地上,他积极地寻觅可以让他附身的人,他可以把此人创造成像他一样邪恶的伙伴。显然,在人类尚未存在的时期,这魔鬼与其父亲一起,既不称谋杀者,也不叫撒谎者。"

6:"但是后来,当人类被创造出来,并被他的谎言和欺诈行为所骗,潜入最狡猾的野兽巨蛇的体内后,他便与其父亲一起被称为撒谎者了。于是,不仅是他,还有他的父亲也都受到了谎言的诅咒。"

7:"巨蛇一旦接纳了他,也就接纳了他的一切,它怀孕了,实际上是怀上了一大包的邪恶。它就像妇人分娩一样,呕吐出了由魔鬼之邪恶思维创造的许多观念。巨蛇妒忌初人的荣耀,带着分娩导致的痛苦进入了天堂,它开始制造谎言,并使天主创造和赋予生命的人类死亡。"

8:"然而,魔鬼无法通过巨蛇完全体现自己,而是在该隐身上展示了完全性;通过该隐,他充分地生成了。就这样,他利用巨蛇展示了他的伪善,欺骗了夏娃;而通过进入该隐的第一批果实中,让该隐从事邪恶之事,从而制造了谋杀的缘由。"

9:"鉴于此,魔鬼从一开始就被称为谋杀者,并因为他欺骗夏娃而说了'你们将与诸神一样'[1]的谎话而被称为撒谎者。此后被逐出天堂的,即是谎称会变成诸神的那些人。所以,成为他第一个父亲的,即是在肚中孕育他,并生下他,让他见到天日的巨蛇;第二个父亲则是该隐,他带来了被孕育的邪恶、痛苦和杀害同胞罪。他在杀害了兄弟的同时,也犯下了邪恶、不义和不敬神之罪。"

---

[1] 此语的出典见《旧约·创世记》第3章第4—5节:"蛇对女人说:'你们决不会死! 因为天主知道,你们那天吃了这果子,你们的眼就会开了,将如同天主一样知道善恶。'"(思高,1968年,第12页)

10:"此外,接受魔鬼,并按其希望去干事的所有人都成了他的弟兄。法老是他完美无缺的父亲;每个不虔诚的人也成了他的父亲;犹大也是魔鬼的父亲,因为他肯定孕育了魔鬼,尽管流产了。他并未完全诞生出魔鬼,因为魔鬼通过犹大攻击了一个更伟大的人。我之所以说他'流产',"

11:"是因为此事恰如一个女人接受了男人的精子,它便在其体内每天成长一样,犹大的情况也是如此,他像邪恶者的精子不断成长那样,也在逐渐变坏。他最初的精子是对金钱的贪婪。其次的产生物是偷盗,他窃取了钱包中的东西。随后的产物则是他与法利赛人交谈的痛苦,以及该遭诅咒的价格协议。但是那丑陋的死亡绞索则流产了,并未诞生。"

12:"而你也一样,假如从你自身产生出邪恶者,按照他的要求行事,那么就是生育了他,就会被说成是他的父亲。但是如果你改过了,抛弃了这个包袱,那么就像一个人把孩子生下来了一样。犹如学校里的训练,某人接受了导师所给的主题,自己设计和创作了演讲的主体部分,那么他可被称为他所创之物的原创者。"

13:"同样的道理,从最高邪魔那里接受少量影响的任何人,都必然会被称为最初反对真理之人的父亲和创造者。追求美德的人也以类似的形式行事,因为我曾听说,最勇敢者对天主说道:'主啊,我们由于肚中孕育对你的敬畏,承受了临产之痛,从而产生了灵魂的拯救。'①"

14:"同样地,对邪恶者深怀恐惧,并导致灵魂变得邪恶的那些人最终必然会被称为他(邪恶者)的父亲。当他们依然听从邪恶者时,他们被称为儿子,但是当他们变得完全邪恶时,就被称为父亲了。这即是我们的主对法利赛人说'你们是出于你们的父亲魔鬼'② 一语的原因。之所以称他们为儿子,是因为他们当时仍显得十分困惑,在其内心考虑着要用邪恶而非善良的做法来对付义人。"

---

① 此语的出典当源自《旧约·依撒意亚(以赛亚)书》第 26 章,参看第 16—18 节:"上主! 我们在困难之中寻求了你,我们在压迫之中呼求了你,因为那是你对我们的惩罚。有如怀妊临产的妇女,在苦痛中痉挛呻吟;同样,上主! 我们在你面前也是如此;我们也像怀妊痉挛。"(思高,1968 年,第 1175 页)

② 语见《新约·若望(约翰)福音》第 8 章第 44 节(思高,1968 年,第 1656 页)。

15:"当他们这样盘算时,其邪恶的打算占据了上风,恶人之首犹大完善了他们的非法商议,成为罪恶之父,他们决定用三十个银币作为这桩弥天大罪的报酬。于是,'随着那片面包,魔鬼完全进入了他的内心。'①"

16:"然而,如我们已谈及的那样,当他肚子鼓起,到临产阵痛之时,他产生了一个流产的不义构想。于是,准确地说,他只是在肚中怀着那个罪恶构想时才能称为'父亲',而如今不能再称'父亲'。因为当他因悔恨而自缢时,已不能视作是产下了一个完整的后代。"

XXXVIII,1:"我认为,你不会不明白这个'父亲'一词是另有不同含义的。一种人是因为天然地孕育了其子女而被称为父亲;另一种人只是教养了他们而被称为父亲;还有一种人则是由于他在那个时代的特殊身份而被称为父亲。"

2:"因此,据说我主耶稣拥有许多父亲。大伟(David)被称为他的父亲,约瑟(Joseph)也被认为是耶稣的父亲,尽管从天然的角度看,二人都不能算是他的父亲。大伟之所以称'父亲',是出于他在当时的身份地位;约瑟则是因为对耶稣的律法培养而称'父亲';唯有天主是他天然意义上的'父亲',他认为,通过这一名称,可以向我们便捷地展示一切。"

3:"我主耶稣没有丝毫耽搁,他在一年的时间内就令大量的伤残者恢复健康,死亡者恢复生机,他并利用自己言辞的威力解决了一切难题。我现在要问你,他有什么拖延,以至令人认为他一直拖延到派遣保惠师之前才兑现承诺?"

4:"或者,如刚才所言,他马上显现了,并向保罗传授了大量福音,我们也相信保罗所声称的'唯独赐给我这恩典'的话②。保罗以前曾是天主教

① 此语的出典可参看《新约·若望(约翰)福音》第13章第26—27节:"耶稣就蘸了一片饼,递给依斯加略人西满的儿子犹达斯(犹大)。随着那片饼,撒殚(撒旦)进入了他的心,于是耶稣对他说:'你所要做的,你快去做吧!'"(思高,1968年,第1666页)

② 此语当出自《新约·厄弗所(以弗所)书》第3章第8节:"我原是一切圣徒中最小的,竟蒙受了这恩宠,得向外邦宣布基督那不可测量的丰富福音。"(思高,1968年,第1821页)

会的'亵渎者和迫害者'[①],但是后来他向所有人展示了他是保惠师的忠诚辅佐者。主耶稣的非凡仁慈通过保罗而闻名于全人类,于是,他的慷慨赠予一直传到我们这些一度陷于绝望的人中。"

5:"我们当时有谁会指望迫害者和教会的敌人保罗成为我们的捍卫者,以及教会的导师、创建者和建造者? 所以,按照《圣经》,我们不会期望其他人在保罗之后,在与耶稣本人一起的那些人(即他的弟子们)之后再度降临,因为主耶稣谈到保惠师时曾说'他将领受我所说的话'[②]。"

6:"于是,他选择了保罗作为可以接受的化身,派他来到我们这里,圣灵流入保罗的心中。由于圣灵只能进入圣母玛利亚所生者的体内,而不能进入其他人的心内,所以作为保惠师的圣灵只能附身于使徒们和神圣的保罗。"

7:"他(耶稣)说道:'因为他是我选择的化身,将让诸王和异教徒知晓我的名字。'[③]保罗则在其第一封信中做了同样的事情。他说道:'按照天主赐给我的恩典,我成了异教徒中的基督辅佐,并使天主的福音神圣化。'[④]'我在基督内说实话,并不说谎,有我的良心在圣神内与我一同作证。'[⑤]"

8:"他还说道:'基督未曾用言辞和行动通过我表达的一切事情,我都不敢说。'[⑥]'我是使徒中的最后一个,本来不值得被称为使徒,只是由于天

---

① 这是保罗对自己过去的描述,参见《新约·弟茂德(提摩太)前书》第1章第13—14节:"原先我是个亵渎者、迫害者和施暴者;但是我蒙受了怜悯,因为我当时是在不信之中,出于无知而作了那些事。"(思高,1968年,第1857页)

② 语出《新约·若望(约翰)福音》第16章,可参看第13—14节:"当那一位真理之神来时,他要把你们引入一切真理,因为他不凭自己讲论,只把他所听到的讲出来,并把未来的事传告给你们。他要光荣我,因为他要把由我所领受的,传告给你们。"(思高,1968年,第1670页)

③ 此语的出典见《新约·宗徒大事录(使徒行传)》第9章,可参看第15—17节:"主却向他(阿纳尼雅)说:'你去吧! 因为这人是我所拣选的器皿,为把我的名字带到外邦人、国王和以色列子民前,因为我要指示他,为我的名字该受多么大的苦。'阿纳尼雅去了,进了那一家,给他覆手说:'扫禄兄弟! 在你来的路上,发显给你的主耶稣打发我来,叫你看见,叫你充满圣神。'"(思高,1968年,第1697页)

④ 此语的出典见《新约·罗马书》第15章第15—16节:"我给你们写信,未免有些大胆,不过我只想唤起你们的回忆,因为天主赐给了我恩宠,使我为外邦人,成了耶稣基督的使臣,天主福音的司祭,好使外邦人经圣神的祝圣,成为可悦纳的祭品。"(思高,1968年,第1761页)

⑤ 语见《新约·罗马书》第9章第1节(思高,1968年,第1752页)。

⑥ 有关此语,可参看《新约·罗马书》第15章第18节:"我不敢提及别的,只说基督借我以言语,以行动,借着奇迹、异事的能力和天主圣神的德能,所作的使外邦人归顺的事。"(思高,1968年,第1761页)

主的恩宠,我才成就了如今的模样。'①"

9:"在那些人'寻求基督在他内心说话的证据'②的情况下,他希望他们知道,保惠师确实是在他的内心,并且,他获得了主的恩宠,拥有了无上荣光。他说道:'有关此事,我曾求主三次,让它脱离我的身体。但是他对我说:我的恩宠对你是足够了,威力在软弱中才会完美体现。'③"

10:"此外,保惠师本身确实在保罗的体内,因为我主耶稣在《福音》中说道:'如果你们爱我,就要遵守我的命令;我也要求父,他必会赐给你们另一位护慰者(保惠师),使他永远与你们同在。'④通过此语他也展示了他本身即是保惠师,因为他使用了'另一位'一词。"

11:"因此,我们相信保罗的话,并曾听到他说'你们是想寻求基督在我内心说话的证据吗'⑤一语;而类似的情况,我们刚才也已谈及⑥。所以,他像忠诚的继承者一样向我出示了遗嘱的印信,他在写给哥林多教会的信中像一位父亲那样对我们演讲:"

12:"'我首先给予你们的,是我已领受的,按《圣经》所言,基督为了我们的罪过而殉难。按《圣经》所言,他被埋葬了,但在第三天又复活。他先是向彼得⑦示现,然后再向十一⑧使徒示现,此后再同时向五百多名弟兄示

---

① 有关此语,可参看《新约·格林多(哥林多)前书》第 15 章第 9—10 节:"我原是宗徒中最小的一个,不配称为宗徒,因为我迫害过天主的教会。然而,因天主的恩宠,我成为今日的我。"(思高,1968 年,第 1786 页)

② 此语出自《新约·格林多(哥林多)后书》第 13 章第 3 节:"这是因为你们愿寻求基督在我内说话的证验,基督对你们并不是软弱的,相反,他在你们中是有能力的。"(思高,1968 年,第 1805 页)

③《阿基来行传》"有关此事……"的这段话表述得并不十分清楚,故宜比照《新约·格林多(哥林多)后书》第 12 章,始能明白其原意;参看第 7—9 节:"免得我因那高超的启示而过于高举自己,故此在躯体上给了我一根刺,就是撒殚(撒旦)的使者来拳击我,免得我过于高举自己。关于这事,我曾三次求主使它脱离我;但主对我说:'有我的恩宠为你够了,因为我的德能在软弱中才全显出来。'所以我甘心情愿夸耀我的软弱,好叫基督的德能常在我身上。"(思高,1968 年,第 1804 页)

④ 语见《新约·若望(约翰)福音》第 14 章第 15—16 节(思高,1968 年,第 1667 页)。

⑤ 语出《新约·格林多(哥林多)后书》第 13 章第 3 节。

⑥ 这是指《阿基来行传》第 30 章第 2 节等处的内容。

⑦《阿基来行传》所称的"彼得"(Peter)即是今版《圣经》的"刻法"或"矶法"(Cephas)。后者是耶稣门徒之一彼得的阿拉美文(Aramaic)名字;保罗惯于以此名称呼彼得。所以,严格地说,《阿基来行传》在此所载阿基来的引语不是十分"规范"。

⑧ 这里的数字"十一"当是依据拉丁文版本,因为刘南强在注释中称,希腊文版作 δώδεκα(即"十二");今版《圣经》也都作"十二"。但在此的汉译文仍保持 Vermes & Lieu, 2001, p.101 的英译原貌。

现;其中大多数至今还活着,有些人则去世了。此后,他向雅各(James)示现,再向所有的门徒示现。最后,他向我这个仿佛没有在适当时间出生的人示现,因为我是诸使徒中的最后一个。于是,无论是我还是他们,就这样布道了。'①"

13:"当他将自己获得的遗产传给继承者时,这样说道:'我很怕你们的心意受到败坏,失去那对基督所有的赤诚和贞洁,就像那蛇以狡猾诱惑了厄娃一样。如果有人来给你们宣讲另一个耶稣,不是我们所宣讲过的;或者你们领受另一神,不是你们所领受过的;或者另一福音,不是你们所接受过的,你们竟然都容忍了,真好啊!②其实,我以为我一点也不在那些超等的宗徒以下。'③"

XXXIX,1:"此外,他说这番话是为了揭露把自己打扮成基督使徒的所有假使徒和骗子手:'这并不稀奇,因为连撒殚(撒旦)也常冒充光明的天使;所以倘若他的仆役也冒充正义的仆役,并不算是大事;他们的结局必与他们的行为相对等。'④他还指出,欺骗他们的是哪种类型的人?"

2:"当加拉太人想要偏离《福音》时,他对他们说道:'我真奇怪,你们竟这样快离开了那以基督的恩宠召叫你们的天主,而归向了另一福音;其实,并没有别的福音,只有一些人扰乱你们,企图改变基督的福音而已。但是,无论谁,即使是我们,或是从天上降下的一位天使,若给你们宣讲的福音,与我们给你们所宣讲的福音不同,当受诅咒。'⑤"

---

① 《阿基来行传》的这段引语出自《新约·格林多(哥林多)前书》第15章第3—11节,但是并未全部录引,并且略有异文,故在此抄录今版《圣经》相关段落的全文,以供读者比较,理解其完整的意思:"我当日把我所领受而又传授给你们的,其中首要的是:基督照经上记载的,为我们的罪死了,被埋葬了,且照经上记载的,第三天复活了,并且显现给刻法,以后显现给那十二位;此后,又一同显现给五百多弟兄,其中多半到现在还活着,有些已经死了。随后,显现给雅各伯,以后,显现给众宗徒;最后,也显现了给我这个像流产儿的人。我原是宗徒中最小的一个,不配称为宗徒,因为我迫害过天主的教会。然而,因天主的恩宠,我成为今日的我;天主赐给我的恩宠没有落空,我比他们众人更劳碌;其实不是我,而是天主的恩宠偕同我。总之,不拘是我,或是他们,我们都这样传了,你们也都这样信了。"(思高,1968年,第1786页)

② 《阿基来行传》的英译版在此并无"真好啊"之语,本文只是实录了"思高版"汉译《圣经》的原文。但是就含义而言,此"真好啊"殊不可解;不知是别有所本,还是汉译之误?待考。

③ 语见《新约·格林多(哥林多)后书》第11章第3—5节(思高,1968年,第1802页)。

④ 语见《新约·格林多(哥林多)后书》第11章第13—15节(思高,1968年,第1803页)。

⑤ 语见《新约·迦拉达(加拉太)书》第1章第6—8节(思高,1968年,第1809页)。

3："他曾说：'我原是一切圣徒中最小的，竟蒙受了这恩宠。'①'我可在我的肉身上，为基督的身体——教会，补充基督的苦难所欠缺的。'②在另一处，他还声称，他是超越所有其他基督辅佐的基督辅佐③。嗣后再也没有其他辅佐，因为他已下令，即使是来自天堂的天使，也不能接受。"

4："既然如此，我们怎么能相信这位来自波斯的摩尼，如他自称的那样，确实是保惠师？通过这一方式，我如今认出了，他即是使徒保罗，神选的化身清楚警告我们要当心的那个打扮成使徒的诸人之一。保罗说道："

5："'在最后的时期，有些人要背弃信德，听信欺诈的神和魔鬼的训言，这训言是出于那些伪善的说谎者，他们的良心已烙上了火印。他们禁止嫁娶，戒绝一些食物；这些食物本是天主所造，叫那信仰而认识真理的人，以感恩的心所享用的；因为天主所造的样样都好，如以感恩的心领受，没有一样是可摈弃的。'④"

6："此外，《福音》的作者圣马太（St Mattew）仔细地记载了我主耶稣基督的一番话：'你们要谨慎，免得有人欺骗你们，因为将有许多人假冒我的名字来说：我就是默西亚⑤。他们要欺骗许多人。''那时，若有人对你们说：看，默西亚在这里！或说：在那里！你们不要相信。'"

7："'因为将有假默西亚与假先知兴起，行大奇迹和异迹，以致如果可能，连被选的人也要被欺骗。看，我预先告诉了你们。为此，如果有人对你们说：看，他在旷野。你们不要出来。或说：看，他在内室。你们也不要相信。'⑥"

8："即使在基督的这些教导之后，这个人也未展示出任何奇迹异事，

---

① 语见《新约·厄弗所（以弗所）书》第 3 章第 8 节，第 1821 页。
② 语见《新约·哥罗森（哥罗西）书》第 1 章第 24 节（思高，1968 年，第 1838 页）。
③ 有关这点，可参看《新约·格林多（哥林多）后书》第 11 章第 23 节："他们是基督的仆役？我疯狂地说：我更是。论劳碌，我更多；论监禁，更频繁；论拷打，过了量；论死亡，是常事。"（思高，1968 年，第 1804 页）
④ 语见《新约·弟茂德（提摩太）前书》第 4 章第 1—4 节（思高，1968 年，第 1859—1860 页）。
⑤ "默西亚"是 Messiah 的音译；汉译更常作"弥赛亚"。有的汉译《圣经》在此作"基督"，因为 Messiah 即是 Christ（基督）的希伯来文尊称。
⑥ 两段引语分别见《新约·玛实（马太）福音》第 24 章第 4—5 节、第 23—26 节（思高，1968 年，第 1545 页）。

未与任何人发生关联，甚至未能列入基督的门徒之中，没有追随业已逝去的主(我们则因主的遗产而欢欣鼓舞)。此人在主耶稣遭受苦难时并未支持他，未能从耶稣的遗言中获得证明，甚至不认识耶稣受难时为之服务的那些人。"

9:"最后，虽然无人能够证明这个人，他却仍然要求人们相信他是保惠师。那么，即使你曾经展示奇迹和异事，按照《圣经》，你也只能被视作假基督和假先知。所以，我们应该小心谨慎地行事，听从圣徒的忠告，如他在写给哥罗西人(Colossians)的信中所说的那样："

10:"'只要你们在信德上站稳，坚定不移，不偏离你们由听福音所得的希望，这福音已传与天下一切受造物。'①他还说道:'你们既然接受了基督耶稣为主，就该在他内行动生活，在他内生根修建，坚定于你们所学得的信德，满怀感恩之情。你们要小心，免得有人以哲学、以虚伪的妄言，按照人的传授，依据世俗的原理，而不是依据基督，把你们勾引了去。因为是在基督内，真实地住有整个圆满的天主性，你们也是在他内得到丰满。'②"

11:"当圣徒犹如父亲对待其子女那样，详细地解释了所有这些教导后，又补充了一番话，仿佛是对其证言加上了封印:'我已打了个胜仗，我已跑赢了比赛，我已坚持了信仰。因此，等待我的将是正义的桂冠。我们的主，正义的裁判将在那一天把它戴到我的头上。这桂冠不仅仅赐给我，也赐给珍视他显现的所有人。'"

XL,1:"摩尼啊，你无法把我们的任何人变成加拉太人(Galatians)，也无法轻易地使我们转移对基督的信仰。即使你曾经施展过奇迹和异事，即使你曾经令死者复活，即使你在我们面前显现出保罗的形貌，你也是该遭诅咒的撒旦。因为我们早已从《圣经》中得到预先警告，那里记载着有关你的预言。"

2:"你是反基督者的化身，并且不是一个良好的化身，而是下流和卑

---

① 语见《新约·哥罗森(哥罗西)书》第 1 章第 23 节(思高,1968 年,第 1838 页)。
② 语见《新约·哥罗森(哥罗西)书》第 2 章第 6—9 节(思高,1968 年,第 1838 页)。

贱的化身。这正如妄图入侵生活在法律公正之下的居民的蛮人或暴君,首先派遣某个赴死之士,前来侦察国王及其臣民之实力的规模和质量。"

3:"这个暴君既不愿意在毫无准备的情况下发动入侵,又不敢派遣自己的亲人前来,以免受到伤害。你的君主,那个反基督者正是这样,他把你作为死士派到我们这些由优秀和神圣国王治理的人民中来。我并非没有调查就如此声称,而是看到你并未展示神威才这样说的。这即是我对你的看法。"

4:"我们预先得到警告,说反基督者已变形成光明天使的模样,他的奴仆们也以此模样前来,施展奇迹和异事,'以致如果可能,连被选的人也要被欺骗。'①那么,你究竟是何许人?甚至未被你的父亲撒旦认可近亲关系。你到底使哪种死人复活了?你制止了什么血的流淌?你在盲人眼里涂了什么泥土,而使他复明的?"

5:"你什么时候向饥饿的人群提供了少量面包?你在哪里行走于水面上?或者,哪一个耶路撒冷的居民曾在那里见过你?你这不开化的波斯人!你无法利用希腊语或埃及语或罗马语及其他任何语言来获得知识,却只懂得迦勒底②人的语言,而这在任何人数众多的地区都是不通用的;你不懂其他任何语言。"

6:"而圣灵(保惠师)的情况并非如此,完全不是!他懂得各种各样的语言,并且精通它们,能够为所有的人创造所有的事物。因此,即使我们内心的思想都无法瞒过他。经文对此是怎么说的?它说道,每个人都通过圣灵(保惠师)而听见了使徒们用各自语言说的话。还用得着我多说吗?"

7:"你这个不开化的祭司,密特拉神的共谋者。按你自己所言,你只崇拜太阳神密特拉,据你所言的神秘区域的照亮者。亦即是说,你与他们厮混在一起,像个优雅的哑剧演员一样去模仿他们所谓的奇迹。那么,我为

---

① 语见《新约·玛实(马太)福音》第24章第24节(思高,1968年,第1545页)。
② 迦勒底(Chaldea)是巴比伦南部的地区,位于幼发拉底河流域。阿基来在此谓摩尼只懂迦勒底人的语言,是暗讽他的所有著述都是用叙利亚语书写的。不过,实际上,至少摩尼的《沙卜拉干》并不是用叙利亚语撰写的。

什么对这类事情愤愤不平呢？"

8:"你是不是就像杂草那样繁殖，直到你们的伟大父亲亲自到来，复活死人，把拒绝服从他的所有人都驱入地狱，并利用他周身弥漫的恐怖气氛吓呆许多人？他变换其表情来威胁别人，他并用其背叛行为嘲弄他们。然而他不会再有成就，'因为他的愚蠢将被所有人知晓'①，就如雅尼(Jannes)和佯庇(Jambres)。"

XLI,1:裁判们说道:"按照你刚才所引使徒保罗的言论，以及我们从《福音》记载中得知的情况知道，如今根本没有人能对未来——至少是今世——的人布道或指导或传播福音，除非他被视为一个假先知或假基督。"

2:"因此，你既然说保惠师存在于保罗之内，保惠师证明了一切，那么为何保罗还要说'我们现在所知道的，只是局部的;我们作先知的所讲的，也只是局部的，乃至那圆满的一来到，局部的就必要消逝'②? "

3:"他说这些话时，所等待的另外那人是谁？倘若保罗承认他是在等待一个完美的人，倘若那人是必须要来的，那么请告诉我们，他所说的究竟是谁？以免这样的说法令人听起来像是指现在已在这里的那人（指摩尼——汉译者），或者是指派遣他来的那人，即是你所说的撒旦。因为如果你声称来的是完美者，那他就不可能是撒旦;但是如果你等待的是撒旦，那他就不可能是完美者。"

4:阿基来答道:"由于圣保罗公开发表的言论不可能不包含了天主的指导在内，所以他说他在等待的完美者肯定是指我主耶稣，是唯一知道天父的人，同时也包括耶稣希望向其显示天父的那个人③。有关这些，我可以

---

① 此语出自《新约·弟茂德(提摩太)后书》第3章，具体的描述见第7—9节:"这些妇女虽然时常学习，但总达不到明白真理的地步。就如从前雅乃斯(Jannes)和杨布勒(Jambres)反抗梅瑟(Moses)，照样这等人也反抗了真理。他们的心术败坏了，在信德上是不可靠的。但他们不能再有所成就，因为他们的愚昧将要暴露在众人前，如同那两个人一样。"（思高，1968年，第1867页）

② 语见《新约·格林多(哥林多)前书》第13章第9—10节（思高，1968年，第1784页）。

③ 阿基来此语，当是暗含了《新约·若望(约翰)福音》第14章第9节"谁看见了我，就看见了父"（思高，1968年，第1667页）一语的意思在内。

用耶稣自己的话来证明。"

5:"由于完美者到来时,局部者将被废弃,那么此人(指摩尼——汉译者)既然断言自己是完美的,就让他向我们展示一下他所废弃的人。他所废弃的,即是我们之中的无知者。所以,让他谈谈他所废弃的人,以及他给常识带来了什么新东西。他能干什么就让他干什么,以便取信于人。"

6:"毫无疑问,假如保罗之语的真正威力能被深刻认识,那么我的声称也就会被人相信了。保罗在写给哥林多人的第一封信上谈到将要降临的完美者:"

7:"'先知之恩,终必消失;语言之恩,终必停止;知识之恩,终必消逝。因为我们现在所知道的,只是局部的;我们作先知的所讲的,也只是局部的;及至那圆满的一来到,局部的就必要消逝。'①于是可以看到,完美者拥有多大的威力,以及他的完美性达到何种等级了。"

8:"现在,则让摩尼来谈谈他革除了什么犹太或希伯来预言,或者他终止了希腊人或偶像崇拜者的哪几种语言,或者他废弃了瓦伦廷(Valentinian)②、马西昂(Marcion)③、塔提安(Tatian)④、撒伯里乌(Sabellius)⑤或者其他创造了个人学说之人的什么教诲。"

9:"让他说说他到底革除了哪些事物?或者他作为完美者,在何时摧毁了它们?他是不是想施展缓兵之计?将要前来的完美者,即我主耶稣基

---

① 语见《新约·格林多(哥林多)前书》第 13 章第 8—10 节(思高,1968 年,第 1784 页)。

② 亦作 Valentinus 或 Valentinius,早期基督教诺斯派的著名神学家,生活时代约在公元 100—160 年。生于埃及,曾在罗马等地传布学说。其著述甚多,但是至今存留下来的却多为残篇,基本上只见于其对手批驳他的文字中。他主张善恶二元论,认为灵魂来自善源,肉身来自恶源;灵魂唯有脱离肉体才能获救。他去世 80 年之后出现的摩尼教,显然在很大程度上承袭了这个学说,故阿基来在此向摩尼提及了瓦伦廷。

③ 早期基督教的异端之一的创始人(约 85—160 年),早先为船主,后与基督教会决裂,在 144 年另创教派。 称犹太教的上帝为"义神",基督教的上帝为"善神";摒弃全部《旧约》圣经,只认可《新约》中的《路加福音》《保罗书信》等。后来与摩尼教逐渐融合。

④ 亦作 Tatianus,生于叙利亚,早期基督教的神学家(约 120—185 年),后来接受诺斯替教派的学说。其最有影响的著作是《四福音合参》(Diatessaron),诠释或融合四《福音》书(《马太福音》《马可福音》《路加福音》《约翰福音》)。直到公元 5 世纪,该书都是操叙利亚语的基督教教会的四《福音》标准读本。

⑤ 公元 3 世纪上半叶的基督教神学家,曾于 215 年赴罗马传教。反对三位一体学说,认为圣父、圣子、圣灵只是上帝的三种不同示现。后被罗马主教开除教籍,但是其学说在后世仍然不时地发挥影响作用。

督,肯定不是这样朦胧不清和毫不光彩的。"

10:"恰似国君进城之前,先要派遣其卫士清道,同时旗帜大张,由其将军、首领、行政长官随行,诸般动静立即搞得喧嚣异常。对于国君将要抵达,有人担惊受怕,有人则欢欣鼓舞。"

11:"真正完美无缺的我主耶稣亦然如此。他在降临且展示其所有的荣耀之前,先派遣了其一尘不染和完美无瑕国度中的传令官们前来,然后,万物就都进入喧嚣、混乱、乞讨和恳求之中,直到他把它们从被奴役状态中解救出来。"

12:"人类对此肯定是恐惧和最为警觉的,因为他们犯下了许多罪过;只有义人才欢庆赞美,期望着承诺的兑现,以及尘世俗物的不再存留。无论是先知还是他们的著述,或者整个人类的种种语言,所有的这一切都将被废除。它们都将终止,因为人们不再需要急于考虑其生活的必要事务,形形色色导师的知识都将被摧毁,任何事物都无法阻挡那伟大君王的降临。"

13:"正如一个小小的火花,若置于太阳的光辉中,就完全被吸收而一无所见了。同样地,被创造的万物、每个先知、全套的知识以及所有的语言也将被废弃,如我刚才所说的那样。"

14:"但是,由于普通人无法用柔弱无力和吞吞吐吐的三言两语来表达天上君王的显现,因此,清楚宣称其方方面面的,恐怕是圣徒和伟人的任务了。不管怎样,我具备足够的能力来作这个论据充分的陈述,迫于此人的强求,向你们揭示此人到底是何许人。"

XLII,1:"确实,若与此人相比,我真该祝福马西昂、瓦伦廷、巴西里德(Basilides)①及其他异教徒。他们虽然认为自己能够理解一切神圣经文,从而自命为其追随者的领袖,但是他们确实是把它作为某种智慧来使用的。"

---

① 早期基督教诺斯替派的传道师,约于公元117—138年在埃及的亚历山大布教。据说曾撰有24卷的《福音书诠疏》(Exegetica),是较早的《福音》注释者之一。

2:"他们中没人敢自称天主,或基督,或者像这个人那样自称保惠师。而他却还争辩有关永世(aeons)之事,有时候则争辩太阳是如何形成的等问题,仿佛他比任何人都更伟大。通常说来,若有人解释某物是如何形成的,则表明他比某物更伟大和更年长。"

3:"但是,除了我主耶稣基督外,谁敢谈论天主的本质?我不仅用自己的话来作如此断言,并还可用指导我们的《圣经》的权威说法来证实这点,因为使徒对我们说:'在世人中你们应放光明,有如宇宙间的明星,将生命的话显耀出来,使我到基督的日子,有可自夸的,那我就没有白跑,也没有徒劳。'①"

4:"我们应该懂得这番话的力量和含义。因为一句话可以保住首领的地位,而卓越的业绩则可保住国君的王位。正如某地方长官力图向将要前来的国王展示,在他的关心下,人民是多么驯良、自觉、热情和快乐,虔诚而又清白,具备了一切优良品德,以便获得国王的赞赏,被认为有资格获得更大的荣誉,因为委托给他的省区治理得很好。圣保罗也是这样对我们说的:"

5:"'你们应放光明,犹如宇宙间的明星,将生命的话显耀出来,使我到基督的日子,有可自夸的。'这清楚地意味着,当我主耶稣基督降临时,他将看到保罗的教导已预先被我们所知,以及保罗没有白跑,没有徒劳,于是,会奖给保罗应获得的桂冠。"

6:"他在同一信中还恳求我们,不要总是想着凡世的俗务,我们的居所是在天上,'我们等待着我们的救世主,我主耶稣基督从那里降临。'②"

7:"鉴于我们无法知道最后之日的确切时间,他还在写给帖撒罗尼迦人的信上指点我们道:'弟兄们,至论那时候与日期,不需要给你们写什么。你们原确实知道:主的日子要像夜间的盗贼一样来到。'③"

---

① 语见《新约·斐理伯(腓立比)书》第2章第15—16节(思高,1968年,第1830页)。

② 语出《新约·斐理伯(腓立比)书》第3章第20节:"我们的家乡原是在天上,我们等待主耶稣基督我们的救世主从那里必来。"(思高,1968年,第1832页)

③ 语见《新约·得撒洛尼(帖撒罗尼迦)前书》第5章第1—2节(思高,1968年,第1848页)。

8:"既然如此,那么这个人怎么还能站在这里,敦促每个人成为摩尼教信徒,到处游走,入人屋室,想方设法欺骗背负罪孽的灵魂?这绝不是我们的想法;我们更愿将情况公之于众,假如你们同意,我们可以把他与完美的保惠师作一番比较。"

9:"你们可以看到,有时候他促使人们忏悔,有时候他提出问题,他频繁地使用乞求的方式。而在救世主的《福音》中写道,站在国王左侧的那些人问道:'主啊!我们几时见了你饥饿,或口渴,或作客,或赤身露体,或有病,或坐监,而我们没有给你效劳?'①他们试图申辩,以赢得他的同情。但是公正的国王和裁判怎样回答他们?"

10:"'离开我,陷入永恒的烈火中去吧,你们这些罪孽施行者。'②他把他们投入烈火中,尽管他们并未停止申辩。你们看到完美之王降临时是什么情况了吗?并非你们所声称的那种完美。假如大审判日随着他的降临而出现,那么如今在这里的此人就在方方面面都远逊于那国王了。倘使他是低劣的,那么就不是完美的。"

11:"如果他并不是完美的,那么使徒所言者就不是指他了。如果使徒所说的人不是指他,那么摩尼声称使徒谈到他就是在撒谎,则他很清楚地被判断为假先知。我们还有其他许多类似的论据可用,但是没有充足的时间供我们穷尽所有证据,对此彻底探究。所以我认为,从大量有效证据中选取小部分已经足够,可以将这一主题的余下部分留给那些旨在追求更冗长辩论的人。"

XLIII,1:人们听了这番话后,把无量的荣耀献给名副其实的天主,并且赋予阿基来极大的荣誉。马塞卢斯站起身来,脱下自己的斗篷,披在阿基来身上,用亲吻和拥抱来表达他对阿基来的敬意。随后,恰好最早聚集

① 语见《新约·玛实(马太)福音》第25章第44节(思高,1968年,第1548页)。
② 此语似乎出自《新约·路加福音》第13章第27—28节;今版《圣经》这两节的内容为:"你们这些作恶的人,都离开我去吧!几时你们望见亚巴郎、依撒格、雅各伯及众先知在天主的国里,你们却被弃在外,那里要有哀号和切齿。"(思高,1968年,第1617页)显然,在此并无《阿基来行传》所引的"陷入永恒的烈火"的说法,或许阿基别有所本。

在这里的儿童们开始向摩尼投掷石块,从而迫使摩尼迅速地逃开。其余的人也仿效他们,致使人群骚动起来,将摩尼逐出了城。

2:阿基来看到这种情况后,试图抑制人群的骚乱,便像喇叭一样提高了嗓门,说道:"停手吧,我亲爱的弟兄们!以免在审判日被发现犯下了血腥之罪。关于这样的人,经文写道:'在你们中间原免不了分党分派的事,好叫那些禁得起考验的人,在你们中显出来。'①阿基来说了这些话后,人群逐渐平静下来。"

3:把这次辩论的情况如实地记录下来,使得马塞卢斯很是高兴;我对阿基来的观点没有异议,并充分相信读者们的善意,如果我的叙述看起来有任何不成熟和口语化之处,则请他们予以谅解。我的唯一目的是,人们产生的认知不应该逃避任何严肃的质询。摩尼逃跑之后,再也没人见过他。

4:马塞卢斯将摩尼的仆人图尔博移交给了阿基来。阿基来授予他助祭之职,他则依旧留在马塞卢斯的家里。然而,摩尼逃窜到离该城很远的,名为迪俄多里斯(Diodoris)②的一个村子里。那里有个修士,其名字与村子名相近,叫迪俄多鲁斯(Diodorus),他文雅、高尚、极度虔诚。

5:有一天,摩尼聚集了一帮人,向他们作演讲。站在他周围的那些人向村民们提出形形色色的异端观念,不同于传统的说法;对于可以抑制他们的任何事物显得毫不畏惧。迪俄多鲁斯发觉摩尼的邪恶意图有得逞之势,于是决定写信给阿基来,其内容如下:

XLIV,1:"迪俄多鲁斯向阿基来主教问候致敬。尊敬的神父,我要向你通报一事:近日,有个名为摩尼的人来到我们这里,声称他完全领悟《新约》的教义。"

2:"诚然,他所说的某些部分属于我们的信仰,可是,他的一些观点

---

① 语见《新约·格林多(哥林多)前书》第 11 章第 19 节(思高,1968 年,第 1781 页)。

② 据称,这个村落位于罗马帝国所辖的美索不达米亚地区,远离城镇。但是,当时的美索不达米亚境内实际上并无这一名称的村落或城镇,所以,这似乎是《阿基来行传》编者的杜撰。

却与我们的历代神父传授的学说大相径庭。他用相当奇特的方式解释某些问题，并且掺入他自己的看法；依我之见，这些看法极为古怪，并缺乏信仰。"

3："因此，我赶紧写了此信给你，知道你正确和全面地掌握了教义，从而不会让任何问题脱出你的视野。所以我坚信，不会有人阻挠你向我们解释这些问题。尽管我自己不会被误导而转向其他学说，但是对于那些头脑简单的人来说，我就不得不求助于你的权威来确认真理了。"

4："实事求是地说，那个人无论在言辞方面，还是行动方面，都是十分强悍的，并在他的相貌和衣饰上展现出来。我将就我记忆所及，为你写下他所说的几个问题，知道你必能由此推断出他的其他观点。"

5："你知道，那些想要传播某种教义的人，总能用自己的解释来轻而易举地歪曲取自《圣经》的词句。但是使徒预言他们的那一节揭露了他们，其言道：'谁若给你们宣讲福音，与你们所接受的不同，当受诅咒。'①所以，此后每个基督教信徒对于使徒传授内容之外的任何说法都不应该接受。"

6："我不欲使这封信太长，因此再回到主题上。总而言之，那个人说道，摩西的律法并不属于善良的天主，而是属于邪恶之王；他还说道，那律法与基督的新法毫无关联，而是与之相反和敌对的，二者相互对立。当我听到他的这些话后，我就向他引证了《福音》中我主耶稣基督所说的话：'我前来并非为了废除律法，而是为了实现它。'②"

7："但是摩尼说道，耶稣肯定没有这样说过。当我们发现他力图使这部律法无效时，我们必须更加注意耶稣实际上是如何做的。此后，摩尼便从律法中选录了许多内容，以及来自《福音》和使徒保罗的话，以证明它们似乎是矛盾的。他自信十足和毫无畏惧地演说所有这些内容。我认为，他的帮凶即是始终与我们为敌的巨蛇。"

---

① 语见《新约·迦拉达(加拉太)书》第1章第9节(思高，1968年，第1809页)。
② 此语出自《新约·玛实(马太)福音》第5章，原句完整的意思见第17节："你们不要以为我来是废除法律或先知；我来不是为废除，而是为成全。"(思高，1968年，第1514页)

8:"于是,他引用了《旧约》中天主的话:'我创造了富人和穷人。'①而在《新约》中,耶稣称穷人为受祝福者。他还说,没有人能成为他的弟子,除非他放弃自己拥有的一切。耶稣教导说,邻居的东西不能觊觎,而摩西带着人们逃出埃及时,却拿了埃及人的银子和金子。"

9:"此外,他还说,摩西在律法中规定,一个人确实可以'以眼还眼,以牙还牙'②;而主要求,若被人打了一侧的脸,应将另一侧脸也给他打。他又说,摩西教导人们,任何人倘使在安息日劳作,并且不严格遵守律法写下的每一条款,都要受到石刑的处罚,哪怕在安息日樵采一捆柴火,也要遭到这样的惩罚。"

10:"但是耶稣在安息日吩咐他治愈的一个病人去搬床,并且不阻止其门徒在安息日采摘玉米穗,以及用手搓擦它们,而这都是不允许在安息日干的事。"

XLV,1:"我为何还要举一些其他例子呢?因为他借助了形形色色的这类例子来论证,尽其最大的努力和热情来传播他的教义。他利用了使徒的权威,企图主张摩西的律法乃是死亡的律法,而耶稣的律法则是生命的律法,他依据的经文是,'是他(天主)使我们能够做新约的仆役:这约并不是在于文字,而是在于神,因为文字叫人死,神却叫人活。'"

2:"'如果那文字刻在石头上而属死的职务,尚且有过光荣——甚至以色列子民为了梅瑟面貌上易于消逝的光荣,不能注视他的面貌——那么,属神的职务,岂不更该有光荣吗?如果先前定罪的职务有过光荣,那么,成义的职务更该多么充满光荣!'"

3:"'其实,那先前有过光荣的,因了这更超越的光荣,已算不得光荣了,因为如果那易于消逝的曾一度有过光荣,那么,这常存的更该多么有

---

① 关于此语,可参看《旧约·箴言》第22章第2节:"富人与穷人彼此相遇,二者皆为上主所造。"(思高,1968年,第1028页)
② 语出《旧约·出谷纪(出埃及记)》第21章,原语见第23—25节:"若有损害,就应以命偿命,以眼还眼,以牙还牙,以手还手,以脚还脚,以烙还烙,以伤还伤,以疤还疤。"(思高,1968年,第109页)

光荣！'①如你清楚知道，这些话见于保罗写给哥林多人的第二封信中。"

4:"但是他又添加了第一封信中一些话，说《旧约》中的信徒都是世俗的和兽性的，因为肉和血不能拥有天主之国。"

5:"他还说保罗本身曾谈到他自己：'如果我把我所拆毁的，再修建起来，我就证明我是个罪人。'②此外，他还引用了保罗有关割礼的一段话：外表上是犹太人，未必是真犹太人；外表上损伤肉体的割礼也未必是真割礼；按照文字的律法，并不具有优越性。③"

6:"他还引用经文关于亚伯拉罕'拥有荣耀，但不是在天主前'的说法④，以及采用律法，只会产生犯罪意识。他还举出其他许多批判律法的例子，以至令人感到律法似乎即是罪恶一般。而一些头脑简单的人则被这些话说服了。"

7:"所以，他照理应该说'众先知和法律讲说预言，直到若翰（约翰）为止'⑤，但是他说，约翰宣传天国，因为他曾被砍头，而这表明他的所有前辈和长者都曾被砍头，只有后继者幸存下来。"

8:"尊敬的阿基来，有关此事，我就写了这份简短的汇报。我听说你对这类问题有着专门的想法，这是天主送给伟人及其朋友们，并与之共享的礼物。我们的目的是做好充分准备，紧密贴近那仁慈和宽宏的内心，旋即从其获得极为丰盛的礼物。"

9:"由于我在演说方面的学识与我的期望和目标不相符——我承认，自己未受过良好的教育——所以我致函于你，如我先前多次提及的那样，

① 诸语见《新约·格林多（哥林多）后书》第3章第6—11节（思高，1968年，第1793—1794页）。
② 语见《新约·迦拉达（加拉太）书》第2章第18节（思高，1968年，第1810—1811页）。
③ 保罗的这番话见于《新约·罗马书》第2章第25—29节："如果你遵行法律，割损才有益；但如果你犯法律，你虽受割损，仍等于未受割损。反之，如果未受到割损的人遵守了法律的规条，他虽未受割损，岂不算是受了割损吗？并且，那生来未受割损而全守法律的人，必要裁判你这具有法典，并受了割损而违犯法律的人。外表上作犹太人的，并不是真犹太人；在外表上，肉身上的割损，也不是真割损；惟在内心做犹太人的，才是真犹太人。心中的割损，是出于神，并不是出于文字；这样的人受赞扬，不是来自人，而是来自天主。"（思高，1968年，第1742页）
④ 参看《新约·罗马书》第4章第2节："如果亚伯郎（亚伯拉罕）是由于行为成为义人，他就可以自夸了，但不是在天主前。"（思高，1968年，第1743页）
⑤ 语见《新约·玛实（马太）福音》第11章第13节（思高，1968年，第1524页）。

是为了充分地解决这个问题。敬祝安好,无比荣耀的神父。"

XLVI,1:接到此信后,阿基来对于摩尼的胆大妄为感到十分惊奇。由于情势紧急,他必须尽快答复迪俄多鲁斯的汇报,于是他立即复函如下:

2:"阿基来向天主的光荣之子迪俄多鲁斯长老致敬。亲爱的朋友,我接到你的信时,高兴异常。我发现,这即是日前来见我的那个人,他试图宣扬异于使徒和教会所采纳的教义,看来他又去了你那里。我肯定不会同意他的学说,在不久前的一次辩论中,他被我驳倒了。"

3:"诚然,我也应该把辩论中我说的一切写信告诉你,以使你熟悉他的信仰,但是那得花费不少时间。而如今情况紧急,我想我只能简短地答复一下你信上所说的他的言论。他的主要目的是想证明摩西的律法与基督的律法并不一致,并企图利用我们的《圣经》来支持这个观点。"

4:"而我们则利用同样的《圣经》,不仅要证明摩西律法以及其中所写的每一条款都合情合理,并且还要证明整部《旧约》是与《新约》完全契合和一致的,它们是一件织物,犹如衣服一样是由经线和纬线交织而成。"

5:"唯一的区别是,正如我们看见紫线在衣服上一样,我们看见《新约》是在《旧约》的质地结构中,因为我们看见主的荣耀反映在《旧约》中。镜子不应该被抛弃,因为它向我们展示了真实的形象,它更应该获得敬重。"

6:"当一个孩子幼小时,由其启蒙老师呵护培养,逐步进入高等教育;那么,在他成熟之后,难道可以因为不再需要启蒙老师的帮助,能够独立上学和快步进入讲堂而鄙视他吗?"

7:"又譬如,假若一个年轻人自幼由乳母的乳汁喂养,嗣后才提升到更强力的食品,那么他应该厌恶乳母的乳房而伤害她吗?恰恰相反,他应该尊敬她,珍惜她,并应声称,他欠着她善举的情。"

"假如适宜的话,让我再举一个例子。有个人发现一个婴儿赤身裸体地躺在地上,备受折磨。他便抱起婴儿,带回家去抚养,直到他成年。他经历了抚养一个孩子通常所需的一切艰辛劳累。"

8:"然而,若干时间后,孩子的亲生父亲开始寻找他的儿子,并发现儿子是与将他抚养大的人生活在一起。那个孩子认出亲生父亲后会怎么办?当然,我是说一个正直的男孩。肯定的,他用大量的礼物来报答抚养他长大的那人,然后跟着亲生父亲走了,将来会接受他的遗产。"

9:"我就是以这种方式理解天主的高贵仆人摩西的:他发现了遭受埃及人折磨的一群人,他收留了他们,并像父亲一样在沙漠中抚养了他们,像个导师那样教育他们,像个监护者那样管理他们。他维系着这群人,直到他们所属的那个人到来。一段时间后,前来的父亲接收了他的羊群(信众)。"

10:"那人必定会受到接收其羊群之人给予的种种敬意,以及他所庇护之羊群的充分赞美。那么,最亲爱的迪俄多鲁斯,谁还会有那种不健康的心态,去说这些相互团结的人是相互不容忍的?谁还会相互预言?谁还会展示与这些弟兄们相同、类似或相关的预兆和奇迹?"

11:"首先是摩西曾对人们说:'你们的天主将为你们培养一位像我一样的先知。'①其次是耶稣说:'摩西所言者即是我'②可见他们是多么友善地相互握手;一位是先知,另一位是天主的爱子,一位是被确认的忠仆,另一位是主子。"

12:"此外,想进学校而此前没有启蒙老师的任何人是不被学校教师认可的,他说道:'我不会认可不接受启蒙教师的人。'让我简单地解释一下我所谈及的'他'是谁。有个富人,是个异教徒,每天过着奢侈无比的生活。另有一个穷人,是他的邻居,却苦得连每天的充饥食品都难以得到。"

13:"后来,他们都去世了,来到地下世界;穷人被送往寓所安处,其后的结果你们都知道。富人有五个弟兄,也像他一样过着奢侈的生活,无疑是按照家里的教师所言而行事的。"

---

① 语出《旧约·申命纪(申命记)》第18章第15节。其原句是:"上主你的天主,要由你中间,由你兄弟中,为你兴起一位像我一样的先知,你应听信他。"(思高,1968年,第260页)

② 语出《新约·若望(约翰)福音》第5章第46节。其原句是:"若是你们相信梅瑟,必会相信我,因为他是指着我而写的。"(思高,1968年,第1648页)

14:"富人要求让所有这些弟兄都受到更高级的教义教育，但是亚伯拉罕知道他们依然缺乏一位启蒙教师，遂对他说道:'他们自有摩西和先知。'①因为这些弟兄如果不接纳他们,即是听从像启蒙教师一般的摩西的管理,他们也无法接受更高级教师的教义。"

XLVII,1:"我还将尽我所能,谈谈他的其他观点,即是证明耶稣并未说过或做过有违摩西的任何事情。首先,摩西说'以眼还眼,以牙还牙'②,只是出于公正;而耶稣要求人们把另一侧脸颊也给人打③,只是为了表达善意。那么,公正肯定与善意相左吗?绝非如此。耶稣只是从公正演化到了善良。"

2:"又,'劳动者应得其报酬'④。但是倘若有人要搞欺诈,那么就得从他的收入中扣除他利用欺骗手段而获得的钱财。这样做是十分公正的,尤其是当他获利巨大时。我说这话的意思是,在埃及人利用奴隶监工强迫以色列儿童制砖而折磨他们的情况下,摩西一度扣除监工的收入,不能被称为不公正吧? 根本不能。"

3:"显然,这只是不滥用善意而已,当一个人厉行节俭时,会抛弃一切多余的做法。诚然,《旧约》声称:'我创造了富人和穷人'⑤,但是耶稣称穷人是有福的。他的意思是说,缺乏世俗财富的穷人,其精神世界却并不穷;

---

① 这段富人和穷人的故事,出自《新约·路加福音》第16章第19—31节,原句是:"有一个富家人,身穿紫红袍及细麻衣,天天奢华地宴乐。另一个乞丐,名叫拉匝禄,满身疮痍,躺卧在他的大门前。他指望借富家人桌上掉下的碎屑充饥,但只有狗来舔他的疮痍。那乞丐死了,天使把他送到亚巴郎(亚伯拉罕)怀抱里。那个富家人也死了,被人埋葬了。他在阴间,在痛苦中举目一望,远远看见亚巴郎及他怀抱中的拉匝禄,便喊叫说:'父亲亚巴郎,可怜我吧! 请你打发拉匝禄到我父家去,因为我有五个兄弟,叫他警告他们,免得他们也来到这痛苦的地方。'亚巴郎说:'他们自有梅瑟及先知,听从他们好了。'他说:'不,父亲亚巴郎! 倘若有人从死者中到了他们那里,他们必会悔改。'亚巴郎给他说:'如果他们不听从梅瑟及先知,纵使有人从死者中复活了,他们也不信服。'"(思高,1968年,第1621—1622页)
② 语出《旧约·出谷纪(出埃及记)》第21章第24节(思高,1968年,第109页)。
③ 典出《新约·玛窦(马太)福音》第5章第38节:"你们一向听说过:'以眼还眼,以牙还牙。'我却对你们说:不要抵抗恶人;而且,若有人掌击你的右颊,你把另一面也转给他。"思高,1968年,第1515页。
④ 语出《新约·路加福音》第10章第7节,原句为:"你们要住在那一家,吃喝他们所供给的,因为工人自当有他的工资。"(思高,1968年,第1610页)
⑤ 语出《旧约·箴言》第22章第2节,原句是:"富人与穷人彼此相遇,二者皆为上主所造。"(思高,1968年,第1028页)

他谈的是并不傲气凌人，而是柔和谦恭，最为聪明温良的那些人。"

4:"我们的对手没有能力解答这些问题。我发现，耶稣也很高兴看到富人的捐赠流入国库；并且，不仅仅是富人的捐赠进入国库，更希望看到贫穷寡妇的两个小孩被愉快地接受。这比摩西关于接受钱财的教导展示了更多的内容。"

5:"因为摩西只接受有钱人的钱，而耶稣甚至接受无钱人的钱。但是他曾说过(如经文所载)：'你们中不论是谁，如不舍弃他的一切所有，不能做我的门徒。'①我还发现，拥有巨额财富和世俗权力的百夫长比整个以色列人更有信仰，那么，如果有人要放弃一切所有，其诚信程度肯定比不过百夫长。"

6:"然而，或许有人会问：'是否除了舍弃财富，就没有更好的善举了？'我的回答是：对于能够这样做的人来说，确实是好事。但是，若能利用财富干些义举和善事，则与舍弃一切的做法是同样的善行。"

XLVIII,1:"现在则来谈谈有关他破坏安息日规定的说法。毫无疑问，耶稣并未破坏安息日的规定，因为他本人即是安息日之主。犹如有人在护卫新郎已精心安置好的卧床，不允许任何局外人骚扰或接触它，直到新郎亲自抵达；他抵达后，随心所欲地使用此床，还有他允许伴随他进入新房的人也可如此。"

2:"主耶稣基督本身也证明了我们所说的话，他以其神圣的嗓音声称：'伴郎岂能在新郎还与他们在一起的时候禁食？他们与新郎在一起的时候，决不能禁食。'②他也并不排斥割礼，只是为了我们而将割礼引向自己，让我们从艰辛劳作中解脱出来，不至于白白地受苦。"

3:"那么，使自己心灵净化的人怎么可能恶意地对付邻居呢？他只是想用简单的方式向我们揭示康庄大道，以免我们多走弯路，不见白日，陷

---

① 语出《新约·路加福音》第 14 章第 33 节(思高，1968 年，第 1619 页)。
② 语见《新约·玛尔谷(马可)福音》第 2 章第 19 节(思高，1968 年，第 1561 页)。

入黑夜,外表华贵美观,内心却似饿狼,或者犹如粉饰过的坟墓。"

4:"与这类人相比,更可取的是另一种人:穿着肮脏和破旧的衣服,但是对于邻居并不怀恶意。因为只有心灵的割礼才会导致拯救,肉体上的割礼并无益处,除非他们由精神割礼护卫着。听听《圣经》是怎样说的吧:'心里洁净的人是有福的,因为他们要看见天主。'①"

5:"假如我能够心灵净化,从而知道捷径,恰似有人若以两大诫命立身,就能遵守全部律法,实现预言一样,那么我为什么还要辛苦劳作呢?最伟大的使徒保罗在说了'你们愿寻求基督在我内说话的证验'②之后,使得一切变得很清楚了。那么,为什么在不做割礼也能被证明为正确的情况下,我还要做割礼呢?"

6:"经文这样写道:'倘使有人作了割礼,那就不要让他变得不做割礼;或者,倘使有人未做割礼,那就不要让他作割礼。因为每一种做法,若不遵奉天主的诫命,就都是毫无意义的。'③因此,既然割礼与获得拯救无关,那就大可不必去追求此举;尤其是,若有未行割礼者蒙召后就想行割礼,那他就立即成了律法的违犯者。"

7:"如果我行过割礼,并履行了律法的戒条,那么就能够得救。然而,假如我未行割礼,仍有包皮,却遵守着所有的诫命,则也会获得新生。因为在我的精神中接受了心灵的割礼,而不再是白纸黑字书写的割礼。这样,我的赞美就不是出自凡人,而是出自天主了。所以,不要用这样的罪名来指责我。"

8:"有个富人,拥有大量的金银,以至家中的所有器具都用金银制成;他不需要任何陶器,但是并未因此轻视陶器制作和陶工技术。"

9:"正如我虽然因天主的恩泽而变得富裕,并获得了心灵的净化,从

---

① 语见《新约·玛实(马太)福音》第 5 章第 8 节(思高,1968 年,第 1513 页)。
② 语见《新约·格林多(哥林多)后书》第 13 章第 3 节(思高,1968 年,第 1805 页)。
③ 语出《新约·格林多(哥林多)前书》第 17 章第 18—10 节,原句是:"有人是受割损后蒙召的吗?他就不该掩盖割损的记号;有人是未受割损蒙召的吗?他就不该受割损。割损算不得什么,不受割损也算不得什么,只该遵守天主的诫命。"

而不再需要其他毫无价值的割礼,但是我仍然不说割礼是邪恶的。倘若有人希望获得有关这些问题的更确切的说法,那么他可以在使徒的第一封信中看到极为充分的论述。"

XLIX,1:"现在,我将极其简短地谈谈摩西的面纱和死亡的职事。在我看来,这些事情并不意味着对律法的严重违犯。摆在我们面前的经文确曾说:'如果那以文字刻在石头上而属死的职务,尚且有过光荣——甚至以色列子民为了梅瑟面貌上易于消逝的光荣,不能注视他的面貌——'①以及诸如此类。"

2:"但是,它依然承认,摩西脸上也有荣光;而这有利于我的论点。无论说这荣光是被毁了,还是被他的面纱遮掩了,都不能令我烦扰,因为摩西确实曾有荣光。并且,在任何情况下,荣光消逝和被毁绝不等同于耻辱。"

3:"《圣经》谈及荣光时,很确切地知道各种荣光是有区别的:'太阳的光辉是一样,月亮的光辉又是一样,星辰的光辉另是一样;而且星辰与星辰的光辉又有分别。'②所以,即使太阳的荣光胜于月亮的荣光,也绝不是说月亮的荣光就立即变成了耻辱。"

4:"正因为如此,故若我主耶稣基督的荣光超过摩西,犹如主人超过仆人一般,那也不能认为摩西的荣光就该受到鄙视。这便是我们能令听众满意之处。我们论辩的本质能够说服他们,我们用《圣经》之语确证了我们的论点,或者,至少用诸多实例更清楚地证明了它。"

5:"假如有人在黑夜里点燃了一盏灯,一旦太阳升起,他就不再需要这灯光了,因为太阳的光辉到处照耀。然而他却不会因此把灯扔了,仿佛它与太阳敌对一般;相反,当他发现灯的用处后,会更加小心地把它保存好。相应地,摩西的律法犹如这灯一样保护了那些以色列人,直到真正的太阳即我们的救世主升起,如经文所言:'基督必要光照你!'③"

① 语见《新约·格林多(哥林多)后书》第 3 章第 7 节(思高,1968 年,第 1794 页)。
② 语见《新约·格林多(哥林多)前书》第 15 章第 41 节(思高,1968 年,第 1788 页)。
③ 语见《新约·厄弗所(以弗所)书》第 5 章第 14 节(思高,1968 年,第 1824 页)。

6:"保罗也说过:'他们的心意陷于迟钝,因为直到今天,在读《旧约》时,同样的帕子仍然存在,没有揭去,因为只有在基督内才得除去;而且直到今天,几时读梅瑟时,还有帕子盖在他们的心上;他们几时转向主,帕子就会除掉。主就是那神。'①但这是什么意思呢?"

7:"摩西一直存在到今天,始终不睡觉,不休息,永不死亡?为什么他说'直到今天'?有关面纱(帕子),他说'他们在读摩西时,盖在他们的心上'。这段话是指责以色列子民在读有关摩西的文字时,并不理解或者并不转向主,因此摩西预言将要降临的那个人即是他。"

L,1:"这即是遮在摩西脸上的面纱,是他的圣约书。他在律法中说:'权杖不离犹大,权柄不离他脚间,直到那应得权杖者来到,万民都要归顺他。他将自己的驴系在葡萄树上,将自己的驴驹拴在优美的葡萄树上;在酒中洗自己的衣服,在葡萄汁中洗自己的外氅。他的双眼因酒而发红,他的牙齿因乳而变白。'②以及诸如此类。"

2:"他还暗示他是谁,以及将从何处来。他说道:'上主你的天主,要由你中间,由你兄弟中,为你兴起一位像我一样的先知,你们应听信他。'③显而易见,此话不能理解为是在谈女修士之子耶稣。因为并无迹象表明他行过割礼。在他之后仍有源自犹大的诸国王,因此,这个预言与他毫不相干。"

3:"这即是摩西头上的面纱。它恐怕并非如某些才疏学浅者所想的那样,是一块遮住脸的亚麻布或皮毛。但是使徒是在谨慎地暗示我们,他之所以说阅读《旧约》时盖着面纱,是因为被称为古代以色列的那人在等待基督到来时,却未认识到权杖已离开了犹大,权柄已离开了其脚间。"

4:"我们现在真切地看到,他们臣属于罗马君主,向其纳贡,并无审判权和处罚权,如犹大谴责他玛(Tamar)之后可以证明自己正确一样:'你未

---

① 语见《新约·格林多(哥林多)后书》第 3 章第 14—17 节(思高,1968 年,第 1794 页)。
② 语见《新约·创世纪(创世记)》第 49 章第 10—12 节(思高,1968 年,第 76 页)。
③ 语见《旧约·申命纪(申命记)》第 18 章第 15 节(思高,1968 年,第 260 页)。

来的生活必提心吊胆,日夜惊惶;生命毫无保障。'①"

5:"这段文字也有面纱。因为直到希律(Herod)②时代,他们似乎始终在某种程度上控制着一个王国。但是到奥古斯都(Augustus)③统治时期,则开始向帝国交纳人头税,听命于帝国的户籍登记。也就是从我主耶稣被预言和等待的那时开始,权柄离开了犹大,权力离开了以色列人,他们在他的化身来临之际再度遭遇失败。"

6:"所以,如果盖在《旧约》阅读上的面纱被掀起,那么他们将懂得割礼的价值,并会发现,我们布教时谈及那人的诞生、十字架,以及与我主相关的任何事情,正是曾被预言的那些事。尽管我很愿意讨论《圣经》中的每个段落,并演示它们是如何值得解释,但是由于如今还有其他更为紧迫的事情,所以只能等我空闲时再来探讨这些文字了。"

7:"现在说这些已经足够证明,有些人在阅读《旧约》时心灵上蒙着面纱,是不无道理的。那些转向主的人,面纱是被掀起的。至于所有这些问题所包蕴的含义,我则留给那些具有足够识别力的人去理解吧。"

LI,1:"让我们再回到摩西所说的那段话:'上主你的天主,要由你中间,由你兄弟中,为你兴起一位像我一样的先知,你们应听信他。'④在此,我看到了天主忠仆摩西的伟大预言,他知道将来者是谁,以及他将拥有比自己更大的权威,但是,也将遭受类似于自己的磨难,并展示出类似的预兆和奇迹。"

2:"摩西出生后,被母亲放在芦秆篮中,撂在河边;我主耶稣基督出生之后,则由母亲玛利亚带着,在一名天使的帮助下,作为难民逃往埃及。摩西带领他的民众脱离了埃及人,从而拯救了他们;耶稣则指引人们摆脱了法利赛人的影响,使之获得了永恒的救赎。"

---

① 语见《旧约·申命纪(申命记)》第 28 章第 66 节(思高,1968 年,第 273 页)。
② 公元前 1 世纪犹太人地区的统治者(前 37—前 4),也是罗马帝国犹太行省的从属王,通常称希律王或大希律(Herod the Great)。虽然残暴,却是犹太历史上最著名的建设者。在他之后,由其三个儿子相继为王,直到公元 70 年。
③ Augustus,罗马帝国的开国皇帝,公元前 27 年至公元 14 年在位。伟大的罗马皇帝之一。
④ 语见《旧约·申命纪(申命记)》第 18 章第 15 节(思高,1968 年,第 260 页)。

3:"摩西向上天祈祷恳求,从而获得面包,用以赡养荒漠中的族人;耶稣则利用自己的神威,从五块面包化出足够的食品,供沙漠里的五千人食用。摩西曾受到考验,在山上禁食四十天;我主耶稣则曾被圣灵驱入沙漠,受到魔鬼的诱惑,同样禁食四十天。"

4:"在摩西方面,由于法老的不忠不信,埃及人的所有头胎都死亡了;而耶稣出生后,由于希律的不忠不信,犹太人中的所有男孩都突然死亡了。摩西曾祈祷,希望法老及其民众能躲过瘟疫之灾;我主耶稣则祈祷,请求原谅法利赛人,说道:'父啊,宽恕他们吧! 因为他们不知道他们做的是什么。'①"

5:"摩西的脸上闪耀着荣光,以至以色列子民因这光芒而无法凝视他的脸;我主耶稣基督闪耀的光辉犹如太阳,他的门徒因这明亮的荣光而不能直视其脸。"

6:"摩西曾用剑砍倒了设立金牛犊偶像的人;我主耶稣则曾说:'我来是将剑带到凡世,是命人去对付他的邻居,'②如此云云。摩西毫无畏惧地进入雨云中,耶稣则以其神力而行走于水上。"

7:"摩西曾给大海下令;我主耶稣则曾在船上升起,对风和大海发布命令。当摩西遭到攻击时,伸出双手与亚玛力人(Amalek)搏斗;而我主耶稣在我们遭到错误的心灵暴力攻击而趋于死亡时,则为公正奋斗,伸出双手于十字架上,承诺对我们的拯救。"

8:"我亲爱的迪俄多鲁斯,还有其他许多问题我只能略而不谈了,因为我急于将这封短信尽快地送给你。鉴于你的智慧,你肯定能理解我没有谈及的各点。亲爱的朋友,请写信告诉我,那仇敌的奴仆还干了什么事?愿全能的天主保佑你的灵魂和心灵安宁!"

LII,1:迪俄多鲁斯在接到此信,并领悟它的含义后,以这种形式与摩

① 语见《新约·路加福音》第 23 章第 34 节(思高,1968 年,第 1634 页)。
② 语出《新约·玛实(马太)福音》第 10 章,原句见第 34—36 节:"你们不要以为我来,是为把平安带到地上;我来不是为带平安,而是带刀剑,因为我来,是为叫人脱离自己的父亲,女儿脱离自己的母亲,儿媳脱离自己的婆母;所以,人的仇敌,就是自己的家人。"(思高,1968 年,第 1523 页)

尼进行了论辩：他孜孜不倦和恰如其分地演示了《新约》与《旧约》，以及新旧两种律法之间的相互关系，从而博得了人们一致的热烈称赞。他还采用了自己发现的更多例证，用非常强力和坚定的论证来反驳摩尼，维护真理。

2：迪俄多鲁斯还用逻辑术语终结了他的对手，说道："你曾说，有两种圣约书；那么是否有两种《旧约》或两种《新约》呢？因为你声称，同时有两种天生的存在，他们都是永恒的存在。既然如此，就应该有两种《旧约》和两种《新约》。"

3："但是假如你否认这一说法，声称只有一部《旧约》和另一部与之相异的《新约》，那就立刻证明，两书出自同一作者，即《旧约》的作者与后续之《新约》的作者是同一人。这就好比有个人对一位富人说：'把你的旧屋租给我。'那是不是在声称，这富人也是新屋的主人？"

4："或者，他对富人说：'让我看看你的新屋。'则此话是否表明，那富人还有一座旧屋？此外，还必须明白一点：倘若有两种具有天生原质的存在，那么，每一种存在都应该有他自己的《旧约》，那么就会出现两种《旧约》。只要你认为这两种存在是古老而无始无终的，其结论就必然如此。"

5："但是我从未接受过这样的教义，《圣经》中也没有这样的内容。你说摩西的律法是邪恶魔王的律法，而非善良天主的律法，那么请告诉我，当面反抗摩西的是谁？我想是雅尼和伴庇①吧？任何反抗者都不会反抗自身，而是针对或好或坏的他者，如保罗在写给提摩太的第二封信中所指出的那样："

6："'就如从前雅乃斯（雅尼）和杨布勒（伴庇）反抗梅瑟，照样这等人也反抗了真理。他们的心术败坏了，在信德上是不可靠的。但他们不能再有

① Jannes，亦作 Johanai、Iannes、Janis，汉译作雅尼、雅乃斯等；Jambres，亦作 Mambres、Jamberes、Mamre 等，汉译作伴庇、杨布勒等。他们是与摩西抗争的魔法师。《新约·弟茂德（提摩太）后书》第 3 章第 7—8 节曾提及他们："这些妇女虽时常学习，但总达不到明白真理的地步。就如从前雅乃斯和杨布勒反抗梅瑟，照样这等人也反抗了真理。"（思高，1968 年，第 1867 页）

所成就,因为他们的愚昧将要暴露在众人前,如同那两个人一样。'①你可以看到,他是如何将雅尼和佯庞比作心术不正和信仰不诚之人,以及将摩西比作真理的。"

7:"此外,最伟大的《福音》作者圣约翰声称,一种恩泽能够超过和不同于另一种恩泽。他说道,我们因耶稣的丰富和完善而获得了摩西的律法;耶稣基督为了另一种恩典,使得施予我们的一种恩典变得完美无缺。为展示这点,我主耶稣曾说道:"

8:"'不要想我要在父面前控告你们;有一位控告你们的,就是你们所寄望的梅瑟。若是你们相信梅瑟,必会相信我,因为他是指着我而写的。如果你们不相信他所写的,怎么会相信我的话呢?'②"

9:"还有其他许多段落可以引证,有的来自使徒保罗,有的来自《福音》,我们可以据此证明,旧律法除了属于天主以外,不属于任何人。并且,《新约》也属于天主。我们最好是恰如其分地解释一下这些词句,并且应用它们。但是,如今黄昏将临,白日已将结束,所以我们不如暂停辩论,明天我们将谈论与你相关的问题。"说完这些话后,他们解散了集会。

LIII,1:翌日清晨,在人们尚未起床出门之前,阿基来就突然来到迪俄多鲁斯所在的要塞。

2:摩尼不知道阿基来来到这里,因此再次公开地挑战迪俄多鲁斯,要他安排与自己的辩论。他觉得迪俄多鲁斯是个单纯的人,难以胜任有关《圣经》的诸问题的辩论,所以企图用犀利的言辞一举击败他。

3:当人群聚集在往常的辩论场所,摩尼开始其演讲时,阿基来突然出现在人们中间,用神圣的吻拥抱和问候了迪俄多鲁斯。迪俄多鲁斯以及在场的所有人都惊奇于神圣天主的杰作,因为他使得阿基来正巧在辩论开始之际抵达会场。实际上不得不承认,迪俄多鲁斯为了他的尊严,始终在担心这场争论。

---

① 语见《新约·弟茂德(提摩太)后书》第3章第8—9节(思高,1968年,第1867页)。
② 语见《新约·若望(约翰)福音》第5章第45—47节(思高,1968年,第1648页)。

4：摩尼一见到阿基来，就立即停止了侮辱性言论，大幅度地改变了此前的高傲态度。他显然是想避免与阿基来发生争论。然而，听众们却仿佛把阿基来的到来视作使徒的降临，认为在此时此刻，阿基来对于辩论的胜利已经胸有成竹。

5：当人群发出一阵很大的喧闹后，阿基来举起右手，要求大家安静下来，然后，他开始了以下的演讲：

"虽然我们之间的一些人颇以智慧而闻名，但是我仍然请求各位将我来此之前的一切事情都牢记心中。"

6："弟兄们，我确知，我现在取代迪俄多鲁斯，并不是因为他缺乏能力，而是因为我了解目前在场的另一人曾经邪恶地踏入我所居住的地区，旨在引诱著名的马塞卢斯脱离我们的教义和信仰，妄图把马塞卢斯变成他大不敬的理想支持者。然而，不管他说了什么话，都无法使马塞卢斯稍有改变和动摇。"

7："因为最虔诚的马塞卢斯就如建造在岩石地基上的房屋一般，任凭风吹雨打，洪水冲刷，它都依然坚固如初。它有着最为安全和无可动摇的基础。而如今在我们面前的这个人的企图，却只带来了耻辱而非荣耀。"

8："在我看来，似乎他若不能预见未来，那就不值得谅解了。因为，假如真有保惠师的神灵在他体内，他就应该预先知道哪些人是听从于他的。然而，他却毫无所察，茫然无知，因此往访马塞卢斯的结局只能是劳而无功。犹如能侃侃而谈宇宙的占星家，却不知道自己的家会变得怎样。"

9："为避免我似有用的这些话来推迟辩论的嫌疑，我不再多说。我将给予他机会来谈论这些问题。他可以提出他所希望的任何命题来开始这场辩论。如我早先所言，我只要求你们作出公正的判决，把真正的荣誉和奖赏给予那演讲真理的人。"

LIV，1：接着，在人们全都安静下来之后，摩尼开始了讲话："尽管我对天主怀着正确的情感，并对基督保持着有价值的观点，而你，阿基来，却用令人恼怒的话语对我进行了攻击。然而，即使有人用辱骂或诅咒来攻击使徒们,他们也还是宽容地忍受着一切。"

2:"假如你想迫害我,我已做好准备;假如你想对我施以惩罚,我决不逃跑;假如你甚至想杀了我,我也并不害怕。因为我害怕的只是'那能使灵魂和肉身陷于地狱中的'①人。"

3:阿基来说道:"我根本不会这样想!我没有这样的意图。你到底受了我和我追随者的什么罪?反而是你在攻击我们,使我们受到伤害,非难我们祖先的传统,你还要残杀被小心谨慎创造和保存的人类灵魂。这些罪过是全世界的财富都不足以赔偿的。"

4:"那么,你的立场建立在什么基础上,摩尼?你的观点是什么?告诉我们,你为我们带来了什么拯救征兆?单单玩弄辞藻是无法令在场听众满意的,你得让他们来判断我们二人中哪一个更正确地掌握了真理。因此,先请说说你希望我们辩论的主题是什么?因为你已被授权首先发言。"

5:摩尼答道:"假若你不再不正当地反对我正确陈述的问题,那么我就可以演讲。假若你仍是我此前所了解的那种人,那么我将与迪俄多鲁斯继续辩论下去,而避免你激化矛盾。"

6:阿基来说道:"我刚才说过,我们不必空话连篇。如果我们任何一方被发现是在不正当地阻挠对方,那么就让裁判来决定对错。你现在告诉我们,你想辩论什么?"摩尼答道:"如果你不再反对我正确陈述的问题,那么我就开始。"

7:阿基来说道:"'假如不是这样,或者不是那样'云云,只是无知傻瓜说的话。如此看来,你真的对未来一无所知。但是,对于你将要说的话,是反驳还是不反驳,那只是我的权利。所以,你极度坚信的有关两种树的观点是怎样成立的?"

8:"我既然站在你的对立位置,你怎么能要求我服从你的观点?倘使我在内心认可你的观点,那么我形式上的反驳又有什么可令你害怕的?你

---

① 语见《新约·玛实(马太)福音》第 10 章第 28 节(思高,1968 年,第 1522 页)。

说邪恶者永远邪恶,善良者始终善良,尽管你根本没有领悟这一说法的力量。"

9:摩尼说道:"我真要求过你维护我的说法,让你感知我的知识吗?既然你无法解释你自己的思想,又怎么能来诠释别人的思想?假如迪俄多鲁斯现在承认自己已经失败,那么我的辩论可以针对你而进行。可是,假如他依然不承认失败,仍能说话,那么请你让开,不要再打扰我们对于真理的求证。"

10:"你是一只外来的羊,但稍后会被带入这羊群中,正如耶稣的声音向我们展示的那样。耶稣确实是以人类的形象出现,然而又并非人。"阿基来问道:"那么你认为他是圣母玛利亚所生?"

11: 摩尼答道:"我决不会承认我主耶稣基督是从妇人那天然猥亵部位生出来的。因为他自己曾有证言道:'他从天父的怀中降生。'① 还有:'谁接纳我,就是接纳那派遣我来的。'② 还有:'我从天降下不是为执行我的旨意,而是为执行派遣我来者的旨意。'③ 还有:'我被派遣,只是为了以色列家失迷的羊。'④"

12:"这类证据还有无数。它们证明了耶稣的来源,他并非由人类生育。但是如果你比他伟大,比他更好地了解真理,那我们为何还要相信他?"阿基来答道:"我并不比他伟大,因为我是他的臣仆;我也不与他相等,我只是他的无足轻重的奴仆,是他的学说的弟子。我相信他所说的话,并断定这些话不可更易。"

LV,1: 摩尼说道:"有个像你这样的人曾经对耶稣说:'你的母亲玛利亚和你的弟兄们正站在外边。'耶稣对那说话的人却并不欢迎,而是非难

---

① 此语出自《新约·若望(约翰)福音》第 1 章第 17—18 节,原句为:"恩宠和真理却是由耶稣基督而来的。从来没有人见过天主,只有那在父怀里的独生者,身为天主的,他为我们详述了。"(思高,1968 年,第 1639—1640 页)
② 语见《新约·玛实(马太)福音》第 10 章第 40 节(思高,1968 年,第 1523 页)。
③ 语见《新约·若望(约翰)福音》第 6 章第 38 节(思高,1968 年,第 1650 页)。
④ 语见《新约·玛实(马太)福音》第 15 章第 24 节(思高,1968 年,第 1531 页)。

他道:'谁是我的母亲？谁是我的弟兄？'①所以,他证明了那些遵奉他意旨的人即是他的母亲和弟兄。"

2:"但是如果你想说,他的亲生母亲是玛利亚,那么你就极度危险了。因为毫无疑问,这就表明,耶稣还有其他同母所生的弟兄。那么请告诉我,他们的父亲是否都是若瑟(Joseph)或者同一位圣灵？倘若你说他们都以同一位圣灵为父亲,那么我们就有了许多位基督。"

3:"倘若他们并非源自同一位圣灵,而你仍说耶稣有许多弟兄,那么我们显然就得理解为,在圣灵之后,在加百列(Gabriel)之后,这位最纯洁和完美的贞女嫁给了若瑟。如果说她与若瑟有过任何形式的性关系也属于荒谬之论,那么说说看,他是否有过弟兄？"

4:"你甚至能指控她通奸吗？聪明绝顶的阿基来！可是,倘若所有这些可能性都不适合于这位完美无瑕的贞女,那么你所说的耶稣的弟兄们是从哪里来的呢？假如你无法证明耶稣有弟兄,那么玛利亚如何成为他的母亲呢？因为那人斗胆地呼喊着'你的母亲和你的弟兄们正站在外边'。"

5:"即使有人敢这样说,也没有人比向我们展示耶稣之母亲或弟兄的那人更加强大或伟大。但是,他甚至拒绝被称为'大卫(David)之子'。所有使徒中最杰出的使徒彼得在与他相互交流看法时,承认他是天主之子,他说道:'你是基督,永生天主之子。'而耶稣则立即祝福他,说道:'我的在天之父启示了你。'②"

6:"你们可以看到,耶稣所说的话有多么不同。对于说'你母亲正站在外边'之话者,他回答道:'谁是我的母亲或弟兄？'但是对于说'你是基督,永生天主之子'之话者,他则用祝福来作为回应。"

---

① 此语出自《新约·玛实(马太)福音》第 12 章,与之相关的内容见第 47—50 节:"有人告诉他说:'看！你的母亲同你的兄弟,站在外边,想要同你说话。'他却回答那告诉他的人说:'谁是我的母亲？谁是我的兄弟？'遂伸出他的手,指着自己的门徒说:'看！我的母亲,我的兄弟！不拘谁遵行我在天之父的意旨,他就是我的兄弟、姊妹和母亲。'"(思高,1968 年,第 1526—1527 页)

② 这番谈话出自《新约·玛实(马太)福音》第 16 章,相关内容见第 15—17 节:"耶稣对他们说:'你们说我是谁？'西满伯多禄(西门彼得,Simon Peter)回答说:'你是默西亚(弥赛亚,Messiah),永生天主之子。'耶稣回答他说:'约纳的儿子西满,你是有福的,因为不是肉和血启示了你,而是我在天之父。'"(思高,1968 年,第 1532 页)

7："所以，假如你认为耶稣是玛利亚所生，那么他就是对彼得撒了谎；然而，假若彼得说的是真话，那么毫无疑问，早期的说法是骗人的。既然早期的说法是虚假的，那么问题就涉及经文的撰写者了。因此，按照使徒保罗之说，我们知道有一个基督。我们相信保罗的说法，因为它们至少与基督降临之说是吻合的。"

LVI,1：听完摩尼的这番话，群众被深深地感染了，似乎觉得这些话陈述了真理，而阿基来则无可辩驳了。这由他们中间爆发出的喧嚣显示出来。然而，当人群平静下来之后，阿基来作了如下的答复：

2："无人能比我主耶稣基督的声音更具威力，也没有任何名字可以与此名相等：'为此，天主极其举扬他，赐给了他一个名字，超越其他所有的名字。'①在论证方面，也无人能与他匹敌。因此，我将提供他的亲口证词，主要是为了消除你刚才言论的影响，这样，你就无法再使用你辩论时惯常使用的伎俩，声称某某说法与基督本人之说不一致了。"

3："例如，你声称，耶稣曾指责告诉他母亲和兄弟之事的那人似乎是错了，而这错误则源自经文的撰写者。实际上，耶稣既未指责向他报告其母亲和兄弟情况的人，也并未祝福说了'你是永生天主之子'之语的彼得。"

4："二人都从耶稣那里获得了适合于各自问题的答复。有关这点，我将在下面的演讲中予以论证。当一个人是儿童时，他的思维就像儿童，拥有儿童的智慧；但是当他成人后，他就摧毁了属于儿童的一切。这意味着，当他展望前方的事物时，就会忘记了身后的事物。"

5："相应地，当我主耶稣基督正在指导和关心人类时，是容不得其他问题掺和进来的。当所有听众的心灵都被对人类的关爱占据时，那报讯者却在错误的时刻进来说他母亲和弟兄的事。那么，你自己可以判断一下，耶稣是否应该放弃了他所关心和教导的人，而去和他的母亲及弟兄们谈

---

① 语见《新约·斐理伯（腓立比）书》第 2 章第 9 节（思高，1968 年，第 1830 页）。

话？你不是肯定会强烈反对他这样做吗？"

6:"同样地,他在选择门徒时,要求他们减少负罪感。他对称为使徒的十二位弟子说道:'为了能够成为我的弟子,你们得离开自己的母亲和父亲。'①这样,他们就不会再怀念父母,从而动摇自己的坚定心志。"

7:"又,当另一个人对他说'我要去埋葬我的父亲'时,耶稣答称:'让死者去埋葬其死者吧。'②由此可以看到,我主耶稣是如何培养弟子的必要品格的。他针对他们各自的优缺点而讲出不同的神圣话语。正是因为有人不合时宜地告诉了他母亲的情况,而他并没有因为母亲的出现而放弃天父的使命。"

LVII,1:"我现在可以告诉你实际的情况:彼得获得耶稣的祝福之后,有一次,耶稣告诉他,人子必须前赴耶路撒冷,在那里被杀,并在三天后复活。彼得对他说道:'天主垂怜,这事不会发生在你身上!'耶稣则回答彼得道:'滚开,你这撒旦!你不知道天主的事,而只知道人类的事!'③"

2:"你认为,告诉耶稣有关其母亲和弟兄之事的那人遭到了耶稣的责难,而稍早对耶稣说'你是永生天主之子'的彼得则得到了祝福。然而,如今你可以看到,耶稣对于前者的态度更好,他给了他比较温和与宽容的回答。"

3:"但是对于彼得,即使在此前祝福过他,如今却连称呼都很刻薄,仅仅是因为彼得没有认真地注意到他所述问题的本质。最初的报讯者的错误

---

① 此语出自《新约·玛实(马太)福音》第 10 章,有关其涵义,可参看第 35—38 节:"因为我来,是为叫人脱离自己的父亲,女儿脱离自己的母亲,儿媳脱离自己的婆母;所以,人的仇敌,就是自己的家人。谁爱父亲或母亲超过我,不配是我的;谁爱儿子或女儿超过我,不配是我的。谁不背起自己的十字架追随我,不配是我的。"(思高,1968 年,第 1523 页)

② 此语出自《新约·玛实(马太)福音》第 8 章,具体内容可参看第 21—22 节:"门徒中有一个对他说:'主,请许我先去埋葬我的父亲。'耶稣对他说:'你跟随我吧!任凭死人去埋葬他们的死人!'"(思高,1968 年,第 1519 页)

③ 此说出自《新约·玛实(马太)福音》第 16 章,全部内容见第 21—23 节:"从那时起,耶稣就开始向门徒说明:他必须上耶路撒冷去,要由长老、司祭长和经师们受到许多痛苦,并将被杀,但第三天要复活。伯多禄(彼得)便拉耶稣到一边,谏责他说:'主,千万不可!这事绝不会临到你身上!'耶稣转身对伯多禄说:'撒殚(撒旦),退到我后面去!你是我的绊脚石,因为你所体会的,不是天主的事,而是人的事。'"(思高,1968 年,第 1533 页)

由耶稣回答的方式来纠正；而彼得理解力的迟钝则遭到耶稣更加振聋发聩的谴责。由此你可以发现，我主耶稣是在适宜的时刻来处理向他提出的各种问题，他为每个提问者给出了合适的答复。"

4："但是，倘使如你所言，彼得是因为说了真话，所以获得了祝福；而另一位报讯者因为犯了错误，因此遭到了指责。那么，请告诉我，为什么当邪魔向耶稣坦承'我们知道你是天主的圣者'时，耶稣指责了他们，并命令他们停止作恶？①"

5："既然耶稣很乐意人们称他为天主之子，那么为什么他不也祝福这些邪魔，就像彼得说真话时，他奖励彼得一样？如果说这样做是很荒谬的，那么唯一的答案是，我们应该这样来理解这些事：耶稣是根据地点、时间、人物、主题以及环境安全性的不同而处理各种问题的，以避免我们轻率地断言，从而受到应得的惩罚。"

6："所以，我如今可以越来越好地指点你，让你知道，向耶稣通报其母亲消息的那人是非常值得尊敬的。你暂且放下我们目前讨论的话题，听我说一会儿离题的话。假如你打算更仔细地考虑一下我们先前所说的事，就会发现，在刚才的例子中，主耶稣展示了极大的宽厚。我将用适当的事例来向你证明这一点。"

7："有个国王率领军队前去抗敌，一路思考着如何排兵布阵才能征服敌人和蛮军。正当他陷于深度焦虑和担心中时，却发觉己方已被敌军包围，稍后，便逐步有人被俘虏了。如今，他集中精力所考虑的，是如何保护追随他长途跋涉、经历战争的将士们。与此同时，却有一个信使奔来，不合时宜地向他解释他家里的一些事务。"

8："国王震惊于信使的大胆和不合时宜的唠叨解释，乃至凝视着他，考虑如何处置此人。此人却未被国王极端的表情所惊醒，继续汇报说，家

---

① 这段话的出典见《新约·玛尔谷（马可）福音》第 1 章，具体内容见第 23—26 节："当时，在他们的会堂里，正有一个附邪魔的人，他喊叫道：'纳匝肋人耶稣！我们与你有什么相干？你竟来毁灭我们！我知道你是谁，你是天主的圣者。'耶稣叱责他道：'不要出声！从他身上出去！'邪魔使那人拘挛了一阵，大喊一声，就从他身上出去了。"（思高，1968 年，第 1559—1560 页）

里很平安,一切安排得很妥帖和成功。于是,他很可能当场受到应有的惩罚。因为,至少在战争期间,还有什么事情能比其部属的安全以及军事资源的安排更令国王关心的呢?"

9:"同样的道理,当我主耶稣基督正在与心灵深处的情感作斗争时,当他正在关注长期被种种虚弱困扰的人们时,以及当他试图尽最大努力拯救一切时,信使却在一个错误的时刻到来了,告诉他有关其母亲和弟兄们的事情。诚然,他可能会得到一个类似于给彼得的答复,但是他提到的母亲和弟兄的名字引发了耶稣的仁慈感情。"

LVIII,1:"我还想向各位作更多的证明,以使人人都认识到,你的声称是多么不虔敬。按照你所说,耶稣并非由人类生育,那么他无疑也没有受难了;因为不是由人类生育的人是不可能受难的。于是,他既没有受难,有关十字架的真相也就被剔除了。"

2:"倘若耶稣没有经历十字架的受难,则他的复活也就不存在了。假如耶稣并未死而复活,那么也谈不上其他人的复活了。如果没有任何人复活,也就没有审判了。因为如果我没有复活,就肯定不会被审判。假如没有末日审判,则遵守天主的诫命就徒劳无益了;不必再有禁戒,'我们吃喝吧!明天就要死了。'①"

3:"你想否认耶稣是由玛利亚所生,就作了所有这些推理。因为你若承认了他由玛利亚所生,就必然得认可他的受难,随受难而来的是复活,复活之后便是大审判,于是,《圣经》的教导就可以完好无损地保存下来,传给我们了。这就不再是单独一个问题,而是一句话中包含诸多问题了。"

4:"由于所有的律法和预言都概括在两部《圣经》中,所以我们的所有希望也就取决于神圣的玛利亚的分娩。有鉴于此,请回答我所问的各个问题。我们如何能够反驳一位优秀使徒所说的如下这些话:'这是天主的意愿,他

---

① 语见《新约·格林多(哥林多)前书》第15章第32节(思高,1968年,第1788页)。

派遣他的儿子来,诞生于一位女人。'①"

5:"还有:'我们的逾越节羔羊基督,已被祭杀作了牺牲。'②又:'天主既使主复活了,他也要以自己的能力使我们复活。'③还有其他许多类似的说法,例如:'怎么你们中还有人说:死人复活是没有的事呢?'"

6:"'假如死人复活是没有的事,基督也就没有复活;假如基督没有复活,那么,我们的宣讲便是空的。此外,如果死人真不复活,我们还被视为天主的假证人,因为相反天主作证,说天主使基督复活了,其实并没有使他复活,因为如果死人不复活,基督也就没有复活。'"

7:"'如果基督没有复活,你们的信仰便是假的,你们还是在罪恶中。那么,那些在基督内死了的人,就丧亡了。如果我们在今生只寄望于基督,我们就是众人中最可怜的了。但是,基督从死者中实在复活了,做了死者的初果。'④以及诸如此类。"

8:"我要问的是,有谁会如此轻率,如此厚颜无耻地使自己的信仰与这些神圣而明确无误的话语相违背?我问你,是谁蛊惑了你?愚蠢的加拉太人哪!就像他蛊惑'亲眼看着耶稣基督被钉死在十字架上'的那些人一样⑤。"

9:"因此我认为,这些证词已足以成为大审判、复活和受难的证据,相应地,这同样证明了耶稣是由玛利亚生育的。你怎么看?假若你依然拒绝承认,那么还有非常清楚的经文对此做出断言。"

10:"然而,我要向你提个问题,你必须回答我:耶稣谈到约翰时,曾经这样说:'在妇女所生者中,没有兴起一位比洗者若翰(约翰)更(伟)大的;

---

① 语出《新约·迦拉达(加拉太)书》第4章,原语见第4—5节:"但时期一满,天主就派遣了自己的儿子来,生于女人,生于法律之下,为把法律之下的人赎出来,使我们获得义子的地位。"(思高,1968年,第1812页)

② 语见《新约·格林多(哥林多)前书》第5章第7节(思高,1968年,第1772页)。

③ 语见《新约·格林多(哥林多)前书》第6章第14节(思高,1968年,第1774页)。

④ 语见《新约·格林多(哥林多)前书》第15章第12—20节(思高,1968年,第1786—1788页)。

⑤ 此语出自《新约·迦拉达(加拉太)书》第3章,原语见第1节:"无知的迦拉达人啊!被钉在十字架上的耶稣基督,已活现地摆在你们眼前,谁又迷惑了你们呢?"(思高,1968年,第1811页)

但在天国里最小的,也比他(伟)大。'①那么请告诉我,在什么意义上说,天国里的最次者也比约翰更伟大?是不是在天国里,耶稣次于约翰?我认为根本不是如此。因此你告诉我,这样,你甚至可以超越自己。"

11:"毫无疑问,在妇女所生者中,耶稣是次于约翰的;但是在天国里,耶稣比约翰更伟大。那么,摩尼,也请回答这个问题:既然你说耶稣并非由玛利亚所生,而是外貌似人的一个非人,他体内的神威发挥了这样的效果。那么请告诉我,圣灵像鸽子一样降临在谁的身上?"

12:"还有,由约翰施洗的是谁?倘若他是完美的,是天父之子,是拥有神威的,那么圣灵就无法进入他体内,恰如一个王国不能进入另一个王国之内一样。还有,谁的声音从天上传来,带来了有关他的证词:'这是我的爱子,我所喜悦的。'②"

13:"那么告诉我,不要遮遮掩掩的:是谁在安排这一切,控制着每一件事物?请给出答案。难道你只想厚颜无耻地作些简单介绍,试图用亵渎的言辞来取代说理?"

LIX,1:摩尼答道:"实事求是地说,没人能够反驳你这些会招致亵渎指控的陈述。与此相反,你是值得充分称赞的。你就像一位大师级的艺匠,为置于面前的问题仔细地设计答案,向每个人,尤其是无知的大众演示被审查和怀疑的这些事情。"

2:"既然你不满意我对教义的讲述,那么请你也像一位优秀艺匠那样,以合情合理的方式解答我的疑问。坦白地说,我认为,天主之子若要降临凡世,是并不缺乏任何条件的;他不需要什么鸽子或洗礼,抑或母亲和弟兄,甚至可能还有一位父亲,按你所说,乃是若瑟(Joseph)之类。"

3:"与之相反,他完全可以自己降临,并变化成他所希望呈现的人的模

---

① 语见《新约·玛实(马太)福音》第11章第11节(思高,1968年,第1524页)。
② 语见《新约·玛实(马太)福音》第13章第17节(思高,1968年,第1512页)。

样，就如保罗所言：'他显现出人的模样。'①所以，他要把自己变化成任何形状，还需要什么条件吗？你倒说说看。"

4："他什么时候愿意，就会将其人类的形体变回到太阳的状貌。假如你想再次反驳，并且不同意让我正确地申述信仰，那么你就站在这里听我作一番解释吧。如果你说耶稣只是玛利亚生育的一个人类，以及他在受洗时接纳了圣灵，那么他显然只是被补充的而非天生的人子。"

5："假若我同意你，说耶稣是通过一种补充的方式而成为人类，那么你是否认为他确实是个人类，即有血有肉的人？因此，相应地，显现得像只鸽子的圣灵也就是天然的鸽子了。"

6："在此使用的词句是'像个人'，'像只鸽子'。而对于'像个人'句式所在的那个段落，可以形成无论什么观念；你对于'像只鸽子'所在的段落，肯定也形成了同样的观念。以同样的方式看待这些表达法，这样就能发现《圣经》记载耶稣的真实情况。"

7：阿基来说道："你看来似乎像个优秀'艺匠'，却自己未能解答这个问题，所以，我若不是为了在场的听众，也不愿意为你周密地解答这个平淡无奇，且明显可以解答的问题。所以，我将开始解答这个问题。"

8："老实说，你并未觉察到，我实际上很怕重复有关耶稣有个母亲玛利亚，以及你刚才批评的其他一些问题。一个艺匠往往因为其对手的无知而被迫说和做一些他本可拒绝的话和事情。于是，出于在场听众的需要，我将用简单的话来答复你那不正确的申述。"

9："如今请告诉我：假如我们把耶稣理解成是由玛利亚和一位男子通过天然的方式生育出来的，有血有肉，那么我们是不是也得将圣灵理解为一只真正的鸽子，而并非圣灵？一只真实的鸽子怎么能进入真人的体内，并存活下来？"

---

① 此语的出典当源自《旧约·依撒意亚（以赛亚）书》第26章，参看第16—18节："上主！我们在困难之中寻求了你，我们在压迫之中呼求了你，因为那是你对我们的惩罚。有如怀妊临产的妇女，在苦痛中痉挛呻吟；同样，上主！我们在你面前也是如此；我们也像怀妊痉挛。"（思高，1968年，第1175页）

10:"血肉之体不能进入血肉之体;然而,倘若我们承认耶稣是个真实的人,那被描述为'像只鸽子'的是圣灵,那么二者都能存留下来,完好无损了。按照正确的记述,圣灵是居于人体内的,是从天降临而留在耶稣体内的。这事就非常正确地发生了,并且现在仍然如此;其方式就如你早先声称自己是天主的保惠师一样。这令我忍不住要说:你这个疯子啊,简直不像个人,因为你经常忘记自己所说的话!"

11:"你说过,圣灵已降附于你。他即是耶稣曾经许诺将派遣的圣灵;那么,他除了从天国还能从哪里降临?假如圣灵是降附于值得他降附的人身上,那么我们是否得认为,是一只真实的鸽子降附到了你的身上?或者认为你是设置了圈套和罗网的窃鸽贼?"

12:"你应该受到嘲弄和蔑视。然而,我将饶恕你,以免用这类语言冒犯了听众们,尤其是,因为这超出了我想通过你应该听到的一番话惩罚你的目的。"

LX,1:"再回到我的主题。我很在意耶稣的转化。你说天主曾转化成一个男子或者太阳,想以此来证明耶稣只是在外貌上像人类,以及天主禁止任何信徒说的某些话。"

2:"此外,按你所说,所有这些都沦落为一场梦想和想象,甚至'基督降临'的名称也将被废弃,因为若如你所说,他是神灵而非人类,则他可以坐在天堂里干他想干的任何事情。然而事实并非如此,因为'他抛开了荣耀,取了奴仆的形貌'①。"

3:"我正在谈的是由玛利亚生出的那人。接着谈什么呢?我们是不是可以极为简洁地谈谈你的陈述?当然,天主不允许我们哪怕一丁点儿地偏离真理。由玛利亚生育的那人是天主之子,他愿意经受最巨大考验的方方面面,这即是耶稣。他是天主的基督,是降附于玛利亚所生者身上的天主。"

---

① 语出《新约·斐理伯(腓立比)书》第 2 章,原意可参考第 6—7 节:"他(耶稣)虽具有天主的形体,并没有以自己与天主同等,为应当把持不舍的,却使自己空虚,取了奴仆的形体,与人相似,形状也一见如人。"(思高,1968 年,第 1830 页)

4:"但是你如果不相信来自天国的声音,那就是在宣称某些轻率和愚蠢的观点,你一旦说了出来,也没有人会相信你。耶稣立即被圣灵带入荒野,受到魔鬼的诱惑。魔鬼并不认识他,因此对耶稣说了'假如你是天主之子'①云云的话。"

5:"魔鬼并不知道,为什么玛利亚会生出天主之子。耶稣在天国布道,他是一座巨大的会幕,其他任何人都无力负载它。他因此被钉在十字架上;当他从死亡复活时,他被带到他作为基督即天主子而开始统治的地方,于是开始审判'要瞻望他们所刺透的'②那些人。"

6:"你应该相信,尽管他的弟子们此后整整一年与他待在一起,却除了他的脸庞犹如太阳般光彩照耀的那段时间内,没有一人如你稍早所说那样曾俯伏于地。为什么呢?这不正是玛利亚创造的那个会幕在起作用吗?"

7:"正如除了使徒们和圣保罗以外,没人有力气承载得起圣灵的重量,同样地,也没有人有力气承载得起从天国降临的圣灵;通过他,证实了天父的声音:'这是我的爱子。'③这只能是指玛利亚所生的,位于一切圣徒之上的耶稣。"

8:"现在,则请回答我的这些反驳。既然精神体不会被物质体控制,那么,你说耶稣只是外表像人,则他怎么会被一男一女生育出来的法利赛人拘捕,被拖拽到法庭上?假若你回应我的论点和挑战——虽然你从未答复过我的挑战——那么请你拿出点有价值的内容来,至少也要有个完全的含义。"

9:"还有这个太阳,由于它有着美好的身材,能够笼罩你,包裹你,而你则可以无视它而毫发无损。至于我主耶稣,如果他被捕获,则是作为人

① 语出《新约·玛实(马太)福音》第四章,相关内容的原句见第1—3节:"那时耶稣被圣神领往旷野,为受魔鬼的试探。他四十天四十夜禁食,后来就饿了。试探者就前来对他说:'你若是天主子,就命这些石头变成饼吧!'"(思高,1968年,第1512页)
② 语见《新约·若望(约翰)福音》第19章第37节(思高,1968年,第1677页)。
③ 语见《新约·玛实(马太)福音》第3章第17节(思高,1968年,第1512页)。

类而被人所捕;倘使他并非人类,那就不会被捕获。假如他未被捕获,那就不会出现殉难,也不会有受洗之事。"

10:"假如他没有受洗,我们中的任何人也不会受洗。但是若无洗礼,也就不再会有罪过的豁免,则每个人都将带着罪孽而死。"摩尼说道:"所以,洗礼是为了宽恕罪过?"阿基来答道:"是的。"

11:摩尼说道:"所以,基督既然接受洗礼,则说明他是有罪的?"阿基来答道:"绝非如此!他是'替我们成了罪'①。他承担了我们的罪过。鉴于此,他从一位妇女诞生而出;鉴于此,他受了洗礼,以获得这种方式的涤罪。这样,他的躯体才能够承受以鸽子形式降附的圣灵。"

LXI,1:阿基来说完之后,众人对他演讲的教义真谛极度钦佩,人群中爆发出巨大的赞美声,以至竭力阻止他回到自己的座席处。

2:最后,他们散开了。稍后,当他们重新聚集起来时,阿基来敦促他们同意自己的想法,来倾听他的一些信息。在此聆听阿基来演讲的,不仅有和迪俄多鲁斯一起的人,还有跟随阿基来从其居地前来的以及从邻近地区赶来的人们。阿基来让大家安静下来之后,便开始谈有关摩尼的情况:

3:"你们肯定已经听到了我所讲教义的本质,你们也已接纳了我的信仰的证据;我向你们大家揭示的,确实是我对《圣经》的最深刻理解。但是,现在我要求你们静下心来听我极为简略地说说另一些事,我要让你们知道前来这里的那人是何许人,他是从哪里来的,他是哪一类人? 一个名叫西西纽斯(Sisinnius)②的人,他的伙伴之一,为我提供了这些信息,如果你们提出要求,我会请他证实我说的这些事情。"

4:"他甚至不会阻止我当着摩尼的面说这些话,因为我刚才提到的那

---

① 语出《新约·格林多(哥林多)后书》第5章,相关内容的原句见第20—21节:"我们如今代基督请求你们:与天主和好吧!因为他曾使那不认识罪的,替我们成了罪,好叫我们在他内成为天主的正义。"(思高,1968年,第1796页)

② Sisinnius,亦作 Sisinnios,或称 Mār Sīsīn。在摩尼殉难前的最后日子里,与他在一起的弟子们按照摩尼的意愿,推举西西纽斯为宗教的继承领袖;作为授权的象征,他们把摩尼亲撰的《福音》《图经》以及衣袍和手杖交给了他(参看文书 T II D 79,载 Andreas & Henning, 1934, p.862)。

人已经成了我们学说的信奉者,正如另一位曾与我相处过的图尔博(Turbo)一样。因此,所有这些人告诉我的,以及我们自己从摩尼那里发现的一切情况,我保证都让你们知道。"

5:于是,聚集起来的人们怀着更大的热情来聆听阿基来的讲话,因为他所说的情况将带给他们极大的乐趣。他们竞相敦促阿基来谈论他希望谈论的,以及认为合适的话题,并答应说,他们将倾听他的谈论,直到黄昏时分,甚至掌灯以后。阿基来受到他们的热情鼓舞,遂充满信心,开始了演讲:

6:"我的弟兄们,你们肯定已经听到过我主耶稣的最基本解释了,我的意思是指律法和预言所表述的内容;同时,你们也不会不领悟到我主耶稣基督即救世主的进一步解释。还需要我再多说吗?"

7:"我们之所以被称为基督徒,是因为犹如整个世界所证明以及使徒们所教导的那样,我们期盼着我们的救世主。此外,最优秀的建筑师保罗①既奠定了我们的基础(即教会的基础),还将教会的法令、牧师、长老和主教的任命规则传授给后世。"

8:"他在专门段落中描述了如何任命天主之牧师的方式,以及所需人选的品类,还有充任长老的人选类型和任命方式,以及担任主教职位的人选类型。有关所有这些事务的良好和适宜的安排一直保留到今天,我们也仍然遵守着这些礼仪。"

LXII,1:"但是,我现在要告诉你们的,则是来自波斯地区,猛烈抨击我们的,名叫摩尼的那个人的家世和劣迹;为了对付他,我如今不得不第二次与他展开论战。此外,我将非常清晰地揭示他的教义的由来。"

2:"他并非这类教义的始作俑者,也不是唯一的创造者,在使徒时代,

---

① 在此所言的"建筑师保罗",当是指生活在公元 1 世纪,继耶稣之后的第一位伟大的基督教神学家兼传教师 Paul(约 3—67 年)。天主教教廷将他列为"圣品",提到他时往往称为"圣保罗"。他在小亚细亚和欧洲等地进行过数十年的传教旅行,亲自建立过好多教会。他借助书信来传布教义和驳斥异端,从而使这些书信成为基督教信徒的宝贵经典,今收录于《圣经·新约》中的通称为"保罗书信"的文书就多达十三卷。因此,保罗虽非耶稣的直接门徒(十二门徒)之一,他在后世的声誉和地位绝不逊色于十二使徒;正教会便将他与使徒彼得并列,称为"首座圣使徒"。

一个名叫塞西安努斯(Scythianus)①的人才是这一教派的原创者和缔造者。与之相类似的,还有许多叛教者,他们为了出人头地,写了许多谎言来掩盖真理,为了自己的乐趣而败坏了更朴实的道理。他们的名字和欺诈行为使得我在此难以一一罗列。"

3:"于是,塞西安努斯引进了相互对立的二元论,这是从毕达哥拉斯(Pythagoras)②那里继承来的。这一学说的所有其他拥护者也都如此,竭力主张二元论,从而使之脱离了《圣经》的正道。然而,他们不会继续成功下去了。"

4:"没有人比塞西安努斯的行为更轻率了。他大肆宣传这两种天然存在的相互敌对,以及伴随这一说法的所有观念。塞西安努斯出自撒拉森③部族,娶了来自特贝德④南部的一个女囚徒⑤,她劝说丈夫生活在埃及,而不要居住在沙漠中。"

5:"但愿这个省区从未让他安过家,以至他得以安居在此,汲取了埃及人的智慧! 实事求是地说,正如了解他的人在记载中向我们证实的那样,他在智力和能力方面都具有极高的天赋。"

---

① Scythianus,在此被说成是摩尼教教义的始创者,虽然或属虚构,但是在公元3—4世纪,有好几位其他的基督教和反摩尼教作家也谈及了他的事迹,并且颇相类似,如 Cyril of Jerusalem、Hippolytus、Epiphanius 等。Scythianus 是个阿拉伯人,在巴勒斯坦边界地区受教育,精熟于希腊知识。后来赴埃及的亚历山德里亚学习哲学,又通埃及学,逐步形成"善/明—恶/暗"二元论,并撰写了多部书,如此等等。Scythianus 与被古波斯视为"蛮夷"专名的 Scythian(汉译"塞西安"或"斯基泰"等)同一词根,故似乎有暗贬这位"教派宗师"之意。

② Pythagoras,古希腊的数学家,哲学家(前572—前497年)。毕达哥拉斯年轻时就游历过古代两个高度文明的国家:古埃及和古巴比伦,汲取了许多知识;后来又曾到意大利南部讲学及宣传其哲学思想,并组建了被称为"毕达哥拉斯学派"的政治和宗教团体。因此,他的学说中包含了许多非希腊本土的文化。在此所谓的"二元论",应当是毕达哥拉斯采纳古埃及、琐罗亚斯德教和希伯来等文化中的肉体、灵魂观,再结合希腊本土文化而形成的一种二元学说。《阿基来行传》在此声称摩尼教的二元论源自毕达哥拉斯,显然只是就作者所了解的表面现象而言。

③ Saracen,中世纪后期欧洲人通常用它来指称伊斯兰教教徒的名号。但是,在《阿基来行传》撰写的年代,显然尚未存在伊斯兰教,故它只是古希腊、古罗马及其他欧洲人对居住在罗马帝国的阿拉伯半岛辖境附近的居民的称呼,尤其是阿拉伯人。

④ Thebaid,亦作 Thebais,是罗马帝国在上埃及设立的一个省区的名称,因其地位于古埃及都城 Thebes 而得名。

⑤按 Epiphanius 的记载,暗示塞西安努斯所娶的女子是一个妓女(见其 Haeresibus, LXVI, 2,4)。参看 Vermes & Lieu, 2001, p.141, Note 308。

6:"他有一个门徒,为他撰写了四本书,其中的一本名为《秘密经》①,另一本名为《演讲精要》②,第三本名为《福音》③,最后一本则名为《宝藏经》④。于是,他就有了四本书和一个名叫特雷宾图斯(Terebinthus)的弟子。"

7:"师徒俩决定分手一段时期,于是,塞西安努斯便前往犹地亚⑤,去结交那里的他所认为的一切博学人士。然而,他旋即在那里去世了,再也无法实现其任何愿望。"

LXIII,1:"此后,那个门徒把自己的所有财物收集打包,开始前往巴比伦,那里如今是波斯人的居地,离我们目前的居地有六日六夜的行程。"

2:"到了那里以后,特雷宾图斯为自己编造了一段不平常的故事,声称自己拥有埃及人的一切智慧,如今,自己不再名叫特雷宾图斯,而是号称'佛陀(Buddha)'了;这是上天赐予的名号。他假称自己是由童贞圣女孕生的,由山上的一位仙女哺育长大。"

3:"然而,一个名叫'密特拉之子帕库斯和拉布达库斯'⑥的预言师则指责他是在弄虚作假,从而每天都就这类主题与他展开激烈的争论。那么,为什么辩论会进行得如此漫长?因为他虽然经常遭到指责,但是仍会向他们讲述我们这个时代之前的情况,关于这个星球,以及两个发光体⑦。"

4:"还有,关于灵魂去向何方,以及以何种方式再回归躯体的问题;还有这类性质的其他许多事情,以及比这更为邪恶的事情,诸如有关因尊神

---

① 《阿基来行传》称此书为 Mysteria,意为"秘密",应是摩尼教汉语文书《摩尼光佛教法仪略》谓摩尼亲撰的著作《秘密法藏经》。

② 《阿基来行传》称此书为 Capitula,有"章节""概要"之意,应是相当于科普特语文书的 Kephalaia,为导师摩尼的演讲摘要。

③ 《阿基来行传》称此书为 Evangelium,意即"福音",相当于汉语文书《摩尼光佛教法仪略》谓摩尼亲撰的著述《彻尽万法根源智经》。

④ 《阿基来行传》称此书为 Thesaurus,意为"宝藏",相当于汉语文书《摩尼光佛教法仪略》谓摩尼亲撰的著作《净命宝藏经》。

⑤ Judaea,地名,为古巴勒斯坦的南部地区,相当于今巴勒斯坦的南部和约旦的西南部地区。

⑥ 其名为 Parcus and Labdacus the son of Mithras,显然展示了主人的宗教信仰,即他是太阳神(Mithras)崇拜的信徒。太阳神崇拜(Mithraism)兴盛于公元前1世纪至公元5世纪,源自波斯、印度的古代神灵密特拉的信仰,罗马帝国境内也曾流行过太阳神崇拜。

⑦ 所谓"两个发光体",是指太阳和月亮。在摩尼教的创世神话中,太阳和月亮是两个极重要的元素和神灵,许多重要的教义与之相关,故《阿基来行传》在此提及。

及其(光明)分子而引发战争的问题①等。因此,我们应该相信预言师。他在因这些说法而遭到谴责时,与一个寡妇姘居在一起,他把那四本书也带过去了,这样,他使得这位独居的老女人不仅成了他的门生,也成了他的帮手。"

5:"最后,在一个清晨,他攀上了一个高高的屋顶,开始呼唤一些名号;图尔博告诉我们,只有七个选民才被传授理解这些名号。当他要沉溺于某种仪式或巫术时,他就独自攀爬到高处,避免被任何人觉察到,因为,他如果假装或确实对此事不够重视,他就会受到天空之王的惩罚。"

6:"但是,当他这样思想的时候,最公正的天主命令其天神将他推到大地之下,他立即被猛烈地从高处掷下,其躯体被抛掷得毫无生机。那老妇人怜悯地把他收敛起来,埋在他平时生活的地方。"

LXIV,1:"于是,他从埃及带回来的所有事物都留在了老妇人那里。她对于他的死感到很高兴是出于两个原因:第一,她对他的宗教信仰不感兴趣,第二,她从他继承的遗物中获益不少,她是很贪婪的。"

2:"嗣后,她很孤独,于是希望找个人侍候自己,遂买了一个七岁的小男孩为奴,名叫科比修斯②。不过,她旋即给予了他自由之身,并教他读书、写字。当他十二岁时,老妇人去世了,将她所有的财产都遗赠给了他,与之一起的,还有其他遗物,也包括塞西安努斯撰写的四本书③,每本书都有一定的篇幅。"

3:"于是,科比修斯埋葬了其女主人,并开始利用遗留给他的所有财产,把家搬到了波斯国王所在城市的中心。他更换了名字,不再叫科比修

---

① 在此所言的"尊神""(光明)分子"以及"战争"云云,当是指摩尼教创世神话中有关暗魔入侵明界,明尊下令初人(先意)率领五明子与暗魔战斗,从而失败被囚等的说法。这类神学是摩尼教的重要教义,但是被反对者视作真正的"异端邪说"。

② 刘南强在注释中(Verme & Lieu, 2001, pp.143—144, note 317)转引 Peuch 之说,认为"科比修斯(Corbicius)"之名和见于吐鲁番中古波斯语、帕提亚语文书中的摩尼名号之一 qyrbkr(*kirbakkar*)读音近似,当即同名异译,意为"仁慈者"。

③ 上文谓塞西安努斯的门徒特雷宾图斯为他写了四本书,在此又谓塞西安努斯撰写了四本书,似有舛讹。不过,若理解为由塞西安努斯口述,其门徒特雷宾图斯笔录了这四本书,则两种说法基本上都说得通了。

斯，而是改称摩尼(Manes)①；或者，除了称Manes外，也称Manen，因为这是波斯语的变异。"

4："就这样，那男孩将近六十岁时，对于那些书中所论述的学说已经很精熟了，我几乎可以说，其熟谙程度超过了其他任何人，即使如此，他仍然更勤奋地研究那四本书中包含的内容。他还收了三个弟子，他们的名字是托马斯(Thomas)、阿达斯(Addas)和赫尔马斯(Hermas)②。"

5："随后，他抄录了那些书，并且插入了他自己新创的许多其他内容，就如老太婆讲的故事那样。他并教导他的三个弟子充分理解其邪恶的学说。除此之外，他还把这些书说成是自己撰写的，删去了原作者的署名，使之看来仿佛完全由他一人撰写的样子。"

6："随后，他决定派遣他的弟子们带着他所撰写的书，前赴本省南部地区的各个城镇和村庄，以吸引其他民众追随他的宗教。托马斯负责埃及的各个地区，阿达斯负责塞西亚③地区，赫尔马斯则留在了摩尼的身边。"

7："当他们离开之后，国王的儿子生了重病，国王为了治愈他，遂发布诏令，许诺大笔赏金，奖励能够治好王子之病的任何人。"

8："于是，摩尼就像喜欢玩'立方体'——这是骰子的另一个名称——的那些人一样，前去觐见国王，声称他能够治愈这个男孩。国王得知此事，非常有礼貌地接见了他，很高兴地欢迎了他。为了避免因谈论摩尼所干的许多事情而导致听众们产生厌烦感，我简单地说，那男孩最终死在了摩尼的手中，或者，不如说是被他害死了。"

9："于是，国王下令将摩尼投入监狱，用大铁镣把他囚禁起来。他派出

① 由此可知，"摩尼"一名并非该教教主最初就有的名字，而是他开始独立生涯(宗教生涯)后所用的名号。至于为何改用此号，亦即此号的真正含义是什么，学界历来看法不一。我则认为源自印度文化，即梵语Maṇi(义为珍珠)。有关考述可参看芮传明:《"摩尼光佛"与"摩尼"考辨》,《传统中国研究集刊》第四辑,上海:上海人民出版社,2008年1月。
② 对于Hermas之名,刘南强怀疑是摩尼派往东方的弟子Mar Ammo(在汉语文书中称"末冒")的希腊化名字。见Vermes & Lieu, 2001, p.144, Note 320。
③ Scythia(汉译通常作"塞西亚")为古典时代希腊人创造的地理名称。广义而言,是指欧洲的东部、北部、黑海的北岸等游牧人活动的"蛮荒之地";稍后,则指今天所谓的"中亚"地区或"内陆亚洲"的西部。

去在各地宣教的两个弟子也遭到通缉，将受到惩罚。他们虽然不断逃亡，但是在各地从未停止过反复宣传这反基督教的异端教义。"

LXV,1:"此后，他们回到导师那儿，汇报发生在自己身上的事情。他们也得知了导师所遭遇的不幸。他们走近他，以适当的礼仪告诉他有关自己在各地遭遇到的麻烦。有关将来的前景，他们强烈表示，要专注于自身的安全，因为他们非常担心施之于导师的痛苦也会降临到自己的头上。"

2:"但是，他鼓励他们不要害怕，并且起身向他们发表演说。最终，他一方面在监狱中备受苦难，另一方面则要求弟子们取得基督教徒的律法书籍。因为他派出去宣教的人在各地遭到许多人，特别是那些有着'基督教徒'之名的人的痛恨。"

3:"于是，他们带了大量金子，前往出版这些基督教徒书籍的地方，假称是新皈依的基督教徒，要求购买适合于他们的书籍。"

4:"简而言之，他们获得了有关我们《圣经》的所有书籍，并把它们转给了监狱中的摩尼。这个狡猾的人得到了这些书，开始在我们的这些书籍中寻找可以支持他的二元论的章节段落；或者说，并非'他的'，而是'塞西安努斯的'二元论，后者早在此之前很久就提出了这种学说。"

5:"他还试图用我们书中的内容来证实他自己的观点，就如他与我辩论时所做的那样，攻击其中的一些说法，篡改另一些内容，只是添加了基督的名字。他假意借用了基督的名字，这样，在所有的城市里，当人们听到基督的神圣名字时，就不会再憎恨和排斥他的门徒了。"

6:"此外，当他在圣经中发现有关保惠师①的段落后，便认为自己就是那位保惠师。但是，他并未仔细阅读这些内容，因为当使徒们仍在世时，保

---

① "保惠师"的原文作 Paraclete，源出希腊语 παράκλητος (paráklētos)，意为安慰别人的人、鼓励别人的人、帮助别人的人、为别人辩护的人等。但是在基督教文化中，则通常用以特指三位一体(Trinity)中的第三位，即圣父、圣子、圣灵中的"圣灵"；有的汉译《圣经》亦称"圣神""护慰者""保惠师"或"训慰师"等。例如："若翰(约翰)固然以水施了洗，但不多几天以后，你们要因圣神受洗。""但当圣神降临到你们身上时，你们将充满圣神的德能，要在耶路撒冷和全犹太和撒玛黎雅，并直到地极，为我作证人。"见《新约·宗徒大事录(使徒行传)》第1章第5节、第8节(思高，1968年，第1683页)；"我的孩子们，我给你们写这些事，是为叫你们不犯罪；但是，谁若犯了罪，我们在父那里有正义的耶稣基督作护慰者。"见《新约·若望(约翰)一书》第2章第1节(思高，1968年，第1931页)。

惠师就已经降临了。这样,他把这些邪恶的解释糅合起来,派他的门徒到处传播这些大胆伪造的谎言,宣扬新的和欺诈的学说。"

7:"波斯人的国王得知此事后,就打算对他施加适当的处罚。但是,当摩尼因一个梦境的警告而发现危险后,他便用一大笔金币贿赂了狱卒们,逃离了监狱;他作为一个逃亡者,避居在阿拉比昂(Arabion)的要塞里。"

8:"正是从那里,他让图尔博给我们的朋友马塞卢斯送去一封亲笔信,表示他将前来造访。当他来到此地后,我与他进行了一场辩论,就如你们已经见到和听到的那样。在辩论中,我们尽最大努力证明了他是个显而易见的伪先知。"

9:"帮助他逃跑的狱卒受到了惩罚。国王下令通缉摩尼,不管他逃亡到哪里,都要将他捉拿归案。既然我已经得知这些事实,我就必须告诉你们,直到今天,波斯国王都还在追捕摩尼。"

LXVI,1:听到这番讲话后,众人都要求抓捕摩尼,把他交给蛮人的各派势力。他们是斯特兰加(Stranga)河对岸的邻居,在这之前就曾搜捕摩尼,但是找不到他,因为他一直在逃亡中。

2:当阿基来揭示了这些真相后,摩尼立即逃亡了。他成功地逃脱了,没有被人追捕到,因为民众都兴奋地聆听阿基来的演讲而耽搁了时间;当然,仍旧有少数几人对摩尼紧追不舍。

3:但是,摩尼从他原来走过的路线又折返回去,跨过河,回到了阿拉比昂要塞。稍后,他在那里被捕,被带到了国王的面前。国王对摩尼愤怒异常,要为两个人的死亡报复摩尼:一个是他的儿子之死,另一个是他的典狱官之死。他下令将摩尼处死后剥皮,悬挂在城门口,人皮中充填药草,肉则用以喂鸟。

4:阿基来得知此事后,便将这些内容添加到他早先的论辩演讲中,从而使得尽人皆知。例如我本人,此书的作者,就在前文已经谈过这些事情了。于是,所有的基督教徒聚合起来,做出了对摩尼的判决,这便形成了摩尼死亡的一种结论。他的死亡是其在世时种种行为最自然的结果。

LXVII,1：阿基来还作了下面的讲话："我的弟兄们，你们任何人都不要怀疑我所说的话，即摩尼本人绝对不是这可诅咒学说的原创者，而只是通过他，这种学说被传播到了世界上的某些地区。将某些事物传播到某地的人，不能被自然地视作为这些事物的始创者，而只是编造者。"

2："恰如一个水手掌控着另一个人建造的一艘船，他可以把船驶往他想去的任何地方，但是，无论从哪个角度讲，他都与这艘船的建造毫无关系。我们对于摩尼的理解也正是如此。他并不是开创了这种学说，而是用他自己的传播手段，把别人创造的东西介绍给了群众，犹如我们从可靠的资料中得知的那样。我们意欲从这些资料中证明："

3："这场瘟疫的源头并非发自摩尼，而是发自另一个人，是在早得多的时候出自一个野蛮人，他一直默默无闻；但是这不为人知的和隐藏着的观念被摩尼公开发布了，并且假装成是他自己的学说，删除了原作者的名字，就如我稍早指出的那样。"

4："波斯人中还有一个传教者，名叫巴西利德斯（Basilides）①，他的生活时代更早，在我们的使徒们的时代后不久。他是个很机灵的人，他发觉，当时的所有其他领域都被充分地研究过了，因此他也决定主张塞西安努斯提出的二元论。简言之，他是因为自己没有独创的学说，所以就用其他人的观点去挑战他的论敌。"

5："他的所有著述中都包含了一些十分难懂和深奥的段落。他的第十三本书迄今犹存，其开首是这样说的：'当我们撰写论著的第十三本书时，拯救一词将为我们提供必需和丰富的内容。通过富人和穷人的寓言故事来演示事物本质的源流。'"

① Basilides，约生活于公元 2 世纪上半叶，主要活动于埃及的亚历山大里亚（Alexandria），为早期诺斯替教派的布道师。他声称自己的学说传承自耶稣的十二门徒之一马太（Matthew），也是公元 1 世纪的诺斯替教派领袖米南德尔（Menender）的一个学生。他的主要学说之一即是光明、黑暗二元论。据说，他写过二十几本书，但是至今除了若干残片外，没有任何一本完整的书流传下来。刘南强称，在摩尼教的著述中，从未将巴西利德斯视作摩尼教的先驱者，并且，他也绝对不是波斯人。见 Vermes & Lieu, 2001, p.149, note 329。

6:"这是此书唯一的主题吗？它包含了其他的主题吗？难道你们一点都不因为此书以这种方式开头，而像其他一些人那样，感到自己被冒犯了吗？相隔约五百行之后，巴西利德斯回到他的主题，说道："

7:"'让我们不再谈论这些不得要领和空泛的题外话，而是来考察一下，野蛮人是如何看待善良事物和邪恶事物的，以及他们有关所有这些事物的观念是什么？他们中的有些人曾说道，一切事物都具有与善、恶联系在一起的两个开端，声称这些开端本身却无始点，是天然形成的。换言之，光明与黑暗在最初之时就已存在，并非由任何事物的诞生而形成。'"

8:"'这些原质存在之时，它们各按自己所需求和适宜的而生存着。一切事物都和属于它的，似乎对它并无恶意的事物友好相处。但是，当它们相互认出对方后，黑暗注视着光明，由于这更美好的事物而充满了贪欲，使得它渴望着吞并光明，分享光明。'"

9:"'黑暗是这样行动了，但是光明根本不想把黑暗吸纳进来，它除了遭到黑暗热切的凝视外，对于黑暗毫无念想。于是，它确实就像通过镜子一样看待黑暗。因此，只有一缕反射，即一道光明彩色射向黑暗；光明本身只是看了一下就撤回了，它显然没有取回任何一点黑暗。'"

10:"'但是，黑暗从光明获得了它的一瞥，亦即光明原质的反射，这使得光明很不愉快。由于拙劣原质从美好原质获得的并不是真正的光明，而只是光明的影像和反射，因此它通过强行改变方式吸纳的也只是美好事物的反射。所以，在这个尘世既没有完美的事物，这些事物也纤弱得很，因为它们在开初孕育时太过弱小。'"

11:"'虽然这是十分弱小的光明，或者只是光明的某种影像，但是它们能够产生一种创造物，该创造物与它们获自光明的混合物相关。这就是我们看见的创造物。'"

12:"巴西利德斯在嗣后的章节中继续谈论着这类问题，但是我认为前面所引用的已经足以说明他在这方面的观点了，因为在后面的内容中，他描写了塞西安努斯所认为的世界形成的说法。"

LXVIII,1:"他还采用了塞西安努斯著述中的邪魔名字、纷扰的骚乱，以及动荡不安的光明分子等描述，并不是按照古人所言的次序，而是把它们混合成犹如充满了许多废话的一个口袋，从而导致读者产生了无数的困惑和混乱。"

2:"但是，就如在塞西安努斯之后的巴西利德斯所记载的那样，他所有的教条和无知的观点，都是建立在二元论的基础之上，而这是根本不成立的。因此，如果有人能够驳倒他所提出的天生二元论，那么我认为，他就能同时铲除他的整片语词森林。"

3:"正如若有人砍去龙怪的头颅，就能使其躯体的剩余部分毫无用处和毫无价值，我们若能证明有关两个天生原质——即光明与黑暗——的混合物的说法并不正确，那么我们就能证明他所撰写的其他一切东西也是毫无价值的，而我们所写的即是真理。"

4:"但是我强烈要求那些希望使用这种方式的人，首先更为仔细地检查自己的每一条陈述，因为巴西利德斯对于他在塞西安努斯著述中发现的观点，都是非常精确和简洁地加以论述的。他采纳它们后，更为细致和使用更为有力的辩论来公布它们；由于他使用了新奇的言辞，因此这些观点被认为是他自己的了。这就是我尽我所能要说的话。"

5:"具有更为敏锐的智慧而超越我们的人，将会拥有更多、更好的论据来撰写论著，驳斥巴西利德斯所发表的那些书籍。"阿基来就这样结束了辩论演讲，和平地解散了听众，让他们回家去。人们像往常一样高声地为他祝福，非常快乐地离去了。

我，海格摩纽斯，记下了这场辩论，我是为那些希望了解真相的人而记载、描述的。

结语 1:以前的一切异端几乎都虚构二重神性，即认为一种是善良的神灵，另一种则是公正的神灵。并说，善神之子——救助者和更善者——即是我主耶稣基督，他来到尘世，是为了恢复他们之前与公正神的居所，他们认为公正神是个严厉的主，灵魂是因造物主的命令而结合于躯体的。

2：追随这些错误思想的，有塞尔东(Cerdon)①、马西昂(Marcion)和其他一些人。瓦伦廷(Valentinus)也想象神性是双重的，他显然还引入了永世(aeon)数量的新概念，似乎是说三十个。

3：巴西里德(Basilides)也源自这种不敬神的学说，他认为有许多神，就像一年中有许多天一样。他在诸多小神中创造出一位超级神，称为密特拉(Mithras)②。通过对希腊字母的计算，密特拉的数字为一年。

4：这些人与异教徒相差无几，沉溺在几乎相同于异教的神秘信仰中。巴西里德去世后，其他许多形形色色的异端一度十分兴盛，它们否认基督的神性，只承认由玛利亚遗传给他的人性。

5：这些人中有塞林图(Cerinthus)③、伊便(Ebion)④，以及如今的福提努(Fotinus)⑤，他更新了前人的异端邪说。另一个勃兴的异端是卡塔弗里吉亚派(Catafrigae，Cataphrygian)⑥，崇奉圣灵降世的承诺，即源自我主救世主所言"我也要求父，他必会赐给你们另一位护慰者"之语⑦，但是它所承

---

① Cerdon，亦作Cerdo，叙利亚人，约在公元137年左右来到罗马。基本观点属基督教诺斯替教派，主张绝对的善、恶二元论。认为二者都是天生的原质，恶神创造了人类所在的俗世；耶稣基督是善神之子，奉善神之遣化身为人，来到俗世与恶神斗争。肉身即是恶神的制品。他的学说形成了相当严格的道德体系，禁止结婚、喝酒、吃肉，等等。据说，马西昂(Marcion)即是他的学生。

② Mithras是该神的希腊名和拉丁名，其原型为古波斯的Mithra，即太阳神。罗马帝国在公元1—4世纪期间流行崇拜Mithras神的宗教信仰，主要见于军队中，并且禁止妇女参与。

③ Cerinthus，犹太人，生于亚历山大里亚，公元1世纪人。深受埃及灵知说的影响，创立基督教的一个异端派别，曾在埃及、耶路撒冷、该撒利亚、安提阿等地布道。

④ 早期基督教带有浓厚犹太教色彩的一个教派，流行于巴勒斯坦，称Ebionites，语源出自希伯来文；Ebion则义为"穷人"。因此，Ebionites恐怕只是"穷人教派"的意思，而并非名为Ebion的某人创建的一个教派。但是自从2—3世纪的基督教神学家和作家Tertullian多次提及Ebion的神学观点后，学界便逐渐将Ebion视作一个人名，并视之为伊便尼派的创始者。

⑤ Fotinus，亦作Photinus，卒于376年。公元4世纪的基督教异端领袖，曾任罗马帝国省区之一Pannonia Secunda首府Sirmium(在今塞尔维亚境内)的主教。其最著名的观点即是否认基督是神的化身，从而在后世的一些文献中，他的名字被视同于主张基督非神的同义词。他的观点被许多古史家所引述，但是其本人的完整著述却并未保存下来，从而只能通过他人的批判文字而予以重构。

⑥ 公元2世纪流行于小亚细亚的基督教异端孟他努派(Montanism)，因其创建者Montanus而得名。又因为这一学说最初发端于小亚细亚境内的弗里吉亚(Phrygia)，故也称"弗里吉亚派"，或称"卡塔弗里吉亚派"(Cataphrygian)，意为"源自弗里吉亚"。该教派声称，《约翰福音》所言耶稣允诺的保惠师已经降附于孟他努身上，并且基督将要重新降临。

⑦ 语见《新约·若望(约翰)福音》第14章第16节(思高，1968年，第1667页)。

诺的却并非使徒们,而是孟他努(Montanus)、百基拉(Priscilla)①和马克锡密拉(Maximilla)②。

6:摩尼的出现是在这些妇女之后,晚于殉道者圣居普良(St. Cyprian)③,稍早于戴克里先(Diocletian)④。他们都声称一个神是善良者,另一个神是邪恶者,并断言,每个人肉体上的所有部分都源自撒旦。他的异端是汲取了毕达哥拉斯(Pythagoras)学说的思想,混杂了巫术,并使用了占星术,犹如毕达哥拉斯本人那样,也以此作为其学说的源头。

7:在此,我将省略许多例证,来对这些新的异端作个简短的批判。君士坦丁(Constantine)⑤去世之后,在亚历山大(Alexandria)地区兴起了阿里乌派(Arrian)⑥异端。他说,只有一个神,即天父;但是天父之子,即我主耶稣基督以及圣灵,并非天父的亲生儿子,而是被收养的。此外,由于圣子远离天父,所以圣灵和圣子是分离的。这类观点可分成三种。

8:优诺米(Eunomius)⑦——优诺米派(Eunomians)便是由他的名字命名——十分大胆和直率地声称,他们的本质显然是不同的。既然他们的原

---

① Priscilla(亦译作普黎斯加)与其丈夫 Aquilla(汉译作亚居拉或阿桂拉等)为公元 1 世纪的基督教传道师,在《新约》中被多次提及,大多情况下同时提及二者,且往往百基拉名字在前。他们曾追随使徒保罗,与之共同生活和工作。保罗对他们的评价极高,例如,他曾说:"请问候普黎斯加和阿桂拉,他们是我在基督耶稣内的助手;他们为救我,置自己的颈项于度外;不但我应感谢他们,而且连外邦人的众教会也应感谢他们。"见《新约·罗马(罗马人)书》,第 16 章第 3—4 节(思高,1968 年,第 1762 页)。

② 基督教异端孟他努派的女性预言者和早期鼓吹者。有些学者认为,马克锡密拉和另一名女性预言者百基拉是孟他努派真正的共同创建者。

③ 早期基督教的著名北非系作家,生活于 200—258 年,他的许多拉丁文著述迄今犹存。自 249 年起任迦太基的主教。后来遭到罗马皇帝及教皇的迫害,在 258 年 9 月 14 日殉难。

④ 全名 Gaius Aurelius Valerius Diocletianus,罗马帝国皇帝,生活于 245—312 年;284—305 年在位。建立了四帝共治制,结束了罗马帝国的第三世纪危机。

⑤ 罗马帝国的皇帝,亦称君士坦丁大帝(Constantine the Great),约生活于 272—337 年;306—337 年在位。为使罗马帝国强大,实施了行政、金融、社会、军事等方面的许多改革。此外,他是公开宣称信奉基督教的第一位罗马皇帝。

⑥ 早期基督教的宗派之一,由神学家阿里乌(Arius,260—336 年)创立,故名。该教派反对传统的"三位一体"神学,认为圣父、圣子、圣灵并非同性、同体。后来,其神学被基督教教会定为异端,阿里乌本人也遭到流放和排斥。

⑦ 早期基督教的神学家,生活年代为 320—394 年。其学说因他而命名,称优诺米派或优诺米主义;由于比阿里乌派更激进,故也被称为"极端的阿里乌派"。优诺米曾任主教,并曾遭流放。其作品大多毁于 398 年,只有少量片断残存于他人的著述中。

质不同,所以圣子和天父是不相同的。

9:还有一人名叫马其顿尼(Macedonius)①,马其顿派(Macedonians)就是因他而得名。他们也称阿里乌派。他们似乎是在不虔敬的表象下引入了虔敬,因此说圣子相同于天父。在这一点上,他们有别于阿里乌派,因为阿里乌派认为圣子类似于天父,而马其顿派为了给予圣子更高的地位,则声称他在每个方面都与天父相同。

10:然而欺骗和某种堕落的虔敬也使得他们的学说变得难以理解,因为他们甚至认为,人类也是按天主的模样被创造的。最后一种异端是阿波利拿里派(Apollinarian)②,它的许多观念都与普通人的相仿,因为信徒们自己还未决定用什么亵渎语言来谈论某些指定的问题。

11:有人说,我主耶稣基督既无意识,也无人类灵魂。那些更为胆大的人甚至声称,他的身体源自玛利亚,不管怎样,即是源自天国。有的人只承认他的灵魂和肉体,而否认他的意识,换言之,是否认他的心灵。

12:但是如果你向他们挑战,他们就连灵魂和肉体也否定了,并且说,居留在体内的,不是灵魂,而是天主的话语。他们想要否定基督的人性,其意思是说,由于基督并不隶属于人类的思想,所以他的一切情感都应归之于神,倘若他既无灵魂也无心灵的话。然而,他曾经哭泣、哀痛,以及遭受其他情感的折磨,而肉体本身是无法承受这类折磨的。

13:剩下的可能只能是,其体内的神性承受着这一切。诺瓦替安派(Novatian)③和孟他努派的观念有所不同:诺瓦替安派不认可对大罪——即撒谎、通奸、谋杀、乱伦以及其他类似罪过——的赦免。

14:而孟他努派则说,我们所继承的《圣经》应该被烧掉。他们声称,他

---

① 公元4世纪的基督教神学家,他所创的学说称马其顿派。其学说否认圣灵的神性,也否认圣子与圣父同质。

② 由基督教神学家阿波利拿里(Apollinaris,约315—395年)创立的学说,因其名字命名。该异端与阿里乌派对立,认为基督与天主本性相同,绝对统一,因此基督只有神性而无完全的人性。

③ 早期基督教的异端教派,由意大利神学家,所谓的"第一个敌对教皇"诺瓦替安(Novatianus,公元3世纪)创立,故名。诺瓦替安派认为叛教罪不能赦免,其神学将三位一体论与基督论有机地结合,曾对西方教会的发展产生过重要的影响。

们的主教们已经控制了教会；凡是路西非尔派(Luciferians)①对杰出神父所干的事，他们都施之于教会；他们还说，他们的神父不能是将《圣经》传承下去的那种人。此外，他们声称，他们谴责我们教会中被发现的所有背叛信仰者。

---

① 公元4世纪的基督教异端教派，因其创始者——撒丁岛卡利亚里(Cagliari)主教路西非尔(Lucifer)而得名。该派拒绝与另一教派阿里乌派(Arian)交往，因为后者曾宣称放弃其"错误"，从而被教会重新接纳。

第二章《克弗来亚》重要章节译释

　　《克弗来亚》是摩尼教的重要"本教文书"之一，用科普特语（Coptic）书写，是《导师的克弗来亚》（英译名作 *The Kephalaia of the Teacher*）的简称。Kephalaia 为希腊词 κεφάλαια 的拉丁字母转写。该词的原义为"所说所写的部分内容"或"（部分）章节"，也有"主旨""要领""概要"等意思。故该书标题的大致意思当是"导师摩尼论述之精要"。它是 1929 年在埃及法雍（Fayyūm）之南沙漠中发现的 2000 多页写本中的一部分，1930 年由卡尔·施密特从书商处购得。其前半部分由波洛茨基和博赫里格翻译成德文，出版于 1940 年，篇幅略为增加的前半部分的 122 章则由加德纳译成英文，出版于 1995 年。

　　《克弗来亚》以弟子提问，导师（摩尼）解答的实录形式，记载了涉及摩尼教教义的各种问题，颇为全面和深入。由于该书很可能是由摩尼的第一代弟子在摩尼去世之后不久编辑而成，即可能成于3世纪末左右，故其内容当是早期摩尼教之教义的"直接表述"，应该比后世异教著述的转述更接近摩尼的原创思想。所以，《克弗来亚》对于摩尼教研究有着极为重要的文献价值。

　　本章将选择《克弗来亚》中的十余章予以翻译，其内容尽可能顾及摩尼教教义的各个主要方面，以便读者对它们有清晰的认识。所用母本，则是加德纳的

《导师的克弗来亚》英译本[①]。

《导师的克弗来亚》

第1章　关于使徒降临

9. 第一章如下：他的弟子们询问有关他的使徒地位和降临尘世的问题,以及如何游历各国、各城的问题,并询问,他是以何种方式奉遣……首先,在他选择其教会之前。

使徒对他们说道:我……但我将详细地告诉你们……我亲爱的弟子们啊,要充分理解我的这些话:不时奉遣到凡世的所有使徒都好比农夫;而他们所选择的教会则好比帕尔穆锡月(Parmuthi)和鲍费月(Paophi)[②],帕尔穆锡不会出现在一年的所有月份中,鲍费亦然如此。只有……季节……如他们所知……其蔬菜……它们被收割的时间;蔬菜和……季节。他们照料这些采摘物,使之成熟,他们……鲍费月。10.当然,如今那农夫……帕尔穆锡月。仿佛他将来到那里播下谷物种子。他将从一开始就参与其中……谷物种子,并辛勤劳作。每年夏季来临时,便到了其谷物的收获季节。这时农夫就会前来收获庄稼。园丁从一开始就……为其果实辛勤劳作;他照料它们,以及……它们成熟,他便前来,把它们从树上采摘下来。

这即是使徒们降临尘世的方式。他们就像至尊的……季节……肉体。他们在……之前被派遣……在他们……之前……凡世……源自至尊。

---

① Iain Gardner, (trans.) *The Kephalaia of the Teacher —— The Edited Coptic Manichaean Texts in Translation with Commentary*, E.J.Brill, Leiden, 1995.

② Parmuthi 和 Paophi 是古埃及历中的两个月份名。埃及历将一年分成 12 个月,第一个月名 Thoth,始自今公历的 8 月 29 日;第二个月名 Paophi,始自公历的 9 月 28 日;第三个月名 Athir,始自公历的 10 月 28 日;第四个月名 Chojac,始自公历的 11 月 27 日;第五个月名 Tybi,始自公历的 12 月 27 日;第六个月名 Mechir,始自公历的 1 月 26 日;第七个月名 Phamenoth,始自公历的 2 月 25 日;第八个月名 Parmuthi,始自公历的 3 月 27 日;第九个月名 Pachon,始自公历的 4 月 26 日;第十个月名 Payni,始自公历的 5 月 26 日;第十一个月名 Epiphi,始自公历的 6 月 25 日;第十二个月名 Mcsori,始自公历的 7 月 25 日。因此,摩尼在此提及的帕尔穆锡月和鲍费月,即是指埃及历的八月和二月,大体上相当于今公历的 4 月和 10 月。

他们……这整个创造的秩序，他们并选择……他们制造……选民和听者……他们的形体，并使之脱离……肉体……凡世……他会使得他的……冬季，他并收获之……也照料夏天的果实，以及……鲍费月，他并取走它们。

这方式也……多年以前……凡世，当他在……之下旅行……使得其教会的形式自由自在，以及肉体的……他使得肉体的形体脱离……

就像农夫，因为当他将……那时，他将开始……照料……也到了帕尔穆锡月，他将收获它……为了鲍费月的果实而辛勤劳作……

又，这即是使徒们……从创造人类之初……如我已告诉你们的那样，当他们……在他将……万物之前……

11.当它将诞生于肉体中时，他就会降临，并马上……其中的它……登升而趋向至尊。那时，他将继续在凡世……他，当世界来到……当季节期满时，他就将登升，离开凡世，在其身后留下教会。不过，他仍然……并帮助他的教会。对于继他之后的任何人，他都将成为他们的支持者和领导者。他在他们之前……除了被牢牢置于肉体内的其他人。他将成为他们的帮助者和保护者；他不会秘密地……直到他的教会……改变它……当他的教会……他曾在其后登升，去往荣耀之地。他欢乐和休憩在最后的……

犹如因……而心情愉悦的农夫，他收割着庄稼；或者好比带着双倍的货物从一个国度前来，并在贸易中赚了巨大财富的商人。

当使徒将要从凡世登升，他和他的教会……因为每个使徒……在……由于……结满第一批果实的树……它们被采摘。它们将繁衍更多的果实，并在适当的季节成熟。果树在任何时候都不会没有果实；他们采摘的成熟果实将繁育出更多的其他果实。当它们结出这些……树上；它们出现在其枝干上。他们将从树上采摘成熟的果实。农夫不辞劳累，辛勤工作，从不休息。他在什么时候才会停歇呢？他在帕尔穆锡月可以结束谷物的收割，在冬天……它们；夏天的水果将……成熟，从而在鲍费月采摘。

12.使徒的情况与此相似。当使徒将登升上天之时，他和他的教会离开凡世。在此同时,另一个使徒将被派往凡世,派往另一个教会……首先,如我已告诉你们的那样,他将使得他在上天的教会形体解除束缚。当……又,他还将降临,并显现……并解除教会的束缚,从罪恶的肉体中解救它……

使徒的降临发生在……如我所告诉你们的那样。从亚当的儿子塞特(Seth)直到伊诺希(Enosh),连同伊诺(Enoch);从伊诺直到诺亚之子闪(Sem);……其后的教会……东方的佛陀,以及阿罗汉(Aurentes)①,以及其他……他们被派往东方。从佛陀和阿罗汉降临直到琐罗亚斯德降临至波斯,相会国王希斯塔斯普(Hystaspes)②。从琐罗亚斯德的降临直到至尊之子耶稣基督的降临。

我主耶稣基督的降临:他前来……一个以精神体,一个以实体……如我业已告诉你们的那样。我……他,因为他并无形体地前来。他的门徒们也宣传有关他的情况,说他取了奴仆的形象,成为人的模样③。他来到下界,示现在犹太教派的世界。他选择他的十二使徒以及七十二弟子。他实现派遣他前来凡世的其父的意愿。嗣后,邪魔唤醒了犹太教派的妒忌。撒旦来见耶稣的十二使徒之一,以色加略的犹大。他用他的吻在犹太人前指控他。他把他交到犹太人以及一群兵士的手中。

13.犹太人逮住了天主之子。他们在一次集会上非法地审判他。他们指控他邪恶,而他实际上是无罪的。他们把他挂上十字形木架。他们把他与一些盗贼一起钉死在了十字架上。他们把他从十字架上取下来,葬入墓中。三天过后,他复活了。他来到他的使徒们处,使他们能看见自己。他赋

① "阿罗汉/罗汉"的梵文原名为 Arhant。据学者考证,此名经过巴克特里亚语的传播,最终在摩尼教的科普特语文献中演变为 Aurentes 的读音。故在此的 Aurentes 即汉文所谓的"阿罗汉/罗汉"。具体考证可参看 Gherardo Gnoli, "Aurentes The Buddhist arhants in the Coptic 'Kephalaia' through a Bactrian Transmission", in *East and West*, Vol.41, No.1/4 (December, 1991), pp.359—361.
② Hystaspes 当是 Vishtaspa 的希腊化名称。传说是琐罗亚斯德教创始者琐罗亚斯德的最早庇护者,时在公元前 10 世纪或更早。
③ 此语的出典见《新约·斐理伯(腓立比)书》第 2 章第 6—7 节:"他虽具有天主的形体,并没有以自己与天主同等,为应当把持不舍的,却使自己空虚,取了奴仆的形体,与人相似,形状也一见如人。"(思高,1968 年,第 1830 页)

予他们一种威力。他把他的圣灵输送给他们。他把他们派往全世界,以让他们宣扬伟大的天主。他自己则登升上天了。

……耶稣,他的十二……大地……主……他们。他们既不胆怯,也不……他们全都积极……他们得以登升,在至尊处安享宁静。

在十二使徒立足于世的同时,使徒保罗更加强了他们的地位。他也来了。他布道……他给予使徒们力量。他使得他们强大……救世主的教会……他布道……他也登升,在……安享宁静。

在使徒保罗之后,全体人类一点一点地,日复一日地犯了过错。他们把正义抛至脑后,其小径狭窄而黏湿。他们更愿……走在宽广的大道上。

与此同时,在这最后的教会中,出现了一位正义的真理之人,他属于这个国度。他强化了……他们尽其所能照看着我主的教会。他们也登升至光明之地。在这些之后,教会渐渐地消亡。此后的世界上不再有教会。

14.就像一棵树要被拔掉前,树上的果实会被摘走一样,它最后毫无果实留下。

当救世主的教会登升上天时,你们所询问的我的使徒地位便开始了。那时候,真理的圣灵保惠师受到派遣;他即是降临于你们的最后一代保惠师。正如救世主所说:"我去为你们有益,因为我若不去,护慰者(保惠师)就不会到你们这里来;我若去了,就要派遣他到你们这里来。当他来到时,就要指证世界关于罪恶、正义和审判所犯的错误。"①他会与你们说……他会与你们说,并传布……给予我荣耀的那人……以及他给予你们。

……代表真理的保惠师而布道,他……他前来,向他已知道的人示现……在所有这些年中指定的时间,犹如他们……从耶稣直到今天……直至他……他使他们脱离束缚。当教会以肉体形式呈现时,就到了救赎灵魂的季节,犹如谷物成熟,有待收割的帕尔穆锡月。

在那同一个季节,他……我的影像,我在帕提亚国王阿尔塔巴奴

---

① 语见《新约·若望(约翰)福音》第 16 章第 7—8 节(思高,1968 年,第 1670 页)。

(Artabanus)①时期取此化身。随后,在波斯国王阿尔达希尔(Ardashir)②时期,我被照料,长高,到了成熟的季节。就在阿尔达希尔国王加冕的那一年,充满生气的保惠师降临于我。15.他与我谈话了。他向我揭示了他隐藏的奥秘,那是隐藏了许多世和许多代的奥秘,是大地深处和上天高处的奥秘。他向我揭示了光明和黑暗的奥秘、冲突和战争灾祸的奥秘,以及伟大的……散布黑暗的战斗。此后,他还向我揭示了:光明如何……黑暗,通过它们的混合,这个宇宙得以创造……他还使我看见了建造舟船③的方法,见到船内的光明诸神,净化所创造的光明。相反地,那些渣滓与污水……进入地狱。

创造第一个人类亚当的奥秘。他还告诉我有关智慧树的奥秘,亚当吃了其果实,从而眼明心亮了。还有关于奉遣前往凡世,选择其教会的使徒们的奥秘。还有关于选民与其戒律的奥秘。还有关于选民之助手"听者"与其戒律的奥秘。还有关于罪人与其恶行,以及冥冥之中惩罚他们的奥秘。

这即是保惠师向我揭示的,曾经发生和将要发生的所有情况。……眼睛将看见,耳朵将听见,内心将想到,以及……的所有事物。……我已因他而懂得了一切事物。我已通过他而看到了全局。我已成为拥有独一心灵的独一形体。

在阿尔达希尔国王在位的最后数年中,我公开布道。我跨越本国,前赴印度人的国度。我向他们传播生命的希望。我在那里挑选了一个优秀的选民群体。

在阿尔达希尔国王去世,其子沙普尔(Shapur)成为国王的那一年,他……我越过印度人的国度而来到波斯人的居地。再从波斯之地来到巴比伦、梅塞尼(Mesene)和苏锡安那(Susiana)等地。我晋见了沙普尔国王。他

---

① 这里所谓的"阿尔塔巴奴",实际上是指帕提亚王朝的最后一位国王阿尔塔巴奴五世(Artabanus V),于208—224年在位。帕提亚王朝共有五位国王名为"阿尔塔巴奴"。

② 在此的"阿尔达希尔"是指波斯萨珊王朝的创建者阿尔达希尔一世(Ardashir I),推翻阿尔塔巴奴五世的帕提亚王朝后,建立萨珊王朝,于224—242年在位。

③ 这里所言的"舟船"是喻指太阳和月亮。在摩尼教中,"舟船"是个重要的象征符号,有关这问题,可参看芮传明,2009年,下编第一章。

以极高的荣誉接待了我。他允许我在……游历,传布生命之语。我甚至花费了数年时间,作为随从……他。16.还有许多年待在波斯、帕提亚人的居地,直至阿迪亚贝尼(Adiabene),以及罗马帝国诸省的边境地区。

我选择你们,优秀的选民,作为天父派我前来建立的教会。我播下生命的种子。我……他们……从东到西。如你们自己所看见的那样,我的希望已达到世界的日出之处,以及每个有人居住的地区,到达北方区域以及……以前的使徒们没有任何人做过这些事情……因为被派遣来的所有这些使徒……他们布道……世界……我的希望将留存凡世,直到耶稣……他的宝座,他将创造……教会,它位于右侧……它归属左侧。

……你们曾询问过有关它的事。因为这圣灵即是保惠师,是至尊向我派遣的那人。他向我揭示了已发生的和将发生的事情。为了你们,我已经将这些事充分地撰写在了我的书中。今天,你们再一次向我提出问题。注意了,如今我向你们简单地复述这些问题。

他的弟子们听他讲完这些事后,万分高兴。他们的心灵得到开悟。他们向他说出了自己的欢乐:"我们感谢您,我们的主!因为您把您降临及如何来此的事情写在了经典中,我们接受了它,我们相信它。您在这里还以摘要的形式向我们复述这些内容。就我们而言,已经充分地接受了它。我们也相信,您是保惠师,是天父派来的那一位,一切隐秘事物的揭示者。"

第16章 关于对付黑暗的五大

49.开悟者再次对其弟子们说道:……黑暗,它被五大所击败。

第一个伟大是父尊,他存在于宁静和神秘中,安居在光明之地,在他自己的原质中。还有四个伟大是由他示现的。他们被委派负责十个分区,安居在十二处。

第二个伟大涌现显身,是由第一个伟大展现的。这即是生命母,伟大的圣灵。还有初人及其五子。他们就是第二个伟大。

第三个伟大是光明之友、伟大的建筑师、生命神,以及生命神的五子。

他们即是第三个伟大。

第四个伟大是第三使、光耀柱，以及从他展现出的所有光明威力。他们即是第四个伟大。

源自父尊的第五个伟大是光辉耶稣，以及他所召唤出所有威力，他的发射物是……他们涌现于世，是由他展现的。

结果，他们散布开来……并……五个：初人的五个儿子……整个建筑物；另外五个是生命神的五个儿子，他们分布在五个地方，维持……

50.总共十二个部分……加入他们的另外两位是呼唤神和应答神。他们是父亲和母亲，光辉耶稣降临后，委任他们为自己的继承者……大地和其中的……

初人的降临……他来到……属于……居住在一个国度……尊重属于这个家庭的人……他的敌人……并因其邪恶而遭难；他们从他……富裕；他们囚禁了他，夺走其同伴。他仍然谦逊地……他鼓起勇气，控制了其敌人……悄无声息地……

恰如初人，被其敌人包围的高贵儿子，这亦即初人降临的情况……诸魔君，光明的敌人。

生命神的降临以及他所接受的戒条与此相反，他由此遭遇了所有的魔君。它不同于初人的情况。他的降临……初人的降临。

生命神的降临是这样的：他奉至尊派遣，旨在救回初人。他就像一位法官，奉国王派遣，前去解除初人所受的苦难，这位高贵儿子的敌人对他犯下了罪过。他，这位法官……强硬而无情……他用正义和力量赋予……手段。51.他还审判所有被控怀有叛逆之心的人，并按其罪行予以处罚。对于那些该遭责打的人，他就用坚硬的皮鞭抽打他们。又，对于那些该砍去手足，或确实……的人，他也给予相应的惩罚。他给他们戴上枷锁镣铐，悬吊……他就是这样对他们进行了正义的审判。他杀死他们，剥下他们的皮……于是，他们将被杀死……直到他们死亡。又，对于那些宜于……的人，他遵照正义的审判，将他们驱离家园，因为他们对高贵的儿子犯下了罪行。在这神秘行动中的伙伴以及在这审判中的助手，是归属于他和鼎力相助他的人,他们将很快地履行主人的意愿。

犹如奉旨解除高贵儿子之苦难的真正法官一般,生命神的情况亦然如此。他也是受光明之王的派遣,前来解除初人所受的暴力攻击。暗界之王对初人犯下了罪行,暗王及其叛众都对初人犯下了罪行,因此,生命神降临后,便大力支持初人。

对于一切魔君,以及冒犯初人之子的所有罪恶势力,他都遵照正义的审判予以处罚。他把他们囚禁在天上和地下。他把每个人都置于适宜之处,对每个人都按其施暴于高贵儿子的残酷程度予以衡量。其中的一些人被关在监狱中,另一些人则被倒悬着,有些人被钉死在十字架上,另一些人则始终坐着。52.有些人被囚禁在其同伙的下方,被粗大的链条锁住。他让另一些人成为其下方同伙的监管者,这样,他们便能对下方的囚徒随心所欲地施为。

你们碰巧知道这……当生命之父确定了判决……他向所有的黑暗势力展现了自己。他像一个真正的法官那样审判他们……这是生命神对于涉及初人之魔君的第一次审判。确实,他给予初人的胜利就相当于他自己的胜利。他谴责暗界国王所犯下的罪过。

……这类的链条,成为……大地,直到宇宙解体的末日;它在大火中毁灭和分裂。当光明到达其乡土时,黑暗却被永远地囚于镣铐和枷锁中。

第三使也曾降临,他是前来视察被囚禁在该地的暗魔的。他犹如视察工匠的大王……以及……他在各地见到了善良的工匠、建筑师和艺人,他看见他们努力地工作,并以他们的方式着手创作他的作品。他将兴高采烈地……他将感谢创制他的作品和执行他的命令的那些艺人。

第三使的降临,好比大王巡视他的作品和要塞。当他降临时,他看到他的作品已安置和准备好,并……那里已安置和准备好一系列的魔君。53.他的弟兄们已在上方、下方、外部、内部都创建了伟大的模式。他们在他之前参与了搏杀,在他来到之前奠定和创建了宇宙。他看见诸神和天使们建立和控制了保卫整个统治力量的要塞……这是由他的最初威力完成的。

他们即是初人和生命神,以及伟大圣灵、生命母。

因此，当他看见他们已经以极大的智慧创造了万物……他们看到他劫夺……他降临,他向他们示现。他对生命神说道:"你……的审判很好,你所说的……你给予了他们相应的奖赏,从而让他们登升至原先没有资格去的地方。"

还有光辉耶稣的降临, 当他来到所有……之时……好比奉遣来拔出……的一个人……用火焚烧一个无花果果园。因此,当他首先用其斧子砍去恶树,并拔出……用其火……它们的躯体;于是,他们从此不能再度发芽,再结出难吃的果实。在此之后,他又栽种了善良植物,即生命之树,它们将结出善果。

这即是光辉耶稣降临的譬喻,它的情况是这样的:由于他也是奉遣……他的威力和智慧……国王和救世主……他以其辉煌的智慧摧毁了他们。54.他就像焚毁恶树的大火一样,囚禁和粉碎他们。这是他在众多势力中实现其意愿的情况,直到他接触到最早的人类,亚当和夏娃之肉身形体。他在夏娃身上完成了其意愿, 他……他还给予亚当以希望和好消息……辉煌的……他登升上天……光明的……

然后,是呼唤神和应答神,降临于光明分子的伟大顾问,他们是联合体。它与他们混合在一起,悄无声息地建立。它支撑……直到末日,那时,它能登升上天,巍然挺立于大火之中。它将聚集自己的灵魂,并塑造成终像。你还将发现它清扫和扔掉异质的污染物。它将万物中的生命和光明聚集起来,建立在其躯体上。终像的所有肢体完成之后,它就能够获得自由,通过它的父亲生命神而登升,脱离大战。生命神降临凡世,带走肢体。他带着它脱离万物的熔炉和废墟,向上登升。

于是,这位咨询师,即呼唤神和应答神,便像冷却的黄油。如果有人把它放在热奶中,它就会溶化,浸透热奶。在其他时间,它会静静地溶化在其中……该牛奶的能量和滋味……被吸入黄油中, 牛奶组合变冷……55.……这牛奶,它将净化和抛弃。然而,油和油脂,以及牛奶的"美好"将聚集在其中。

又,这也是思想降临的情况。生命的顾问,即是降临于光明分子的呼唤神和应答神。它最终能够登升和巍然挺立,聚集一切生命以及留在每个事物中的光明。它能够将它们建立在其躯体上,它将把它们聚集进……永远……在其影像中……从此时以降……

相信这五种降临,并确认这些知识的每个人都将获得神佑。他将能登升上天,并获拯救……并且不被看作……

第18章 关于光明之子与黑暗之子间的五场战争

58.于是,开悟者说道:光明之子对黑暗之子发动了五场战争。光明之子使得黑暗之子彻底蒙羞。

第一场战争是由初人发动的,用以对付暗域之王和来自……五界的所有魔君。他用其罗网猎捕他们,即活灵。他……陷阱中,以及……的脸……他的童贞,活火……他们并未找到逃出其罗网的办法……他像捕鱼一样逮住了他们……五要素的五觉意……他砍断了五树,并挖出其树根……像斧子一样……恶树之根。犹如救世主所说:"注意,斧子已砍入恶树之根,自此以往,它再也不能结出恶果。"①

第二场战争是生命神的战争……他构筑了光明的事物和世界。他把暗魔诸君散布和系缚在……的中央……星辰……诸地……他们在三脉管中。叛反的魔君们共同对付生命神,他们希望……因为他们知道,他会用粗实的链条系缚他们。生命神以许多形貌展现在他们面前,用了数不清的……许多帮手,十分残酷。他向他们示现,他十分巧妙地监禁了他们。他们之中没有一人能够脱逃,他……如今,由于他……他捕获他们……

59.第三场战争是第三使的战争,他展示其形貌……下方……挖空……一切光明和财产……被消耗光的那些……整个统治强权……光明的骄傲

---

① 语出《新约·玛实(马太)福音》第3章第10节:"斧子已放在树根上了,凡不结好果子的树,必被砍倒,投入火中。"(思高,1968年,第1511页)

……它扩展到……一个强大的人前来……他取走了他的财富……银子……他的傲慢和放荡。

这即是统治强权……一切财富……他们旅行……光明……他净化了它……

第四场战争是光辉耶稣发动的对付上界和下界一切反叛者的战争。当第三使用自己的形貌把光明从暗魔净化出来后，束缚光明的锁链松动了……第四场战争中的荣耀者。他前来并带着……整个统治强权的叛乱。他束缚自己……他建造了整个结构，并制造了……一场大争斗。他使之蒙羞……他完成了至尊的意愿，他给予了亚当希望……前往他的光明之舟。

第五场战争是生命咨询师……即是呼唤神和应答神……伟大的……它被置于……上……60.死亡的……它……它永远地战胜了……它将王国给予……大战……与黑暗之子……善良战胜了邪恶……永远……

保佑每个愿意……的选民……生活在那里，战胜它……按照这五……的肖像……并无……获得胜利。

第25章　关于源自父尊五体的五父的降临

76.弟子们再次谈到了有关源自父尊的五父逐一降临的问题。他便对他们说道：第三使出自他的心智(Mind)；光明之友出自他的思想(Thought)；生命母出自他的洞察力(insight)；敬爱的耶稣出自他的慎思(Counsel)；光明少女出自他的深虑(consideration)。

这五父就是这样被召唤出来的。降临的这五位神灵源自父尊的五体。他们一个跟随一个，相继在合适的时候化现于世。

第26章　关于初人、第三使及舟船；他们的相似之处

76.他又说道：初人就像其财宝被人盗走的一位伟人。他来此是为了追回他的财宝。这就是初人在其诸子之后，从上天降临的原因，以拯救诸子，取回散落在偷盗者中的财宝。

又,他就像被人夺走两个儿子的人……他前来拯救他们。77.又,这即是初人……因其两个儿子……照耀于高空。两个儿子曾被夺走而离开他,他们是他的活灵,存在于两大威力中。

又,白日之舟就像一杆伟大的标枪……其中的伟大圣灵就像一位聪明的工匠,他会美化和调整好所有战甲。

又,生命神就像一位斗士,他会奔向被掳为战俘的国王的儿子,把他从敌人手中拯救出来。

第三使也像一位伟人……由于财宝……其囚徒之手……这些光明威力……儿子们及其灵魂,这样,他们将……灵魂会出现在它被监禁的那个地方。

他又转向其弟子,说道:你们必须成为自己灵魂的净化者和救赎者。灵魂存在于每个地方,因此你们可被视作父尊光明的聚合群……位于新永世的国度,在欢乐之地……

第27章 关于黑暗魔君的五种形貌

77.使徒又一次坐在听众中间。他对其弟子们说道:仔细地想想魔君,一切黑暗力量的领袖吧。他的躯体以五种形貌存在,相当于黑暗五界中五种创造物的原型。

他的头颅呈狮面之相,源自火界。他的翅膀及其双肩与鹰相似,宛如风之子。他的双手双足如魔一般,状似烟界之子。他的腹部似龙形怪兽,源自暗界的形状。78.他的尾巴则为鱼形,属于水界之子。他便是这五种形貌,源自黑暗五界的五种创造物。

如果他愿意,他可以步行于……烟界。当他需要时,他也可以……四……他的双手双足……就像火之子。如果他愿意,他可以展翅飞升,就像风之子一般。如果他愿意,他可以跳入水中,就像水之子一般。如果他愿意,他还可以腹部着地爬行,就像黑暗之子一样。这就是他的五种形态。

他还有其他三种特征。

第一……他的威力……

第二,如果……他的法术。如果他愿意,他会为自己祈祷,并把其属下隐藏起来。他若需要,他会向他们展示自己,并用其法术给予他们致命一击。当时他所念的任何语词,都可以用来实施法术。

第三,他的身体强壮,所有……其属下的指甲和爪子不能贯穿它。任何铜、铁之体都无法与之匹敌……他们无法摧毁他,因为他是由源自铁石心肠的暗质,即诸魔之母制成的。

他还有其他三种特征。

当他需要时,他的火会绚丽燃烧,他的整个身体就像是用火的……制成。

又,如果他愿意,他会散布霜冻,其整个身体冰冻得就像雪的……

第三,每当其属下站在他面前,他看着他们,就能了解他们。他能知道他们内心所想的任何事情;只要他们站在他面前,他就能了解他们的内心。但是当他们离他远去,他就不能了解他们的内心世界了。不论怎样,他体内没有真正的生命;他的所谓的"生命"也只是体现在其脸上和恐惧中的愤怒。如果……在他之前的……毁灭。

79.注意了,亲爱的信徒们,不要让你们自己接近魔君的各种形貌、一切致命邪恶之根以及一切丑陋营帐。确保你们脱离他以及他留在你们体内的邪恶教导。这样,他们就不会与你们适配,从而摧毁你们的愉悦,也不会把你们的真理变成谎言。

你们应该在向你们示现的真理心灵面前变得热情和完美,这样你们便能……他们拽拉你们……升至上天。你们永久地继承生命。

第28章　关于父尊的十二法官

79.他又对其弟子们说道:存在着十二法官,他们是伟大和强有力的审判施予者。他们是奉高贵的至尊之遣而来这里的。他们按照隶属于至尊,管理诸法官的大法官的命令,各自担任不同的工作。超越所有法官的大法官居于至尊,即父尊的永世中。

第一位法官是初人,他在最初令暗王蒙羞。他按照正义的裁决审判了暗王。他对付了不属于自己的国度,从而提升了声誉。

第二位法官是生命神,他来到这里,支持人类。他也对所有的暗魔进行了审判;暗魔曾伤害了初人的外衣①。

第三位法官是生命母,即伟大圣灵。她按其心愿美化和构建了宇宙的天空部分;它……她。她审判了上方的暗魔,并把他们牢牢地囚禁在他们该待的地方。

第四位法官是大建筑师,他建造了欢乐的新永世。他按照正义的裁决审判了敌人的货栈,使得自此以往死亡不再涌现。

80.他建造了囚禁敌人的监狱。并在这建筑物的顶部建造了供初人和所有光明之父使用的王座。他们都曾与邪恶暗王交战,并战胜了他。

第五位法官是光荣大王,他居于第七层天。他是一切诸天的法官,按照正义的裁决而对所有暗魔和诸天的所有国度给予真正的审判。

第六位法官是第三使。他临世后展示其形貌。他净化了光明……他自己的……还有敌人的……他曾……

第七位法官是……各世界……他把胜利给予那些坚信者;但是他谴责了被判有罪的那些人……他将成为他们前进道路上的台阶……但是对于那些犯罪者,他则清扫出去,把他们投入深渊。

第八位法官是光辉耶稣,所有使徒之父。由于是在第三使之后展示他的形貌,并且其光明乃是得自……大量暗王从上方和下方升起……于是他们派遣了光辉耶稣。他来到……他降临,并在诸天进行了一场审判。他将坚信者和有罪者分离开来。

第九位法官是光明少女,她用其形貌夺取了诸魔之心,而将自己的心藏在体内。她对湿地和干地的暗王进行了审判。

第十位法官是大法官,他居住在大气中,对全人类进行审判。他将善

---

① 按摩尼教创世神学,初人当时奉大明尊之命,前赴下界与暗魔战斗时,是以他所"召唤"出的五个儿子(光明五要素,即"五明子")为甲胄的,故后来五明子被暗魔所吞,即是"伤害了初人的外衣"。"外衣"(garments)是摩尼教的重要象征符号之一。

者和恶者区分开来,将义人和罪人分离开来。

第十一位法官是明心,他将要降临凡世。他将选择神圣教会,并揭示……他把光明与黑暗分离开,把真理和违法区分开。

81.第十二位法官是大咨询师,此即呼唤神和应答神,他被委派在诸要素中。他即是分离善者与恶者的那一位。最终,他能够聚集自身,把自己塑造成"终像"。他将光明与黑暗分离开。

他们即是奉遣临世的十二位伟大而强有力的法官。他们源自优于所有其他法官的伟大法官。伟大法官是隐藏的和不可计量的父尊。他居于至尊的永世中,在伟大的光荣宝座上,这是光荣大王……在其国度中。

我告诉了你们这些情况,亲爱的信徒们,这样,你们便能以赤诚之心行走在我已向你们揭示的正义的道路上。按照真正的审判,法官即是正义的裁决者。希望每个教友都真实地告诉另一位教友。这样,当你脱离躯体时,就能从十二位伟大法官那里获得胜利,从而前赴宁静之处安享永远的休憩。

第29章 关于所有父尊的十八个王座

81.他又对其弟子们说道:所有父尊的十八个王座设在十八个地方。其中的九个王座设在外围永世,位于毁损的各世界。

第一个是父尊真理之神,即至尊永世之王的王座。他居于……他单独地……其自身的原质……他分离开。这即是第一个王座……它优于所有其他的王座。

82.第二个是辉煌的生命母的王座。她是降临于凡世的一切发射物的源头。

第三个王座是为父尊初人而设。他是最早羞辱了暗界全体敌人的那位神灵。

第四个是光明之友的王座,他是至尊永世的伟大的被崇敬者。

第五个是辉煌大建筑师的王座。他是建造了新永世的伟大建筑师;这个新永世是为了新奇,为了……为了光明诸父,也是为了囚禁他们的敌人及其帮凶而建造的。

第六个是生命神的王座。他是辉煌的强大者,曾经把初人救离暗界。他还整顿了秩序,创造了各个世界……净化光明,以及囚禁敌方的诸魔。

第七个是第三使的王座。他是本域之王,也是一切忠告之主。

第八个是光辉耶稣的王座。他是一切灵魂的释放者和救赎者。

第九个是伟大心灵的王座。所有的教会都将聚集在他的麾下,凡世将被净化的所有生命都将回归于他。

这即是设在外围永世的九个受人尊敬的王座。它们是为了辉煌领域的诸父尊而设立的,位于光荣大王的国度中。永生永世,阿门!

与之形成对照的,另有九个王座设立在本域世界中。

三个王座设在白日之舟中。其中的第一个王座为第三使而设;第二个是伟大圣灵的王座;第三个是生命神的王座。

又,另有三个王座设在属于黑夜的舟船中。第一个是光辉耶稣的王座;第二个是初人的王座;第三个是光明少女的王座。

83.这六个王座就这样分别设在两艘船中。又,第七个王座设在第七层天;光荣大王坐在上面。

第八个王座设在大气中,真理法官坐在上面。他负责审判全人类,在他面前有三条路,一条通往死亡,一条通往生命,还有一条通往生死混合处。

第九个王座是为神圣教会的使徒而设。在这个时代降临于你们的这位使徒坐在上面,身为正义的法官。他们将宣布每个时代的真正判决。

这便是九个王座……设在……辉煌之域的……世界。辉煌之域是……给予他们荣誉……以及……

第31章 关于诸召唤,以及它们借助灵魂肢体降附于初人

84.一位导师①再次请教开悟者。他问道:诸召唤是附在活灵的哪个肢体中而降临于居于永世之初人的?因为经文中写道,初人将自身散布于……仿佛一座木屋。

开悟者答道:确实,初人散布了自身,他……活灵的肢体,如我已为你们写下来的那样……活灵的……他……他并不知道……但是这天佑的辉煌之人秘密地来临,在他的形象、他的模样、他的所爱,以及他的神圣少女(即父尊的灵魂光明少女)中而来。

这就像人体一样,所有的肢体都维系在头颅上。所以,假若一个人的肢体被砍,但头颅尚存的话,那么他还有希望……然而,倘若头颅被砍,则整个身体就会死亡,他也就被毁灭了。

初人的情况也可以是这样的:他就如头颅,他的儿子们依附于他的灵魂肢体。或者,反过来,他就像充满生命力的空气,一切众生完全依赖在其中呼吸而生存……他的头颅便置于矗立在宇宙高空的光耀柱躯体上。

这位父尊,天佑之人的情况也可以是这样的:他就像人体上的头颅和光耀柱上的空气,它们位于……因其光明少女而变得更加强大,光明少女是他穿着……的灵魂……85. 这些……他创造和派遣来履行其意愿的心灵、思想、洞察力、思辨以及深思。他在他们的后面跳跃和漫步……他的活灵的……它盘绕在叛逆者之间。他们犹如其躯体的肢体,并……宇宙。

当他们奉遣前来后,发现他与光明少女在一起。他站立起来,恳求父尊给予他护卫的力量。……他给予他安宁和亲吻……他给予他好消息……初人。初人自己给予他……他的肢体,并把他的灵魂收集在……他在其中建造了自己的处所,就像这个塔楼……巧妙地塑造和美化了它……形式

---

① 这里所言的"导师"与指称摩尼的"导师"并非同一含义,而当指摩尼教的高级教士"慕阇";汉文文书《摩尼光佛教法仪略》所列的"承法教道者"便是指此职位。它有"导师""教师"等含义;帕提亚语 'muc'g (ammōžāg)、粟特语 muj'c、突厥语 mwck 等均指此词。

……他发出的声音……他可能沉入和扑灭……被敌人粉碎的灵魂。他们被聚集起来。他们前来,再次稳固地居于父尊的形貌中。

第32章 关于生命神的七个业绩

85.开悟者又说道:生命神利用其威力完成了七件业绩。

第一件业绩:他把初人带离下方的战场,就像从海中捞起珍珠一样。

第二件业绩:他钉死了每一个反叛者,并把他们散布开来。

第三件业绩:他蹂躏、堆积和刺穿了死亡的原质。

第四件业绩:他建造了光明之舟。

第五件业绩:他召唤出了他的五个儿子,并把他们分遣出去。他们统治着本域,他们支撑着所有宇宙的重量。他还召唤出了三个生命话语。他把它们安置在三个脉管上,另一个安置在巨怪上。又,他召唤出呼唤神,他可能与五位发光者混合起来。

86.第六件业绩:他创建本域时,登升上天,派出大量军队和天使,从而可以从四面八方包围本域,直到他完成这件工程。在这项工程全部结束后,他让其中一些人去他的仓库,并委派另一些人去哨楼。

第七件业绩:当第三使展示其辉煌形象时,生命神确立了许多神灵和天使。他们……他们控制了它,整个建筑……不……相互对付他曾……的光明……

他最终将完成的一项伟大而辉煌的业绩,乃是终像。他将把它带到光明永世。他……他控制,他打击……他并建造……他……它们。

了解他的人将得到庇佑,前往新永世,安居在辉煌和欢乐的永世!

第33章 关于他用魔君尸身建造宇宙的五件业绩

86.开悟者又说道:生命神用暗魔尸身中的血管和颅骨建造了五件伟大的事物。

第一件是置于负重者肩上的圆盘。第二件是设于生命神面前的立柱的拱门。第三件是制成了焦炎地狱。第四件是建立在大海中的七立柱,分别位于宇宙的七个部分。第五件是围绕脉管的四堵墙。

第34章　关于第三使面世之后所干的十件事

86.开悟者又说道:第三使现世之后完成了十件业绩。

87.第一,大建筑师降临,并建造了新永世。第二,日月之舟在诸天高空运行。第三,三轮开始向大地和上界遣送生命。第四……第五,舟船诸门打开……第六,诸门也……它们打开,以收纳废弃物。第七,第三使使得罪孽从暗魔分离出来,坠落到地上。第八,黑夜与白昼被分离开来……第九,(雌魔的)流产物坠落到地上。第十,在本域发生了转生现象。

第35章　关于第三使的四项业绩

87.开悟者又说道:当第三使展示其形貌之时,非常优秀和杰出的四项伟大业绩开始了。

第一,他以辉煌的形象展示了他的形貌。第二,诸天的所有门户都在那时打开。它们打开……在他之后关闭。第三,由于其形象的展示,光明得以释放和净化。这光明比他……的光明更加……第四,他以完人的形式使其光明之舟清楚地显现出来。他……活灵,完美和充分地照遍敌界。

第38章　关于明心和诸使徒、圣徒

89.有一次,一位弟子又问使徒:您曾告诉我们,明心将要降临,并是以圣徒身份出现的那一位。您是这样说的:"他也是……诸神之一……许多神灵和他在一起。"您还告诉我们:"当他进入肉身,用其五种觉意束缚故人时,他将五种觉意安设在了躯体的五体中。"

那么,如今他在哪里?是在被束缚的故人躯体中?因为我看到,不管他的系缚,那里还时不时地出现叛逆和反抗。

我想问您的第二个问题是:既然他是个伟大的神灵,不可改变和无法

估量,那么怎么会出现在小小的躯体中?

我希望您为我详细解释的第三个问题是……明心是个神圣者,他是洁净的……其躯体的污秽?

90.第四,如果明心确实存在于圣徒之中,那么他为什么不向我们展示其形貌?

第五件事是希望您告诉我,并解释您的使徒身份。我不明白这个问题。因为他们在凡世压迫您,迫害您。

我恳求您,您能否就我刚才提出的那些问题说服我?

然后,他答复那个弟子道:我所揭示的我的全部天启,已经向我的教会公布,而你是在场的。而在……中的这一……他。

这位弟子对使徒说道:诚然,您所揭示的天启已经……我们都在场。但是我仍然想知道……明心……

于是,使徒答道:假如我向你重复……你所提出的那些问题,你会理解……吗?为了你,我将令那些人看到美景。我将使生命之泉淹没干渴之地,以供他们饮用而获得生命。

嗣后,使徒又对他说道:光明之敌按照人类的模样,用一切谬误构建了宇宙。宇宙的头是外衣的领口。他的脖子是外衣的后颈。他的胃是五个展开部分,它们是外衣的……他的肋骨是一切诸天。他的脐是星辰和黄道十二宫。又,他自脐至臀的那些部分是……从星体到四世界的诸角落。他的腰是……下方的三层大地……在负重者的头的上方。他的……从……到负重者稳定站立的大地之上。他的小腿和脚是……以及属于……的整个本域。91.他的心脏是人类。他的肝是四足动物。他的肺是空中飞翔的鸟类。他的脾是水中游泳的鱼类。他的肾是在地上缓慢行进的爬行动物。他的表皮是……的墙,它围绕着灼人的烈火。他的……大火的容器。他的……黑暗的……他的胆是……他的大肠是伟大的……各世界的……他的血管……所有的泉和井。他的眼睛……他的双脚是他的……

这即是每个世界协调一致的情况。五明神被禁锢在其体内……它们是他的灵魂和生命……人是个罪人……生命神和第三使……五个不眠的守护者。

他……光辉护持者,心智……在上方的心智世界中。他……整个……天界诸神的……光荣大王即居于第七层天的思想,他的……他征服了……还有光明阿达马斯,他是洞察力……他给予……由于欲望……他还委任了荣耀之王,即慎思……对于三个形象的忍耐;以及风、火、水的……他把……交给他……干恶事。……负重者,即深虑……智慧……位于下方。他使得他……下方的基础。

92.此外,第三使从他们淬炼出生命的五智。又,呼唤神和应答神也居于那里。如今,他们创造了生命神的六个儿子以及初人的六个儿子。

此外,第三使把伟大心灵置于他们体内;而伟大心灵即是光耀柱,即是完人。

此外,青年耶稣被派遣前往那里。他是生命话语的形象,亦即呼唤神和应答神的形象。

他使得上方和下方的营寨变得强大……在其监察区中的每个营寨都将变得十分安全,因此,在他的监察区内既无暴动,也无背叛。

注意了,光辉护持者被牢固地安置在伟大心灵中,在监狱上方的营寨中,他根本不会导致死亡的阴暗,也不会有背叛和暴动。暗魔坠落的罪恶与灵魂纠缠在一起。它与投向第三使形象的光明混杂起来。它运行……在监察塔楼上方的第三层天……光辉护持者。那里也有光明纠缠在一起。它被分离出来,下降至干地和湿地。它创造了干地上的树;而在海洋中,它则立刻成形,制造了海洋中的巨大骚动。

再来看光荣大王,他即是思想,他位于第三层天①。他由……创造……激怒,并发生了暴动。在他的营帐中出现了叛变和愤怒。上天的监察者降临大地上的监察区,他们镇压了所有的叛变行为。他们揭示了凡世的机巧、

---

① 或许是"第七层天"之误。

手腕,并向人们展示了上天的奥秘。发生了一次暴动,大地上的……毁灭……

93.阿达马斯……完成。他稳固地位于……之上……他的营帐中发生了一次叛变。当雌魔的流产物坠落到大地上后,它们生成了亚当和夏娃。他们又通过自己所生的后代,统治了凡界。他们制造了大地上的每一种贪欲,使得整个凡界充满了贪欲。他们还迫害教会。他们杀害了光明阿达马斯监察区内一代又一代的使徒和义人。

又,光荣大王,即管理着三轮的伟大慎思,在他的监察区内发生了骚乱和灾难,他们……在三层大地上遭受痛苦和压迫。在第三使显示其形象后,他们的道路关闭了……他们的登升因他们……而受到阻碍……风、水、火在其上登升。

又,使……蒙羞的负重者的监察区内……下方地狱的暴动……弯曲,下面的拴扣松开……在下方的基础中。

由于光辉护持者的监察区发生了地震,光耀柱前来,它……光辉护持者的助手。它在下支撑起所有的负载。

由于光荣大王的监察区里的一些看守从上天下临地界,引发了叛乱和暴动,四位天使便被召唤出来。他们用永恒之链将这些看守系缚在暗黑监狱中;他们将其子嗣从大地上清除掉。

又,(暗魔的)流产物坠落到阿达马斯的监察区里后,生下了亚当和夏娃。由于发生了大叛乱和邪恶,他派遣耶稣……五子的祈祷。他让他们呈现……的模样……堕胎物。他将他们系缚在……之下……亚当的心灵。

94.又,由于在三层大地发生了地震,登升之路被阻,以及风、水、火的源泉被堵塞,耶稣便亲自降临。他化身为夏娃。他理直了风、水、火的运行路径,打开了它们的源泉,并使得登升之路恢复秩序。

又,自从负重者下方的大地与拴扣发生松动……也使耶稣下降,以夏娃的形貌直抵那个地方。他整顿了秩序,加强了下方的拴扣。然后,他返回,登升至他的……安息。

然后,使徒对他说道:好好看看本域的所有这些监察区吧,每个监察区都有大神主管,监视着它们……曾发生过暴动和叛乱……其中不时地……巨大的羞辱,直到他们击败了敌方诸魔。

人体的情况亦然如此。尽管身躯的尺寸很小,却有一股强大的力量居于其中。无论如何,罪孽居于其中,故人居于其中。他肯定是残酷的,极为奸诈的。直到明心发现如何降伏肉身,并随心所欲地驱使它。

他的外界弟兄们所主管的各监察区的情况正是如此。在那巨大的躯体中,不时发生地震和叛乱。位于肉体中的心灵的监察区也是这样,不时产生罪孽,在体内骚动不安。

如今,你们应该理解了,光明的诸力是善良的。世界的开端和结局都向他们揭示了。他们所做的一切都是按照正确的判断而完成的。因此,他们可以容许敌对的心态引发一些谬误,暂时随心所欲一番。然后,他们俘获了……他们首先以公正的审判采取了行动。

95.现在再解答你提出的另一个问题:明心,这位伟大而尊敬的强者,是如何降临,以及以如此小小的躯体而呈现的?请听清楚了!这些神灵……是伟大和强大的。他们每一个都被封闭在他被安置的那地方,并受到巨大的压力,就像主根支撑树身一样。他们每一个的情况都是这样——"由主根支撑"于世界上,按照他被设定的位置,支撑到……

你碰巧还知道……世界被稳固地安置,有序地……生命神的五子全都……罪恶以源自该地之躯体的形貌……按其各肢体构建。它采取源自黑暗五体之躯体的形貌。罪恶构建了该躯体。但是,它的灵魂仍然取自五明神。罪恶将灵魂禁锢在肉身的五体内:将心智禁于骨头内,将思想禁于筋肌内,将洞察力禁于脉络内,将慎思禁于肉内,将深虑禁于皮内。

罪恶设置禁锢五种明力:以自己的心智加诸灵魂的心智上;以自己的思想加诸灵魂的思想上;以自己的洞察力加诸灵魂的洞察力上;以自己的慎思加诸灵魂的慎思上;以自己的深虑加诸灵魂的深虑上。它将其五个天使和威力施加于被它禁锢于肉体中的灵魂的五体上。他们……向灵魂宣告，并且持续地把它引向每一种邪恶事物，引向一切欲望的罪恶，引向偶像崇拜，引向谬误的观念，引向可耻的行为，以及堕入被奴役的耻辱中。随着它设置禁锢，对……的崇拜不再存留，而是向木质的、金质的和银质的偶像……致敬……崇拜不洁净和污染的畜生；它们的面貌和外形是那么丑陋。

96.于是，灵魂出现了谬误和失忆。它忘记了它的本质、它的族群和它的亲戚；不再知道对父尊的祈祷之门的方位。它变得对父尊怀有敌意……本身，成为邪恶的……其自身的光明……

明心前来，发现灵魂……它呈现在……它的智慧……他将成为……镣铐……肉身的肢体。他将解除灵魂心智的禁锢，把它从骨头中释放出来。他将把灵魂的思想从筋肌中释放出来，并把罪恶的思想禁锢在筋肌中。他将把灵魂的洞察力从脉络中释放出来，并把罪恶的洞察力禁锢在脉络中。他将解除灵魂慎思的禁锢，把它从肉中释放出来，并把罪恶的慎思禁锢在肉中。他将把灵魂的深虑从皮中释放出来，并把罪恶的深虑禁锢在皮中。

这即是他释放灵魂肢体，使得它们脱离罪恶五体的情况。相应地，他将把释放出来的罪恶五体禁锢起来。他将正确地安置灵魂的肢体，塑造它们和净化它们，从而构建成一个新人，即正义少年。当他制作和净化新人时，他将展示源自伟大五体的伟大生命五体。他把它们置于新人的肢体中。他将把他的心智——此即是爱——置于新人的心智中。他还将把思想——此即是信仰——置于他将净化的新人的思想中。97.他将把他的洞察力——此即是圆满——置于新人的洞察力中。他将把他的慎思——此即是忍耐——置于新人的慎思中。他还将把他的深虑——此即是智慧——置于新人的深虑中。他将净化罪恶的话语，把自大的话语加诸话语形象，从而他的……变得更有教养和更为强大……

当他将完善……十二肢体。这即是……及其智慧的情况。他的……变得正义,如他完善……当此前他奔跑时……如今,他则奔跑……他的大路和小径,以及他的……他还登升至高空,前赴伟大的永世……于是,故人被禁锢在……以及在这些身躯的五体中的他的欲望、他的……他的愚蠢……暗魔与它们一起被极其痛苦地监禁起来。

新人由其爱、信仰、圆满、忍耐和智慧主导着。他的国王……明心是整体之王。他按照自己的意愿而管理着它。各肢体……于是,罪恶被监禁。明心仍是国王,而躯体内则会不时地产生痛苦。

有时候,罪恶会导致愚蠢的增生,扰乱深虑,使得人的智慧和理解力模糊不清。它会导致真理的割裂,演变成疑问,使人成天念叨着一些愚蠢的言辞和若干……当他愚蠢的做法到达……教会中的……导师们和……以及……和长者们将聚集……帮助者。他们纠正他的智慧……他的深虑也被调节正确。他的智慧被设置在正确之处,并很好地安排……

98.如果他不愿意接受其教友和帮助者的指责和开导,则其心灵中的罪恶会再次增加,从深虑直到慎思。罪恶夺去他的忍耐,给予他软弱的心情和痛苦。罪恶在其教友中展示出来。他的……他将干的每一件事……其教友们的忠告,他变得……愚蠢。明心与慎思的罪恶之间将爆发一场战斗……他们将聚集成群,成为……他们使得他不再……他们又一次纠正他……他在斗争中的同伴。

假如……又到达那个地步,则罪恶又会增生……并以欲望、虚荣和傲慢将他包裹起来。他脱离其导师和教友。他将始终孤身一人进出;他将单独地餐饮,成为孤独之人。他将始终独自行走。这标志着他熟悉的教友都不再和他一起活动。

如果他不再……他的内心不再有欲望;若罪恶增生,死亡的思想就会进入他的思想。他将……虚荣;并导致他的信仰和真理离开他。当他的愚蠢的标志展示出来时,其坏名声将在教会中传播,教会中的聪明者便会聚集在他周围,纠正他的心灵,用尊神的教导鼓励他。此时,他若采纳教友们的忠告,听从……则会使他脱离愤怒,并且……他就可能获得生命,战胜罪恶,并赢得对付它的所有战争。

99.如果他不能保证其内心的监察,那么罪恶又会嚣张,夺取他的心灵,扰乱他本来平和的心智。它会破坏他的爱心,使之脱离其导师和训导者。它将从其内心剥夺他对教会的热爱,并以仇恨充填之。对他来说,所有教友都会变得十分可恶。其教友、其曾经的热爱者,以及爱他的朋友们,都将变得像敌人一般。于是,此人便心理失常到如此地步,他的爱心和意志力都离他而去。此人变得犹如一只掏空的容器,他脱离了教会,最终堕落至下界。原来在他体内的明心也将流散出去,返回派遣他来的使徒那里。于是,他将充满了邪恶精灵,他们与他打交道,把他忽此忽彼地拖曳。他就变成了世俗之人,变得好似被拔掉了羽毛的鸟一般。他变成了俗人。

我已经教诲和指示你,令你眼界大开,看到本域,看到强大诸神的营寨中会产生巨大混乱。又,在明心的……中也不时地发生巨大的骚动。稳固地居于本域,却不显形的监察哨护持者……同样地,在人体中并不显形的明心的情况亦然如此。

外部大宇宙的那些监察哨护持者们是伟大的,但是他们也曾扭曲了自己。他们曾……他们因每人分担的任务的维度而变小。明心的情况也是如此,他是伟大的、崇高的,但是他曾向那卑贱的小小肉身弯腰而变小。

即使如此,位于外域的诸神仍是卓越的和净化的,他们稳固地居于混合整体中,却并未受到玷污。明心的情况亦然如此,他居于他的……

100.又,你们应该领悟明心的强大和活力。他广泛地控制了肉身的所有监察区。他稳固地安居在他的营帐中。他隔绝了罪恶对躯体之所有心智思维的诱骗。他限制它们,分发它们,按其意愿安置它们。

又,他所干的另一件事更超越这些业绩,即他授予了选民一个伟大的精神。你可以发现,他虽然站在地上,内心却已升华,向着真理之神,伟大父尊登升;父尊居于一切迷失之物的上方。又,他可以抑制他的洞察力和深虑,降至涌出黑暗的黑暗之地。他的内心则能领悟所有的事物……

然后,他对那弟子说道:我已把明心的业绩告诉你了。无论是谁,只要具备了识辨的慧眼,就能见到明心的形象;而不具备慧眼的人则无法见到明心的形象。

至于有关我的尚未向你展现和启示的业绩,如今也将告诉你,并且打开你看见这一奇迹……以及我之领袖地位的慧眼。

好好地观察一下吧。我是一个摩尼教教徒,我孤身一人地来到凡世。肉体的种群和亲戚、金、银、铜,以及许多礼品和大众的胸甲、甲胄,还有无数的人类全都臣服于我。形形色色源自熔炉的诸神和偶像,你们已见到了凡世的国度。尽管你们花费了巨大的努力,甚至以大量的利益和礼品、胸甲和狂暴战争为代价,却仍然未能臣服诸城,征服诸国。而我却不用胸甲和甲胄,只通过尊神的话语,就征服了遥远的诸城和遥远的诸国。

101.再领悟一下我将告诉你的另一件事吧。这些国王一直在与我斗,还有贵族、官员及其军队,他们是为了使得这个真理无法传播。然而,他们却没有足够的力量对付我。如今,假若我是孤独的,那么他们,即始终与我相斗的所有人,为什么没有力量对付我?

第三,世界上无人能使其孩子、弟兄、亲戚在一切事务上都免除偏差。但是我能够。我能使所有的孩子免除任何苦难和任何……

第四,我用智慧的胸甲遮护他们。这样,你就看不见人类中有哪怕一个……他胜过他们。在全世界,没有任何人能胜我;对于我的孩子们来说,情况也是如此,没有任何人能够胜过他们!

第五,我以我的威力选择了整个伟大的选民阶层。我把我的权威标志……以及伟大的智慧泉给予我的孩子们,于是……使徒……教会的……我使之归我所有。我使我的教会强大,并为它配备了在方方面面都有利于它的一切善良事物。我在或远或近的每一片土地上栽植了善,播下了真理的种子。我将弟子和使者派往每一个地区。因此,在我之前的各位使徒都未能像我一样在这艰苦的一代干下了这么丰硕的伟业,只有伟大父尊之子耶稣除外,他是一切使徒之父。因此,所有的使徒的功绩都不及我的功绩。再仔细看看,我的威力和活力是多么伟大!在以前的各使徒中,没有人……肉体中的……到达了我……通过我……102. 这扇伟大的门被打开了,是由我打开的,它通往诸神和天使们,通往人类,以及一切精灵和活灵,他们已准备好获得生命和永久的安宁。

在弟子们听完他宣讲的整个这番话后, 他们作了应答。他们对他说道:"您向我们讲述的所有这些功绩都是伟大的、强大的。您利用您的威力,以及派遣您来的那位的威力完成了它们。除了派遣您来的那位外,还有谁能充分酬谢您赐予我们的恩泽呢? 我们能够答谢您的唯一礼物是:我们将增强对您的信仰,坚守您的戒律,深信您对我们所作的宣讲。"

第42章 关于三脉管

106.弟子们又问开悟者,说道:"主啊,请告诉我们有关……的三脉管……在上方排泄,以及它们如何排放,与安置在诸天的所有魔君分离开来。我们必须知道,魔君们在其体内兴风作浪时,三脉管的排泄方式。"

于是,开悟者对其弟子们说道:我亲爱的,你们得知道,这些脉管在排泄时,它们以……排放……屠杀……这些脉管脱离他们。

107.它们就像生有脓疱的人体,其躯体上有多种创伤和疾病,内脏中甚至还有怒气和其他毒物。此人经一位高明医师的治疗而得以康复。医师让他饮服一种药,使其脓疱破裂;然后让他服用另一种药,使脓向下方排出;他再让病人饮服一种药,遂治愈他的创伤……平静地……这位高明的医师便以其高超的医术和有效的药方解除了所有的病患,消弭了一切邪术。这位医师将……通过药物的芳香而治愈疾病。其他创伤……是隐藏着的,最终把它们从……撕下,展示在上方和下方……通过置于其上的药物的芳香……

上界所有魔君体内隐藏的水脉管、暗脉管和火脉管的情况也与此相像;而生命神则像那位高明的医师。这三种康复药物即是生命神身上所穿的三件外衣——风衣、水衣与火衣。他通过它们整顿了下界的秩序。他用这三衣向上界的魔君们展示了无情、震悚、恐惧和狂乱,他排放他们的水、暗、火三脉管。

这些脉管就像在母亲子宫中的婴儿，被七件外衣包裹着。第一件外衣是包裹其躯体的骨髓，第二件外衣是骨头，第三件是筋肌，第四是肉，第五是脉络，第六是血，第七是皮。另一件外衣也……在其母亲的子宫里。他的母亲也与婴儿一样，骨髓、骨头、筋肌、肉、脉络、血、皮，再加上她所穿的外衣和包裹的亚麻布，总共九件。108.于是，母亲的九件加上婴儿的九件，他们总共有十八件外衣。如今，你们便可看到，婴儿的灵魂是与所有这些事物缠绕在一起的。注意了，当暗魔活动的气息出现时——其行动导致诞生的恶臭——婴儿便显现出来。旋即……将……所有这些事物，它便从变得清晰可见的裂缝中显露出来；婴儿的躯体上没有裂口，没有创伤。水、暗、火三脉管的情况也如婴儿打开其母亲的子宫一样。母亲诞生婴儿时，在震颤中将他排出体外，使之显露；这就是生命神在其躯体上化出的三件生命外衣。

关于水外衣……来自诸魔君。他移动……它们是毒药和死亡，充满了他们的脉络和内脏。

关于风外衣……他被揭示……他清除了整个毁灭性的暗影与污垢，将它排放到地上。在此之后，他又清扫掉，并把它禁锢在宇宙周围的暗脉管中。

又，他利用活火外衣，通过它的光辉和活力，将暗火从所有魔君身上排放出去，抛掷到地上。他随后又把它从大地上清扫掉，并将其禁锢在围绕各世界的脉管中，这被称为大火墙。他利用三件外衣创建了这三件事物；他未在同时剥去三件外衣，而是在适当的时间一件一件地逐一剥去它们……直到大地……

……的宇宙以这种方式……他的脉管……这些脉管犹如……

109.此外，他继续对其弟子们说道：物质的利用，以及对这些脉管的管理——将它们清扫，并从上界排放至大地——会大大有助于十二个伟大业绩。此后，它们被清除出大地，推到各世界的边缘以及本域的尽头。

第一是……第二是谬误……关于这点，我在……时已经告诉了你们。假如水脉管未曾自上而下地清扫，而是至今仍有水留存在上界魔君们的体内……则其中的湍急水流……和落下的水滴将……于是，欲望会萌发……在树上，在果实中，以及在一切众生中……直至……今天……你们将看不到一人……在……圣徒……是……之主……不仅这样，假若暗脉管未曾清扫和抛掷于地，亦未清除出大地而投入诸界之外的深渊中，则暗滴将自然滴下，暗流将继续自上而下地流至大地，并将在一切树木和众生中繁殖，如今存在于千人中的忘性将只见于一人身上。在人类中不止一个……他……的思想和知识……

此外，假如诸天之魔君体内的火一直存留到今天，未被清扫和投之于地，并被禁闭在围绕诸界的火脉管内……这火……通过急流……这急流……下方……110.暗火将在树木、果实和一切众生中繁殖。你们会发现，如今存在于千人中的威力，却只发生在一个人身上。你们在全宇宙内都将见不到一个接受斋戒的人。

注意了，我曾告诉过你们有关被三个……原型净化的这个邪恶的情况……

第二项业绩是，一切诸天……沉渣与污染的……于是……超过他们……

第三，诸天和苍穹……负担……释放重负……它不再沉重。这位富裕者……上方。

第四，他们可以净化他们的居所……

第五，因为如你可以发现的那样，居于这些船中的伟大和富裕是净化的和神圣的。

第六，你们在安息和净化时，便能看到上方混合的、不完整的和无约束的神殿。因为安息能使你们抵达它们，通过它们，净化它们。

第七……各脉管的……品质，会进展到它们所在之处……

第八，那伟大的围墙会被创建，将万物禁闭在内。

第九，当使徒们……他们，他们将回归宇宙，并显示……的信号……宇宙解体……

第十，他们将成为世界末日万物的释放者和净化者，就像火……燃烧……

第十一……将跨越……以及整个统治力……

111.至外界领域，因为他们并不嫉妒这个……比他们富裕的人。由于光明永世是在……之外……安宁……之地，光荣和恩泽之地，居住者的欢乐之地，在此的居住者，既不会死亡，也不会衰老。

第十二，你们会发现，所有这些遗失的业绩隐藏在光明永世中，因为整个建筑由火墙围绕着，那些不洁净的事物只见于它的……

由于这些脉管要从苍穹排放和清扫至大地，并从大地清扫至世界尽头，故需要这十二件伟大业绩……三个生命之语监视着它们……以大威力置于其上……他们可以在最后时代监视它们。正因为如此，它们被牢牢地束缚在镣铐中，其方式如我已告诉你们的那样。

第43章　关于诸脉管

111.弟子们又一次问他道："生命之父何时从上界排放这些脉管，即水、暗、火脉管？他约在何时将它们排放至苍穹边缘的深坑中？或者，他何时首先排放它们至大地，然后再将它们从大地上清除，投入它们该待之处？"

使徒随后答道：你们既然询问我有关脉管之事，就必须明白，生命之父将这三根脉管排放至大地上，是按照指定的日期和时刻而逐一排放的，他将它们排放和投掷到大地上。

然后，他再用裹在自己身上的风、水、火这三件外衣包裹了落在地上的这些东西，灌入三个深坑……这是他在创建诸世界时构筑的……它们……

112.……有时候从三个脉管中遗漏在大地的表面，从而你们得以见到它们在宇宙中展示的标记和类型。

留在水中的要素是环绕诸界的含盐内海中的苦咸刺激之味。

暗脉管残留的遗物是环绕日出处的黑山。在太阳将要照遍世界之前，那里见不到阳光，因为从黑山喷涌而出的黑暗遮蔽了它。

火脉管残留在大地上的遗物是群山和群岛，由此喷涌出烟雾，肉眼可见。这些东西便是大脉管的残留物，是与来自大地上的火结合在一起的残留物。与山脉和丘陵一起的……那些地方的树上不结果实……比出自肢体和……的那地方更伟大……那里的树上将不结果实。

弟子们又对他说道："我们的主啊，请您清楚地教导我们，谈谈有关环绕宇宙的脉管问题。为什么不是把它们从上界直接排放入现成的壕沟中，而是首先倾泻到大地上，嗣后再从地上清扫掉，投入深坑中？"

于是，开悟者对其弟子们说道：你们应当了解如下的情况。生命之父在上界向大地排放这些脉管，是出于这样的原因：原先存留在三层大地上的水、暗、火会被吸向自上而下的水、暗、火，从而诸地会获得净化。出于这个原因，他把上界的水、暗、火脉管向下排放至大地，于是，存留在诸地的水、暗、火会被吸向自上而下的水、暗、火。

首先，他排放水，即上界魔君们的废物和毒物。他清扫了水苍穹……他把暗水向下排放。113.正如水从天降落至地那样，下方诸地上的水被自下向上汲取，趋向自上降落于地的水。于是，这些水净化了其中存在的暗毒。他把它们清扫出去，制造成环绕宇宙的大脉管和海洋之墙，其中可以航船。

继水之后，他则排放黑暗。他净化了苍穹，去除使之负重而下坠的黑暗。他如净化诸天那样，也净化了诸地。诸地中的黑暗被吸向上，趋向从上方排放的黑暗。他将二者都清扫出去，把它们禁闭在……黑暗的……水。

他还将火从天排放至地……那时，被禁闭在下方之地的火也被汲取，向上趋于它的同类，火与火合并。嗣后，他把它清除出去，投入他此前构建于宇宙外的外界地狱中。

他以同样的方式净化了上方的诸天，以作为光明赋予者旅行的一个去处。他也净化了下方的诸地,将火、暗、水从诸地清除出去……他为了风、水、火三威力的登升而净化它们;三威力在负重者之前登升,并穿越诸地。

第44章 关于海洋巨怪①

113.开悟者又对其弟子们说道:生命神在构建诸物和世界之后,就来到这里,安居在这层大地上。他给予荣耀之王一个手势,后者则转动三轮,使得三轮……在所有山脉的上方。他将风传播给它们,他在它们上面呼吸,他搅动它们,他用水洗刷大地。水、暗、火三轮的废物和淀积被排放到大地上,他把它们收集起来,存放到围墙和脉管内的海洋中。114.这个海的水是咸的,因为它接纳了清洗三轮而剥离出来的盐味与苦味。

生命之父来临时,登升至高空,释放出星辰之轮,清除了其中的所有沉渣。他将渣滓投入宛如山岳之……的巨大内海中。从轮上清洗下来的垃圾和渣滓被他投入海中,与海水混合。渣滓自身的思想把渣滓聚集在一起,它牢固地聚合,固定在……海洋巨怪的身上盖了秒、时、日、月、年的印记,以及星辰的印象和黄道十二宫的标识……海洋巨怪由这些事物生成,从它们的威力中排放出来,投入海里。……的形貌、印记、外观、教义和觉意都在巨怪的身上留下了印痕,因为巨怪是这一切事物的残渣。于是,对于每一颗会发光的星辰和每一个会运转的黄道星座来说,海洋巨怪既是某一个的诱发者,又是另一个的确认者。仿佛雨水被乌云送入海中,它同样地被排入海洋。他们完全通过神威的作用和天使之舟迫使它堕入磨盘,此即它在宇宙创造过程中被构建的地方。海洋也孕育了巨怪……一部分……海洋是巨怪的首席雕塑师和首席工匠。海洋把它雕刻得比其他海洋躯体的残渣更为相像。

---

① 有的学者追溯此"海洋巨怪"(Sea Giant)的文化源流至古代印度《往世书》(*Puranas*)载述的有关宇宙的神话传说,不无道理。可参看 Bologna Serena Demaria, "Some Remarks on the Sea Giant in the Coptic Kephalaia", in R.E.Emmerick, W.Sundermann & P.Ziemer (ed.), *Studia Manichaica, IV Internationaler Kongress zum Manichäismus, Berlin, 14—18, Juli, 1997, Berlin*, 2000, pp.154—160.

这个情况就好比一位工匠将镌有印记的许多钱币投入火中,把它们铸成一座肖像。于是,这些成千上万的钱币图像便变得完美,形成了单一的躯体……

115.海洋巨怪的情况亦然如此。他也是由其体内的欲望之力铸造和塑造而成的,这威力属于天体轮之残渣的教义和觉意。

巨怪因三件事情而被创生:

第一,天体将去除和净化存在于其中的渣滓。十层苍天都以同样的方式净化和清除三脉管内的渣滓。天体亦然如此,其内的渣滓和废物都将被清除和净化。

第二,巨怪可成为束缚星轮和黄道十二宫的枷锁和监狱,从而当它们想上升时,海怪会用铁链把它们拖住,使之无法上升。当星轮威力决定要干奸狡之事,想下降大地时,钉在诸天上方的刑桩则会阻止渣滓的下降。这是一种监管者;另一种则是始终运转的从不休眠的监管者。

第三,从海域涌出的风、水、火,以及奔流于地表而排入海洋的诸河流,还有落到地上的雨水、废渣和再生物。海洋将是所有这些物体的归宿和聚集地。

所有这些落入大海的威力和生命,都被海洋巨怪吸入,他可搅动大海……在他的运动和……之间……净化;大海则……

第48章 关于诸导管

120.开悟者又说道:整个本域中存在着三种导管,从地狱直到诸天。

第一种导管是上方一切诸魔的根茎,它们存在于诸天。它们被投入下方诸地,并系缚于此。因为下方之地是"剥光之物",是上方诸天众魔的外衣和躯体。

生命父尊建造上天诸界时,剥光了它们的躯体,将它们抛掷到下方诸地。

所以,上方诸界就由灵魂与精神构成,下方诸界则由躯体和尸体构成……

121.如今,正因为如此,他……天界诸魔。他在诸地的躯体和尸体上盖上印章,从而当诸地成熟而产生生命后,能被完全汲取到天上紧附其躯体的根茎中。同时,一切生命也能在那里获得净化。登升天界的被净化之物所清除出的废渣将通过这些导管丢落下方之地,将被倒入……以及扔至阴暗处。这即是第一种导管,它发自天界诸魔,通往它们在诸地的躯体和尸体;也从诸地的躯体和尸体通往诸天的众魔。

第二种导管始自天界的寺庙、住宅和城市,下至地界,通往生长在地上的五类树木。生命从树木向上通往寺庙和城市。天上诸物的生命和残渣也通过导管下落到众树木。

第三种导管即是居于一切诸天的所有暗力与住户,其根茎始自它们,向下通往蠕动于地上的五类肉身,相互固定。于是,被聚集起来的来自肉身世界的暗力与生命以不同的外形分布在它们之间。上方的威力通过导管把它们汲取上去。更多地聚集在上天暗力内的废渣、贪欲、恶行和恼怒将通过不同的导管被倾倒至地。它们将被排放到人类和其余动物身上。天界诸物将清除自己的废渣、臭气和毒物,倾倒给下界的肉身生物;下界的生物也会因它们天上父辈的行为而以更加强烈的贪欲、恼怒和恶行相互争斗。

使徒说道:再看看众星之轮吧!它在地上并无根茎,但是它的根茎结合在整体中。众星之轮通过导管,122.从地上登升诸天的威力和生命中获取生命。它也从那些从苍穹和天界获取生命的导管取得生命力。

然后,弟子们又问开悟者,他们说道:"既然众星之轮在这片大地上并无根茎,那么众星和黄道十二宫是如何行使其权威的?它们主宰了地上的五类肉身和五种树木。即使如此,您却仍告诉我们,众星之轮在此并无根茎。您曾说,天上诸力可以通过导管汲取地上能够清除的一切事物。我们也看到,一个人的一切遭遇,无论是富是贫,或者患病、康健,都是由他诞生时的黄道十二宫和星辰决定的。"

于是,摩尼对其弟子们说道:不管怎样,我对你们宣称,众星之轮在此并无根茎。我已向你们作了正确的论述,它的情况确是如此。当生命神——即生命父尊——创造上方的诸天和苍穹后，将它们的根茎与下方诸地连接起来，连接在被剥光的诸魔的尸体上。当他建造众星之轮后，却并未将其根茎连接到诸地，而是把星轮的根茎连接到海洋巨怪上。

第三使降临后，示现了其形象，并净化了源自诸天的光明分子。然而，存在于诸魔中的暗质喷射向第三使的形象。暗质向上喷射，企图喷到第三使，但是未能成功。于是，它下落到下界。它自上方落下时，分成三个部分。

第一部分落到星轮上，第二部分落到大地上，123.第三部分则落到海洋中。落到天体上的那部分的根茎与树木和肉身生物连接起来。正因为如此，它们获得了权威，成了肉身五界和树木五界的主宰。通过落到星轮上的暗质，其根茎连接在诸树中；通过落到地上的流产物，其根茎连接到肉身生物中。正因为如此，星辰和黄道十二宫获得了对树木和肉身生物的主宰权，经由落下来的罪孽之根以及流产物之根而主宰它们。生命神将其与诸地连接起来的那些导管（灵魂光柱经此通往诸天）不与星轮连接，而是被悬挂在星轮上的诸邪力所劫夺。

开悟者的弟子们说道："主啊，我们向您祈祷。您指导了我们，把全部这些知识……您将各类导管的情况告诉了我们。第一种导管来自诸天，通往诸地，亦即从星轮通往海洋巨怪的导管。第二种导管从诸天寺庙通往地上的树木。第三种导管因流产物而系缚于诸肉身生物中，以及位于诸天的流产物之父的肉身中……被系缚和缠绕，它们……"

"主啊，我们恳求您，请您指导我们……有关比其他同类更伟大的导管……更多的生命和灵魂被汲取……较诸其同类更……"

开悟者对弟子们说道：你们想了解……并想询问不同导管之优劣情况，伟大的……大量生命从其登升的大地……生命父尊汲取它们。124.他将它们紧固于……他把它们连接于诸地。这些导管是汲取活灵生命的整个掌控力的根茎；活灵的生命力源自整个大地、所有山脉、地域和岛屿。次于头等伟大根茎的，是诸树之根，它们与上方的寺庙、建筑物相连接。因为树木和整个十字架都能产生大量的伟大生命，它们被汲取到上方犹如大房主的处所。然而,最差的导管是……他……诸根茎……各大地,它们……一切世界的整个大地。又,树木的根茎无论大小,见于整个大地;但是人类的根茎……并不存在于整个大地,而只见于这一南方之地。因此,即使如今这些肉身生物并不……整个南方世界……它们的小部分在……南方世界的上方……数量多于……

我已告诉你们有关……它们的根茎问题,我已教导你们,它们通过其根茎而相互连接。它们相互搅动,它们通过上方诸力的活动而相互汲取生命,这些活动激发了存在于其间的本性。其中的暗质将被粉碎和剥夺,暗质也将……其成员,并毁灭它们……相互……搅动……

第49章　关于星轮和导管

125.开悟者的弟子们对他说道:“主啊,请让我们确信其他一些事情。例如,星轮是如何在从诸天通往诸地的导管上方运行,却不切断它们的?或者,为什么导管并未与运行在整个宇宙的星轮缠绕在一起?”

开悟者回答他们道:导管之所以切不断,是因为它们是精神性的。所以,导管就像可供舟船在其中穿行的水流一样。你们可以看到,位于舟船前部的船首会分开水流,使之往复波动。所以,当尖劈的船首分开水流后,水立即毫无滞留地在船的后方再度混合起来;而船在水中的行驶轨迹再也无法辨别。

正如飞鸟在空中飞行时, 它在空中的飞行轨迹是看不见的……导管内的人类、太阳……它们不会与导管缠绕,你也看不见它们在空中运行的轨迹。

星轮的情况亦然如此。它穿越导管和空气而运行。星轮不会切断导管,导管本身也不会与星轮缠绕在一起。

第55章　关于亚当的创生

133.弟子们再次请教他们的荣耀导师,说道:“有人告诉我们道,我们知道……第三使是赞成那种肉身形象的，将被创生的那人……于另一个时间。"那人又说道："第三使曾在宇宙中示现他的形象，诸魔见到他的形象后，便模仿其形貌创生了亚当和夏娃。你们知道，这位神灵允许这件事情发生，正因为如此，他向魔君们展示了自己的形象，后者则创制了……假如他不同意人类的创生，就不会示现其形象，魔君们也不可能按其形貌造成人类。"

随后，荣耀者对其弟子们说道：有关第三使降临而示现其形貌一事，他前来并不是为了向宇宙中的魔君们展示其形貌，而是为了使得他的灵魂和儿子……每个……从而使之得以生存，并获得释放，使得灵魂解除缠绕它们的各种羁绊和一切桎梏。

你们还得注意，那些魔君本来是没有形貌的，他们贪图他的形貌而……

134.他们反观自己，没有一个的形貌是与他相像的。他们将其形貌封印入自己的内心和灵魂中。在此之后，他们按其形貌进行了制作，创造了亚当和夏娃。他们把这高贵的形象封印在其灵魂中。于是，他们复制了一个赝品，然而却未复制真理，而是如……制造了它，它源自……它在真理方面并不像他。人类的模样亦然如此。他们对照着高贵者的形貌而复制了它……

树木的情况与此类似，它就像……但是并未复制真理。

此事可作如下譬喻：好比一位伟大的、无拘无束的女子……她拥有……财富。她并且十分美丽、善良、谦逊，具有令人尊敬的声誉。她的美丽名声传播至每个城市。她胜过……她的房间……由于贵族和伟人……发疯之人。又，他们馋涎她的美貌。他们不曾……她，因为她隐居在其宫中，在……之内……会见那女子……他的儿子。或者是那外衣……头部。这位无拘无束的女子将……离开她的房间，来到街上……她的头……她显露了其脸庞，她的美貌……为了她所爱的兄弟。**135.**没有任何男人见过这位女子，无人见过她的脸蛋，因为她从来不愿意，也不以……为乐……离开她的房间，来到人群中间……所有的人都看到了她。诚实的男人和贵族，甚至奴仆们,以及……都看着她。

类似于这个譬喻,第三使也……他变成……就像这位自由的女子一样……既不放荡、傲慢,也不……她答应外界,她……她显露了其脸庞和美貌,但是只因为受制于对其所爱者的悲伤。

而第三使的情况亦然如此。当时他降临后向一切诸魔展示他的形貌。他前来的目的并不是为了让一切诸魔模仿他的形貌而塑造人身,而是因为他的儿子在受苦受难,他前来是为了把儿子从被压迫状态中解放出来,使之获得自由。他因此被魔君们看到,他们馋涎他的形貌,于是模仿他的形象而创造了亚当和夏娃,却并未获得这位伟大神灵的许可。

注意了,如今我已启示了你们,回答了你们的问题,你们应该好好地记住。

你们还得领悟我将教导的其他问题。例如,有关亚当和夏娃的事情,他们是魔君仿照高贵者的形貌而创造的,所以,这也是多种神性、许多邪魔和天使……获得了向他们展示的那种形貌的印记。136.受光明的威严和圣神形貌之爱的影响,他们沉浸在欲望中,从而最终被毁灭。他们渴求其欲望,馋涎神灵的形貌,并……

诸魔的情况也是如此,他们看到神灵漂亮的形貌后,他们……最初的形貌。他们接受了向他们展示的那形貌的印记。他们复制……他们按照相似者复制了它,它由……制成……他们创制出的这些接受了该形象的印记,然而其内部即使对于岩石……这出现在各个地方。展示在宇宙中的那形象……他们接受了从这释放出来的印记。这是新的诞生,是他们在这世界以新的……此即亚当与夏娃。自从他们的世界创造以来,从未有过这样的形貌,因为那种形象是不会出现在下方世界的。

被制造的生物并不是全部由所展示的那种交配而诞生的,另一些生物是由……创制的。

其中之一即是海洋巨怪,源自天体的清除物,由生命父尊排入海中。它本身的火与思想把他创造成一个生物。

第二种生物是坠落到大地上的生物。它以海洋为子宫，在其中孕育。它本身的欲望即是其塑造者，它塑造成只有一种本性，是为死亡之根。当它由海洋孕生后，它……它可以毁灭生命的……制品。137.它立即对付光明阿达马斯，伟大的"活力教导者"。光明阿达马斯在北方诸区击败了它，把它踩在脚下，站在它的身上，直到世界末日。

第三种生物是坠落在干地上的原质，它生成了树木，存活于此……该新生物被塑造……展示。

所以，与其原质相应，它们……黑暗。然而，它们并不是与黑暗魔君一起来到这个世界，而是因……造成……它们在这个世界形成和显示。

第56章 关于萨克拉斯（Saklas）①及其威力

137.弟子们又向开悟者提出了问题，他们说道："萨克拉斯和其配偶利用流产物创生了亚当和夏娃②。但是他们在第三使向其前辈展示形貌时尚未出世，又是如何见到其漂亮形貌的？他们从未见过第三使的形象，是如何取得第三使形貌的印记，从而将其加入亚当和夏娃的形体的？"

开悟者这样回答他们道：魔君们喷涌而出的罪孽即暗质，向上射向第三使的形象。但是它被阻断而落向地面，因为诸天并不容纳它。它落到地上后就形成了树木。它便生存在树木中，结成了果子。罪恶的暗质下落到地上后，在另一个时间……果实，138.它有着果子的外形，却以其魁首魔君的口吻说话。他对其同伴们说道：来吧，把你们的光明给我，我将按那尊贵者的形貌为你们制造出同样的形象。他怎样说，他们就照办，他们把光明

① 按摩尼教神学，诞育人类始祖亚当、夏娃的雄魔名号，希腊语、科普特语和拉丁语作 Saklas，叙利亚语作 Ašaqlūn，中古波斯语作 āsrēštār。
② 有关这对暗魔"生育"亚当、夏娃的前因后果，叙利亚语文书《注疏集》有较为具体的描述：先是暗魔们吞食了光明分子，后来，第三使向诸魔展示漂亮的男女化身，诱发雌雄魔的强烈性欲，从而雄魔泄精，雌魔堕胎，而他们吞食的光明分子便包含在这些精液和流产物中。当坠落地界的流产物在思念第三使的诱人形貌时，黑暗魔君之子萨克拉斯对它们说道："把你的子女们给我，我将为你们创造你们见过的那形貌。"于是，萨克拉斯吞食了流产物的儿子，其配偶则吞食了流产物的女儿；嗣后，萨克拉斯与其配偶交合，后者便相继孕生了亚当和夏娃。相关内容可参看 Jackson,1932, pp.248—249。

给了他,他便塑造了……

开悟者又说道:喷涌而出的罪孽……那是见到第三使之形貌,并且形成树木,居于其中的暗质,此后,它生出了果实。它进入魔君……他们按高贵者的形貌塑造了亚当和夏娃。通过曾见过第三使形貌的罪孽的威能,暗质经由果实而进入诸魔体内。暗质呈现为他们的模样,他们也塑造了……他们按照他的指令生育了每个人……一个与他相像,另一个不相像。

注意了,我已教导你们,魔君是如何利用经由果子进入其体内的罪孽的活动而创生亚当和夏娃的。人类的形象模仿了尊贵者。

开悟者又说道:塑造者按照亚当和夏娃的肢体,在人类的内、外放置了知觉和活力。肉体和心智都被合适地安置在人体的各部分。人类认知从外部获得的每一种观念,都有相应的内部仓储保存它们,凡是所获者均储存在那里。当被问及储存在其内部宝库中的事情时,他们便取出其中的已接纳者,交给有求于此的提问者。

他的官能便以这种方式……外部肢体……内部的每一种……139.眼睛的官能也具备内部仓储,从而可以看到每一个形象,无论善良、邪恶,无论可爱、可憎抑或贪婪,它都能接纳进其仓储中。又,当眼睛的官能乐意将它曾看见并纳入的形象发出时,它能够进入其仓储,思考和搜索,并取出它,给予索求它和需要它的提问者。它是否为源自贪欲的某物……或者爱的形象,或者……可恶的某物。这即是眼睛官能所产生的结果,以及其他各类官能的情况。

耳朵的官能也有自己的仓储。它接收到的每一种声音,无论善恶,都被容纳,置于内部的仓储中,它由……守护……长达千日。千日之后,假如有人来询问耳朵官能有关它上次听到并纳入仓储的声音, 它就会立即进入仓储,搜索和检查这话,把它从最初放置并保存的地方送出来。

嗅觉官能也以同样的次序,像视觉和听觉一样行使其功能。它将闻到的每种气味都储存在内部的仓储中。每当提问者问到它时,它都会进入……并记住……只是这些事情。

140. 即使嘴巴和其中的舌头,以及味觉器官也有存储的官能。味觉官能也有专门的仓储所在。它接受这些味觉,把它们存储在内。每当有人要求了解某种味觉时,假如……它就将其送出,并记起那种味觉。它将捕住那个味觉,甚至还加上标记;它将其记忆给予询问者。

用手产生的触觉的情况也是如此:当它触摸时,触觉就会产生有关它的记忆。触觉官能便把它纳入其内部仓储中,直到有人向触觉官能索要这一记忆。于是,它将立即从仓储内取出它此前造成的该记忆,把它交给索取者。

管理所有官能的心脏官能的运行方式也与此相同。五个官能所接收并纳入内部仓储的一切事物,都将由心脏官能接纳与护卫。每当它们索要其储存物时,它都会发送出来,把它们曾经给它的一切都给它们。

心脏的觉意就像一位国王,其城内的一切顾问及军队中的所有将领都与他在一起。每当其将领向他提出请求,他都会给予他们对相关行动的建议和看法。

他又像一位酒窖管理员,一切物品都托付给他,他则接纳它们,并分别放置在各个地方。每当……他所安放的地方。

141. 躯体官能的情况亦然如此。眼睛所见者将交给它,它将其收纳在内部的仓储中,并会在适当时间再度从存放它的仓储中取出,交给索要它们的人。

又,耳朵听到的声音也会交给它,它收纳起来。每当有人索要该声音时,它便取出,交给索取该声音的人。它会取出耳朵的声音,给予索求它的任何人。

又,嗅觉官能的模式与此相同,味觉官能亦然如此。因手引起的触觉……它们都将把它纳入……每当有人索要,它便取出,给予那人。

开悟者又说道:这各道门的巡察者守护着它们,守护者手中握有锁紧各道门的门闩。

恰如巡察者利用瞭望塔守护营寨一样,储藏室的大门上都设有门闩,坐在哨所出入口的卫士控制着大门的门闩。所以,对于那些属于该国或该城公民之一的人,卫士们将打开大门,心甘情愿地接纳他。然而,一旦外人前来,他们就会把他阻挡在门口,不让他进入。对于他们愿意接纳的那些人,在他被导入之前还有许多麻烦事,你会发现许多储藏室……大量的……它们。门闩的数量……每当有人想要……其手中的门闩,打开大门,取出其中的藏纳者。

142.开悟者说道:肉身就像强大的营寨。拥有卫士的诸门就像肉身的诸窍和器官。如今,肉身的各窍即是视觉器官、听觉器官、嗅觉器官以及发送言辞的器官。肉身的各部肢体设有许多岗哨和大量卫士,守护着其孔窍。内部的官能即是肉身的指令,是整个营寨的王后。因此,它希望打开时,大门就打开;它希望关闭时,大门就关闭。

然而,明心降临后,就会接管对于肉身孔窍的操控权。原来的管理者,即大门卫士,会阻挡它的进入。他们会束缚肉身的循环,以使外来者不能入内。

不管怎样,明心会利用它的智慧、敬畏和勤奋降伏设置在肉身孔窍的卫士们。当它最终降伏他们后,会从他们手中取得对肉身所有孔窍的门闩。于是,原先向诸多贪欲敞开大门,接纳欢娱景象,传输俗世言辞,接纳各类食品之味以及混杂罪孽之不洁肉类的各个孔窍,都将阻止它们进入,人的心脏和心灵也会照此办理。

如今,由于通往义人肉身的门闩掌控在明心的手中,所以愉悦于尊神的一切事物都被接纳入内。他的眼睛对于爱的美景……以及正义敞开大门,予以接纳。143.正因为如此,原先用金子织成的国王外衣、用金子和珍珠织成的女子银色外衣,会使得贪欲的样子变得美丽异常,使得它们在被选者眼中变得十分可爱。然而,如今通过弥漫于明心全身及其体内的威力,他战胜了贪欲,肉体中的女神,使得一系列贪欲在义人的面前变得可憎可恨,而神性和正义,以及谦卑的外衣则令他十分愉悦。

又,那些耳朵早先向无聊的声音、贪欲的旋律以及邪恶的秘密敞开大门。最初，他听到所有这些时，都是十分愉悦的。而如今，由于明心的威力，这些贪欲的声音、魔幻的言辞以及邪恶的谜团在他面前都变得十分可恶了。他自此之后不再喜欢听这些声音，而是始终喜欢听正义的训谕、圣歌及祈祷文的言辞、赞美诗和真理教程的称颂，以及慈善的知识等声音。简言之，在以前，所有的孔窍都以类似的方式向邪恶开放，而如今则向善良敞开大门。此时，罪孽只支配着肉身，干着它想干的事，却无任何指挥权。

即使如此，权威仍从肉身器官的罪孽中被夺走，圣灵成为支配所有肢体的主人。他用一根和平之链束缚了它们，并用真理之印封印了它们。他使得躯体的孔窍向善良开放，从而善良得以通过耳朵和眼睛进入体内。他居于心脏中，圣灵统管全局，他干着他愿意干的所有事情，他在开初和最终都消除了罪孽的意愿。相反，让圣灵的意志，即明心的意愿产生。

144. 开悟者说道：我的弟兄们，我所爱的人，我的肢体，我已告诉了你们这些事情。请利用你们的智慧和才能，保证你们在肉身孔窍巡回中的安全，使得居于躯体中的罪孽无法操控你们。要使得它无法夺取你的光明，也不能驱散你的光明，也不能以各种形式驱使光明从一处到另一处。要使得这种情况不发生在你们的身上，要做小心谨慎的人，保证你们的真理安全。要做好充分的准备，这样，当你的最终安息来临时，你还能守护住光明的标记和光明的希望。

第57章 有关亚当的时代

144. 又有一次，一位巴比伦新信徒请教开悟者道："我的主啊，请谈谈第一位人类亚当，指点一下有关他的问题。他被创成之后，他们是如何塑造他的？或者，他们是怎样育生他的？他的诞生是否像如今的人类诞生一样？他的诞生与现今人类的诞生有区别吗？"

"我注意到，亚当体格强壮，身材高大。他甚至寿命也极长，在世上活了许多年。然而，我们发现，他并不是唯一的强大者，出生在他那时代的其他人也都很长寿。可是，出生在今天的人却体力衰减，寿命缩短。那么，为什么现在的出生者与最初的出生者相比……145.从一处到另一处。即使星辰和黄道十二宫也仍在原来的位置上运行。为什么与生活在最初时代的那些古人相比,现今和最后时代的人寿命会缩短,身材也会变小？"

我们的开悟者以其深邃的智慧和无比的理解力回答提问的新信徒道:这些人之所以从高大和长寿转变为越来越矮小和短寿,是因为有五种权威和领袖负责管理着黄道诸官的天体和它们上方的诸天。它们的名称分别为:第一是"年",第二是"月",第三是"日",第四是"时",第五是"瞬间"。这五个位置或五所房屋存在于天体和诸天。这些地方拥有五种威力,它们分别主宰着年、月、日等。年主、月主、日主、时主、瞬间主,依次高于其次级者,于是,每个高级者依次主宰着其次级者。

人类以及动物就这样诞生了。他们在这些威力的主宰下诞生。这些威力获得权威,从创世之初直到世界末日。于是,在最初的时代里,主宰的威力是年主,因此,这些年代诞生的寿命就比较长。例如,在亚当时代、其子塞特时代,以及此后数代中,人们都是很长寿的。

当主宰年的威力不再主政,而由主宰月的威力主政时,由于月的时间短于年,故在此期间出生者情况亦然如此,即他们的寿命短于主宰年的威力时代的出生者。

146.当主宰月的威力的执政期结束之后,主宰日的威力相继获得了执政权。因此,在此期间的出生者的情况亦如日的时间短于月一样,他们的寿命短于主宰月的威力时代的出生者。同样地,主宰时的威力时代、主宰瞬间的威力时代的出生者的情况也与此相同。他们的寿命短于主宰月的威力时代和主宰日的威力时代的出生者。

我们的开悟者对那位巴比伦新信徒说道:你是否注意到,接近世界末日时的情况是怎样的？那时候,人们的寿命缩短到几乎为零。他们活命的日子减少,寿命越来越短,因为最初时代世界上的生命力和光明远多于今天。正因为如此,现今人类的身高逐渐降低,生命期短于从前。

巴比伦的新信徒再次问开悟者道:"主啊,在我的恳求下,您教导我懂得了有关寿命方面的问题。为何古人的寿命那么绵长,或者,为何末日之人的寿命减短。您并且告诉我,甚至他们的身材也会缩短。您说了,所有这些缩减都是因为生命和光明从这个世界上的流失。”

“那么,您能否为我谈谈另外一个问题:最初的一男一女,即亚当与夏娃,是通过什么诞育形式而繁衍人类的所有后代的?”

开悟者答复那新信徒道:这个问题提得很好,所以你会深刻理解它的。最初时代的人类富含光明分子,体质更纯净,寿命也更长。所以,他们的子孙也远多于现代人的后裔。他们在母腹中所待的时间……更长。147.在此之后,他们……在一个子宫中有多个……一个子宫会同时孕育五胎、六胎,有时候比这少些,有时候比这多些。因为这样,夏娃的后裔便多倍地增加。她的子女们的情况也是如此。地界曾经因古代人的后裔而变得很拥挤,他们诞生于世的方式与今人差别很大。他们的怀孕和诞生与后世的诞生并不一样,现今是从妇女的子宫中育生的。

在最后时代育生的人是衰减的和伤残的。他们逐一地从同一子宫中出生,很少有二胎或更多同时出生。他们甚至外貌丑陋,身材矮小,肢体衰弱。他们的演说和思维充满了邪恶,他们是邪恶者。他们正在沉溺,将要结束生命,死亡将很快地降临。

那新信徒听完这些教谕后,便向开悟者致敬,将荣耀归于他。他对开悟者说道:“感谢您,我的主啊。您使我的心灵得到满足,您回答我所提问题的演讲使我十分信服。”

第65章 关于太阳

158.有一次,使徒再度坐在其弟子们中间,太阳照耀着。他开始向其弟子们讲述太阳的伟大和神圣。他向他们揭示了,太阳是如何仿照最初尊者的模样而形成的。

他说道,太阳是通往伟大光明永世的生命之门与和平之舟……159.但是自从撒旦得知它是灵魂出发之门后,就按他的法律作出一项判决,声称:"谁崇拜太阳,谁就将死亡。"他还称之为"将要失效的光明"。他还阻止灵魂将其脸庞面对太阳。他迫使他们拒绝承认构成其本身的光明。

于是,如今的人类对于一切事物都视而不见,茫然不解了。他们不理解这位伟大的光明赋予者的伟大之处,他们否认照耀他们的这一伟大光明的无比恩泽,他们并未意识到太阳的伟大性和神圣性。即使如今太阳降临这个世界,光彩照耀时,他们也未体会到太阳带来的诸多美好事物。注意了,太阳施与人类的仁爱是多么巨大!然而他们却对此毫无所知,予以否认。这位伟大的光明赋予者每天放射光明,完成七件善事。你们难道视而不见?

它为人类做的第一件善事是提供光明,照耀他们。它打开了所有人的眼睛,使得他们在阳光下行走时,得以看清脚下,它并驱走了黑夜里使人们一无所见的黑暗。

第二件善事是:太阳降临时,它将把宁静带给整个世界。它降临时,还将驱走整个黑夜中充满人们内心的恐惧和焦虑。它将以其光明驱散黑暗,把黑暗清除出去。它还将以其宁静消灭恐惧。

第三是其守夜职能:当太阳降临世上时,所有沉睡的人都将醒来并起身,巡夜者也将停止巡夜。当太阳的光芒照耀世界时,坐在营寨大门口的卫士也将不再在哨所守夜。

160.第四,它将滋养遍及大地的树木、水果、蔬菜,以及一切药草、花卉、青草,给予它们力量、美味和香气。

第五,当太阳照耀整个世界时,充满邪恶的有害爬虫和锋利牙齿的野兽将会逃往其洞穴,隐藏起来。

第六,当太阳的光芒照耀时,任何人的伤口疼痛都会缓解。它的光明将会完全消解任何施邪者的邪术。

第七,太阳将向全世界展示生成它的光明永世的辉煌标志。在这个世界见到的太阳即是诸光明永世的符号,它把光明带给所有的创造物。

注意了,谬误的异端所产生的愚蠢是多么巨大!他们不仅意识不到这位伟大的光明赋予者的神秘性和神圣性，也体会不到它给予他们的一切恩惠。他们忘记了它们，他们觉察不到它们。

刚才，我已向你们揭示了太阳为这个世界所干的七件善事，如今则请听我关于拥有一切邪恶黑夜的教导。黑夜的每次降临都会为这个世界干下七件恶事。

黑夜在这世界所干的第一件恶事，是把黑暗充斥整个世界。因为当太阳从这个世界沉落，收回其光芒后，黑夜的暗影就立即散布开来，笼罩了整个世界。人们的眼中充满了黑暗，既看不见，也无法想象，因为夜的黑暗充满了整个世界。

黑夜所干的第二件恶事，是散布它的恐惧。当它的阴影笼罩后，恐惧和焦虑掌控了所有的人，整个世界处于黑暗之中。

161.第三，黑夜降临后，一切生物都会产生厌恶感。他们违背其心灵，从事邪恶和毁灭之事。

第四，人们会陷入昏睡，或者熟睡，或者微睡，或者瞌睡，他们在夜间就像死尸一样。

第五是黑夜的丑陋性。当黑夜降临后，人们的形貌便隐没在了黑暗中和夜的丑陋中。男女们的漂亮形貌因夜的黑暗和丑陋而无法相互展示，黑暗和丑陋遍布各处，遮蔽了所有人的形貌。

第六种情况是，每当黑夜降临世界，诸如通奸者、盗贼、投毒者等恶人就立即出来干坏事。邪恶的野兽也会出现，还有充满邪恶的爬行动物从其洞穴中出来。它们肆虐于黑夜中。此外，恶魔在夜间会有更大的力量作恶。又，黑夜中还有袭击、殴打、创伤、射击等折磨人们，因为邪恶在夜间更有力量。

第七，黑夜将展示其父黑暗的标志。它由其原质产生。源自最初黑暗的黑夜始终展示在这个世界上。请注意这黑夜，即最初黑暗的阴影，它与天上地下的一切事物纠缠在一起。

我现在已把黑夜的七种邪恶告诉你们了，每个黑夜都在干着这些恶事。异端信徒始终无法看透这种黑夜究属何物，也不知道它源自什么原质。一切邪恶之事会在黑夜获得力量。

开悟者又谈到了另一个问题,他对其弟子们说道:太阳有五种物质,它使得它们……犹如它发现这个世界一样。

162.第一是它的光明。太阳以其光明照亮了世界,以及存在于这个世界的万物。

第二是它的美丽。当太阳照耀时,会把美丽与可爱洒遍世间万物。

第三是它的和睦。当太阳照耀世界时,所有的人都会因此获得慈爱之情,从而相互给予和睦。

第四是活灵的生命力,它将解除天上和地下的一切系缚和桎梏。

第五,太阳给予诸要素以力量,以及给予整个光明十字架以和气和美味。

所以,你们已亲眼看见,太阳所发射的光明远胜于这个世界上的其他一切光明。它的美丽更胜于人类的所有美丽。又,它的和睦超越这个世界上存在的一切威力和卫士。它解除活灵束缚的释放行动早于一切释放行动一整天。它给予肢体的力量极为巨大,强于所有的力量。

又,太阳还有三种物质使得最初尊神的奥秘变得清晰可见。

第一,太阳之舟的圆盘始终充盈,它一年四季都很圆满,绝无亏缺;而月亮之舟则有亏缺之时。这种持续充盈的情况展示了光明之父,伟大尊者的奥秘。一切威力和神灵都从伟大尊者而生。他从不亏缺,他内部的存在者也不会缺失。

第二,太阳的光明超越一切星辰的光明,超越见于宇宙中的所有光明。与明父的奥秘相一致,他的光明比各永世的光明更为优越,更加伟大。

163.第三,太阳的位置极高,高于其他一切物体。与伟大父尊的奥秘相一致,它超越了整个大地上的所有山脉、丘陵的高度;伟大父尊高居在其明界所有住户的上方。又,由于明父高居在明界一切高山的上方,他的形象也是永生永世,每时每刻充盈的。

我亲爱的教友,请领悟我教给你们的两个奥秘,即每天出现在世界上的黑夜的奥秘和白昼的奥秘。光明的奥秘和黑暗的奥秘每天按造物顺序而展示。诸异端信徒因其谬误而不明白这个问题。最初的伟大光明的奥秘即是太阳,它是第二光明赋予者,每天降临这个世界。它展示了其恩泽的所有标记,展示并意味着自己是善良的,是出自善的原质。它源自善良的父尊,显现在这个世界上。

与此相反,黑夜是由按照黑暗奥秘而存在的恐惧构成的。请注意其原质的奥秘。它在这世界上展示了所有的邪恶。它每天在这世上展示这个奥秘,然而异端信徒却因其谬误而并不知晓。他们不会区分光明的奥秘与黑暗的奥秘。诚然,对于异端信徒不了解的这一奥秘,救世主曾给予其弟子们一个暗示:"首先理解你看得见的事物,那么隐藏着的事物便会向你显露出来。"①

使徒又说道:你们都是白昼的孩子和光明的孩子。然而,你们……黑暗的特点,则是黑夜的孩子和黑暗的孩子。

164.尽管如此,你们仍是得到福佑的,我亲爱的教友。你们的灵魂得到福佑,因为你们懂得白昼的奥秘和黑夜的奥秘。你们已经领悟到,白昼是在按照光明的奥秘而存在的,黑夜则是按照黑暗的奥秘而存在的。它们并不是相互源自对方。凡是了解这一奥秘、能够区分光明原质和黑暗原质、知道二者并非相互源自对方的人,都是能够获得福佑的,于是,他就能永远拥有生命力。

第66章 关于第三使

164.开悟者又对其弟子们说道:注意了,请认真理解我向你们揭示的道理。当太阳升起和落下时,两个伟大的奥秘出现在这发光的太阳中。当太阳升起,显露在宇宙中时,一切肉身生物都从睡眠中醒来,抬起他们的头,朝向太阳的光辉,打开其门户。当黄昏时分,太阳从宇宙中沉落时,各

① 此语出自《多马福音》(Gospel of Thomas)第5节,引自Robinson (ed.), 1988, p.126。这是《多马福音》科普特语版(出土于埃及,或以为成于公元2世纪)的英译文。通常认为,这是"伪经"之一。

处各地的所有人类,甚至包括野兽,都将前往其藏身之所。整个宇宙的居住者都将关闭其门户,黑暗之夜镇服了他们。他们进入其隐身之所的黑暗之夜,逗留其中。

太阳所揭示这个奥秘十分巨大。当白日之始,太阳初升而显现时,所有的人都打开其门户,一切人类和动物都出现在大地上,摧毁了建立在静默中的光明十字架。

这是属于初人的奥秘,因为当他由大明尊创生后,他照遍了所有的黑暗之子。在这时刻,所有的黑暗之子从其仓储中涌现,暗力和暗军抛弃了其洞穴和黑暗地狱。他们摧毁了初人的五子构成的外体（在最初的战斗中,五子曾缠裹在初人的身上）。

165.又,当太阳沉落在宇宙中时,所有的人都会去他们的藏身之所,隐藏自己。这也属于末日的奥秘,因为它预示了宇宙的圆满。最终,当宇宙中所有的光明被净化和救赎后,万物采集者即终像将聚集和塑造自身。终像即将登升光明永世之时,便是该时代的最后时刻。敌人,还有死亡,将被奴役,将进入否认者和渎神者——他们都酷爱黑暗——的灵魂的监狱。他们将与它一起被奴役,黑暗之夜控制了他们。自此之后,光明将不再照耀他们。

注意了,这两个奥秘使得太阳每天显露出来,它是辉煌的光明赋予者。

弟兄们,亲爱的教友们,我已教给了你们这些知识,你们就应求助于自己,教育自己,向能够把握时机的灵魂布道,为它们忏悔。只要有时间,就应干善事,要在生命之门被关闭、灵魂被阻挡在门外、成为敌方宝库的一部分之前做善事。

弟子们闻听此语后,都很惊恐,心神不宁,说道:"我们……十分焦虑不安……因为我们希望获得拯救,脱离死亡,永远居于不朽的永世。"

第67章 关于光明赋予者

165.开悟者坐在人群之中,再次对其弟子们说道:请注意了,太阳,伟大的光明赋予者，它的光辉与它一起照遍全宇宙，它的光线覆盖整个大地。又，当太阳将要沉落时，其光线亦将消失和沉没，不会在大地上留下哪怕一束光线。

166.而我也与这现象相仿。当我以肉身形象出现时，我展示在宇宙中。我的孩子们，即我在各地的正义选民，则仿佛太阳的光线。当我从宇宙产生，将要进入我之民众的住宅时，我会聚集相信我的所有选民，前往那些地方。在每个人出现之际，我都将把他们拖向我，不会让任何人留在黑暗中。

如今，我告诉你们，爱戴我的每个人都要爱我的孩子，即福佑的选民，因为我与他们是在一起的。为什么呢？因为我的智慧选择了他们所有的人。伟大的辉煌者活在他们所有的人当中，任何热爱他们和仁慈对待他们的人都会获得永生，与他们共享胜利，得到拯救，脱离黑暗宇宙。

第69章 关于黄道十二宫与五星

166.有一次，使徒再度坐在人群之中。167.一个弟子站在他面前，向他提问。他说道："主啊，我们请求您为我们谈论和解释一下设立在天体的黄道十二宫。它们是如何确定下来的？或者，按照其原质，它们属于什么地方？易言之，环绕它们运行的五星来自哪里？或者，为什么造物主把它们指定为权威和领袖？指定万物创造的，是伟大的缔造者，他把它们固定在天体上。如今，我们请求您，主啊，请您使我们懂得所有人都不明白的那些问题。"

随后，开悟者答复提问的弟子道：不论是固定在天体上的黄道十二宫，还是环绕着它们运行的五星，按照其原质来看，它们都是统治者。它们相互是对方的敌人和对手，相互压迫，相互威胁。它们通过创造一切世界的伟大艺匠的作为，相互掠夺。造物主把它们聚集起来，系缚在上方持续运行的天体上。当这天体运行，使得它们混乱翻腾时，它们就会随心所欲地干下想干的任何事情。不管怎样，有个监管它们的卫士即讨债者监控着它们,强迫它们,敲诈它们,夺取它们的东西。

这即是对它的正确理解。它们是从黑暗五界抓捕而来,被系缚在这天体上。每个暗界取走两个星座。双子座和人马座属于烟界,这是心灵;白羊座和狮子座属于火界;金牛座、宝瓶座和天秤座属于风界;巨蟹座、天女座和双鱼座属于水界;摩羯座和天蝎座属于暗界。这即是十二个堕落的君主,是邪恶不……它们导致一切邪恶以及……在这世界,无论是树木还是肉身。

168.再来了解五星即五领袖,它们是在何处形成的?宙斯(木星)产生自烟界,这是心灵;阿芙罗荻蒂(金星)出自火界;阿瑞斯(火星)属于风界;赫尔墨斯(水星)属于水界;克洛诺斯(土星)则属于暗界。

还有两种运星,被认为是火与欲望,即干燥与潮湿,它们是所有五星的父母。

还有太阳和月亮,作为五星的支配者,统治着它们。你们会发现,太阳和月亮每时每刻都镇服着它们。

我们已经提到的七者,即五种星辰和两种运星,是邪恶的实施者,它们在每一个地方,包括天上和地下,在每一个生物——无论干燥、潮湿以及树木、肉身——中干尽各种邪恶之事。

我再向你们揭示有关黄道十二宫的情况。它们被分布在四个方位,每侧三个星座。它们被固定于这个旋转运行的天体。白羊座、狮子座、人马座,这三者属于同一侧。相应地,金牛座、摩羯座、处女座这三者属于另一侧。此后,双子座、天秤座、宝瓶座三者属于又一侧。最后,天蝎座、双鱼座、巨蟹座三者则属于第四侧。于是,它们就按这个方式排列在四个方位,分布在天体上。

于是,当白羊座、狮子座、人马座一侧被其监管者劫掠时,下方的一切四足生物都将遭到灾难性的打击。然而,当金牛座、摩羯座、处女座一侧遭到劫掠时,169.灾难便立即降至植物上,包括草、蔬菜和一切树木、水果。又,当天蝎座、双鱼座、巨蟹座一侧遭受劫掠时,大地上的水流便会严重枯竭,到处发生旱灾。相应地,一旦双子座、天秤座、宝瓶座遭到劫掠,人类便会到处出现畸形和矮化现象。

如今,我已向你们解释了有关黄道十二宫的问题,它们由黑暗五界形成,被系缚于天体上。

我还指教了你们有关五星的问题,它们也源自黑暗五界。

我又告诉了你们关于两种运星的情况,它们被设为火与欲望的奥秘。它们是干燥和潮湿,是五星的父亲和母亲。

我还向你们揭示了有关太阳和月亮的情况,它们并非五星的同类。然而,由于它们吸纳光明,故也被计算在这些星体内。太阳和月亮源自大明尊,并不属于五星和黄道十二宫。

第70章 关于人体,它按照宇宙的模式建构

169.有一次,使徒又坐在聚会人群的教徒们中间,对其弟子们说道:包括天上、地下的整个宇宙,映照出了人体的模样,因为这个肉体是按照宇宙的模式形成的。

170.它的头颅就像五外衣的最初果实。从其颈项到心脏的位置,与十层苍天的模式相像。又,其心脏与旋转天体之轮相一致。从心脏到大肠,就像从天体与大地之间的大气层。人体的雄性器官相当于这层大地。又,从其大肠到耻骨,就像另外三层大地。此外,其胫骨相当于负重者所站立的空间。其脚掌相当于负重者站立的伟大之地;而四个拴扣就在它的脚下。它的肝相当于火脉管,它的肉相当于暗脉管,它的血相当于水脉管。

这即是微小人体如何相应于巨大宇宙之苍穹、分类、山脉、围墙及脉管的情况,我已清楚地告诉了你们。

我再向你们启示一点:在这伟大的外部区域,存在着五个伟大营寨,生命神的五个儿子便是这五个营寨的主人。

所以,上方第一个监察哨的主人是光辉护持者,他所建立的权威遍及三重天。在他之下是……伟大的光荣大王。

第二个监察哨的主人是伟大的光荣大王，他的权威遍及他下方的七重天。

第三个监察哨的主人是阿达马斯，171.他的统治范围从天至地。与其权力范围相一致，他使得天体和大气层的各世界生气勃勃。另外四个世界被设置在这个大地上。

第四个监察哨即是三轮，其主掌者为荣耀之王，他对负重者头上的三重大地拥有统治权。

第五个监察哨由负重者掌权。与其权力相一致，他掌控着他所站立的这伟大之地，以及他脚下的四个拴扣。

这五个监察区经常发生灾难。

所以，在光辉护持者的监察区中，罪孽竭力想向上喷射到第三使的形象。然而，它们在那里被阻挡了，羞辱地落了下来。

又，地震和背叛行为发生在光荣大王的监察区，当时登升的监察者……他们被遣往下界，直到他们屈服。

又，在阿达马斯的监察区，暗魔的流产物落到地上，生成了肉身生物。

又，在荣耀之王的监察区，一场骚乱发生在负重者上方的三重大地上。三轮，即风轮、水轮与火轮，登升的通道被阻隔。

又，在负重者的监察区，地下的拴扣暴露出来，拉紧了链条，于是在那里发生了地震。

我已给你们讲述了这五个监察哨的情况，它们存在于这个伟大的……五个营寨。172.选民外体的情况也与此相仿。它们是另外五个营寨，明心监察着它们，与他在一起的便是新人。

选民能控制和降伏其肉身上方脸庞的布局，把它引向善良，这类似于治理本域上方监察哨的光辉护持者的奥秘。

凡是成为自己心脏之主，并降伏它的人，即是制服七重天的伟大的光荣大王的象征。

凡是能主宰其生殖器，并制服其欲望的人，即是降服暗质的光明阿达马斯的奥秘。

凡是能降伏自己的胃,主宰体内之火,并净化摄入的滋养品的人,就类似于转动三轮,将生命送往上天的荣耀之王。

凡是能主宰其脚下的管治威力,将它束缚于和平之链的人,就像用脚掌制服下方地狱的负重者。

又,流通于人体内的智慧教导,就像上下于这一区域的光明少女。

又,人类生活在其中的爱戴、欢乐、信仰、真理,就像两艘光明之舟。活灵将乘坐它们上升明界,借助它们获得自由;活灵因此得以从下方的地狱抵达上方的明界。

你们还应理解另一条真理:肉体中有四个世界,而在这四个世界中还有无数倍的七君主。

于是,第一个世界位于颈脖以上。173.在这个上部世界里的七君主是:两个视觉器官、两个听觉器官以及两个嗅觉器官,还有一个是嘴巴,它是味觉器官。

第二个世界始自脖颈,下及躯体的上半部分。这第二个世界的七君主是:双臂,它们相当于上部第一个世界的双耳模式;双乳,相当于嗅觉器官的模式;还有心脏,相当于双眼;还有位于两乳间的食管,它相当于嘴巴的模式。

又,肉身的第三个世界中的七君主是:脂肪、肺、脾、肝、胆以及两个肾。

还有下部的第四个世界。同样地,在此也有七君主:两爿臀部、两粒睾丸、两块耻骨,以及精子射入其中而孕育后代的那个器官。

开悟者再对其听众说道:白羊座、金牛座、双子座、巨蟹座、狮子座、处女座、天秤座、天蝎座、人马座、摩羯座、宝瓶座、双鱼座,这是见于上方世界的天体上的黄道十二宫。它们相互锁扣,系缚于这一旋转轮上……固定和种植。这即是有关所有黄道十二宫是如何被指定为领袖的情况……星轮下方的天体。它们就是这样被指定的,所以你们可以发现……的头颅……并发现其尾……

174.又,我们逐一列举的人体器官的情况便是这样。它们是按次序从头至脚叙述的。头颅是白羊座,脖颈和双肩是金牛座,双臂是双子座,上身是巨蟹座,胃是狮子座,腹部是处女座,脊椎和肠是天秤座,生殖器是天蝎座,耻骨是人马座,膝盖是摩羯座,胫骨是宝瓶座,脚掌是双鱼座。

注意了,这些星座还有另外的排列模式。它们在人体上仿佛弯曲成黄道十二宫的模样。它们也是这样,一个挨着一个地排列,从头至尾,就像它们见于……轮的情况一般……

它们是按照人体上器官的排序和数量计算的。所以,我们可以说它们是沿着侧面弯曲和延伸开来,从人体的头部到臀部,左侧为六个,右侧也为六个。我先列举右侧自上而下的六个器官:右太阳穴为白羊座,右肩为金牛座,右臂为双子座,右胸为巨蟹座,人体的胃为狮子座,生殖器官的右侧为处女座。相反地,我们已经谈及的另外六个星座在左侧,但是从臀部向上通往头颅:左侧的……是天秤座,左胸是天蝎座,左肾是人马座,左肘是摩羯座,175.左肩是宝瓶座,左太阳穴是双鱼座。这是人体创造者所指定的模式。他有次序地排列它们,一个挨着一个,从头至尾。

开悟者又说道:再听我给你们谈一谈另一个问题。你们要明白,人体中存在着许多威力,它们是形成体内邪恶首领的那些住户。它们的数量是人体内10000个邪恶首领的840倍。它们被分布在体内,安置在寄宿处。其住所的数量是10000的210倍。

当所有这些邪恶首领在体内蠕动时,它们会相互遇见,于是会相互包围和摧毁对方,以及……它们。当……直到它们从将死的人体内爆发,并导致体内脓肿腐烂、疼痛和灼伤。它们还可能使得人的内部患病,或者,它们也可能涌现在人体外表。这些创伤将首先被挤去其液体,排空其脓水,直到它们被挤压……脓从伤口排出。此后,其创伤将愈合、康复,逐步得到缓解。

第79章　关于圣徒的斋戒

191.开悟者再次对其弟子们说道:圣徒实施斋戒,有利于四项伟大善业。

第一,圣人通过斋戒,可以惩罚他的肉体,降伏存在于体内的邪恶力量。

第二,随着日复一日对其所吃食物的管控,进入他体内的灵魂将变得神圣、洁净,去除掺和在其中的黑暗杂质。

第三,斋戒之人的每个行为都将成为神圣的行动。他体内的光明之子既不会腐败,也不会……食物,也不会伤害它;相反,他们是神圣的,其中并无污染之物,他们生活在平和中。

第四,他们使得……十字架,他们阻止自己的手……不摧毁活灵。

只要能够坚持不懈,斋戒就有利于圣徒的四项伟业。假如他们能够每天斋戒,持续不断,就能使得身体的每个器官都达到神圣的斋戒。

……信仰。尚无力量每天斋戒的人,可以在安息日斋戒。

192.他们也可以通过他们的信仰和施舍,对圣徒们的善业和斋戒做出贡献。

第80章　正义的戒条

192.开悟者又对其弟子们说道:一个人只有理解了第一正义戒条的涵义,才能达到真正的正义。其内容如下:首先,他能够信奉节欲和清净。其次,他还能够获得"手之宁静",从而使其手在光明十字架前保持宁静,不去伤害它。第三,保持嘴的洁净,从而使其嘴不吃一切肉和血,绝不品尝任何酒,包括发酵的饮料。这即是第一正义戒条,一个人若能对此身体力行,那么他就可被所有人称为正义者。

应该奉行的第二正义戒条是这样的:他能够增强……智慧和信仰,从而……他把自己的智慧传授给愿意听从他的每个人。他还能把自己的信仰传授给同属这一信仰的其他人。他能广布恩泽,慷慨地把爱施予人们,从而把他们与自己紧密地联系在一起。当他获得巨富……正义。通过这第二虔诚戒条，他可以使得别人也像他一样达到正义。

就像正义者若履行第二戒条，就能成为完美的选民那样，新信徒若能坚守新信徒的戒条，他也可在两个阶段都获得圆满成功。

新信徒必须完成的第一件善业，是斋戒、祈祷和施舍。他所应实行的斋戒是这样的：他在安息日斋戒，并且停止一切世俗事务。祈祷的要求是：193.他应向太阳、月亮，即伟大的光明赋予者祈祷。至于施舍的要求则是：他将施舍置于……神圣者，把施舍给予义人……

新信徒应该干的第二件善业是：他应该让一个孩子或者其家庭中的一个亲人进入教会，专门修行；或者，他得解救一个陷入困境的人；或者，他得赎买一个奴隶，让他专门修行。他干的每一件善事，都是他赠送给义人的礼物。新信徒……将与他们共享。第三，他应该在某处建造一个住所，从而使之成为他给予神圣教会施舍的一部分。

假如新信徒完成了这三项伟大的善业，那么他作为赠送给神圣教会礼物的三项伟大施舍……这是这些施舍预期的结果。又，给予施舍的新信徒……与之分享。给予……的新信徒……拥有伟大的爱，并分享神圣教会中的每一种恩泽和善事。他们将发现许多恩泽。

第90章　关于十五条道路，以及新信徒是否能避免其财富走上通往地狱的三条道路

223.又有一次，一位选民站在使徒面前，对他说道："主啊，我恳求您，请您教导我，让我的心灵信服我向您请教的问题。我们曾听您说过这样的话：'本域共有十五条道路。其中四条是清净的路，属于光明之性，通往生命。还有八条是混杂之路，从当地通向上方。光明由此登升，脱离束缚，变得纯净，从而进入日月之舟。然而，废物则被分离出来，抛向下方，进入转生。最后三条是废物之路……被抛弃入焦热地狱。'"

"您解释了属于废物性质的三条道路，这些被弃入焦热地狱的废物来自肉身。224.废物道路之一，是人类和一切肉身生物对违法犯罪的嗜好。第

二条是……一切躯体,这是屠戮,吞噬一切肉类。第三条路是破坏行为,它……每个光明十字和每个躯体,还包括伤害诸神的谬误和亵渎。"

"这是您指导我们的有关通往焦热地狱的三条道路。您还曾告诉我们,每个人都将按照他的种种行为,决定他是走向生命之路还是死亡之路。"

"如今,我恳求您,主啊!请您为我谈谈,并解释一下有关新信徒的问题。他的结局是怎样的?最初,在他接受尊神的信仰之前,对他而言只有三条死亡道路。他骨子里存在着强烈的欲望,他渴望通奸,还有伤害神灵的行为。那么,他的财富会进入焦热地狱吗?"

"最初,在他成为新信徒之前,供他行走的三条道路是通往转生,还是通往焦热地狱?假如是通往焦热地狱,那么他的肢体就完全被束缚了?倘若确实如此,那么依我看来,他是极难走上生命之路了。这个世界上有大量新信徒,在接受尊神的信仰之前,始终行走在谬误与精神错乱中。他们的结局将通往哪里呢?"

随后,使徒对该选民说道:你问得很好,提出了一个重要的问题。我便是能启示你、向你揭示这个问题的人。

你应该懂得,选民和新信徒的灵魂将会获得尊神的希望,从而进入生命之地。所以,他们的形态能够被上天选中。在他由人类肉身诞生之前,在使徒以肉身示现之前,始终不变地……225.他会选择其全体教徒的形态,让无论是选民抑或新信徒的形态都获得自由。如今,当他选择了选民和新信徒的形态后,便让他们从上天获释。随后,使徒将立即降临下方,挑选他们。

当他降临下方,在形形色色教派中找到他们后,便会用他的光明话语选择他们。当他选中他们,并使之摆脱其教派谬误的束缚,乃至因轮回的疯狂而出现恶业后,天使们便会引导他们前赴净化之地。每个新信徒,由于其灵魂盖上了信仰和灵知的印记,故他的任何行为都不会导致他堕入焦热地狱。

就像有人会给盖着国王印记的王室之马套上嘴套,偷偷地牵回家去一样,因为马身上有着那种印记。

新信徒的情况也是如此,他有着信仰的标志和真理的印记。他从最初以来所造的业,没有一件会使之堕入焦热地狱,因为他的形态从一开始就被选中了,早已确立在上方的天界。他的形态也将怜悯他,不让其行为陷入谬误中。就像他嗣后将要干的事那样,由于他的信仰,这些业不会导致他堕入焦热地狱。他此前所作之业的情况亦然如此,因为他的形态从一开始就被上天选中了。

他们只可能进入轮回之道,在此遭受苦难。在这以后,他们再落入天使的手中,得以净化……你知道,当他们只……他趋向真理,获得灵知和信仰。226.他开始斋戒、祈祷和做善事。于是,他新造的业、他举行的斋戒、他所作的祈祷,以及他给予圣徒的施舍,所有这一切将……抵消他最初所造的种种业。

你或许知道,从他抛开早先之谬误的第一天起,他就获得了宁静右手的欢迎,得到神的信仰,确立于真正的新信徒阶层中。从那时起,他便获得了这样的恩泽和信赖。他所举行的最初的那些斋戒将会登升,被黑夜的光明之舟所接纳,并会给予表征。他在获得灵知之前的一切早期之业都将立即脱离被束缚和网罗之处。它们将摆脱羁缚,从天、地登升,从树木和肉身登升。随着他的第一次斋戒和第一次祈祷,他便会摆脱任何羁缚,带着其所有的善业操守,登升上界。这是他获救的神圣信号,导致他前后一切诸业的解脱。

他的业不会持续待在外界,在各处等他出生后再解除其束缚,把它们送往上界。新信徒有能力用自身的手解除一切业的束缚。

这个情况好有一比:有个人居住在一座城市中,他的全部追随者则分别居住在许多城市、住宅和全国各地村落中。227.总的说来,只要国王生活在某处,他的全体主方人员便也生活在其周围的住宅中。又,当他给予……离开该国的信号;当他希望……他给予其全体追随者一个指示,以便启程,离开……它所在的每个地方。他去往它所在的地方。

于是,在他的远行中,有人比他先行;另一些人则等待他,与他同时出发;还有一些人在他之后,比他更晚踏上旅途。他们持续旅行许多天,许多月,直到抵达目的地。

他的全部随从不会都与他同时启程,而是有人率先出发,有人在他之后离开,还有一些人则与他同时启程。

新信徒及其所造之业的情况也与此类似。当他还在人体内时,他的一些肢体和业将被净化;它们是在诸天中被清洗的。当他从肉体出生时,有些肢体脱离他的束缚;另外一些稍后摆脱大地和生物的束缚,在生命之界与他相聚。

注意了,我已教导你们懂得了新信徒,以及他的肢体,还有他的其他业……228.天使们急忙……无人会遗漏……他得以康复,从而他将被聚集起来,与所有人一起,上赴生命之界。他依赖于他的希望,依赖于他已造的一切善业。

第91章 也关于新信徒;单独的新信徒可得救吗

228.那个选民再次询问使徒道:"主啊,我曾听您说过,有的新信徒可以不经轮回,而只有一次产自肉身的经历。但是当他从肉身孕生时,他的灵魂将……上方诸天,他行向安宁之所。"

"主啊,我恳求您,请指点我有关不经转生的新信徒的问题。他的情况是怎样的? 或者,他的标志是什么? 这样,我可以理解这个问题,从而指点其他教友。他们又可以向新信徒们宣传,使之升华,心灵宁静地向善。"

随后,使徒便回答他道:我即是能指导你的那人,教你懂得关于不经转生的吾教新信徒的言行。那完美新信徒的标志是这样的:你会发现,与他同处一屋的女子,对他而言就像陌生人一样。在他看来,他的住宅就像是出租屋。他说道:"我是住在出租许多日月的一座房子里。"在他看来,他的弟兄们和亲戚们犹如和他友好交往的外国人,只不过是在旅途中与他相逢而已。他……他们将与他分离,各人……将……的金银和器具……

房屋。

229.对于他来说,他们就像借来的器皿,他取来为自己服务,随后再把他们还给他们的主人。他既不信任他们,也不将财宝积聚在他们那里。他不考虑俗世,而是将心灵倾注在神圣教会上。他始终把心思放在尊神身上。他们超越了一切俗务,他们只关心和热爱圣徒,把教会当成自己的家一样,甚至超过自己的家。他把全部财富都花在男女选民身上。因为这是救世主通过其使徒之口而传达的意思:从今以后,有妻者要像没妻的一样,买了东西的要像没买者一样,快乐者要像不快乐的一样,悲哀者要像不悲哀者一样,在此俗世获利的绝不能挥霍浪费①。

这些事情……清楚说明了有关完美新信徒的情况,他将摆脱肉体的束缚,前赴上界,就像选民的情况一样。这即是不再转生的新信徒的标志。

还有另一些人能够自我控制,甚至从来不吃任何肉食。他们每天热衷于斋戒和祈祷,并把自己拥有的财物用以施舍,帮助教会。他们的内心完全没有作恶的邪念……亦即是说,他们立足于教会,胜于对家庭的眷恋。他们的心灵始终与教会在一起。他们的一举一动都与选民的言行相同。他们从其内心摒除了一切世俗事物。于是,全心全意关注神圣教会的那种人……每时每刻……其礼物和……以及有助于其生命的荣誉和恩泽。

230.它引导他们前往神圣教会,那些愿意跟随他们前赴教会的人,无论是其孩子或其妻子,抑或其亲戚,都会被引导向教会。他将因此而高兴万分,他热爱他们,将所有的财宝都积聚在他们那里。

注意了,这即是不会再行转生的那些新信徒们的标记和典范。就像我在《净命宝藏经》里所写的那样,它正如善良的珍珠,是无价之宝。这也正是不会再转生的新信徒们的情况。

---

① 在此所谓"通过使徒之口"而说的一段话,即是仅次于耶稣的基督教重要创始人保罗(Paul,亦称圣保罗)在其布教书信中的一段言论,出于《新约·格林多(哥林多)前书》第 21—31 节,其原文为:"弟兄们,我给你们说:时限是短促的,今后有妻子的,要像没有一样;哭泣的,要像不哭泣的;欢乐的,要像不欢乐的;购买的,要像一无所得的;享用这世界的,要像不享用的,因为这世界的局面正在逝去。"(思高,1968 年,第 1776 页)

他们从肉体出生后，便踏上自己的旅途，经过上方的处所，走向生命。他们将在诸天得到净化，他们恰如成熟的果实一样，从树上被采摘下来。他们奉献给选民的施舍是以多种形式给予的。它被净化，然后再赴生命之界。同样地，不再堕入轮回的新信徒的灵魂也与施舍相像。

至于有关一切新信徒的安息问题，我已写在《净命宝藏经》中了，指出他们是如何解除束缚和净化的。他们每个人的结局都与他们所造的业以及对教会的贡献相一致。这亦即登升对其健康和净化的益处。

正因为如此，新信徒的正确做法是每时每刻祈祷、忏悔，请求尊神和神圣教会宽恕其前罪和后罪。他所造的前后之业都将被集中起来，计入总账。

231.弟子们听完他的训谕后，齐声颂扬，以热烈的祝福将荣耀归于开悟者。他们对他说道："父啊，上天保佑您，您是荣耀者。通过您的传达而等待我们的希望是神圣的，您赋予灵魂的这一事物是多么伟大。您向选民揭示了他们所生活的选民状态的作为和戒条。此外，您也并未摒弃新信徒，而是教导他们如何一步一步地攀登向善。他们每个人都具有向善的潜能，得以最终抵达生命之乡。"

"主啊，我们再次恳求您，希望您继续给我们讲讲有关……的问题……他，并指点我们关于将要……并进入教会的那种人的问题……是选民和新信徒。他们成为信徒之前，在这个世界犯下的早期罪过，会对他们产生什么影响？他们中有些人最初崇拜偶像，祀奉……还有些人曾经坚定地信奉异端教义，亵渎尊神。他们甚至不敬诸天的光明赋予者。又，他们中有些人还犯下了其他的罪孽……谋杀、通奸，或者……以及巫术或伪证之罪。另外……世上的恶行。那么，若有人听从了尊神的话，他会被赦免以前所犯的罪孽吗？还是不会被赦罪？所以，主啊，我恳求您，请您指导我们……使得我们的心灵宁静下来。"

232.随后，使徒对他们说道：你们所提的这个问题非常重要。我是能够向你们揭示……的人。凡是获得希望和信仰，并将光明与黑暗分离，以及洞察活灵之奥秘的人，都能接受居于神圣教会中的明心的和平右手。他能够请求明心的赦罪。

你们应该懂得：一个人从出生之后所犯的一切早期罪过，在获得尊神的希望，使其心灵摆脱所有异端和偶像崇拜谬误之后，能全部获得赦免。从此以后，他不会因这些罪过而遭到质询，也不会因为它们而受到报应。假如他从此坚持其信仰和生命，不再犯下他早先所犯的罪过，此后，他……他会获得赦免，并将……他早先犯下的一切罪过。

然而，假若他再造最初之业，又犯早期之罪，那么他的前后一切罪过都将被一起清算。他将由于这一切而遭到报应，因为尊神已给过他忏悔的机会，已宽恕了他的愚蠢，而他却不能坚定地抓住尊神给予他的忏悔机会。所以，如果他坚定新信徒所应奉行的信仰，抛弃早先的所有恶行，那么他的一切罪孽便会获得赦免。无论对选民而言还是对新信徒而言，都是同样的情况。若新信徒坚定地修行，那么他曾经犯下的大量罪过，都会因他的斋戒、祈祷和施舍而得到赦免。

所以，请仔细听好了，我清楚地告诉你们，什么是忠实新信徒的功业。真正信教的新信徒得举行五十次斋戒，即在每年的五十个安息日中实施斋戒。又，他得保持斋戒的净化，要控制自己与妻子的淫欲，要在所有安息日内通过自我控制而净化其卧室。他应该……其饮食。他不应该用……鱼以及一切肉、血污物污染他的滋养品。在这些安息日中，他不应该吃任何不洁净的东西，并且还得控制自己的双手，不要伤害活灵和使之感到痛苦。他要保持准时祈祷，每天祈祷，每时每刻祈祷，所有这些祈祷的时间将……他的斋戒，以及他每天给予的施舍。这些施舍将被算作……他的善业，以及他所举行的斋戒，以及他为圣徒们穿上的外衣。还有每天的圣餐，这在他们的斋戒和善业中与之交流。新信徒所干的事，有一半是善业，另一半则是罪过。

他在每年的一半时间里所犯的罪过，可以分成五个部分。其中的四部分可通过神圣教会的庇护、信仰以及对选民的爱戴而获得赦免。一方面是出于这个原因，另一方面则是因为他具备了灵知，分开了光明与黑暗，以及向上界的光明赋予者献上了赞美和祈祷。即使他所创造的安宁……于是,由于他所干的这些善业,他将被赦免四个部分,四……他成为新信徒之后所犯的罪过。

234.对于剩下的一部分罪过,他则会因此受到质询,因这些罪孽而受到打击和报应。随后,他会得到净化,按照其所行善业的价值而获得相应程度的净化,得以清洗和装饰。此后,他被塑造成光明形象,向上登升,前赴安乐之乡,那里是他的心灵所在,他的财宝亦然在此。假如他在新信徒修行期间坚定不移,就能获得如此美好事物的报答。

然而,如果他撒谎,厌恶真理,那么他前后所犯的罪过将全部被清算,指控其罪孽的审判将降临到他头上。

假如他坚定信仰,无畏无惧,那么将会获得好运。他将在某时登升,成为义人,解除束缚。救世主永远地拯救了他的生命。救世主降临之际,他得以前赴永生之界,永享安宁。

弟子们听完这些智慧训谕后,把荣耀归之于他们的导师,思考着最初的光明者,即通过明心及其灵知财富而带来知识的那一位。

第99章　关于转生

249.一位新信徒再次请教使徒,说道:"主啊,我们已经聆听了您的教导。250.您为我们讲解了这个问题,并写在了书中,如您……从肉身诞生的那些人被驱入轮回,在俗世流浪;各人都按其所行之业而遭到相应的报应。无论是您声称的被驱入轮回的罪人……还是已确立信仰和……也被驱入轮回……新信徒优于罪人……他也会堕入轮回,并怀着希望。"

随后,主发表了讲话。他给他们谈了两个问题。……一个是关于罪人转生轮回的问题;他还向他们讲解了新信徒转生的问题。

如今,请认真听我将给你们讲解的问题,即是我将给你们宣讲的有关处于轮回中的新信徒的训谕。

……训谕见于俗世,当人们的子女出现愚蠢情况时,他们以此来教育子女。于是,他们会批评他们的子女,但是这与他们对犯罪的奴仆的训诫并不相同。对子女的责打不同于对奴仆的鞭笞,因为孩子如果做了有违道德之事,是可以通过言辞来指责,以及严厉的教训来吓唬他们的。假如他……他被责打……

……教育他。假如他坐了牢,就被链条所束缚。同样地,拷打、桎梏……以及处死。他将再也不会被杀,也不会被打……251.因为他的宝座是在光明中……他也曾讲过……当那人缄默时,他们将……切除肢体……仍有……恰似你……按照对新信徒的训谕……训谕……新信徒……他们的灵魂……他们的心灵困扰……他们与……混杂……直到他们获得……罪人……他们将依然……他们是残酷的,他们将把他束缚……大火……

这即是你们……结局。祝福你们这些新信徒……你们是被尊神选中和判定的……他们的结局是丧失……

第115章　新信徒询问使徒:假若圣徒为生自肉身的人祈祷,并给予施舍,那么后者会获得安宁吗

270.有一次,我们的开悟者再度坐在众人之间。一个新信徒……站在他面前,请教他道:271."主啊,我恳求您,请您为我讲解一下这个问题:假如有人在其所作的祈祷中,请求为他人获取施舍。"

"那么,请告诉我,圣徒为他人所作这种请求和祈祷,对那人有帮助吗?有怎样的神益?或者,对他毫无助益?因为我们曾听您说过,每个人都要按自己所作之业而获得报应。"

"所以,我现在恳求您,主啊,请您为我解答我所提的这个问题。这种说法是真的吗?这个问题很重要,人们对它很重视。"

于是,使徒回答他道:就你所提的问题来看,恳求确实发生了,真正的祈祷也发生了。每个摩尼教选民,倘若全心全意地恳求施舍,便是向我们的慈悲父尊提出请求。所以,假如他为了自身而恳求,他会被赐予恩惠;假如他为了旁人而恳求,那么他的请求也会得到允准。

自开初以来,这类恳求一直……诸神首先恳求其父尊。他们的恳请获

得了恩准。以肉体呈现的神圣教会是依靠对他和圣子基督的祈祷、恳求以及纯洁的请求而确立的。他们将向最初神灵祈求。

我要告诉你们,他们是怎样恳求最初神灵的;或者,他们是以什么形式提出请求的……每一件事。伟大神灵生命母祈祷、恳求和赞颂最初的创建者,即光明父尊。272.她向他提出请求,她遂获得了重大的赐予,获得了许多威力。

她为初人提出请求,因为他一被创造出来就立即前赴下界,远离了生命母。他是从她身上分离出来而生成,如今则遭了大难。他在地界与毁灭、悲哀和衰弱开战;他陷于恐怖的地狱中、邪魔的壕沟中以及暗魔的势力中。

但是,他就像一位国王站在其敌人中间一样。生命母祈求和赞颂最初的创建者光明父尊,请求他派遣一位强势神灵,作为正在遭难的尊神之子的庇护者、救赎者和帮助者。

于是,她的恳求和祈祷获得了伟大父尊的首肯。他满足了她的请求,给了她一位强势神灵,即生命神,安宁的赋予者。生命母和生命神便怀着强大的威力,一起来到黑暗深渊边上,把初人救离他所深陷的战争。

他的获释是生命母的一个恩典。因为他自从变得衰弱之后,就远离了生命母,陷于黑暗之地,在敌人手中遭受了极大的苦难。

生命神抓住了初人,解除了他的束缚,使之恢复正常,让他在安乐之乡享受宁静……生命神,最初的安宁赋予者……这三者的意愿。欢迎者……

273.……伟大的威力……可爱者的……曾经远离的初人。她曾为他而祈求。生命神曾前赴毁灭和衰弱之地,解除了他的束缚,拯救了他,并使之摆脱苦难,享受安宁。他用安宁和快乐使之恢复正常。他自己也变得永远生气勃勃。

注意了,我已向你们讲解了生命母用她的祈祷发出的第一次请求,这个祈求获得了恩准。

忠信圣徒之祈祷的情况也是如此……是从他身上释逸出来的人。他们的恳请也将获得允准,恰似生命母为了初人的恳请得到同意一样。她希望父尊拯救初人的恳求获得了批准。

……他们创建了宇宙,并以诸天、诸轮、上方的光明之舟、诸拴扣、诸地、诸围墙以及诸脉管来完善它。他们完善了宇宙,由光明诸父使之恢复正常。

随后,伟大神灵(生命母)与光明之友、大建筑师、生命神及初人站在一起,这五人一起祈祷,赞颂光明父尊,最初的创建者。他们向他提出请求,他们祈请他给予他们威力……领袖,他们所构建的一切活力之物的向导。他前来净化正在遭难的活灵。

他们祈求父尊,他则接受了他们的祈祷……答应了他们的请求……他从自身召唤出了……这即是第三使。他出自其伟大的威力。274.他看到了整个灵魂是如何被链条缠绕而遭到禁锢,他看见了其弟兄们构建的生自上界的活力之物,他还看见了遭受极度折磨、被缠绕和禁锢的活灵,它被压制在地狱的恶臭中。

所以,第三使……以其慈悲……于是,他展示了深邃地狱前的道路,解除了活灵的束缚。他把活灵从其遭受痛苦的一切肉身中拯救出来,使之获得安宁,让他在安乐之乡恢复正常。

第三使还完成了其弟兄们祈求光明父尊的三个愿望。他们为他向父尊提出了要求,即……

第三是他所解放的活灵的转换。他解除了活灵的束缚,舒缓了他的痛苦,使之首次成为整个肉身的国王。

注意了,我已教导你们知道了诸神最初向父尊提出的第二个恳求。这是为第三使所提的祈求。

如今,你们应该已经懂得这个道理:每个优秀的选民和每个相信真理、虔诚祈祷的新信徒,他若诚心祈求,无论是为了自己还是为了其他人,他的恳请都将获得允准。正如他的父尊们为第三使向明尊提出的恳求获得同意一样。

让我们再来谈谈诸神第三次恳请明尊的第三个恳求……展示他的形

象……他隐藏其形象……275.他巍然屹立……他们揭示了……光明……初人……嘲弄……高贵的……外衣……他们摆脱了束缚……他们的声音……躯体……恳求……她恳请……得到自由……第三使……还有……276.与生气勃勃者……永远……最初的……他给予他希望……

又，光辉者耶稣完善了……愿望……他们发现光明……的愿望……他……他给予他们的威力即是光辉者耶稣。他允准了光明分子的请求。永远地……这最初的……他曾被击败，他摆脱束缚……向其敌人展示了……他获得了希望……显现……光辉者耶稣，光明的威力……以及光明之……的恳求……

正如这一恳求……角色……他们曾……这亦即……的角色……你被稳固地确立……你们应该懂得，每一个……都知道，他已洞察了……一切事物……出自……与他……277.将解除他的束缚，使之舒缓……他们给予他安宁和……以及神圣教会的祈请。

你们应该知道，是那一位制定了关于施舍的规则，以及唤醒了出自肉身者的记忆。是他创造了这样的和平。他祈求……他的四大胜利。

第一，……缠绕和束缚在全宇宙的活灵的……它将因他而被解除束缚，得以清洁、净化，获得拯救。

第二，他通过对摆脱肉身束缚者颁布的施舍规则，为神圣教会创造了安宁。教会的孩子们依靠它而得到安乐。……活灵，即是曾……希望……它将超越并被净化……

第三个胜利是……父尊……

第四……他出自肉身，他们……他，因为他曾……为了他施舍，以及对其弟兄的记忆。无论是对他的父亲还是母亲，抑或他的儿子或者女儿，或者出自肉身的其他亲人，他都予以施舍……他充满希望……他唤起他的记忆……教会的……

新信徒……对生自肉身者的施舍，因为他的肢体……这四种……所犯的罪过……

278. 弟兄……亲戚……疾病……他的……罪过……免除痛苦……道路……新信徒……他的……

于是……对它的报答……另外五种……他未曾记得……新信徒……他拯救了与……完全缠绕在一起的活灵。他……他的父尊,最初的……他救赎灵魂……他解除其束缚……光明同情……也……请求……十字架……苦难。又,正如他曾……光明的……舒缓他的……允准这位新信徒的请求。他祈求灵魂……出自俗世的他。他们将使……自在。它将脱离苦难,永远……

由于这整个问题……就如一个人……一个亲人……假若他曾犯过罪孽,他就会被悬吊和束缚……此后,一个同伴……或者他的父亲,或者他的弟兄……因为他受其诺言的制约……它将取决于……他所束缚的主人……在……之前……以及他的祈请……

279.摩尼说道,你们曾问我有关被束缚于……的这位亲戚的罪过,以及他的亲人为他求情的问题……

由于被束缚者的亲戚恳求诸神解救他,并且在他的祈求对象的帮助下对其亲人或其他一些人施以援手,故他便能使其亲戚脱离束缚,获得安宁。

又,脱离肉身束缚的人的情况与此相同。当男性或女性新信徒,抑或他的一位家庭成员对他表达慈爱后,他对教会为他所做的善事有了记忆。圣徒们为他祈求免除罪孽;他们将会解除灵魂的束缚,使之脱离苦难,进入安宁自在。

确实,因另外一个灵魂(它也是活灵)而摆脱束缚的这一活灵,是以那人的名义获得拯救的。它得到解救、净化,并获得其最初的本原。它也将成为他的共事者,为摆脱肉身的灵魂祈请。他将为它恳求慈悲,宽恕它对光明诸神的罪过。

活灵因这一灵魂而获自在宁静,该灵魂将获得安宁,摆脱肉身的束缚。它前赴明界……因它而获救的灵魂……它前赴生命和安宁之乡。

280.此后,使徒对那个新信徒说道:我一直很信任你们,所有的本教新信徒。因此,只要……贡奉施舍以及记住光明的本原,并……这些摆脱肉身束缚的灵魂……只要他们因……被痛苦所困扰……你给予他的施舍,以及……圣徒……一杯水。你所做的事对于处于轮回中的活灵来说即是大善……当你把活灵从成千上万种苦痛和成千上万次转生中拯救出来时,你将唤醒它对光明本原的记忆。你把它带往它的弟兄处。

那新信徒听完这番训谕后,即向导师致敬,赞美他,颂扬他,说道:"万分感谢您,主啊!我深有感悟。是您,令我明白了一切问题,您用您的智慧指导了我们所有的人。"

第三章 圣奥古斯丁《驳摩尼的〈要义书信〉》译释

圣奥古斯丁（Aurelius Augustinus，354—430）是罗马帝国末期著名的基督教神学家和哲学家。他出生于罗马帝国在北非的阿非利加行省境内（今阿尔及利亚）。青年时代信奉摩尼教，作为摩尼教的俗家信徒历时 9 年。但是在 29 岁那年，他对摩尼教的教义产生了怀疑，不久后即改宗了基督教，并旋即成为基督教信徒中的精英。他在 42 岁时任北非希波（Hippo，今阿尔及利亚安纳巴）的主教，故后世称之为"希波的奥古斯丁"；同时，因其一生对基督教有重要建树，故被天主教会封为圣者，从而也称"圣奥古斯丁"。

正因为圣奥古斯丁有过长期的摩尼教信徒经历，所以对摩尼教教义的了解相当全面和深刻，嗣后作为基督教教徒批驳摩尼教时，也就往往有的放矢，乃至入木三分。圣奥古斯丁批驳摩尼教的著述篇幅不小，因此在后世相当长的一段时期内，他的相关著述始终是世人了解和研究摩尼教的主要资料；即使到百年前东、西方同时发现大量摩尼教本教典籍后，其著述也仍保留着相当的研究价值。

在此将选择圣奥古斯丁的一篇文字予以翻译和注释，即是《驳摩尼的〈要义书信〉》（*Against the Epistle of Manichaeus Called Fundamental*），约撰于 397 年。此外，为便于读者领会摩尼和圣奥古斯丁各自的观点，将在驳文之后附上今人辑录的摩尼《要义书信》的汉译文，供对照、辨析。

《要义书信》(英文作 The Fundamental Epistle 或 Epistle of Foundation)被称为摩尼教的"圣书"之一,由摩尼亲自撰写,使用的是叙利亚语。但是原件已经遗失,流传后世的只是该书的部分译本,或出自后世的摩尼教教徒,或出自反摩尼教著述的转述。此书似乎是摩尼专为摩尼教的新信徒或普通教徒编写的教义入门书,因此从中可以了解摩尼教的基本教义和观点。正是因为此书是摩尼教的重要典籍,故圣奥古斯丁选择它作为批驳对象,显然是为了更有力地打击摩尼教。不过,此文也还只是圣奥古斯丁构想中的批驳文章的一小部分,他在其《复检》(Retractations)第 2 卷第 2 章内说道:"我驳斥摩尼所谓《要义书信》的文章只是涉及该书的开首部分,但是我在《要义书信》的其他部分也作了不少必需的注释,一旦我有时间,就将对其全部文字进行批驳,足以消除异议。"后人当然希望圣奥古斯丁真有一部全面批驳《要义书信》的著述,因为它会转录更为充足的摩尼教教义。不过,事实是令人遗憾的。

尽管如此,由于圣奥古斯丁选择了摩尼教最为著名的经典以及被其信徒普遍接受的观念作为批驳对象,较小篇幅的此文仍然保存了相当数量的摩尼教资料,对于摩尼教奇特的宇宙观和二元论等都有很深刻的揭示。所以,此驳文也就具有了更重要的文献价值。它撰于作者担任希波的主教之后,即397 年。

汉译文所据的英文原本,主要为特斯科(Roland Teske)译自拉丁文的 Answer to the Letter of Mani known as the Foundation[①];另一参考本则是斯托索特(Richard Stothert)翻译的 The Epistle of Manichaeus Called Fundamental[②]。二者的出版年代相差约 120 年,所以,新译的总体质量显然胜过旧译。然而,旧译也有可取之处,如每章均列一标题,十分醒目。汉译文在这方面从旧译的形式,特此说明。

---

① 此即 Boniface Ramsey 所编 The Works of Saint Augustine (A Translation for the 21st Century) (New City Press, 2006)的 Part I, Volume 19,题为 The Manichean Debate,收载了圣奥古斯丁批驳摩尼教的 8 篇作品;Answer to the Letter of Mani known as the Foundation 即是其中之一。

② 此即 Philip Schaff 所编 St. Augustin:the Writings Against the Manichaean and Against the Donatists (A selected Library of the Nicene and Post Nicene Fathers of the Christian Church, Volume IV, Edinburg, 1887)中的一篇。

驳摩尼的《要义书信》

第1章　康复异教徒胜于摧毁异教徒

1.我一直祈求,如今也还在祈求正确而全能的主(万物出于他,依赖他,归于他①),以驳斥你们摩尼教信徒的异端邪说(你们恐怕是出于愚笨而非邪恶才信奉了它);他将给予我平和宁静的心灵,让我考虑如何使你们修正错误,而不是将你们击垮。虽然主通过他的仆从们推翻了谬误之国,但是他仍下令纠正人类——只要他们还属于人类——而不是摧毁他们。

我们应该相信,在最后审判之前,主所施行的处罚——无论是通过邪恶者还是正义者、有知识者还是无知识者,隐秘方式还是公开方式施行的处罚——其目的都不是毁灭人类,而是使之康复。只有对那些拒绝康复的人才施以最后惩罚。

因此,宇宙万物中,有些事物导致肉体惩罚,如火、毒、病患,等等;另一些则使心灵受到惩罚,即并非肉体遭到折磨,而是情感遭受伤害,诸如丢失钱财、背井离乡、亲人去世、遭受辱骂,等等。但是肯定另有一些并不折磨,而是抚慰长期受苦者的事物,诸如慰问、劝诫、交谈,等等。主的至高无上的正义有时候体现在愚昧无知的恶人身上,有时候则体现在聪明智慧的善人身上。

因此,我们所期望的是采用更好的方式,设法不是通过争论、猜忌和迫害,而是通过温和的安慰、友善的劝诫以及平和的交流来促使你们纠正错误。正如《圣经》所说:"主的仆人不应当争吵,但要和气对待众人,善于教导;凡事忍耐,以温和开导反抗的人。"②因此,努力当好这样的角色是我

---

① 此语出自《新约·罗马书》第11章第36节:"因为万物都出于他,依赖他,而归于他。愿光荣归于他至永世!"(思高,1968年,第1757页)

② 语见《新约·弟茂德(提摩太)后书》第2章第24—25节(思高,1968年,第1866页)。

们的职责,将善果授予渴望和追求它的人则是主的事情。

第2章 为何要更温文尔雅地对待摩尼教信徒

2.对于不懂得寻觅真理之艰苦、避免犯错之困难的那些人,你可任由他们对你发脾气。对于不懂得以宁静的虔诚之心克服肉体幻想是极度艰辛的那些人,你可任由他们对你发脾气。对于不懂得治愈内心之眼以凝视心灵太阳是万分困难的那些人,你可任由他们对你发脾气。在此所谓的"太阳",不是你们所崇拜的,明亮照耀人和动物之肉眼的那个天体,而是先知记载的,"正义的太阳将要升起"①,以及《福音》所说的"那普照每人的真光,正在进入这世界"②。对于那些不因对主的了解太少而悲叹的人,你可任由他们对你发脾气。最后,对于那些见到他人误入歧途后,再未重蹈覆辙的人,你可任由他们对你发脾气。

第3章 奥古斯丁曾是摩尼教信徒

3.我曾经长久地陷入剧烈的迷惘彷徨,最后终于明白了什么是纯粹的真理,我意识到它并不包括虚构的神话。在主的帮助下,陷于悲惨境地的我好不容易才克服了心灵中源自各种观念与谬误的无用想象。我十分缓慢地尊奉了最仁慈的大医师,他召唤我,抚慰我,抹去我心灵上的迷雾。我久久地喜极而泣,因为永恒不变的和不可侵犯的存在使得我从内心深处接受了歌颂他的神圣经典。最后,我曾经好奇地探索,专注地聆听,乃至轻率地相信了所有那些因你们长期接触而对你们产生深刻影响的虚妄学说,并且坚持不懈地试图说服一些人,顽强和生气勃勃地反对另一些人。因此,我绝不会对你们发脾气,因为我如今应该帮助你们,犹如我以前需要帮助一样。我应该非常耐心地对待你们,就像以前当我陷入谬误,疯狂

---

① 语出《旧约·玛拉基亚(玛拉基书)》第3章第20节,原语为:"但为你们这些敬畏我名号的人,正义的太阳将要升起,以自己好似箭羽的光芒普施救恩。"(思高,1968年,第1500页)但是以前所见的拉丁通行版及多种译本,均列第4章,其第1节相当于本版的第3章第19节。

② 语见《新约·若望(约翰)福音》第1章第9节(思高,1968年,第1639页)。

和盲目地沉迷于你们的信仰时,我最亲密的友人对待我那样。

4.然而,为了让你们更为平和地与我交流,而不是用敌视我——同时也有害于你们自己——的态度反对我;我必须要求每个人都同意,双方都放弃傲慢自负的态度。让我们双方都不要再声称自己发现了真理。让我们以仿佛大家都不知道真理的方式来探求真理。我们通过勤奋和协调,是能够找到真理的;倘若我们不作任何轻率的推想,我们是不会相信自己已经发现或了解了真理的。或者,假如我无法获得你们的承诺,那么你们至少得同意我像个陌生人一样,现在第一次来倾听你们的演讲,第一次来与你们交谈。我想,我的要求是公平的,即我将遵奉这样的规则:如果你们不能条理清晰地为我解释有关灵魂救赎的一切事情,那么我将不与你们一起祈祷,不会经常参加你们的会议,不会接受"摩尼教"这一名号。

第4章 天主教信仰的证明

5.在天主教会中,今世只有少量高尚人士对于最纯粹智慧有所了解,但是其知识极其有限,因为他们是人类;尽管如此,他们无疑是了解的。当然,其他的大部分人则绝非出于其敏锐的理解力,而是因其朴素的信念而获得有关真理的知识。在天主教会中,姑不论有着你们所不相信的智慧,还有其他许多事物,非常正确地把我拥入它的怀抱中。各族人的和睦一致将我留在了天主教会。起始于奇迹,滋养于希望,增长于爱心,强化于时日的权威将我留在了天主教会中。从使徒彼得——主耶稣在复活之后曾委托他饲养羊群[①]——开始,一直到如今的一系列主教将我留在了天主教会中。最后,是"天主的(Catholic)"名号把我留在了天主教会。

在如此众多的宗教流派中,该教会能获得这一独享的名号,并非没有原因;尽管所有的流派都希望自己被称作天主教,但是,若有陌生人打听

[①] 此语典出《新约·若望(约翰)福音》第21章第15—16节:"吃完了早饭,耶稣对西满伯多禄(西门彼得)说:'若望的儿子西满,你比他们更爱我吗?'伯多禄回答说:'主,是的,你知道我爱你。'耶稣就对他说:'你喂养我的羔羊。'耶稣第二次又问他说:'若望的儿子西满,你爱我吗?'伯多禄回答说:'主,是的,你知道我爱你。'耶稣就对他说:'你牧放我的羊群。'"(思高,1968年,第1680页)

哪里是天主教堂时,他们都不敢将自己的教堂指给他看。与基督教名号如此众多的、重要的和珍贵的关联,将信徒留在了天主教会中。即使如此,由于我们的智力或功德积累过于迟缓,真理也不会完全清晰地揭示出来。但是,你们除了承诺可以让我听到真理外,毫无可以邀请和留住我的其他诱惑力。诚然,假如你们所说的真理能够毫无疑义地清楚展示,那么它们就应该像把我留在天主教会的所有诱惑力一样。但是如果它仅仅是一种承诺而不兑现,那么就没有任何人能使我离开以如此伟大纽带将我心灵维系于基督教的这一信仰。

第5章 驳斥书信中的摩尼头衔

6.然后,让我们来看看摩尼向我们讲授了些什么内容,尤其是让我们来考虑一下你们称之为《要义书信》的那书,其中几乎囊括了你们信奉的所有东西。你们说,当我们这些可怜虫读了此书后,就会受到启示。当然,此书的开首是这样的:"摩尼,因天父尊神的意旨,作为耶稣基督的使徒。下面即是源自持续不息和活力盎然之泉的救赎之语。"请注意我所提的问题。我并不相信摩尼是基督的使徒。我请求你们不要发怒而开始咒骂,因为你们知道我绝不会轻率地相信你们所说的任何事情。然后,我要问的是:摩尼是什么人?你们会回答说:"他是基督的使徒。"可是我并不相信此话。

于是,你们就不能再说些什么或干些什么。因为你们答应告诉我真理是什么,而如今却强迫我相信我不想知道的事情。你们可能会向我念《福音》,试图用它来为摩尼辩护。那么,如果你们发现有人甚至不相信《福音》,并向你们说"我不相信"时,你们将如何回答他?事实上,当初若不是天主教会的权威说动我,我也是不相信《福音》的[1]。此前使我服从而相信了《福音》的那些人,如今叫我不要相信摩尼教,我不是应该听从他们吗?你们可以作如下的选择:假如你们让我相信天主教徒,那么,由于他们叫我

---

[1] 圣奥古斯丁的这番话经常被后世之人引用,因为它包含了教会与《圣经》之间关系的言外之意。

不要接受你们的任何信仰，所以一旦我相信了他们，就不可能再崇奉你们的信仰。倘若你们叫我不要相信天主教徒，那么，你们就不可能成功地利用《福音》迫使我信奉摩尼教，因为我是经过天主教徒的布道才相信了《福音》。然而，如果你们说："当天主教徒赞美《福音》时你相信他们，是做得正确的；当他们批评摩尼时你相信他们，就是不正确的。"那么，你们认为我会愚蠢到这种地步：在你们不给出任何理由的情况下，就贸然地相信你们要我相信的东西，不信你们要我不信的东西吗？

由于我已经信仰了天主教，所以我行事得更加公正合理和小心谨慎，除非你们不是强迫命令我接受你们的信仰，而是用充分明确的证据让我了解实情，我才可能改宗你们的信仰。因此之故，你们如果打算向我说理，那么且把《福音》搁置一旁。假如你们拘泥于《福音》，那么我将坚持听从我所信任的、曾为我讲授《福音》的那些人；而依据他们的命令，我绝对不会相信你们。然而，如果你们能在《福音》中找到完全清楚的证据支持"摩尼为使徒"之说，那么，你们就能削弱我对于命令我不要相信你们的天主教的权威的服从程度。但是，倘若这一权威遭到削弱，那么我也不能再相信《福音》了，因为正是天主教徒要我相信《福音》的。

于是，无论你们从《福音》中得到什么结论，都不能在我身上达到你们的目的。因此，假如你们在《福音》中找不到清楚支持"摩尼为使徒"之说的证据，我就将更相信天主教会，而不是你们。假如你们在《福音》中找到了有利于摩尼的清晰证据，那么我就将既不相信天主教会，也不相信你们。我之所以不相信他们，是因为他们在有关你们的说法上欺骗了我；我之所以不相信你们，是因为你们向我展示了那些欺骗我的人要我相信的经文。但是，主不允许我不相信《福音》。那么，我既然相信了它，我就没有理由也相信你们。归根结底，我们在《福音》里见到的诸多使徒的名字中，并不包括摩尼之名①。

---

① 《新约》的《马太福音》《马可福音》和《路加福音》等都曾列出耶稣使徒的名字，如《新约·玛窦(马太)福音》第10章第2—4节："这是十二宗徒的名字：第一个是称为伯多禄的西满，和他的兄弟安德肋，载伯德的儿子雅各伯和他的弟弟若望，斐理伯和巴尔多禄茂，多默和税吏玛窦，阿尔斐的儿子雅各伯和达陡，热诚者西满和负卖耶稣的犹达斯依斯加略。"(思高，1968年，第1521页)当然，这里并无"摩尼"之名。

在《使徒行传》中，我们读到，嗣后是谁取代了基督的叛徒犹大的使徒地位①。我既然相信《福音》，也就必须相信《使徒行传》，因为天主教的权威同时向我推荐了这两部作品。就在《使徒行传》中，还有耶稣召唤保罗（Paul；希伯来文名为Saul，汉译通常作"扫罗"）使之成为使徒的著名故事。那么，假如有可能的话，请你们在《福音》或我相信的其他经典中也找到一段有关摩尼被立为使徒的故事。或者，你们是不是要为我念一段主耶稣向使徒们承诺，将有圣灵即保惠师降临的话②。正是这一段落使得我有许多重要的理由不再相信摩尼。

第6章 为何摩尼自称为基督的使徒

7.归根结底，我要问的是，这一书信的开头为什么说"摩尼，耶稣基督的使徒"，而不是说"保惠师，耶稣基督的使徒"？然而，倘若这位保惠师是由基督派遣给摩尼的，那么我为什么要读作"摩尼，耶稣基督的使徒"，而不是读作"摩尼，保惠师的使徒"？如果你们说基督本身就是圣灵（保惠师），那么你们就与经文相矛盾了，因为主耶稣曾说："我将派给你们另一位保惠师。"③但是如果你们认为摩尼在此正确地使用了基督的名号（不是因为基督即是保惠师，而是因为二者都是同一种原质；亦即是说，不是因为他们是同一个体，而是因为他们出于同一神性），那么保罗也可以说"保罗，天主父尊的使徒"，因为主耶稣曾说"我与父原是一体"④。然而，他从未说过这样的话，也没有任何使徒写道，他是天主父尊的使徒。

---

① 参见《新约·宗徒大事录（使徒行传）》第1章第24—26节："他们就祈祷说：'主，你认识众人的心，求你指示，这两个人中，你拣选了哪一个，使他取得这职务的地位，即宗徒的职位，因为犹达斯放弃了这职位，去了他自己的地方。'他们给二人拈阄，玛弟亚中了阄，就列入十一位宗徒之中。"（思高，1968年，第1684页）

② 参看《新约·若望（约翰）福音》第16章第5—7节："现在我就往派遣我者那里去……我将真情告诉你们：我去为你们有益，因为我若不去，护慰者便不会到你们这里来；我若去了，就要派遣他到你们这里来。"（思高，1968年，第1670页）

③ 语出《新约·若望（约翰）福音》第14章第15—16节："如果你们爱我，就要遵守我的命令；我也要求父，他必会赐给你们另一位护慰者，使他永远与你们同在。"（思高，1968年，第1667页）

④ 语见《新约·若望（约翰）福音》第10章第30节（思高，1968年，第1660页）。

那么,这一新玩意儿是什么意思?是不是带有耍花招的意味?因为,假如保罗认为二者没有什么区别,他为什么不在某些信中称自己为"基督的使徒",而在另一些信中称自己为"保惠师的使徒"呢?而我始终听到的是"基督的使徒",却从未听说过"保惠师的使徒"。

我们推测摩尼此举的原因,是作为一切异端之母的傲慢驱使他希望人们认为,他并非由保惠师派遣来,而是保惠师的托生者,以至他本身可称作保惠师。按照天主教的信仰,作为人类的耶稣基督并不是由天主之子,即天主之威力和智慧派遣的,而是以托生的形式,使之本身就是天主之子,即为了治愈罪人,天主的智慧显现在其身上。同样地,摩尼也希望被人认为自己是由基督曾承诺的圣灵(保惠师)托生的;这样,当我们听到"摩尼,圣灵(保惠师)"时,就会理解为这是指耶稣基督的一个使徒,即耶稣基督曾经承诺过要派遣的某人。这是何等的胆大妄为,何等难以言表的亵渎神圣啊!

第7章　摩尼的信徒在何种意义上相信他是保惠师

8.如今我仍然要问,既然你们也承认圣父、圣子和圣灵是结合在同一神性中,那么你们为什么并不认为宣扬摩尼——一个由圣灵托生的人——由两性交合而生是很丢脸的事呢?为何不敢相信天主的独生智慧托生的此人是由童贞玛利亚所生呢?假如人类肉体、与男人的交合,以及女人的子宫不会污染圣灵,那么贞女的子宫怎么会污染天主的智慧?于是,你们必须承认,自夸源自圣灵及其福音权威的这位摩尼,或者是由圣灵派遣而来,或者是由圣灵托生而来。倘若他是受遣而来,那么他应该自称为"圣灵(保惠师)的使徒";倘若他是被托生的,那么他得承认,天主的独生子托生的那人有个人类的母亲,如果他也承认圣灵托生者还有个父亲的话。

假如摩尼劝说我们相信圣灵是不会被其父母的性交污染的,那么摩尼得相信,天主的话语是不会被贞女玛利亚污染的。但是,如果你们说,圣灵不是在子宫中托生摩尼,或者在他孕育于子宫之前就已托生,而是在他诞生之后再托生,那么,你们就已充分承认了,摩尼曾有过由人类男女生育的经历。所以，既然你们并不惧怕人类交合导致的摩尼的内脏和血液，以及他的肉体带来的充满粪便的大肠，既然你们并不相信圣灵——你们认为摩尼由他托生——会被所有这些污染，那我为什么还要担心贞女的子宫及其完好无损的生殖器，而不相信此人被托生后，天主的智慧在其母的子宫中仍能保持纯净无瑕？无论你们的摩尼声称他是由保惠师（圣灵）派遣的还是托生的，二者都不可能是真实的。因此，我将更加谨慎小心，既不相信他是受遣的，也不相信他是托生的。

第8章 摩尼的诞生节日

9.除了这些话以外，还有"按照天主父尊的意愿"一语。摩尼是旨在借用耶稣基督(摩尼自称是他的使徒)和天主父尊(摩尼声称圣子按他的意旨派遣自己)的名号，让人们相信他自己即是三位一体中的第三者，即圣灵(保惠师)。他这样写道："摩尼，按照天主父尊的意旨，是耶稣基督的使徒。"在此，他并未提到最应该提及的名字"圣灵(保惠师)"，因为他希望我们把他的身份视同于圣灵所许诺的使徒，从而他可以利用《福音》的权威来说服愚昧的民众。

当我提出这个问题时，你们自然会回答说，摩尼被称为使徒时，圣灵，即保惠师是被提及的，因为他就在摩尼体内。因此，我要问的是——就如我上面所问的那样——为什么当天主教会说体内有着神圣智慧的那人是由童贞女所生时，你们会十分惊恐？尽管你们在布道中声称那体内拥有圣灵的人是由男女交欢而生时，却一点也不惊惧。对于想方设法利用基督的名义进入愚昧者内心的这位摩尼，我除了怀疑他想取代基督而受人崇拜外，不知道还能怀疑他别的什么！我将用简单的几句话来谈谈我的这一推测的根据。

当我是你们的"听者"①之一的那个时期，我经常问你们：为什么你们

---

① 摩尼教的信徒分为两类，一为专职修道士，一为世俗修道者，前者称"选民"，后者称"听者"。他们的性质和相互关系类似于佛教的专职僧人和在家居士(实际上，有的学者认为摩尼教的这一修道制度借鉴自佛教)。"选民"的要求很严格，不得婚嫁，严禁荤、酒等；而"听者"则无此禁忌，不过，在斋戒期间，他们也不得吃荤、饮酒、房事。

通常并不庆祝主的逾越节,或者有时庆祝了,却无热情,只有很少的人参加,没有守夜,并不要求听者长时间斋戒,最后,缺乏节日的庄严性?尽管你们在庆祝摩尼被杀的纪念日庇麻节①时十分隆重,五级台阶②高的讲经台上装饰着珍贵的织物,置于会场中央,面向膜拜者。我这样问了之后,你们的回答却是:"我们只为真正受难者的受难日举行庆典。而基督并不是人类所生,在人类眼中,他不是真实的而是仿冒的肉体,所以只是假装受难。"一些希望被人称为基督徒的人害怕真理被贞女的子宫所污染,却不怕真理被谎言所污染。对于这种情况,谁不会哀叹呀?

再回到要点上。任何人只要仔细观察,就必然会猜疑摩尼,他之所以否认基督是由一位女人所生,以及具有人类的肉体,是为了不让相信摩尼的人来纪念基督的受难(它如今已成为全球最隆重的纪念仪式),而是为了让人们用巨大的热情来纪念他自己的去世之日。总而言之,我们发现,非常有意思的事情是,庇麻节的庆典取代了逾越节的庆典。这使得人们渴望庇麻节,而淡忘了以前曾是非常愉快的逾越节。

第9章　圣灵(保惠师)何时被派遣

10.也许你们会问我:"主耶稣承诺的圣灵(保惠师)何时降临?"对于这个问题,假如我不是还拥有我所相信的其他一些知识,那么我期待他在未来降临要比承认他已通过摩尼而降临容易得多。然而,既然《使徒行传》中非常清楚地宣布了圣灵降临之事,那我何必再强迫自己如此冒险和轻易地相信异端之说呢?我所说的《使徒行传》是这样记载的:

---

① "庇麻节"是摩尼教的最重要节日。此词源出希腊词 βημα,原义为"讲坛""舞台""审判官之座",或者指升高的宝座。庇麻节是为纪念摩尼的殉道而设,同时也为了颂扬和突出摩尼的救世主身份。它在摩尼教斋月的月底举行,即始于巴比伦历Ādār月的第七天,亦即公历2月的最后数天。斋期持续四天,故2月27日、28日肯定包括在内,并延及3月初。所以,有的记载称庇麻节在公历3月举行。
② 摩尼教的讲经台之所以设成五级台阶,当是象征摩尼教信徒所分成的五个类别或等级:第一为慕阇,意译作"承法教道者";第二为萨波塞诞(亦称拂多诞),意译"侍法者";第三为默奚悉德,意译"法堂主";第四阿罗缓,意译"一切纯善人";第五耨沙喭,意译"一切净信听者"(摩尼教汉语文书《摩尼光佛教法仪略》)。这五类信徒亦即通常所称的导师、主教、长老、选民、听者。

"德敖斐罗！我在第一部书中,已论及耶稣所行所教的一切,直到他借圣神嘱咐了所选的宗徒之后,被接去的那一天为止;他受难以后,用了许多凭据,向他们显明自己还活着,示现四十天,讲论天主国的事。耶稣与他们一起进食时,吩咐他们不要离开耶路撒冷,但要等候父的恩许,即你们听我所说过的:'若翰(约翰)固然以水施了洗,但不多几天以后,你们要因圣神受洗。'他们聚集的时候,就问耶稣说:'主,是此时要给以色列复兴国家吗?'他回答说:'父以自己的权柄所定的时候和日期,不是你们应当知道的;但当圣神降临于你们身上时,你们将充满圣神的德能,要在耶路撒冷及全犹太和撒玛黎雅,并直到地极,为我作证人。'"①在此,你们已看到,主耶稣告诉了使徒们有关天父的承诺,他们听他亲口讲述了圣灵将要降临的事。现在,让我们来看看,圣灵是在何时被派遣的。

稍后,《使徒行传》继续说道:"五旬节日一到,众人都聚集一处。忽然,从天上来了一阵响声,好像暴风刮来,充满了他们所在的全座房屋。有些散开好像火的舌头,停留在他们每人头上,众人都充满了圣神,照圣神赐给他们的话,说起外方话来。那时,居住在耶路撒冷的,有从天下各国来的虔诚的犹太人。这声音一响,就聚来了许多人,都仓皇失措,因为人人都听见他们说自己的方言。他们惊讶奇怪地说:'看,这些说话的不都是加里肋亚人吗?怎么我们每人听见他们说我们出生地的方言呢?我们中有帕提雅人、玛待人、厄蓝人和居住在美索不达米亚、犹太及卡帕多细雅、本都并亚细亚、夫黎基雅和旁非里雅、埃及并靠近基勒乃的利比亚一带的人,以及侨居的罗马人、犹太人和归(皈)依犹太教的人、克里特人和阿剌(拉)伯人,怎么我们都听见他们用我们的话,讲论天主的奇事呢?'众人都惊讶犹豫,彼此说:'这是什么事?'另有些人则讥笑说:'他们喝醉了酒！'"②

这样,你们就明白圣灵(保惠师)是何时降临了。你们还想知道什么?如果我们相信经文,那么我们何不也相信得到最高权威支持的这些说法?

---

① 语见《新约·宗徒大事录(使徒行传)》第 1 章第 1—8 节(思高,1968 年,第 1683 页)。
② 语见《新约·宗徒大事录(使徒行传)》第 2 章第 1—13 节(思高,1968 年,第 1684 页)。

《使徒行传》与《福音》一样有价值,我们可以从中得知,主承诺圣灵(保惠师)将闻名于各族,并且在未来,一代接一代地传播教义。因此,当我阅读与《福音》具有同样权威的《使徒行传》时,发现不仅是圣灵奉主的意旨降临于真正的使徒身上,并且他是如此清楚地奉遣而来,以至于在这件事上没有任何搞错的可能。

第10章 圣灵(保惠师)的两次赐予

11.耶稣基督的复活与升天,是我们主的荣耀。《约翰福音》对此记载道:"他(指耶稣——译者)说这话,是指那信仰他的人将要领受的圣神;圣神还没有赐下,因为耶稣还没有受到光荣。"①那么,倘若圣灵(保惠师)还没有被赐予,就表明耶稣尚未获得荣耀;亦即是说,耶稣一获荣耀,圣灵就会被赐予。而由于耶稣的荣耀是双重的(作为人类的荣耀和作为神灵的荣耀),因此圣灵的赐予也有两次:一次是在耶稣复活之后,他对着其使徒们的脸上嘘气,说道:"你们领受圣神吧!"②另一次则是在他升天的十天后。这个数字意味着完美,因为是由创世的天数"七"加上创造者三位一体的"三"构成。一些宗教人士虔诚和仔细地记载了有关这些主题的许多事情,但是我在此不欲转移话题,偏离最初的目标。因为我答应过,不以指教你们的方式来与你们谈话(这会使你们把它看作傲慢),而是以向你们学习的态度来交流,期望能学到我在九年多③的时间内未曾学到的东西。

如今,我有一份相信圣灵降临的文献。倘使你们要求我不要相信这份文献,犹如你们经常告诫说不要不考虑就盲目地相信那样,那么我对你们的文献要不相信得多。所以,要么抛开所有的书,用清晰的逻辑揭示真理,使我对之毫不怀疑;要么展示那些并不强求我信奉,而是值得我信服和学习的书本。恐怕你们会说,《要义书信》便属于这种类型。那么,我们不必再

① 语见《新约·若望(约翰)福音》第7章第39节(思高,1968年,第1653页)。
② 语出《新约·若望(约翰)福音》第20章第22—23节:"(耶稣)说了这话,就向他们嘘了一口气,说:'你们领受圣神吧!你们赦免谁的罪,就给谁赦免;你们存留谁的,就给谁存留。'"(思高,1968年,第1678页)
③ 在此所谓的"九年多",是指奥古斯丁信奉摩尼教的时期,即自约20岁至29岁时的那一阶段。

犹豫不决,让我们来看看它的内容吧。

第11章 摩尼承认真理,却不将"善"作为他的话语

12.它说道:"在永恒的生命之泉中存在着有益的话语。听到它们,首先相信它们,以及遵奉信者教导的人,都会长生不死,享受永久的荣耀生活。因为他肯定会被判为有幸受此神圣知识教导的人,始终获得自由,永享生的乐趣。"如你们所见,在此只有对真理的承诺,却仍然未见任何启示。甚至,你们可以非常轻易地注意到,任何种类的谬误都可以隐藏在这层面纱下,通过这一装饰华丽的入口,悄无声息地潜入无知者的心灵中。

假设它还这样说道:"在极毒之泉中存在着致命的话语。听到它们,首先相信它们,以及遵奉信者教导的人,都会永不复生,遭受惩罚和痛苦死亡。因为他肯定会被判为不幸陷于这糟糕透顶的无知中的人,沉溺其中,永遭折磨。"如果它说了这些话,可以算是谈及了真理。但是,它不仅并未为此书赢得读者,反而会激起手持此书的每个人内心的深深恨意。因此,让我们转而看看下列的话,不要让此前的话误导了我们,因为那是对善人和恶人、博学者和无知者都适用的话语。那么,它还说了些什么呢?

13.它说道:"但愿无形天主的平安及真理的知识赐予相信和遵奉天堂戒律的、神圣的和最亲爱的教友们。"希望事实真如它所说。这是一段善意的、最能接受的祈祷辞。只是我们得记住,对于这些话,善良的导师可以说,骗子们也可以说。所以,倘若《要义书信》只说些这类话,我得承认,每个人都会阅读它和拥抱它;而我也不会不赞成下面的这些话。它又说道:"但愿光明的右手庇护我们,把我们救离每一种邪恶侵袭、脱离俗世的陷阱。"在如今涉及这个论题之前,我始终不欲挑剔《要义书信》开头所写的这些话,因为我不愿将过多的精力浪费在小问题上。现在,则让我们看看这位作者对其许诺的清晰陈述。

第12章 摩尼的疯狂想象:世界形成之前的战争

14.它写道:"于是,你,亲爱的帕提修斯①兄弟,曾向我表示要想知道的一个问题现在可以获得适当的答案了。这个问题即是:'亚当与夏娃是如何诞生的,是话语产生的还是人体生育的?'已有许多作者在形形色色的文书和启示录中谈论过这个问题,答案各不相同。因此,几乎所有的人,甚至是那些对此进行冗长和广泛讨论的人都不知道此事的真相。所以,如果他们获得了有关亚当、夏娃诞生的清楚知识,就再也不会堕落和死亡。"

因此,为了使我们不至于堕落和死亡,书信承诺要给予此事一个清楚的解答。如果这些话还不够,那么请看以下的说法。它写道:"为了能够毫不含糊解释这一谜团,就必须首先谈谈其他许多事情。"这正是我所要求的,即向我揭示事实真相,使我毫无疑义。假如他不承诺这些,我也会要求他这样做的。为了获得最为明显、最为确切的知识作为巨大回报,我不羞于从天主教基督徒变为一名摩尼教徒,而不管任何人持相反的观点。现在,让我们听听它告诉了我们些什么。

15.它写道:"因此,如果你觉得合适的话,那就先听听这个世界被创造之前的情况,以及一场战争是如何激发的,以便你分辨光明与黑暗的性质。"此后,它将事情讲得令人难以置信和绝对的虚妄不实。因为谁会相信,在世界被创造之前会发生任何战争?即使这有一定的可信性,我们现在也只是希望去了解它,而不是相信它。例如,若谓许多年前波斯人与塞西安人(Scythians)曾经交战的说法是可信的话,那么,我们也只是在读书或听说之后才相信的,而不是因为我们亲身的经历或理解的真理而相信的。

所以,既然我会因为此人说了这类话——简言之,这些话并非使我深信不疑其事实,而只是使我清楚了解其情况——而否定他,那么当他说的

① 从语气上看,在此所称的 Patticius 即是接收摩尼之"书信"的人,而他似乎是摩尼遣往罗马帝国境内布教的一位高级教士 Patīg。他是摩尼在世时摩尼教在西方布教的重要骨干之一,不过并非与之同名的摩尼的父亲 Patīg。后世阿尔纳丁的阿拉伯文著作《群书类述》(The Fihrist of al-Nadim)所载涉及摩尼的诸多"书信"中,有"Fatiq 的长信"之称,那么,是否即是这冗长的"要义书信"呢?因为二者似乎都是摩尼在向 Patticius / Fatiq / Patīg / Futtuq 谈论教义。

事情既不清晰也不令人相信时,我为什么还不否定他?如果他使用了若干论据,那么是如何说清这些事情,使之变得可以理解的呢?可能的话,让我们用足够的耐心与平和的心态,来听听他下面的一段话吧。

第13章　两种对立的本原;光明之国;摩尼教导的是不确定性,而非确定性

16.它说道:"最初之时,有两种相互对立的本原。天主父尊统治着光明之国,他的神圣起源是永恒的,威力是巨大的,本性是真实的,在自己的永世中始终享受着欢乐。他自身内拥有智慧和生机盎然的感官,通过这些,他控制着光明的十二个成员,此即其国内的丰富资源。在他的每个成员中还隐藏着成千上万难以估量的巨大宝藏。至于拥有最高最美的赞誉和不可思议的伟大父尊本身,则将无穷数量和无限时间的福佑和荣耀的永世结合于自身;在此领域内,这位神圣和卓越的父尊及其他先辈们一起生活着,在这美妙的国度里既无贫穷,也无病患。他的最为辉煌的国度建筑在光明和福佑之地,永远不会被任何事物所移动或震撼。"

17.那么,他将如何向我证明这些事情,以及他是如何知道这些事情的?不要拿"圣灵(保惠师)"之名来吓我。首先,是你们自己使我变得十分谨慎,我不会相信我不知道的事情,而只会努力去了解业已肯定的事情。总而言之,你们知道自己习惯于猛烈抨击那些轻率相信的人,尤其是自从不久前摩尼亲口承诺要提供充分和可靠的知识以后(不过,他在此却开始讲述不确定的故事了)。

第14章　摩尼承诺要传播毫无疑问的知识,却要求别人信奉有疑问的说法

17.其次,倘若要求我信奉什么的话,那么我更愿意相信《圣经》,我在其中读到,圣灵(保惠师)降临,赋予使徒们灵知[①]。对于他们,主耶稣曾答

---

① 有关描述,见《新约·宗徒大事录(使徒行传)》第2章第1—13节(思高,1968年,第1684页)。上文已在《驳摩尼的〈要义书信〉》第9章内全文引录。

应为他们派遣保惠师。所以,要么你们证明摩尼所说的话是真实的,以向我展示我无法相信的这些事情,要么证明说这些话的即是圣灵(保惠师),从而使我相信你们无法证明的事。我信奉的是天主教,我确信通过这一信仰,能够获得真正的知识。但是你们试图动摇我的信仰,灌输给我某种知识,以使我认为自己轻率地相信了我已信奉的东西。

我对你们提出两个要求:一是你们证明说这些话的人即是圣灵(保惠师),一是你们证明他说的这些话是完全真实的。我本来可以通过这两个方面向你们学习,但是我并不贪心,你们只要用其中的一个方式指点我就可以了。或者证明此人就是圣灵,那么我将相信他所说的都是真实的;或者证明他所说的是真实的,那么我将相信他就是圣灵,即使不理解他的话,也会相信他是圣灵。除此以外,还有什么事情使你们感到更加公正,以及展示出我更大的善意呢?

然而,你们却既无法证明第一个问题,也无法证明第二个问题。你们没有任何别的选择,而只是赞美你们信奉的东西,以及嘲弄我的信仰。试想,假若倒过来,我一味地赞美自己的信仰,而嘲弄你们的信仰,那么你们对我们的判断力会有什么想法?或者,假如我们抛弃那些先是要求我们接受确切知识,随后又命令我们相信不确定事物的人,你们对此有何看法?我们还不如追随要求我们首先相信还不能充分理解的事,但随着信仰的加强而理解所信之事的那些人;那时候,不再是人类,而是天主本身从内心启示我们,加强我们的信心。

18.既然我提出了"他如何证明此事"的问题,现在就要再提个问题:他是如何知道这些事情的?倘若他说他是得到了圣灵(保惠师)的启示,那么他的心灵就是获得了天主的启迪,则他就应该确凿而清楚地知道他所说的那些事情,他自己已经表明了"知道"和"相信"之间的区别。总而言之,向他十分清楚地展示这些事情的人是知道情况的,然而他向其他人转述这些事情时,却不传递知识,而只敦促他们相信。于是,无论何人只要赞成了他的观点,成为摩尼教徒,就不是得知了确定的真相,而是相信了不确定的陈述,就像曾被摩尼欺骗过的一群无知少年一样。

那么,他就不应该承诺为我们探索的事情提供知识或者清楚的洞察力,或者毫无疑问的叙述,而是应该说,这些事情对他来说都已获得证明,至于对他所转述的人们来说,则只要相信其不了解的事情就可以了。假如他真说了这些话,那么任何人都会这样回答道:"倘使要我相信我所不了解的事情,那么我还不如相信博识者和文盲一致赞同的,以及由各族民众的最高权威确认的那些事情呢!"他正是害怕有人对他说出这番话来,才糊弄愚昧者,先是承诺给予他们确定的知识,随后却要求他们相信不确定的事情。假如仍然有人要求他至少演示一下曾经向他演示的那些事情,他就毫无办法了,只能命令我们必须相信之。谁能够容忍这么大的欺骗和傲慢呀?

第15章 摩尼的教义不仅不确定,并且很虚假;他有关毗邻天主的神圣领域和神圣本原的黑暗之地和黑暗生物的荒诞幻想;最重要的谬误是对天主的本质予以界限,仿佛天主是物质,具有空间维度一般

19.但是,我将借助于我们的主耶稣和天主,揭露出他所说的事不仅是不确定的,并且还是虚假的;它不但并未展示出它所承诺的知识和真理,而且还谈了些与知识和真理截然相反的东西。还有什么比这类迷信更糟糕的事情呢?在下面的引文中可以更为清楚地看到这种情况。他这样说道:"在这辉煌和神圣领域的旁侧,有一部分是黑暗之地,幽深而广不可测,在此居住着暴烈的物体,即致命的存在。在此,数量无限的黑暗及其孕育物从相同的本原中喷射出来。在黑暗之外,是恶臭和混浊的水流,以及其中的生存物。其内是恐怖的狂风及其统治者和前辈们。接着是炽热和腐烂的地区,也有领袖和居民。在这一区域内还有一种充满了朦胧和烟雾的人,其中居住着残暴的诸魔之王,不计其数的暗魔聚集在他的周围。他是所有这些暗魔的灵魂和源泉。那里有五种性质的死亡之地。"

20.如果摩尼把天主的本质说成是空气似的,甚或虚无缥缈的物体,那

么他必将遭到一切具有清醒头脑和相当识辨能力的人的嘲笑。因为他们能够意识到,智慧和真理并不只会在某片空间扩散,而是无限无量的伟大和高尚;它们也不会是某一部分较小,另一部分较大,而是在所有方面都与最高父尊相同;它们并不是在此处有一部分,在彼处有另一部分,而是处处都是整体,处处都有存在。

第16章　灵魂虽然变化无常,却无物质形式;它存在于躯体的每个部分

20.灵魂的性质是易变的,它不以本身的任何质量占据任何空间,那么,我为什么还要谈谈胜过灵魂的一切威力的真理和智慧呢?因为具有质量的任何事物都可以被分割,一部分在此,另一部分在彼。比如,一根手指比整只手小,一根手指比两根手指小;这根手指在这里,另一根手指在那里,一只手的其他部分更在其他部位。我们明白,这不仅体现在躯体的各个器官上,各个地域也都不相同,因为每片土地都有其本身的方位。液体的较小部分在较小处,较大部分在较大处;一部分趋于杯子的底部,另一部分则接近杯子的边缘。

同样地,空气的每一部分都充斥了各自的空间,它不可能在充满这间屋子的同时,又充满了隔壁的另一间屋子。光线的一部分通过这个窗户透进来,它的另一部分则通过另一个窗户射进来;通过大窗射进的光量很大,通过小窗射进的光量就小。任何物体——不论是天上的还是地面的,是空气还是液体——的一部分都不可能比整体大。它也不可能另一部分在同一时间出现在这一部分的所在空间,而只可能一部分在此,另一部分在彼。它在任何空间扩散开来的,只是被分割出来的一部分质量。

然而,我们即使不考虑灵魂理解真理的能力,而只说它控制躯体和感觉躯体的低级能力,灵魂的原质也绝不可能有任何数量扩散到空间。它是以整体形式占据着个体生物躯体的小部分,也不可能因为手指本身比胳膊小,故灵魂在手指内有较小部分,在胳膊内有较大部分;它就像伟大一样,到处存在,因为它在所有各处都是一个整体。当手指被触及时,整个灵

魂都感觉到了,尽管它不是通过整个躯体而感觉到的。

任何部分的接触都会被整个灵魂觉察到,所以,如果整个灵魂不存在,就不会有任何感觉。当灵魂感觉到手指被接触时,它并非放弃了身体的其余部分而集中于它所感觉到的那个部位。当整个灵魂感觉到手指被触及时,假若躯体的脚部也被触及,那么灵魂不会不再感觉手指。它是在同时感觉到个体的不同部位的,不会为了以整体感觉这一处而放弃感觉另一处,也不会分成两部分而分别感觉两个不同部位。既然灵魂是以整体形式同时感觉躯体的不同部位,那就充分证明了灵魂是不受空间的束缚的。

第17章 记忆包含着最大空间内的观念

20. 然后,让我们来探讨一下记忆,在此并非指具有智力的记忆,而是指其他动物也具有的肉体式的记忆。例如,农场牧放的家畜能经常游荡于它们熟识的地方而不会迷路;野兽能够找到自己的窝;狗能认出其主人,以及睡觉时经常发出呜咽,有时候还会狂吠,若不是在其记忆中存在着它们通过躯体看见或感觉到的某些事物意象,它们是决不会这样表现的。谁能正确地想象一下,这些意象是从哪里获得的,它们被装载在哪里,或者,它们是在哪里形成的?假若这些意象不比我们躯体的装载量大,那么有人会说,是灵魂造成了这些意象,并把它们保存在容纳该灵魂的躯体内。

但是,如今的情况是,尽管生物的躯体只是大地的一小部分,其心灵中却包含着极为广袤的天地的意象;这些意象熙熙攘攘,往来纷杂,心灵内却绝无拥挤之感。由此可见,心灵不是通过空间散布的,它并不是被最大空间的意象所包含,相反是将意象包容在内。然而,它不是将它们纳入物质容器内,而是利用妙不可言的威能,或者为这些意象增加些什么,或者减少些什么;或者将其压缩进微小的空间,或者将其扩散入巨大的空间;或者使之秩序井然,或者使之混乱不堪;或者使之数量繁多,或者使之数量极少,乃至成为单体。

第18章　对事物真理的通情达理的判断,及其自身的活动

20.接着,我要谈的是识辨真理的能力,以及对于衍生和形成自肉体感觉的意象的最大抵抗能力;这些意象意欲对真理取而代之。举例而言,这种识辨能力可以区分真正的迦太基和他内心想象出来的迦太基;这样的想象可以随心所欲地改变这些意象。这表明,伊壁鸠鲁(Epicurus)①的思想无拘无束驰骋的那无数个世界,正是这种意象威力造成的。无须赘言,无限延伸的光明之地以及暗界居住者的五种穴窟云云,显然也都源于这种意象的威力。摩尼的幻象居然盗用了"真理"的名称。那么,分辨这些事物的能力是什么呢? 这种能力肯定是伟大的,比其他的一切能力都伟大,它被认为不包含任何想象的成分在内。如果你办得到的话,可以找个空间,让分辨力散布其中,任其像无限量的物质一样延伸和膨胀。显然,假如你正确思考的话,就做不到这点。因为任何物质性的东西进入你心灵后,你的思想就会把它分割开来进行识辨,有些部分小,有些部分大,随你的心意进行分割。此时,你会感觉到判断这些事物的能力高于这些事物——并非位置之高,而是威力之高。

第19章　灵魂若无物质外延,则天主更无外延

21.因此,如你们所见,灵魂如此频繁变化,或者是源自诸多各不相同的欲望,或者是源自随所需事物之多寡而不时改变的想法,或者是源自无穷幻想的活动,或者是源自遗忘和记忆,或者是源自知识和无知。倘若你们认为,因如此种种原因而频繁变更的灵魂并不是经由空间扩散和外延,而是以其活力超越一切空间, 那么我们将如何看待其稳定性和不变性都胜过一切理智心灵的天主本身?

灵魂谈述他(指天主——编者注)比理解他更为容易;谈述得越少,就

---

① 伊壁鸠鲁(前341—前270年),古希腊哲学家,无神论者,通常被认为是西方最早的无神论哲学家。其学说被历代弟子奉为必遵的教条,从而形成了影响极大的学派,广泛传播于希腊—罗马世界。在中世纪,伊壁鸠鲁及其学说几乎成为不信上帝、不信灵魂不灭的代称,因此被基督教会视作劲敌。

越能清楚地理解他。虽然如此,摩尼教的神话还始终在说,天主散布在空间,一个方向是有界限的,其他三个方向则是无限的;随着个人的想象,可以度量出构成他的不计其数的微粒,它们的尺寸或大或小。例如,2英尺的颗粒就比10英尺的颗粒小8英尺。这是具有空间外延的一切天然事物的特性,因此不可能整体集中在某一处。而灵魂却未见这种外延性能,那些不能理解这些观念的人只具有丑陋和不体面的灵魂观。

第20章 驳斥荒谬的两界观

22.然而,我们恐怕不应该用这种方式去探讨肉身心灵,而是应该来谈谈那些人——他们既不敢,也不适宜用研究物质事物的思想去研究非物质和精神本质——的观点。他们并未用同样的方式思考自己的思想,并且没有发现,他们是在研究并无任何空间外延的空间外延。因此,让我们来探察一下他们的肉身心灵,问问他们,摩尼所谓的黑暗之地相邻于所谓的光明和神圣之地的哪一部分或哪一边?因为他经常说"相邻的一部分和一边",却未说明是什么部分和哪一边,是右方还是左方。但是,无论他们选择哪一边,都可以清楚地确定,既然谈到"一边",那就意味着还有"另一边"。光明之地有着三或更多的边,那么,我们或可理解为该区域的所有各边都是有界限的,或者,假如有一个部分是无限的,则被称为有"边"的那些部分必定是有限的。

那么,让他们说说,既然明界的一侧毗邻着暗界,那么另一边或其他数边毗邻的到底是什么?他们不曾告诉我们。但当他们被迫回答这个问题时,则声称他们称为"明界"的其他各边是无限的,即通过无限的空间延展出去,无边无界。他们却不明白,即使对于最迟钝的头脑来说,在这种情况下是不可能存在"诸边"的。假如明界是有界限的,才能说它存在"诸边"。有人会问:"不存在诸边"又意味着什么呢?因为你们既然说的是"相邻的一部分和一边",那就意味着必然还有"另一部分和另一边"或者"另一些部分和另一些边"。如果只有一个边,他就应该说"相邻该边",而不是"相邻这一边"。恰似就我们躯体的情况而言,说"某物在一只眼的邻近"是正确的,因为还有另一只眼;或者说"相邻于一个乳头",因为还有另一个乳头。然而,假如我们说"相邻于一个鼻子"或者"相邻于一个肚脐",那么,无论是博学者还是无知者都会嘲笑我们,因为人体上并无"另一个"鼻子或肚脐。但是我并不坚持咬文嚼字,因为你们或许可用"一"来表达"唯一"的意思。

第21章　明界若与暗界邻接,它就必然是物质性的。邻接于明界的暗界之形状

22.但是,相邻于你们称之为光明与神圣之界的,是什么地方呢?摩尼说,那是"黑暗之界"。那么它究竟是什么呢?你们至少得承认,那个区域是物质性的。你们必然会这样说的,因为你们声称一切肉体都是源于那里。尽管你们头脑很迟钝,尽管你们是肉身的人类,我接着还是要问你们:你们难道连"明、暗两界若非都是物质性,就不可能相互衔接"的道理都不懂吗?你们为什么告诉那些不知被什么荒谬道理误导的人,只有暗界是物质性的,而必须相信所谓的明界是非物质性和精神性的?我的善良的朋友们,让我们睁开眼睛看看吧,如今我们被清楚地告知,两个区域除非都是物质性的,否则是不可能衔接的。

23.或者,假如我们更为愚蠢和迟钝一些,就会问,暗界是否像明界一样,也是一边是有限的,而其他诸边则无限延展的?摩尼教信徒不敢如此相信,因为他们害怕人们因此认为暗魔相等于天主。于是,他们只说暗界的深度和长度无限,而在它上方则是无限的虚空。这样,暗界似乎只占据一部分,明界两倍于它,并从两边限制了暗界。举个容易理解的例子来说,这譬如一个面包分成四份,白色面包占据三份,黑色面包占据一份。三片白色面包连成一体,其上方、下方以及后方都无限延展,这就代表了摩尼教所谓的明界。至于那片黑色面包,其下方和后方无限延展,而上方则为无限虚空,这即是所谓的暗界。这些便是他们向热心于了解摩尼教的人揭

示的"秘密"。

第22章　明界的形状,二者中的更劣者

23.倘若是这样的一种情况,那么我们可以看到,暗界的两边被明界所衔接。既然它的两边被衔接,当然它也就衔接了明界的两边。亦即上文所说的"邻接着一边的是暗界"。

24.于是,明界的形状就显得十分丑陋了:它像一个劈裂的马蹄形,一个黑色的楔子插入其下方,只在马蹄形部分受到限制,在它的上方则是无限延展的虚空。实际上,暗界的形状要比明界的形状更好些:因为暗界是劈裂的楔形,明界是被劈裂的;暗界是插入的,明界则是被插入的;暗界插入后不留空隙,明界则除了被黑暗楔形插入的一侧外,其他各方均无边界。无知和贪婪的人类认为多数比单一整体更为荣光,因此分配给明界六个部分,即三个在下部,三个在上部;他们更愿意明界被穿透,而非它穿透对方。鉴于明界的这一形状,即使他们否认它与暗界相混合,也不能否认它被暗界所渗透。

第23章　摩尼教无比糟糕的拟人化

25.大主教的精神之人的心灵能够洞察到,神圣本原是没有物质外延的,也没有肢体组合的形状。我们这些信仰不坚定的肉身之人在听到作为譬喻的人体器官——如谈及天主的眼睛、天主的耳朵等——时,就凭着想象把天主描绘成像他们一样的人形。而摩尼教徒则经常将其支离破碎的胡言乱语描绘成巨大的秘密,传布给那些好奇心浓重的人。

如今姑且不论第一类人,而比较一下后两类人,谁对于天主的想法更可接受,更符合真相?是把天主想象成被赋予最高尊严人类形状的那些人呢,还是另外一些人?即把天主想象成无限物质的延展,并且不是在所有方向,而只是在三个方向是无限延展和实心的;剩余的四分之一部分还被劈开,形成缺口,其上方为无穷尽的虚空,下部为楔入的暗界。换言之,其上方是天主的本原,下方则被敌对的本原侵入了。

看到了吧,我与你们一起嘲弄了那些尚未能形成神圣观念,从而把天主想象成人形的那些血肉之人。那么,你们是否也能与我一起嘲笑另一些人?他们十分可悲地把天主想象成被劈砍得十分难看的一个存在,其上方空缺,下方则耻辱性地遭到削减。然而,还有一个区别:如果把天主想象成人形的那些血肉之人满足于天主教会的乳汁滋养自己,他们就不会轻率地沉溺于这些观念,而是孕育着虔诚的探索热望,他们为了获得而祈求,为了门户打开而敲门①。他们开始从精神层面理解经文中的譬喻和寓言故事,逐步懂得,天主的威能在某一处被恰当地说成是耳朵,在另一处说成是眼睛,在其他各处则说成是手或脚,甚至翅膀、羽毛,还有盾、剑、头盔,以及诸如此类不可胜数的其他事物。他们在这些方面的理解越是取得进展,就越是坚信基督教。

然而,摩尼教徒若放弃了这种模样的想象,也就不成为摩尼教信徒了。因为他们把这视作颂扬其创教者的重要内容,他们说,古人在经文中形象地教导的那些神圣奥秘,将留待最终降临的摩尼来解释和演示。所以他们说,在他之后不会再有来自天主的人,因为摩尼并未使用譬喻或寓言,而只解释了古人所说的话,并清楚地公开了自己的思想。所以,摩尼教信徒对于其创教者的"毗邻于光明与神圣界之一部分和一边的是暗界"一语,没有任何解释可以依仗。

于是,无论他们如何转变方式,其可悲的想象所导致的束缚都将不可避免地使他们面临明界的裂口或陡然的阻塞,以及明界、暗界之间最不得体的衔接或分隔方式等问题。若相信这些东西是非常可悲的。我且不谈有着不可变易本原的天主,而是谈一谈各种非肉身的本原,诸如灵魂,即使它是易变的。如果我不能使自己的信仰升至较高的层次,引导我的思想脱

---

① 此语典出《新约·玛实(马太)福音》第7章第7节:"你们求,必要给你们;你们找,必要找着;你们敲,必要给你们开。"(思高,1968年,第1517页)

离虚假的想象——这是因肉体的感觉而留在我记忆中的东西——而获得精神本原的自由和纯正，那么，我即使把天主想象成人类形体，也比把他想象成下部缺口处嵌入黑暗楔子，上方为无穷无尽之虚空好得多。还有什么观念比这更糟糕的？还能说出和想象出什么更为荒唐的谬误来？

第24章 摩尼教虚构神话中的本原数量

26.此外，既然《书信》中有"天主父尊及其国度建在光明乐土上"之语，那么我想知道，天父与其国度和乐土是否都属于同一种本原？如果是的，则黑暗楔子劈开和贯穿的就不是异于天主身体的另一种本原，而应该是天主的身躯。由难以言表的恶心物质构成的暗界楔子，确实劈开和贯穿了天主的本原。我恳求你们想想这些观念吧，你们是人类呀！我求求你们，想想这些观念，赶快抛弃它们吧。如果办得到的话，撕开你们的心灵，把这类意念中的渎圣罪从你们的信仰中彻底根除。

或许，你们会说，这三者并不是出于同一本原，即天父是一种本原，国度是另一种本原，明界乐土又是一种本原，所以，他们各有不同的本原，并按优秀程度排序。假若真是这种情况，那么摩尼在布教时应该说存在四种而非两种本原。但是，假若天父与其国度属于同一种本原，明界单独属另一种不同的本原，那么摩尼就得声称存在三种本原。假若他因为暗界不属于天父而主张只有两种本原，那么请问，明界是在什么意义上属于天父的？如果明界出于不同的本原，而且并非由天父孕育或制造，那么它就不是属于天父的；则天父的国度是坐落在异域。如果说明界是因为靠近天父才属于他的，那么，不仅衔接明界，并且还撕开缺口而插入进去的暗界也应该属于天父了。

又，假如说天父孕育了明界，那么二者就不应该属于相异本原了。因为天父所生者应该与天父同质，犹如天主教相信天父的独生子一样。于是，你们必然会回到那令人厌恶的渎神之说，即黑暗楔子劈开的并非有别于天父的区域，而正是天父之本原。又，假如说天父不是孕育了明界，而是制造了它,那么我就要问,是用什么原质制造的? 如果是从他本身制造的,那么这与生育有什么两样? 如果是使用了其他原质,那么我还得问,这原质是善良的还是邪恶的? 如果是善良的,那么就表明,还存在着并不属于天父的另一种善良本原。你们显然绝不敢这么说。然而,若谓这是邪恶的原质,那么暗魔显然并非唯一的邪恶本原。或者,是不是天父取了某一地域的一部分,把它转化为光明乐土,以在其上建立他的国度? 如果他能这样做,那么他应该可以转化整片地域,从而使得邪恶本原完全消灭。最后,假如天父不是使用异于自身的其他某种本原制造了明界,则剩下的可能性只能是他用虚无创造了明界。

第25章 全能天主创造各级善良事物;详述明暗两界之接合,多为不确当或荒谬之说

27.因此,你们如今是否这样认为:全能的天主可以从虚无制造出某些善良的事物(其中包括天主教会),以及天主创造的一切天然物都是按优秀等级自上而下排列的;它们都是善良的,只是某些事物比另一些更好而已,并且,它们都源出虚无。它们的制造者天主依靠其智慧努力地劳作,以便制造出本来不存在的事物,并使之成为善良事物,并且展示原先不存在的事物不是由天主诞育,而是由他从虚无中制造出来。

假如你们是这样想的,那么就不可能不同意如下的观点:你们既不能说你们所描绘的明界与天主同质,以免暴露出插入明界的第四部分(暗界)与天主同质的丑态;也不能声称明界是由天主诞育的,以免被迫承认它与天主同质,从而将天主降低到与那畸形物同质。你们既不能说它与天主并非同质,以免被迫承认天主将其国度建于异质之地,从而实际上认为存在三种而非两种本原;你们也不能声称明界是由天主用另一种原质制成,以免承认另有一种善良本原或者另有一种不同于暗界的邪恶本原。

于是,对你们来说,剩下的唯一可能即是承认天主用虚无制造了明界,而你们却不愿意相信这个说法。但是,如果天主能从虚无创造出大善——不

管怎样，这种善要次于他本身——则他也能够用虚无创造出另一种次于最善者的善良事物来，因为他自己是善者，不会不情愿出现更多的善物。他还可以创造次于第二种善的第三种善，依此类推，向下直到创造本原的最低级之善。这样，它们的总数就不会无限制地扩展，而是有一个确定的数字了。或者，倘使你们不愿意承认天主用虚无创造了明界，那么就没有办法避免如此耻辱和如此渎神的观念了。

28.或许，由于肉身的想象力可以幻想出它所喜欢的任何形状，因此你们也可以构思出明暗两界衔接的其他形式，以免这类可鄙、可厌的衔接模样出现在你们的脑海中。而我的意思是，天主的地域不论是否与天主同质，那里至少建有天主的国度，并且无穷地扩展；在它的下部则被同样是无穷延展的暗界楔入。

然而，不管你们如何构想明暗两界的接合方式，却始终无法抹杀摩尼写下的内容。我不欲参考载有更为独特描绘的其他著述（它们只被少数人所了解，并且可能不难解释），而是要采用我们目前谈论的《要义书信》中的词句，你们这些称为被启蒙者的人对此著述通常都十分熟悉。它这样写道：“毗邻光明和神圣之域的一部分或一侧是黑暗之域，它深不可测和广袤无限。”

第26章　摩尼教信徒对于两界接合部之曲线或直线的选择。后一种线将使得两界之接合显得对称和完美

28.还需要更多的表述吗？总之，我们已经知道，暗界毗邻于明界的一侧。然而，无论你们想象成什么形状，画出什么形式的线，广袤无边的暗界与明界的接合部必定不是直线，就是弧线或者曲折线。倘若暗界的接合边是曲线，则明界的那边也是曲线；倘若暗界以直线边接合明界的曲线边，那么就会出现无穷深度的虚空间隙，而不是像此前多次提到的那样，仅仅在暗界的上方出现无穷虚空。

如果出现这样的间隙，明界的情势就要好得多，因为它与暗界之间有

了更多的虚空间隔,使得暗界无法接触到明界。这一间隙深不见底,使得暗界的任何灾祸、罪恶都无法侵入明界;即使暗魔想越过间隙,也不能得逞:间隙中绝对空虚,没有大气,致使他们无法飞翔,只会坠入永无尽头的深渊;他们即使永不死亡,也只能永远下坠,再也不能伤害明界。

但是,如果暗界以曲弧边与明界接合,明界也会以难看的内凹弧形与之接合。或者,假如暗界以状似剧院的内凹弧与明界接合,环抱了明界的凸形部分,那么仍然是一个难看的组合体。假如暗界以曲弧边与明界的直线边接合,那么二者就无法形成一个整体。而如我此前所说,这种情况比较好,因为这使得暗界与明界之间形成大片的虚无间隙,将两界隔离得很远,则暗界轻率的邪恶入侵会使之坠入永无底部的深渊。

然而,两界若以直线接合,那么就再无间隙和沟槽了;相反,其接合是如此完美,以至会使两界达成最大可能的和平与融洽。还有什么比两边以直线接合更为漂亮,更为适宜的呢? 这样,就没有裂隙或曲弧来破坏无限时空的天然和永恒的接合。即使两界被介于其间的虚无空间相隔,它们的直线接合边仍因其笔直而显得十分漂亮。此外,尽管两界有间隔,但是它们两相对应,平行地无限展开,从而形成了对称之美。这样的接合使得明暗两界都完全匀称与和谐, 没有其他构想能比两条直线的接合更为美好了。

第27章　直线的美好性有可能出自暗界,却并未取自其本原。故邪恶既非源自灵魂本原,也未增添灵魂本原。笔直性是造物者天主赐予暗界的一种善

29. 我将如何对待被谬误和长期习性扭曲的这些可怜之至的灵魂呢? 他们在谈及这些问题时,根本不知道自己在说些什么,因为他们没有认真地思考过。请你们注意了,没有人逼迫你们,没有人敦促你们争吵,没有人嘲笑你们过去的错误,除非有人未获天主的宽恕而未能解脱错误。我的目的只是希望他们彻底抛弃这些谬误。请大家专心地听我讲一会儿,不要有

仇恨，不要有痛苦。我们都是人类，我憎恨的不是你们，而是你们的谬误与谎言。我恳求你们，专心地听我讲一会儿。慈悲的天主啊，帮助这些专心的人吧，请让真理探寻者的内心发光吧。

如果我们连笔直优于弯曲的道理都不懂，那我们还能懂得什么？假如你们能够平和与谦逊地听我讲解，那么我要问你们，倘若有人把暗界的笔直边界(它接合着明界的笔直边界)搞弯曲了，则他是否破坏了暗界的完美性？如果你们不是顽冥不化，就肯定会承认，若是他把直线搞得弯曲了，则不仅损害了暗界的完美性，也破坏了本来可与明界的直线边界共享的完美性。破坏了这种完美性后，使得本来的和谐变成了不协调，本来的适当变得令人厌恶。而他并未取自任何本原，对吗？由此可知，邪恶并非一种本原。正如身体的美观会因为外形变丑而消失或减损，使得原先所说的漂亮变得丑陋，原先的讨人喜欢变得令人厌恶；又如心灵中的正确思想是美好的，人类依靠它而虔诚和正直地生活，但若这思想变坏，其美好性也就损毁了。由于正确思想的善良而获得愉悦的灵魂，会因为这些罪过而变得悲惨，但是这并未增、减任何本原。

30.此外，再想想这个问题：即使我们认可暗界出于其他原因——如"昏沉""黑暗"等——而可被指为邪恶的，但是就其接合边的笔直性而言，依然不能说是邪恶的。正如我即使承认它的色彩是邪恶事物，你也得承认它的笔直性是善良之物。因此，将这善良——不管它是大是小——归功于造物者天主以外的任何对象都是错误的。我们若不相信任何性质的善良事物都源自天主，就会犯下致命的错误。然而，摩尼却说暗界是完全邪恶的，尽管我们发现，就物质类型而言，它的笔直边界绝对是相当完美的。他是想使这个区域与无所不能和至善至美的天主完全脱离关系；而我们则发现，这一善良事物除了归功于万善创造者天主外，不能归功于其他任何人。

然而，摩尼说，暗界那边是邪恶的。好吧，就算它是邪恶的吧。那么，倘若它不是笔直而是弯曲时，必然会变得更邪恶。如果我们考虑到比它更邪恶的事物，那么就有最邪恶的事物。此外，其中必然存在某种善良事物，只有缺乏了这种善,才会出现"更邪恶"的事物。而暗界的接合边便是因为缺少了"笔直",才变得"更邪恶"的。于是,其中就包含了某种善,即"笔直"。你们若非提到我们将或大或小的一切诸善都归因于天主,恐怕永远无法回答"此善来自哪里"的问题。现在,让我们撇下两界接合的问题,来看看其他话题。

第28章 摩尼设置的暗界五类天然物

31.摩尼说道:"在暗界居住着暴烈的,亦即致命的生物。"他说"居住",当然是要我们将居住者理解为是有灵魂的活物。但是,为了避免人们认为我只是抓住一句话来攻击他,我们不妨来看看暗界的所有居住者,摩尼把它们分成五类天然物:"在此,数量无限的黑暗及其孕育物从同一本原流出。它们之中是污秽、混浊的水流及其居住者。水的内部则是恐怖和狂猛的风暴,还有其统治者和前辈们。风的内部是一个炽热和腐烂的地区,生活着其领袖和居民。同样地,火域之内则是充满了烟雾与昏暗的居住者及其残暴的统治者,其周围聚集了无数暗王。黑暗是所有这些的灵魂和源泉。这即是该致命区域内的五类天然物。"

于是,我们看到了五类天然物,犹如他称之为致命区域的独一本原的五个分支。它们是暗、水、风、火、烟。摩尼将这五类天然物作了这样的排列:首先是黑暗,列在最外围;黑暗之内列入水;水的内部则是风;风的内部是火;火的内部是烟。这五类天然物都各有其独特的居住群,它们同样地分为五类。我曾问过,这五类天然物中,各类是否有相应于其性质的不同生物?摩尼教信徒答复道,每一类都有不同的生物,据其他书籍的记载,暗域有巨蛇;水中有游水的生物,如鱼;风域有飞禽,如各种鸟;火域有四足动物,如马、狮子等;烟域则有两足生物,如人类。

第29章 驳斥这一谬论

32.那么,是谁作了这样的排列?是谁制定了这样的分类?是谁赋予了它们这样的数量、品质、形貌和生命？这些事物的本身都是善的，它们各自的本质只可能来源于万善的创造者天主。摩尼教徒们并不像诗人习惯于描绘假想的原始混沌世界那样描绘他们所称的暗界，即没有形状的一团物质，没有形貌，没有品质，没有尺寸，没有数量，没有重量，没有秩序，没有种类；混乱不堪的一团东西，完全没有任何品质，犹如希腊语所谓的ἄποιον[①]。

摩尼教徒们不是试图用这种方式来描述他们称之为"暗界"的那个区域，而是使用了与明界恰好相反的方式来描述另一边。他们列出五类天然物，进行排序和区分，并各自赋予不同特性；他们还不让这些区域空旷，而是使之充满了各自的居住者；他们并赋予这些居住者适应于各区域性质的形貌以及生命。所以，如果在列述了这些善良事物后，却声称它们与万善创造者天主没有关系，那就是无视了事物秩序的大善，是谬误的大恶导致了这样的结论。

第30章 摩尼置于暗界的五类天然物中的善良事物

33.摩尼说道："居住在暗界各区域的五类生物是凶残和毁灭性的。"他既然这样说了，那么似乎显得我倒是在赞扬五类生物的凶残性和毁灭性了。但是，如你们所见，我是与你们一起谴责你们认为是邪恶的东西，而你们则是与我一起赞美你们认为是善良的事物。所以，这不过是你们将善与恶混合在一起，并把它称之为最大的邪恶。假若我和你们一起谴责暗界的邪恶，那么你们也得和我一起赞美那里的善物。总而言之，暗界若无善良的影响力，那五类生物是不可能诞生、成长和持续生存的。

如果我与你们一起谴责黑暗，你们就得与我一起赞美其繁育能力。因为你们声称黑暗"不可计量"，并且还有它的"孕育物"；尽管黑暗并非实体，并且是因为没有光明而得名，犹如裸体意味着没有衣服，空虚意味着

---

① 意思是"无品质"或"无属性"。

没有物质内容。正是出于这个道理,黑暗是无法生育任何东西的,虽然暗界(即没有光明之地)能够产生某些东西。但是,现在且撇开这个话题。可以肯定的一点是,只要出现繁育,就必然存在物质的善性适应,以及所繁育生物各部分的对称排列和整体的架构,这是使之和谐相处的聪明的调节。那么,有谁还会否认,对所有这些事物的赞美远胜于对黑暗的谴责?

如果我与你们一起谴责混浊不堪的水,你们就得与我一起赞美水的外形和品质、游水生物各成员间的一致性、维持和主宰其躯体的生命,以及有益于本种类昌盛的独特适应性。因为尽管你们可以找出混浊泥水的许多缺点,但是由于你们承认这些水的生育和维持其生物的能力,所以表明你们认可它具有某种实体形状以及诸部件的相似性,这种相似性构成了单一品质的整体;若非如此,就不存在任何实体。作为人类,你们肯定明白,所有这些事物都是值得赞美的。

尽管你们极度夸张暗界居住者的野蛮性,以及它们相互之间的伤害性和破坏性,但是你们仍然保持了其形体的数量限额,从而使它们各自的躯体因肢体的相等而平和相处。你们也没有否定灵魂调节的平衡性,从而使得身上的各肢体和谐协调地构成一个整体。假如你们用人类的心灵进行观察,那么就会明白,这些值得赞美的特点更胜于你们谴责的缺点。

如果我与你们一起谴责恐怖的狂风,那么你们得与我一起赞美这些风的本质,因为它们提供了呼吸、营养,以及连接了各肢体而构成的连贯和扩散的躯体形式。正是依靠了这些,风能够很好地生育、滋养和维持其区域内的居住者。请与我一起赞美此前论述中已被赞美的其他事物,以及风特有的事物,即快速和轻易地往来于任何地方的能力,以及飞翔时翅膀的协调扑击和均衡的运动。

如果我与你们一起谴责火的毁灭性,那么你们得与我一起赞美火孕育生命的能力,以及它赋予其诞育物恰到好处的温暖,从而使之聚合,完美地形成自身的维度和形状,得以生活在那里。你们可以认识到,所有这些值得羡慕和赞美的事物,不仅体现在火的居地,也体现在那里的居住者身上。

如果我与你们一起谴责烟的朦胧性和居住在那里的统治者的残忍性，那么你们得与我一起赞美这样一个事实：其所有的部分都相似，从而保持了自身本质的和谐性与均衡性，形成一个整体。凡是认真思考这一现象的人都不会不钦佩和赞美它。此外，你们甚至赋予烟繁育的能力（因为你们声称那里居住着统治者），从而使那里的烟能够生育——在我们这个世界从未发生过这类现象——并为其居住者提供了有益的居住环境。

第31章　摩尼置于暗界的五类天然物中的善良事物（续）

34.就烟王本身而言，难道你们只注意到并谴责了他的残忍性，却并未注意到他品质中值得赞美的其他特点？他具有一个灵魂和一个躯体，灵魂赋予生命，躯体被赋予生命；灵魂主宰，躯体服从；灵魂引导，躯体追随；灵魂控制躯体，躯体维持不瓦解；灵魂提供协调的动作，躯体构成良好比例的肢体框架。这烟王有序的和谐或和谐的秩序难道不能令你们对之有所赞美？

尽管对于我们所谈的这一对象的理解，同样适用于其他诸多对象，然而它毕竟是野蛮和残忍的，因此我并不赞美这点，而是赞美你们不愿注意的那些伟大品质。假若某个轻率地相信了摩尼的人认真考虑了它们，在得到劝告后，他至少会毫无疑问地认识到，当他谈及这些天然物时，实际上是在谈论某些善良事物。这并不是最高级和非受造的善良事物，诸如三位一体之一的天主；也不是业已获得尊崇地位的创造的善良事物，诸如圣天使和最受福佑之威能；而是最低级的善良事物，它们获得的地位相当于本类限度的最低水平。

当愚昧者将这些天然物与较高级者比较时，就会认为它们该受谴责；当他们看到较高级天性中有许多善未见于较低级者中时，就会把这种善的缺失称为恶。我以这种方式来辩论这些天然物，是因为它们拥有我们这个世界所熟悉的事物的名称。例如，我们知道黑暗、水、风、火和烟；我们也知道爬行、游水、飞翔、四足和两足的动物。在所有这些事物中，唯一例外的是黑暗；如我曾说过的那样，它只不过是缺少光明，它是眼睛在看不见它时才识辨出来的，恰如寂静是耳朵在听不见时才识辨出来一样。黑暗并不是某种事物，而是没有光明；正如寂静并非某种事物，而是没有声音。所以，在这张单子中，除了黑暗之外，其他的都是天然物，我们对此都很熟悉，任何聪明人都不会将这些天然物归因于万善创造者天主以外的其他人，它们是值得赞美的，是善良事物。

第32章　摩尼从可见物体汲取其妄想观念的灵感

35.声名狼藉的摩尼借助他在现实世界获得的知识，设置了其幻想的黑暗国度中的诸般天然物，这证明了他是个彻头彻尾的骗子。最主要的是因为如前文所言，黑暗是不会繁育的；但是他声称："那种黑暗并不像你们所了解的这个世界的黑暗。"那么，你打算怎样教我懂得这种黑暗？你如此喋喋不休地承诺让我们了解，难道只是强迫我相信？那么设法使我相信吧！

然而有一件事我是清楚知道的，即倘若那里的黑暗与这里的黑暗一样，是没有形状的，那么它就绝不可能生育任何事物。假如它可以繁育，那么就是更好的黑暗。但是，你之所以说它不像我们这个世界的黑暗，显然是要我们相信，它是一种更坏的黑暗。你也可以声称，那里的寂静——它与耳朵的关系犹如黑暗与眼睛的关系——能够诞育或聋或哑的动物，从而当有人告诉你，寂静并非一种天然物时，你可以答道："那里的寂静并不像你们所了解的这个世界的寂静。"于是，你可以用这种方式对你最初欺骗而使之相信你的人说你想说的任何话。

毫无疑问，是与动物生命起源相关的明显事实导致摩尼说，蛇是由黑暗所生。然而，蛇具有敏锐的视力，并且十分喜欢光亮，这似乎就成为驳斥摩尼说法的强有力证据。

其次，摩尼很容易观察到我们世界中的游水生物，从而将它们移植到其幻想世界里。风中飞翔生物的情况与之相同,因为在我们的世界里,鸟类在其中飞行的浓密空气的流动被称为风。摩尼到底如何形成火中诞育四足动物的观念,则无从得知。即使如此,他仍然引用一些极端荒谬的说法来加以描述。摩尼教信徒们通常给予的解释是,四足动物乃饕餮之徒,并且淫荡无比。

然而,就贪吃程度而言,作为两足动物的许多人都超过四足动物,摩尼却将人类称为是烟而非火的孕育物。此外,很难找到比鹅更贪吃的生物了;它们可以因为两足而置于烟域,也可以因为爱游水而置于水域,也可以因为长有翅膀和时或飞翔而置于风域,却肯定不属于火域。至于热衷于性交的问题,我猜想他是从马交配时的状态获得了启发:公马嘶鸣,咬嚼缰绳,冲向母马。摩尼在撰写《要义书信》时急于求成,故注意到了马的交配,却忽视了普通麻雀的交配,热烈的公马与之相比,倒显得冷静多了。

当我们问及为何摩尼将两足生物置于烟域时,摩尼教信徒回答道,两足动物自负、高傲,因为人类源自这一类。由于烟成团地上升空中,并扩散开来,故不难理解,他们用这一现象譬喻自我膨胀和高傲的人类。这个观念应该足以在外形上描述高傲的人类,或者以寓言方式表达其品性,可是仅凭这个理由仍然无法使我们相信,两足动物是由烟雾孕育,或者源自烟雾。因为根据同样的理由,它们也可以由尘埃孕育:尘埃也经常扬升空中,其形状和高度与烟雾相仿。出于同样的原因,它们还可以由云彩孕育:云彩往往从大地升腾而起,远远看去,也分不清究竟是云还是烟。

最后,为什么在水和风的情况下,摩尼将其居住者设置得适应于该区域的品性,即分别为能在水中游,能在风中飞的生物?而在火和烟的情况下,这个大胆的撒谎者却恬不知耻地在这些区域设置了最不可能的居住者:火会焚烧四足动物,把它们毁灭殆尽;烟则会令两足生物窒息而死。有什么事比这种设置更为荒谬?

不过,这至少迫使摩尼承认,暗界的这些品性比我们这个世界更好,尽管他希望我们相信暗界的一切品性都比我们这个世界差。因为按他所言,暗界的火能够孕育四足动物,并滋养它们,保护它们毫无伤害,甚至十分舒适。同样地,烟也能生育和滋养两足生物,使之诞生在自己温柔的怀抱里,抚养它们快乐成长,最终成为君王。于是我们看到,这些谎言被添入摩尼的异端邪说中。它们的构思是通过观察这个世界所见的事物而获得,但是只用并不认真、慎重的世俗思维思考,依赖幻想而产生,轻率地写了下来,公之于众。

第33章　每一种天然物都是善良的。

36.我们非常希望摩尼教信徒接受的天主教教义的真理是:天主是一切天然物的创造者——假如他们能够理解的话。我在论说时奉行这样的方式:我和你们一起谴责疾病、盲目、浓密的混浊、恐怖的暴力、道德败坏、暗王的残忍,以及其他的类似事物。你们则和我一起赞美形状、分类、次序、和谐、形貌的统一体、部件的适当性、数目的相等性、生气勃勃的精神和养料供应、福佑的平衡、灵魂的主宰和管理、躯体的服从性、居住者和被居住者的各天然物中构件的相似性和协调性,以及诸如此类。

假如他们能认真而坦诚地思考一下,就会理解,这意味着即使在他们认为完全是邪恶的地方,也是善与恶相混合的。因此,如果去除所言的恶,那就只剩下被赞美而无谴责的善;但若去除其善,就毫无天然物留下了。由此,凡是有头脑的人都可以明白,只要它是天然物,那就是善的。亦即是说,对于我认为应该赞美,摩尼认为应该谴责的同一事物,若去除其中的善,就毫无天然物剩留;但若去除其中的恶,则天然物仍未受损。

例如,若去除水中的混浊性,则纯净之水依然存在;但若去除水的和谐组合的各部分,就将没有任何水得以存留。既然去除恶后,天然物会以更纯的状态存在,而去除善后,天然物就毫无存留,那么这就表明,是善导致了天然物,而恶并非天然物,乃是与之对立者。又如,若去除风中令你极不舒服的危害极大的强劲力量,你就会感到它十分温柔、和煦;但是倘若去除风的各相似部分——风依赖它们而连成整体,协调地构成一个实体——那么你可以想象,就再无天然物留存。若要逐一谈论其他的类似例子,将很冗长和乏味。然而,凡是不抱偏见地思考这个问题的人都会发现,在这些天然物中同时包含着令人厌恶的事物,在去除这些邪恶事物后,就留下了更善的天然物。

由此可以得知,只要是天然物,就都是善良的,所以一旦去除其中的善,就不存在任何天然物了。此外,请希望做出正确判断的人也注意那残忍的暗王。如果你们去除其残忍性,那就留下了许多善良的事物:实体的构架、两边组件的对称性、外形的完整性、部件相互衔接的协调性,以及控制和赋予生命的灵魂与服从和接纳生命的躯体之间的秩序和安排。假如去除所有这些以及我尚未列出的其他事物,那么就没有任何天然物得以存留了。

第34章 没有某种善,就没有天然物。摩尼教信徒详述邪恶

37.但是你们可能会说,那些邪恶是不可能从这些天然物中去除的,因此我们只得顺其自然地接受。这个问题可以提出,也可以不提,但是它肯定有助于我们这样理解:凡是天然物都是善的,可以认为,善的事物即是没有邪恶,而没有善的事物即是没有任何天然物。我可以把水想象成没有泥污,却无论如何无法想象缺少连续各部分协调的水的实体外形。有鉴于此,泥水若无此善——使实体天然物可能得以存在的善——它就不会存在。因为,你们说这些邪恶无法从这类天然物中去除,我们却可以说,那些善也不能从这类天然物中去除。为什么你们鉴于这些邪恶事物不能去除而把它们称作天然的邪恶,却不是鉴于那些善良事物不能去除而把它们称作天然的善良呢?

38.你们可能还要问——这通常是你们最后的问题——这些邪恶来自哪里?对于这些邪恶,我也十分厌恶。我可能会这样答复你们:如果你们不希望自己充满了矛盾,那么是否能首先告诉我,你们被迫赞美的那些善来自哪里?我之所以这样问,是因为我们双方都承认,一切善良事物,无论其

类别如何、程度如何,全都来自最善之神,唯一的天主。于是,你们就必定反对摩尼把许多重要的善良事物——如我们刚才已经谈及和赞美的诸天然物中各部分的连续性和协调性、生物的健康和生命力,以及我不欲在此重复的其他事物——置于想象中的暗界,从而使之与他口头上承认的万善创造者天主断绝关系。

当他只注意他所厌恶的那些事物时,却未注意到那些善良事物。他就像被狮子的吼声吓坏了的一个人,只注意到被它拖拽和撕咬的猎物的躯体,其孩童般的脆弱心灵被如此极端恐怖的场景所击溃,从而只看到了狮子的凶残和野蛮,却忽视了狮子其他的一切品质。于是,他大声斥责狮子的本性,不仅斥之为邪恶,而且称之为极度的邪恶,他的恐惧加剧了其斥责的激烈程度。但是,如果他看到的是一只已被驯服的狮子,其凶残性已消磨殆尽,尤其是假如他以前从未被狮子惊吓过,那么他将会心平气和地思考,毫不担心和惧怕地赞美那狮子漂亮的外形。

我对于此事的看法只是与本主题密切相关的一个问题:任何天然物都可能在某种情况下令人厌恶,从而激发出人们对整个天然物的憎恨;然而,尽管真实的野兽会引起森林中的恐怖,它们的漂亮外形显然也比获得赞赏的壁画中描摹的画像好得多。因此,不要让摩尼用这种谬误欺骗你们,不要让他用有关天然物的美好问题——他挑剔天然物中的某些缺陷,从而诱使你们全面否定其本来不可能非难的各个方面——来蒙蔽你们的心智。于是,让我们这样地调整自己的心灵,做出公正的判断,并询问这些恶——我说过,我对它们也是谴责的——和善究竟源自哪里?如果我们能把所有这些邪恶归在同一标准下,那么就更容易明白了。

第35章　邪恶即是败坏。败坏并非天然物,而是与之相反。败坏隐含着以前的善良

39.总而言之,谁还会怀疑"被称为邪恶者即是败坏"这一断语?不同的邪恶固然可以有不同的名称,然而,万物之中可以识辨的任何邪恶都是败

坏。于是,博学心灵的败坏称为无知,精明慎重心灵的败坏称为草率鲁莽,正义心灵的败坏称为非正义,勇敢心灵的败坏称为怯懦,平和安宁心灵的败坏称为欲望、恐惧、忧伤或傲慢。于是,就生命体而言,健康的败坏称为疼痛和疾病,有力的败坏称为衰弱,轻松的败坏称为疲劳。又,美丽的败坏称为丑陋,笔直的败坏称为弯曲,秩序的败坏称为混乱,整体的败坏称为分割、破碎或减损。

若要完全叙述我曾谈及的和其他无数的败坏事物,那是极为冗长和困难的,因为许多体现在实体上的败坏事物也可以体现在心灵上,并且,还有不胜枚举的败坏事物具有专门的名称。尽管如此,我们仍可轻易地看到,"败坏"只有在削弱天然状态的情况下才产生伤害,因此,它并非天然物,而是与之相反的事物。如果我们在事物中只见败坏,而未见其他任何邪恶,如果败坏并非天然物,那么没有天然物是邪恶的。

40.或许,你们无法理解这个道理,那么请思考一下这个事实:被败坏的每个事物即是减损了某些善;假若它未遭败坏,那么它就是完好的。或者,假如某物无论如何都不会败坏,则它就是永远完美无缺。既然败坏是一种恶,那么无论是不败坏或者不会败坏,就肯定都是一种善。然而,我们现在要谈的并非"不会败坏"的天然物,而是可能会败坏的天然物;它们只要未遭败坏,就可称为"未败坏",却不可称为"不会败坏"。"不会败坏"的本义不仅是"不可能被败坏",还意为"在任何方面都不会败坏"。因此,处于"未败坏"状态而又可能被败坏的任何事物,一旦开始被败坏,就被剥夺了"未败坏"方面的善。那是一个大善,因为"败坏"是大恶。

天然物可能败坏的状态越是持续,就意味着它包含了可予持续减损的善。相应地,摩尼谎称存在于暗域的各天然物,肯定要么是会败坏的,要么是不会败坏的。假如它是不会败坏的,那么就是拥有了最高级的善;假如它是会败坏的,那么其状态就是或已败坏,或者并未败坏。倘若它未败坏,那么就是应当大加赞美的事物;但是倘若它已败坏,那么就是从中减损了"不败坏"这样的大善,而这就意味着它以前曾拥有"不败坏"的大善。既然拥有这样的善,那就并非完全的恶,因此表明摩尼的整个神学是个谎言。

第36章　邪恶,或者善之败坏的缘由

41.我们已经探讨过,什么是邪恶,并且已经知道,它并不是一种天然物,而是与之相反者。如今则要来讨论另一个问题:邪恶来自哪里?假如摩尼已经解决了这个问题,那么他恐怕就不会陷入这一系列谬误之中了。他提问的次序颠倒了:他首先查究的是"邪恶源自哪里",而不是"什么是邪恶"。这就使他只能接受愚蠢的幻想,他那由肉体感觉滋养的心灵极难摆脱这些幻想。可能有人——他不欲争论,却又想避免谬误——会问,那些并非"不会败坏"的善物中共有的邪恶"败坏"到底源自哪里?这样的提问者如果以极大的热情和持久的毅力去虔诚探究的话,就会很快发现真理。

人类可以用语言来表达其思想,而独一的真理导师,不会败坏的真理本身,唯一的内心导师则进行训导。为了使我们脱离外表形式而进入内心世界,他也可以采用外形进行教导。他取奴仆之形①,以使自己的崇高被敬仰他的那些人所知;他屈尊俯身,以让卧伏于地的那些人看到他。让我们谦卑地恳求他的名字,乞求他的垂怜,询问这些问题。首先,对于"败坏源自哪里"的问题,只要一句话即能回答:"可被败坏的天然物并非天主所诞育,而是他从虚无制造"。正如我们已经证明的那样,这些天然物是善的;无人能够说,天主制造的事物是不善的。如果说天主将他们制造得完美无缺,那么必须得记住一点:唯一的完美之善是天主本身,即万善的创造者。

第37章　天主是唯一的完美之善

42.你们或许还会问:如果这些事物也被制造得最为完善,那么还会产

---

① 此语典出《新约·斐理伯(腓立比)书》第2章第5—8节,"你们该怀有基督耶稣所怀有的心情:他虽具有天主的形体,并没有以自己与天主同等,为应当把持不舍的,却使自己空虚,取了奴仆的形体,与人相似,形状也一见如人。他贬抑自己,听命至死,且死在十字架上。"(思高,1968年,第1830页)

生什么恶？此外，假如认可和相信天父为完美之善者的人问我：完善事物的根源——假若它确实存在的话——在哪里？那么我的正确答案便是：源自父尊天主，他是完美之善。因此我们应该记得，源自天主的事物即是天主诞育的事物，而非他从虚无制造的事物；有鉴于此，那就是完美的，亦即不会败坏的善。

所以我们得明白，要求从虚无制造的事物与天主本身诞育的事物同样完善，是不合情理的。假如天主未曾诞育唯一者，那么他就未曾诞育与自己相同者，因为他本身即是唯一者。因此，倘欲寻觅独生子(天父通过他从虚无创造了一切善物)的弟兄们，便是无知和不虔诚的，除非在独生子屈尊地化作了人形的情况下。相应地，在《圣经》中，他被称为父尊的独生子以及脱离死亡的头生子。例如，"于是，圣言成了血肉，寄居在我们中间；我们见了他的光荣，正如父独生者的光荣，满溢恩宠和真理。"①保罗说："好使他在众多弟兄中作长子。"②

43.但是，如果我们说"从虚无制造的事物并不是善，只有天主的本性才是善"，那么就是不公正地对待那些具有重要价值的善良事物了。把不属于天主的事物都称为瑕疵，并否认劣于天主的事物为善物，这种想法都是不公正的。理智灵魂的本性啊，请你认可这样的事实吧：你固然逊于天主，但也只是很小的程度，在他之后再无其他事物优于你了。我说，请谦恭地认可它，以免他将你驱入最底层，在那里，你拥有的善将因为你所受惩罚的痛苦而变得越来越微不足道。

假如你由于天主的地位高于你而愤愤不平，那就是对天主的傲慢；假如你并不因你的善仅次于天主而难以言表地欢欣鼓舞，那就是对天主的轻蔑。一旦这点得以确认之后，你不能说"天主应将我创造成独一无二的天然物，在我之后不应再有善物"。因为次于天主的善不应该是最后的善。由此，我们

---

① 语见《新约·若望(约翰)福音》第 1 章第 14 节(思高，1968 年，第 1639 页)。
② 语见《新约·罗马书》第 8 章第 29 节(思高，1968 年，第 1750 页)。

可以十分清楚地看到,天主赋予了你多么巨大的尊荣:他在所有的天性中唯独支配着你,但又使你支配着其他的善物。不要对这种现象感到惊奇:那些善物不是在所有方面都听命于你,并且有时甚至还折磨你。盖因天主对它们比你拥有更大的支配权,恰似主人对于奴仆之奴仆的支配权一样。

所以,倘若你犯了罪过,即违抗了天主,那么你此前支配的善物就成了惩罚你的根源,也就不足为怪了。还有什么似这般公正,还有什么比天主更公正的呢?人类本性的报应体现在亚当身上,然而,现在没有时间讨论他,而只是谈谈以赐福正当生活者和惩罚犯有罪过者的赏罚方式公正行使支配权的人。你们不会被无情地抛开,因为在安排好的某些事件和时期中你们会回心转意。所以,最高创造者的正确控制甚至延及可败坏的和可康复的世俗善物,以至你可能获得杂有惩罚的安慰:你可能因善物令你欢乐而赞美天主,也可能因作恶而受审判时寻求他的帮助。于是,当世俗事物听命于你时,就表明你是它们的主;当它们使你陷于不幸时,就表明你得听从你的主。

第38章　天主制造了天然物;败坏源自虚无

44.因此,虽然"败坏"是一种恶,虽然它并非源自万物的创造者,而是天主从虚无制造,但是天主制造的一切事物均在他的管理下井然有序,从而"败坏"所损害的只是最低级的天性。它惩罚该诅咒者,它考验和训诫回心转意者,以使他们亲近不会败坏的天主,从而保持不败坏。这即是我们唯一的善,犹如先知所言:"亲近天主对我是多么的美好。"①你们不可以说"天主并未制造会败坏的天然物",因为只要是天然物,就是天主制造的。然而,它们若是会败坏的,就不是天主制造的,因为"败坏"不可能源自唯一的不会败坏者。

如果你们接受这个观点,那就感谢天主之恩;如果不能接受,那么且

---

① 语出《旧约·圣咏集(诗篇)》第73篇第28节(思高,1968年,第916页)。

少安毋躁，不要急于谴责你们所不理解的事情，应当谦恭地等待可以使你们理解的心灵之光。"可败坏的自然物"这一说法包含了两个词，而非一个。所以，"天主从虚无制造"这一说法中，"天主"和"虚无"也分别为两个词。因此，每个术语都有其相应的匹配者："自然物"和"天主"相配，"败坏"和"虚无"相配。所以，尽管"败坏"并非出自天主的作为，但是仍然由他按照现实的次序和灵魂的功德而支配、管理。于是，我们可以正确地说，奖赏和惩罚都来自天主。天主并不制造败坏，但是他使得该遭报应者败坏，即当有人犯下罪过而开始败坏自身时，天主使得那心甘情愿地屈从于败坏诱惑的人遭受败坏的痛苦。

第39章　从什么意义上说邪恶源自天主

45.不仅在《旧约》中记有"我制造了善物，也制造了恶物"①，在《新约》中说得更为清楚，天主说道："你们不要害怕那杀害肉身，而不能杀害灵魂的；但更要害怕那能使灵魂和肉身陷于地狱中的。"②使徒保罗曾明白地声称，在天主的审判中，将对自行败坏的人更施以败坏："谁若毁坏天主的宫殿，天主必要毁坏他，因为天主的宫殿是圣的，这宫殿就是你们。"③

倘若此语出现在《旧约》中，那么摩尼教徒必然会激烈地指责它把天主说成为"败坏"的根源。许多拉丁文译者正是因为害怕这词过于激烈，所以不作"天主将败坏他"，而改作"天主将摧毁他"。从而在不改变原意的前提下避免了这个令人厌恶的词，尽管摩尼教徒们若在旧法或预言书中发现了此语后，仍会强烈谴责说，天主被称作了破坏者。但是希腊文原件显示，真正的词应该是"败坏"，它清楚地写道："谁败坏天主的神殿，天主就

① 语出《旧约·依撒意亚(以赛亚)书》第45章第7节，原语为："是我造了光明，造了黑暗；造了幸福，降了灾祸；是我上主造成了这一切。"（思高，1968年，第1196页）
② 语见《新约·玛实(马太)福音》第10章第28节（思高，1968年，第1522页）。《新约·路加福音》第12章第4—5节也有类似的说法："我告诉你们做我朋友的人们：你们不要害怕那些杀害肉身，而后不能更有所为的人。我要指给你们，谁是你们所应怕的：你们应当害怕杀了以后，有权柄把人投入地狱的那一位；的确，我告诉你们：应当害怕这一位！"（思高，1968年，第1614页）
③ 语见《新约·格林多(哥林多)前书》第3章第17节（思高，1968年，第1770页）。

败坏他。"假如有人要求摩尼教信徒们解释这些词句,那么他们往往会说,为了避免使得天主成为"败坏者(corrupter)",故在此的"败坏(corrupt)"一词当意为"任其败坏";或者作一些诸如此类的其他解释。如果他们用这种方式解读旧法,那么就能理解其中许多不可思议的事物,并且不会恶意诋毁他们所不理解的事物,而是虔诚地延迟他们的判断。

第40章 "败坏"趋向于不存在

46.假如有人不相信"败坏"源自虚无,那么可让他在一侧安置"存在",在另一侧安置"不存在",然后在二者之间置入一个活体。他可以这样自问:该活体何时形成和诞生,何时形体增大,何时滋养成长,变得康健、强壮、漂亮、结实?则在此持续稳定成长期间,它趋向于哪一侧?是"存在",还是"不存在"?毫无疑问,一开始就有某些事物存在了,嗣后,随着活体的外形、美观、力量等越来越稳定和强大,其存在物也就越多,它就趋向于安置"存在"的那一侧。

随后,让我们从活体的"败坏"开始。设想其整个状态处于衰退阶段,其活力削弱,力气减退,形貌变丑,骨架散离,各部件的协调性降低和消失。那么他也可以这样问:如今,这"败坏"的趋势是什么?是趋向于"存在",还是趋向于"不存在"?我想,他不会昏聩和迟钝到怀疑其答案的正确性,从而觉察不到活体被败坏得越多,就越趋向于毁灭;而万物都是越趋向于毁灭,就越趋向于"不存在"。

因此我们必须相信,天主永恒和不会败坏地存在,而称为"虚无"者一点也不存在。既然你们面前摆放着"存在"和"不存在",并且又知道,实体增加得越多就越趋向于"存在",败坏得越多就越趋向于"不存在",那么你们为什么还犹豫不决地分不清每个"会败坏的天然物"中何物源自天主,何物源自虚无呢?因为形体是天然的,而败坏是与天然物相反的。形体增长时,它就导致某物的存在,我们并承认,天主是最高的存在。然而,当败坏增长时,它就导致某物的不存在,而"不存在"显然即是虚无。所以我要问,你们为什么踌躇着不敢声称,在会败坏的天然物——它兼有"天然物"和"败坏"两词——中,何物源自天主,何物源自虚无? 既然你们承认天主是最高的存在,相应地也承认"不存在"是与之对立的,那么为什么还要去探究"天然物"与天主对立的问题?

第41章 "败坏"是获得天主允准的,它源自我们自己

47.你们问,为什么"败坏"减损了天主赋予天然物的品性? 实际上,若无天主的允准,是不会有任何减损的。天主按照存在物的等级和灵魂的功德而做出秩序井然和最为公正的审判。所说的言辞作为感觉得到的客体而消逝,最终毁灭于寂静之中;而这些时或出现时或消失的言辞则构成了我们的谈话,有规律的静默间歇产生了愉悦和适当的区分。临时天然物的最低级美好也以此方式存在, 它是由事物的消逝及诞生物的死亡而获得和区分的。假如我们的心灵和记忆能够正确地掌控好这美妙——它令我们十分愉悦——的等级和尺度,我们就不敢再把"败坏"之名加诸产生区分的不完美者了。当灾难通过其独特的美妙而降临于我们时,我们将失去所喜爱的短暂的世俗事物,一方面因所犯的罪过而受罚,另一方面被告诫要把嗜好加诸永恒的事物。

第42章 劝见首要的善

48.因此,我们不要试图寻求实际上并不为我们认可的美好,因为它是最低级的美好。在被认可的美好中,让我们赞美天主,因为他将大善给予了即使是最低级的美好。我们不要竭力追逐最低级的美好,而应该作为天主的热爱者而超越它,以居高临下地审察它,而不是陷入其中,与它一起被审察。

让我们赶快见到不在空间运动、不随时间消逝的善,时空中的一切天然物都从此善获得其可感觉到的存在和形体。为见此善,让我们通过对主耶稣基督的信仰而净化心灵,他说道:"心里洁净的人是有福的,因为他们

要看见天主。"①为了看见此善,无须我们看见散布于空间之光——这种光的一部分在某处,一部分在另一处,而非存在于每一处——的眼睛,而是需要我们净化自己的眼光和理解力,从而明白在这世界上什么是公正,什么是虔诚,什么是智慧的美好。凡是见到这些事物的人都会认为它们的价值远在整个宇宙空间之上,并且发现,它们并不是通过空间的延展而产生,而是由无形的力量稳定地制造出来。

第43章 结论

49.由于源自肉体感觉的幻想——它由我们的想象保留和修改——极不利于这样的领悟,所以让我们抛弃在自身幻想中追求信仰的异端邪说,并将无形的神圣物质散布在整个空间,尽管空间是无限的。为了给邪恶事物腾出空间,幻想清空了一侧。它觉察不到这些恶并非天然物,而是与之相反者;它用美好、用外形、用兴盛于各天然物中的诸部件的协调性装饰恶。因为若无这些善,就不能思考任何天然物。结果,它所批判的那些恶便埋没在了无数的善中。

本文的这一部分便到此结束了。至于有关摩尼教其他的荒谬观念,若天主允准并帮助我的话,将在日后再行批判。

---

① 语见《新约·玛实(马太)福音》第5章第8节(思高,1968年,第1513页)。

附:摩尼《要义书信》①

（残片1）：摩尼，因天意而成为耶稣基督的使徒。

（残片2）：下面是来自永远生气勃勃之源泉的有关拯救的话语。无论何人聆听了它们，并成为第一批信仰者，遵从这些教导，那么就永远不会被死亡所征服，而会享受永恒的辉煌生命。凡是受到这一神圣知识指导的人，肯定会被认为是应该受到福佑的，从而将自由地居住在永生的环境中。

（残片3）：但愿隐形尊神的和平及真理的知识伴随着相信天国戒律，并又遵奉它们的神圣和可爱的教友。但愿光明的右手保护你们，帮助你们避开每一个邪恶的攻击和俗世的陷阱。但愿圣灵的虔诚打开你们心灵的深处，以使你们用自己的眼睛看到自己的灵魂。

（残片4a）：你一直向我表示，亲爱的帕提修斯②教友，说你希望知道亚当和夏娃是如何存在的，他们是由话语创造③，还是从人体诞生？对于这个问题，你将会获得一个恰当的回答。已有许多作者在形形色色的文书和启示录中论述过这个问题，答案则各不相同。因此，几乎所有的人都不知道此事的真相，特别是那些对此进行冗长和详细讨论的人。如果他们获得了

---

① 在此的汉译据自加德纳和刘南强从奥古斯丁著述中辑录和翻译的英文版，见 Gardner & Lieu, 2004, pp.168—172。其译文主要参考的拉丁文本是 Augustine, *Contra Epistulam Manichaei quam vocant fundamenti*, ed. by J. Zycha, Vienna, 1891；参考的德文本是 E. Feldmann, *Die 'Epistula Fundamenti' der nordafrikanischen Manichäer. Versuch einer Rekonstruktion*, Altenberg, 1987；参考的英文本则是 R. Haardt, *Gnosis, Character and Testimony*, Leiden, 1971。

② 这位帕提修斯(拉丁语 Patticius)，似乎即是摩尼遣往古罗马帝国境内布教的一位高级教士 Patīg，是摩尼在世时摩尼教在西方布教的骨干之一。参看上文(奥古斯丁《驳摩尼的〈要义书信〉第12章》)的注释。

③ 在此之所以有"话语创造(亚当和夏娃)"之说，是因为按照摩尼教的根本教义，一切神灵都是由大明尊逐一"召唤"出来的，即是利用"话语"(声音)创造的。实际上，摩尼教的神灵创造，或者通过"发射"，或者通过"话语"，亦即或者利用看得见的光明，或者利用听得见的声音，二者的原理是一样的，性质也是同样神圣的。有关这二者的关系，特别是"话语"的探讨，可看芮传明:《摩尼教"话语"考释》,(《传统中国研究集刊》第8辑,上海:上海人民出版社,2011年)。

有关亚当、夏娃起源的清楚知识,那么再也不会堕落和死亡。

(残片4b):然而,为了能够清清楚楚地看透这一谜团,就必须首先了解其他的一些事实。

(残片4c):因此,如果你愿意的话,就得聆听有关这个世界存在之前的一切情况,以及战斗是如何开始的,于是,你就能够分辨光明与黑暗的性质了。

(残片5a):在最初之时,有两种本质互相对立。明父尊神统治着光明,他的神圣起源是永恒的,威力是巨大的,天然地代表真理,永远地享受着永生。他拥有智慧和充满活力的感觉,通过这些,他也就拥有了其光明的十二个成员,即他领域内充足的财富。在他的每一个成员中,还隐藏着难以计算和估量的宝藏。至于明父尊神本身,则有高贵的荣耀、深不可测的伟大,将福佑和辉煌的诸永世(aeons)结合在自身,他的数量和广度不可胜数。神圣、高贵的父尊和始创者与他生活在一起。在他美妙的国度里,没有乞丐和残疾者。

(残片5b):就这样,他的华丽国度建筑在明亮和福佑大地的上方,于是,他们永远不会被任何人撼动。

(残片6a):在这辉煌和神圣领域的一侧附近,

(残片6b):坐落着黑暗之地,它幽深而广不可测,在此居住着暴躁的躯体和各种有毒的生物。在此,发射出同样的本原,即是数量无限的黑暗,以及它的孕育物。在黑暗之外,是污秽的旋转水流,还有在此的居住者。再往里去,则是恐怖和狂猛的风暴,包括其统治者和前辈们。接着是另一个炽热地区,居住着专事破坏的猛兽,及其首领和民众。同样地,里面还有一处充满了幽暗和烟雾,其中闲逛着一切暗界的可怕的统治者,他在自己的周围聚集了数不清的魔王,他是他们所有人的灵魂和源泉。那里有五种性质的腐败国土。

(残片6c):这五种性质是野蛮与毁灭。

(残片7):然而,福佑光明的父尊知道黑暗将会导致巨大的污染与毁灭,对他的神圣永世造成威胁,所以他必须让一位卓越的、才华横溢和威力巨大的神灵来对付他们,这位神灵将会立即战胜暗魔的子孙们,摧毁他们,消灭他们,从而保证明界的居民获得永久的安宁。

(残片8a):……父尊创造了光明的儿子;无论是空气还是土地,抑或这些儿子们本身,全都是同一种本原,一切事物同样……①

(残片8b):那就是这一《要义书信》,你的圣洁心灵对此知道得很清楚,我也已引述了它,因为它包括了有关开始、中期和结局(的内容)②。

(残片9):然后,他(黑暗君主)恶意地欺骗与之一起的人道:"你们干吗使那威力巨大的光明上升天上呢?看哪,它安置了诸天的运行,使得大多数势力震颤。因此,你们最好把利用你们的威力而获得的光明都移交给我。我会用它来制造一个显现荣耀的伟大形象。通过这一形象,我们将能够统治(世界),并最终脱离这黑暗中的寄居地。"

当他们听到这些话后,就进行了长时间的辩论,(最后)他们认为,最好还是接受这一要求,因为他们无法确信自己能够永久地控制这一光明。于是,他们认为最好是将光明献给其君主,他们对他的统治并未绝望,对他的这一权宜之计表示了感谢。如今,我们必须来察看一下他们转交其拥有的光明的方式。这也散见于一切神圣著述和天国神学中。当然,对于聪明人而言,有关这转移方法的知识绝不意味着困难;因为对于真诚希望了解(此事)的人来说,这就变得十分明显,能够清楚地被他所辨识。

(残片10):希望将正义之父,救世主钉死在十字架上的敌人,结果自己被钉在了十字架上,因为在那时,(神灵的)显现和真实的事件出现了③。

---

① 这段文字虽然残缺不全,但是要表达的意思十分清楚:大明尊所创造的一切神灵(各类高级、次级的"儿子们"),以及这些神灵创造的天地世界,其根本的原质都是一样的——光明。这一说法是摩尼教的重要教义之一,它反复地体现在摩尼教的神学中。

② 在此所言的"开始、中期和结局",当是指摩尼教的基本教义"二宗三际"中的"三际"——初际、中际和末际,亦即整个世界自始致终的三个时段:"初际"是目前这个世界尚未存在的"过去"时期,当时,明、暗二宗完全分离;"中际"是二宗相互混合,并持续斗争的"现在"时期,即目前这个阶段;"末际"是明宗胜利,暗宗被永远囚于黑狱,二宗再度分离的"未来"时期。

③ 最后一语的含义有些模糊,疑其是指第三使向怀有光明分子的雄魔、雌魔分别显现赤裸的女身和男身形象,从而导致诸魔色欲旺盛,雄魔泄出精子,雌魔堕胎,最终被制服,泄出物中的光明分子也被部分回收的一个神学故事。有关这段"神魔斗"的创世说,可参看叙利亚语文书《注疏集》和阿拉伯语《群书类述》等其他文书。

　　（残片11）：……允许自己被俗世贪爱诱惑，而从以前的光明本原堕落的那些灵魂，如今成了神圣光明的敌人，他们公开武装自己，致力于毁灭神圣的本原，他们忠顺地服从于烈火之精。由于他们满含敌意的迫害，他们伤了神圣的教会，以及被指定为履行天命的信徒的选民。他们已被排除在神圣之地的福佑和荣耀国度之外。由于他们允许自己被邪恶制服，他们将逗留在邪恶生物中，无法前往宁静之地和不朽领域。之所以会这样，是因为他们深深地卷入了邪恶活动，从而远离了神圣光明的生命力和自由。因此，他们不能再被带回那些和平宁静的国度，而是将被幽禁在我已经提到的可怕的恶劣地域，那里肯定有人监管着。于是，这些灵魂将与他们所贪爱的事物一起，留在那黑暗的地域中。这是由他们所犯的罪恶带来的后果。他们过去不愿努力理解有关未来的教诲，当他们有时间来这样做的时候，却让自己远离了这些做法。

下 编
典籍和教义研究

第四章 《阿基来行传》的史料价值考辨

上文已经谈及,在 20 世纪东西方(埃及和中国吐鲁番、敦煌等地)均发现大量摩尼教的本教文书之前,成于公元 4 世纪的《阿基来行传》是世人了解摩尼教的重要资料;即使时至今日,这本以驳斥摩尼教教义的小书,也仍然有着不可小视的资料价值。当然,无论古今,有关该书的作者、成书的时间、最初的版本、所述内容的真伪等问题,均有迥然不同的说法。在此,则就这些问题略加梳理和介绍,并着重辨析《阿基来行传》的史料价值。

一、《阿基来行传》的作者和最初版本等问题

此书的作者被归之于一位名叫"海格摩纽斯"(Hegemonius)的人,但是,有关此人的情况无从查考。因此,学界通常将"海格摩纽斯"视作一个化名。尽管杰罗姆(Jerome)在成于 4 世纪 90 年代初的《名人传》①中提到了《阿基来行传》的作者,却将该作者指为"阿基来",并将书中介绍的阿基来的身份"美索不达米亚的主教"指为该书作者的身份。显然,杰罗姆不是有所误解,便是暗示《阿基来行传》的作者实际上即是阿基来。

---

① 《名人传》,拉丁名 *De Viris Illustribus*,由基督教长老 Jerome 撰成于 392—393 年。其中罗列了 135 位基督教作家的简短传记。作者将自己列在最后一位(第 135 章),而将阿基来(Archelaus)列在第 72 位,作为《阿基来行传》的作者。

　　有关《阿基来行传》的成书年代,同样不能确定。例如,希腊的著名基督教史学家尤西比厄斯(Eusebius of Caesarea,约 260—340 年)在其成于 312 年的《基督教教会史》(*Ecclesiastical History*)中并未提到《阿基来行传》。而迄今所知, 最早提及《阿基来行传》的, 则是基督教神学家西里尔 (Cyril of Jerusalem,约 313—386 年)成于 348 年的《洗礼问答》(*Baptismal Catechesis*)。由此可知,《阿基来行传》当是撰成于 312 至 348 年,约而言之,乃是公元 4 世纪上半叶。

　　至于有关《阿基来行传》的最初版本,则也有不同说法。例如,杰罗姆在其《名人传》中称,此书最初是用叙利亚文撰写的,后来则被译成了希腊文。对于这一说法,后世成于 17、18、19 世纪的不少著述都从名词学和地名学的角度予以论证和支持。然而,法国新教牧师博索布雷(Isaac de Beausobre,1659—1738 年) 在其名著、两卷本的 《摩尼与摩尼教之历史考证》(*Histoire Critique de Manichée et du Manichéisme*,Amsterdam,1734—1739 年)中认为,《阿基来行传》的最初版本为希腊文。德国著名东方学家诺尔德克 (Theodor Nöldeke,1836—1930 年)也曾撰文称,此书的初版乃叙利亚文的说法是没有根据的。此外,还有学者认为,由于《阿基来行传》反映了公元 3 世纪末美索不达米亚北部双语社团间反摩尼教的辩论情况,故此书很可能是用阿拉米语(Aramic)作导言,而以希腊语记录的。

　　然而,《阿基来行传》的最初版本无论是叙利亚语还是希腊语,抑或其他什么语言,它都成为古代基督教史学家、神学家辩驳摩尼教的几乎所有著述——包括希腊语、拉丁语、叙利亚语、科普特语或者阿拉伯语等——采用资料的主要来源。它们转引或者歪曲摩尼的语录,描述或者夸张摩尼的履历,驳斥摩尼教对于《新约》的解释,如此等等,几乎莫不源自《阿基来行传》。有人认为,《阿基来行传》之所以很流行,似乎是因为它把摩尼既作为宗教方面的异端,又作为传统的政敌伊朗人而进行荒诞的嘲弄。从这个意义上说,《阿基来行传》恐怕是中古时期西方世界描述"该诅咒的波斯"的大量希腊语、拉丁语著述的原型。

二、摩尼的家庭、履历、事迹等问题

今人所知有关摩尼的生平,其知识来源似乎可分为三大类:一为直接和明显驳斥摩尼教的著述(以基督教派的著述为主),如本章谈论的主角《阿基来行传》;一为语气与态度比较平和的非摩尼教派的著述,如叙利亚语的《注疏集》及阿拉伯语的《群书类述》等;三为摩尼教的本教文书,如见于埃及的科普特语文书《克弗来亚》以及见于中国吐鲁番的众多伊朗语文书。在此将比照和分析一下这三类资料中的相关说法,辨析何种说法更接近事实。

阿拉伯文的《群书类述》[①]声称,"摩尼是库那及其郊区的教会负责人,是胡希地方的人,在巴达拉亚和巴库萨亚境内"。又,"他的父亲原居于哈马丹,后来移居至巴比伦,生活在阿尔马达因城,称为泰西封的地方"[②]。

在此所言的"胡希"(Ḥūḥī),有可能是 Jukhā 的异名,而它则是巴格达东南方的一条河流。巴达拉亚(Bādarāyā)和巴库萨亚(Bākusāyā)则构成班达尼金(Bandanījīn)地区,其范围从那拉旺(Nahrawān)运河(在底格里斯河东,巴格达附近,长约 60 英里)之东延伸到扎格罗斯(Zagros)山脉及米底亚(Media)或吉巴尔(Jibāl)省边界地区。据此,摩尼当是今巴格达附近地区的人,更确切地说,是巴格达东面附近的人。至于摩尼的父亲,虽然原居哈马丹(在今伊朗西部),但是后来便迁居至巴比伦(相当于今伊拉克境内,即两河流域);而他居住的城市"阿尔马达因"(阿拉伯语 Al-Madā'in 义为"城市"的复数)则是一座双城:一为底格里斯河西岸的塞琉西(Seleucid)城,一为底格里斯河东岸的泰西封(Cteciphon)城。泰西封则位于今巴格达的辖区内。所以,按《群书类述》,无论是摩尼还是其父亲的居地,都在今伊拉克的巴格达附近。

---

① 《群书类述》(*Ketāb al-Fehrest*)是穆斯林学者伊本·阿尔纳丁(Ebn al-Nadīm)成于 987 年的一部百科全书式巨著,用阿拉伯语撰写;不仅集中了 10 世纪穆斯林学界的知识,还记录了古代的文化遗产。有关摩尼教的内容是该书的第九章,涉及摩尼的生平和摩尼教的教义。

② 见 Dodge (trans.), 1970, p.773。

其他文献的描述也指向这一地区。例如,唐代摩尼教汉语文书《摩尼光佛教法仪略》谓摩尼诞生于"苏邻国";南宋《佛祖统纪》引《夷坚志》,谓摩尼"乘自然光明道气,飞入西那玉界苏邻国中";元代《竹西楼记》称:"明教之始,相传以为自苏邻国流入中土";明代《闽书》称:"摩尼佛,名末摩尼光佛,苏邻国人";近年在福建霞浦发现的民间宗教文书《摩尼光佛》谓"摩尼大法王,最后光明使,出现于苏邻";《下生赞》谓"摩尼佛下生时,托荫于苏邻"。

如此等等的汉文资料均将摩尼的诞生地说成是"苏邻";那么,"苏邻"究竟相当于今天的何地呢?马小鹤曾专门考证过摩尼诞生地的方位[1],其结论是,汉资料中的苏邻、苏蔺、苏利、宿利等名即是西文 Sūristān 或者 Āsōristān 的译音,而它们即是指萨珊波斯王朝的首都塞琉西—泰西封(Seleucid-Ctesiphon),也就是义为"双城"的阿尔马达因(Al-Madā'in)。马小鹤的这一比定与大部分学者的看法相同,因此可以认为,汉文资料与阿拉伯文《群书类述》等文书声称的摩尼诞生地是相同的,它们都指向萨珊波斯王朝的首都,即今伊拉克的巴格达周围地区。

尽管《阿基来行传》描绘的摩尼身世迥异于其他文献,但是摩尼在童年时代真正开始其宗教生涯的居地,也是在波斯国王所居住的城市(见《阿基来行传》第 64 章),即波斯首都。由此看来,《阿基来行传》有关摩尼家乡地望的记载,与其他的大多数东西方资料的描述是基本一致的。当然,如果按照 Suristan 的另一种地望比定——指称萨珊波斯王朝的另一个省 Surestan,约相当于今叙利亚——则就有所出入了;因为与这一 Surestan 并列的另一波斯省份乃是 A-suristan,它相当于"巴比伦",即今伊拉克的中部和南部,而它才真正对应于汉语文献中的"苏邻"或"苏蔺"等名。

有关摩尼的家族和身世,摩尼教本教文书以及后世史家的一般描述与《阿基来行传》的叙说大相径庭,那么哪个说法更接近事实?我们不妨先作一番比照和辨析。

首先,成于唐代的汉语文书《摩尼光佛教法仪略》这样描述道:"按彼波斯

---

[1] 可参看马小鹤:《霞浦文书研究》第 16 章《苏邻降迹号摩尼》,兰州:兰州大学出版社,2014 年,第 320—335 页。

婆毗长历,自开辟初有十二辰掌分年代,至第十一辰,名讷管代,二百廿七年,释迦出现。至第十二辰,名魔谢管代,五百廿七年,摩尼光佛诞苏邻国跋帝王宫,金萨健种夫人满艳之所生也。婆毗长历当汉献帝建安十三年二月八日而生,泯然悬合矣。至若资禀天符而受胎,斋戒严洁而怀孕者,本清净也;自胸前化诞,卓世殊伦,神验九徵,灵瑞五应者,生非凡也。"①

在此所谓的"波斯婆毗长历",是指古代波斯使用的长达 12000 年的一种纪元,共分 12 个千年,每个千年用黄道十二宫之一命名;"婆毗"的语源可能是 Bābēl。"讷"是中古波斯语、帕提亚语等伊朗语中 dōl 的汉译,指婆毗长历中的第 11 个千年,以宝瓶座(Aqurius)命名。"魔谢"是帕提亚语 māsya 的汉译,为长历的第 12 个千年,以双鱼座(Pisces)命名。摩尼父亲的伊朗语名为 Pateg,则相当于"跋帝"的原语,那么,所言摩尼生于"跋帝王宫",似是暗示其父出自王族。摩尼的母亲"满艳"当是 Mays 等名的汉译;而称之为"金萨健种",则可能是安息朝王室后裔的族名 Kamsargān 的汉译。汉献帝建安十三年则相当于公元 208 年。

于是,摩尼教的这份本教文书所描绘的摩尼的家世便是:摩尼的出生年份与佛教始祖释迦牟尼相差 1300 年(1000-227+527),他出生在公元 208 年,其父母均出自波斯的王族,摩尼是从母亲的胸前而非阴户出世的。

那么,如果按照如今普遍认可的释迦牟尼的生年为公元前 500 年左右的说法,摩尼当生于公元 800 年左右;若按《摩尼光佛教法仪略》所言摩尼生年为建安十三年(208 年)的说法,释迦牟尼的生年只能上推至公元前 1092 年。显而易见,《摩尼光佛教法仪略》用这种方式描绘的摩尼诞生年份与史实相距颇远。现代学者确认,《摩尼光佛教法仪略》所谓的第十二个千年的开端与塞琉西纪元②的始年相同,即始于公元前 311 年,故它的第 527 年便相当于公元 216 年,也即

---

① 诸语见《摩尼光佛教法仪略》第 15—23 行,录自芮传明,2014 年,第 50 页。

② 塞琉西纪元(Seleucid Era),亦称希腊历(Anno Graecorum),是塞琉西王朝以及古希腊文明圈内诸国使用的一种纪元。该纪元始自塞琉古一世(Seleucus I,谥号"凯旋者",Nicator)重新征服巴比伦的公元前 311 年;这一年份被塞琉古及其政权视为塞琉古王朝创建的时间坐标。确切地说,古人利用塞琉西纪元纪年的方式是略有出入的:一种方式是将该纪元的首年置于公元前 311 年 4 月至公元前 310 年 3 月;另一种方式是将首年置于公元前 312 年秋季至公元前 311 年夏季。

是说,摩尼生于 216 年。然而,《摩尼光佛教法仪略》在此又谓摩尼生于汉献帝建安十三年(208 年),则与史实仍有 8 年的差距。又,《摩尼光佛教法仪略》声称摩尼是从其母的"胸前"而非阴户出生,则更加荒诞;这分明是为了突出摩尼教教主的"清净",才故意不让他从母体的下身出生。这种出生方式与古代世界诸多"圣人"的出生传说大同小异,显然并非事实。

既然摩尼教本教文书《摩尼光佛教法仪略》对于摩尼的诞生时间等问题表述得十分模糊或荒诞,那么我们不妨再分析一下有关摩尼的家庭出身的记载。成于 10 世纪的阿拉伯文著作《群书类述》描述摩尼的家世道:"摩尼·伊本·福图克·巴巴克·伊本·阿布·巴尔赞(Māni ibn Futtuq Babak ibn Abū Barzām)是安息王朝的成员之一。他母亲的名字叫满艳,也叫乌塔金(Utākhīm)和马尔马燕(Marmaryan),是安息王室的后裔之一。"[①]在此,《群书类述》与《摩尼光佛教法仪略》一样,也很清楚地把摩尼说成出身于安息王室。

然而,《阿基来行传》所描绘的摩尼身世却与之截然不同。首先,《阿基来行传》声称,名为科比修斯(Corbicius)的一个男童在七岁时被一位孀居的老妇人买作家奴,而这个男童即是后来的摩尼。所以,在《阿基来行传》中,摩尼既无出身高贵的父母,更有着自幼被卖身为奴的悲惨遭遇。只是由于老妇的某种同情心,他才获得了自由之身,并在其 12 岁那年因老妇的去世而继承了她的遗产。其次,《阿基来行传》把摩尼教的教义说成是摩尼得之于老妇已故情夫特雷宾图斯(Terebinthus)撰写(或者与其老师塞西安努斯合撰)的四本书,而非摩尼的独创。

面对两种迥异的身世描述,我们虽然没有可靠的证据来否定或者肯定某一种说法,但是按照逻辑,我认为摩尼的"贫贱出身说"恐怕距离事实更近些。因为无论古今中外,人们大多倾向于美化他们心仪的名人、贵人及其家族,尤其是对于所谓的"圣人"或宗教领袖,更是不惜赞美之辞,乃至捏造子虚乌有的事迹和伟业。所以,摩尼教的本教文书把教祖摩尼说成是"出身王族",其夸张甚至编造的可能性较大,相比之下,《阿基来行传》的"贫贱出身说"倒可能更接

---

① Dodge(trans.), 1970, p.773。

近事实。

又，《阿基来行传》谓科比修斯在12岁的时候获得了去世老妇的遗产，其中包括特雷宾图斯留下的四本书，并迁居波斯王城的中心，改名"摩尼"云云，显然揭示了这样一个事实：摩尼12岁时，在教义的学习研究，乃至教派的创建方面有了关键性的进展。而《群书类述》《古族编年》等文献也曾谈及摩尼12岁（或13岁）时的一件大事，只不过此事被说成了"神迹"：摩尼12岁时，来自明界最高尊神的启示由名为Tawm的一位天使带给了他，要求摩尼脱离此前的信仰，转而寻求清净，禁止肉欲、贪婪等①。两类记载都提及了摩尼12岁左右在宗教信仰方面的关键性改变，其共同点是摩尼的年龄。如果我们一定要判别哪一种说法更接近事实，那么毫无疑问，《阿基来行传》的"接受遗产说"比其他文献的"明尊启示说"更少虚妄，更符合现实。

有关摩尼宗教思想体系的来源，《阿基来行传》的说法也异于摩尼教本教文书或其他若干后世转述的说法。例如，《群书类述》称：摩尼的父亲福图克（Futtuq）起初信奉某种偶像崇拜，后经神灵多次警告，要他不要吃肉、喝酒、纵欲等，遂改信另外的教派；而当时，正逢摩尼之母怀孕之时。摩尼自幼追随父亲，与他有了共同的信仰。12岁时，得天使传达大明尊的启示，要他改奉清净之教；24岁时再获天使传达明尊的指示，要他公开布道，大规模传播他的宗教②。

文献在此或隐或显地展示了两点"事实"：第一，摩尼的父亲曾经改变过信仰，后一信仰接近摩尼教的教义——也禁肉、酒和色欲等，而摩尼在12岁之前接受的即是这种信仰。第二，摩尼创立的摩尼教思想体系，是他在12岁和24岁时两度获自源出最高善神大明尊的启示。所以，按此说，摩尼的宗教思想体

_____

① 分别参看 Dodge (trans.), 1970, p.774 和 Sachau, 1879, p.190。后一种文献(Sachau 英译的比鲁尼的《古族编年》)声称摩尼接受"天启"时的年龄为13岁，相当于波斯婆毗长历第539年以及萨珊波斯王朝首君阿尔达希尔一世(Ardashir I)在位的第二年。据此，则与通常的说法稍有出入：按婆毗长历始于公元前312年(另一说为311年)计算，第539年当为公元227年；而这与阿尔达希尔一世登基年份的三种说法(224年、226年、227年)之一吻合。不过，按今天普遍认可的摩尼生于216年之说，他13岁时当为229年，或者至少为228年。所以，比鲁尼的这些资讯略异于其他记载。

② Dodge(trans.), 1970, pp.773—775。

系似乎首先受到其父信仰的一定影响，后则因最高光明神的启示而有了关键性的进展。换言之，"神启"是个关键。

对于这个问题，《阿基来行传》的说法就毫无"神化"色彩了。如上文所见，《阿基来行传》第62—64章载：先是有个名叫塞西安努斯(Scythianus)的撒拉森人，曾长期居住在埃及，继承了毕达哥拉斯(Pythagoras)的二元论，与其门徒特雷宾图斯(Terebinthus)一起撰写了《秘密经》《要义概说》《福音》和《宝藏经》等四部教义典籍。他死后，将其教义和著述都遗传给了弟子特雷宾图斯，而这个曾经自称拥有埃及人的一切智慧，并自号"佛陀"的特雷宾图斯摔死后，则又将四部典籍留给了其情妇；数年后，老妇人去世，这四部典籍便落到了她收养的幼奴科比修斯(即后来的摩尼)的手中。科比修斯此时12岁，遂改名摩尼，以这四部典籍为核心，开始招收弟子，发展他的宗教。

显而易见，比照两种说法，仍当以《阿基来行传》所言者更少虚妄色彩，更为接近现实。当然，《阿基来行传》描绘的摩尼的这两位"老师"和"师祖"也未必实有其事。有的学者就曾专门撰文，断言摩尼的"老师"和"师祖"纯属杜撰，其原型很可能来自公元1世纪的"巫者西门"(Simon Magus)[1]。西门是撒马利亚人(Samaritan)，早期诺斯替派教徒(Gnostic)。《新约·使徒行传》第8章9—24节曾谈及这个西门，说他在撒马利亚专行邪术云云。好几种伪经以及早期基督教著述有关异端的记载中也曾提到西门；有人甚至把他说成是一切异端之源。斯佩特(Eszter Spät)在其文章中罗列和对比了西门与《阿基来行传》中摩尼的"老师们"的若干特点和事迹的类似之处，其中包括西门和特雷宾图斯，均从高空摔下而死。他因此认为这些雷同点并非出于巧合，而是《阿基来行传》的作者有意识地将"巫者西门"作为摩尼的"老师""师祖"以及摩尼自己形象的原型，以此丑化他们。斯佩特的这一说法不无道理。不过即便如此，《阿基来行传》的描述也或多或少暗示了摩尼的宗教思想体系有相当一部分源自此前的某些学派或

---

[1] 参见 Eszter Spät, *The Teachers of Mani in the "Acta Archelai" and Simon Magus*, in Vigiliae Christianae, vol.58, No.1 (Feb. 2004), pp.1—23.

学者,而非"神的启示",因此也就更加接近现实。

三、《阿基来行传》反映的摩尼教史实

尽管从形式上看,《阿基来行传》似乎是"正统"基督教徒编造的驳斥"异端"摩尼教的故事,其中不乏蓄意丑化摩尼教成员(尤其是其领袖摩尼)、歪曲摩尼教教义,乃至捏造事实等现象,然而,若对其内容细加分析,仍可发现不少关于摩尼教的隐含史实,甚至可以补充未见于其他文献的某些资料。在此主要就涉及摩尼教教义的几个问题略作辨析。

1. 早期的摩尼教竭力以基督教为旗帜

阿拉伯史家比鲁尼在其成于 11 世纪的《古族编年》中载,摩尼在献给波斯国王沙普尔一世的《沙卜拉干》中说道:"智慧和善举,始终不时地通过尊神的使者们带给人类。于是,在某个时代,它们由称为佛陀(Buddha)的使者带到印度;在另一个时代,由琐罗杜什特(Zarādusht)带到波斯;在又一个时代,则由耶稣(Jesus)带到西方。如今,启示已经降临了,在这最后时代的预言是通过我,摩尼,真理之神的使者带到巴比伦。"[1]

按照这段叙述,可以十分清楚地看到,摩尼在创教之初即把自己说成是继佛陀、琐罗亚斯德、耶稣之后的"真理使者",亦即是说,他承认或者至少部分地容忍佛教、琐罗亚斯德教和基督教的某些教义。而事实上,我们也在后世的诸多摩尼教"教外文书"和"本教文书"中发现了摩尼教所借鉴和融合的佛教、琐罗亚斯德教、基督教因素。不过,早先诸教因素在摩尼教中体现的色彩浓淡、比例大小却是随着摩尼教的发展阶段的不同而相异的。在此讨论的《阿基来行传》一方面揭示出早期的摩尼教曾经尽量把本教打扮成"正统的"和"正确的"基督教,以吸引此前已经信仰基督教的徒众;另一方面,它也确实从基督教中汲取了大量教义,为它所用。

---

[1] 见 Sachau,1879,p.190。

《阿基来行传》第 65 章记载了这样的内容:摩尼为国王的儿子治病无效,反而致其死亡,故被投入监狱。事后,摩尼的弟子们陆续探望他,并诉说自己的困境。摩尼则鼓励他们,要他们鼓起勇气,坚持下去。他指点他们,尽量设法取得基督教的典籍,以供自己研究和参考。于是,弟子们便带着许多钱财,前赴各地,假称自己是新皈依的基督教徒,要求购买适合于他们的宗教书籍。这样,弟子们获得了有关基督教《圣经》的所有书籍,并把它们交给了监狱中的摩尼。

于是,摩尼在这些书中寻找可以支持其二元论的章节段落;他还试图利用基督教典籍中的某些内容来攻击其他的一些说法,或者篡改另外一些内容,只不过在形式上借用了基督的名义。这样,当基督教徒们听到基督的神圣名字时,就不再会憎恨和排斥那些摩尼教信徒了。此外,摩尼还盗用了基督教《圣经》中的重要神灵"保惠师/圣灵/护慰者"的名义,声称自己即是这位保惠师。摩尼及其信徒们即是利用对基督教典籍的曲解、谎言而传播其邪恶学说的①。

尽管《阿基来行传》在此将摩尼借鉴融合基督教教义的事情说成是他被囚禁之后,即在其晚年,但是我们可以合乎逻辑地推断,摩尼实际上从创教之初就开始努力借用基督教的名义和形式来传播其教义,而绝无可能在晚年被处决前才形成其学说。他借鉴基督教,还反映在《阿基来行传》的其他许多地方。

例如,《阿基来行传》第 5 章谈及摩尼为了诱使基督教的著名信徒马塞卢斯赞成自己的教义,便写了一封信给他,希望与之面谈。而该信的遣词造句则充满了基督教的色彩:"摩尼,耶稣基督的使徒,以及一切追随我的圣徒和贞女,向其最亲爱的儿子马塞卢斯致意。来自父尊天主与我主耶稣基督的恩典、仁慈与和平。""他们不相信我们的救世主和主耶稣基督在《福音》中讲的话:'坏树不能结好果,好树也不会结坏果。'"②

又如,《阿基来行传》第 15 章记载摩尼在马塞卢斯家中与阿基来辩论前的演说道:"弟兄们,我肯定是基督的弟子,确实是耶稣的使者。""我确实是耶稣

---

① 见 Vermes(trans.)& Lieu(comm.),2001, pp.146—147。
② 在此所引的《福音》之语,确实出自《圣经·新约·马太福音》第 7 章第 18 节。

预言的,即将派遣来'指证世界关于罪恶、正义和审判所犯的错误'的那个保惠师。并且,由于先我被遣的保罗曾说,他'所知道的,只是局部的;我们作先知所讲的,也只是局部的',于是便将圆满的知识留给了我,我因此能够摧毁局部的知识。'"第三个证据是,我是基督选中的使徒,因此,如果你们愿意听从我的教导,你们就能得救;若不愿意的话,那么永恒的大火就将把你们烧光。'"以及诸如此类的说法。

在此所引的"指证世界……"以及"所知道的,只是局部的……"诸语,确实分别出自《新约·约翰福音》第 16 章第 8 节和《新约·哥林多前书》第 13 章第 9 节,足见摩尼对于基督教《圣经》语录的熟练运用。当然,摩尼与阿基来辩论时更是使用了大量《圣经》语录来证明自己的正确,或者证明对方的谬误。这就给人一个清晰的印象:辩论双方都认可基督教的基本教义,其分歧只在于对具体词句或事件的理解不同而已。对于这种情况,可以再举两个例子。

《阿基来行传》第 32 章和 33 章载,摩尼对于摩西律法持否定态度,他在阐述这个观点时使用了好几条《圣经》语录:"基督'为他们赎出了律法的诅咒'。"①"保罗亲口说:'文字只会杀人,不会给予任何人生命。'"②"律法是死亡的帮助者,是罪恶的力量。"③"耶稣对不信天主说:'你们是出于你们的父亲魔鬼,并愿意追随你们父亲的欲望。'④这无疑意味着,凡世的邪恶之王无论需要什么,追求什么,他都通过摩西书写下来,交给人类去完成。"显然,无论摩尼是正确理解还是曲解了《圣经》的词句,他在形式上都是以基督教的圣典作为其观点的最高依据。

另一个例子是:《阿基来行传》第 44 章谈及,摩尼与阿基来第一次辩论失败后,逃往一个偏僻的村庄,仍然假借基督教的名义传播其自己的教义。而当地一位虔诚的基督教修士迪俄多鲁斯(Diodorus)则发现了他对《圣经》的歪曲和篡改,遂写信给阿基来,转述了摩尼蒙骗普通大众的宣传,并希望阿基来能

---

① 语出《新约·加拉太书》第 3 章第 13 节。
② 语出《新约·哥林多后书》第 3 章第 6 节。
③ 语出《新约·哥林多前书》第 15 章第 56 节。
④ 语出《新约·约翰福音》第 8 章第 44 节。

够前来本村,当面驳斥摩尼的邪说。

迪俄多鲁斯在信中告诉阿基来道:"近日,有个名为摩尼的人来到我们这里,声称他完全领悟《新约》的教义。诚然,他所说的某些部分属于我们的信仰,可是,他的一些观点却与我们的历代神父传授的学说大相径庭。他用相当奇特的方式解释某些问题,并且掺入他自己的看法。"

摩尼说:"摩西的律法并不属于善良的天主,而是属于邪恶之王;他还说道,那律法与基督的新法毫无关联,而是与之相反和敌对的,二者相互对立。""摩尼从律法中选录了许多内容,以及来自《福音》和使徒保罗的话,以证明它们似乎是矛盾的。他自信十足和毫无畏惧地演说所有这些内容。""他引用了《旧约》中天主的话:'我创造了富人和穷人。'而在《新约》中,耶稣称穷人为受祝福者。"摩尼还说,"耶稣教导说,邻居的东西不能觊觎,而摩西带着人们逃出埃及时,却拿了埃及人的银子和金子。"

"他还说,摩西在律法中规定,一个人确实可以'以眼还眼,以牙还牙'①;而主却要求,若被人打了一侧的脸,应将另一侧脸也给他打。他又说,摩西教导人们,任何人倘使在安息日劳作,并且不严格遵守律法写下的每一条款,都要受到石刑的处罚,哪怕在安息日樵采一捆柴火,也要遭到这样的惩罚;但是耶稣在安息日吩咐他治愈的一个病人去搬床,并且不阻止其门徒在安息日采摘玉米穗,以及用手搓擦它们,而这都是不允许在安息日干的事。"

"他借助了形形色色的这类例子来论证,尽其最大的努力和热情来传播他的教义。他利用了使徒的权威,企图主张摩西的律法乃是死亡的律法,而耶稣的律法则是生命的律法,他依据的经文是:'是他(天主)使我们能够做新约的仆役:这约并不是在于文字,而是在于神,因为文字叫人死,神却叫人活。'"

"他还说保罗本身曾谈到他自己:'如果我把我所拆毁的,再修建起来,我就证明我是个罪人。'②此外,他还引用了保罗有关割礼的一段话:外表上是犹太人,未必是真犹太人;外表上损伤肉体的割礼也未必是真割礼;按照文字的

---

① 语出《旧约·出埃及记》第 21 章。
② 语出《新约·加拉太书》第 2 章第 18 节。

律法,并不具有优越性①。他还引用经文关于亚伯拉罕'拥有荣耀,但不是在天主前'的说法②,以及采用律法,只会产生犯罪意识。他还举出其他许多批判律法的例子,以至令人感到律法似乎即是罪恶一般。而一些头脑简单的人则被这些话说服了。"

摩尼在传教时娴熟运用《圣经》内容和词句的现象表明,早期的摩尼教具有浓重的基督教色彩。这一方面揭示出摩尼教的源流融入了很大成分的基督教因素,另一方面也表明,当时的摩尼教很可能为了尽量吸引信众,故意在基督教流行地区主打基督教旗号,鱼目混珠,以扩大本教影响。迪俄多鲁斯在信中所言的"一些头脑简单的人则被这些话说服了"之语,比较客观地反映了早期摩尼教在西方传教的"盛况"。

2.《阿基来行传》创世神学的启示

摩尼教的创世神话往往涉及它的基本教义,因此反对摩尼教的著述也多从这个角度进行批驳。《阿基来行传》使用了不小的篇幅来辩驳摩尼教的"明暗最初交战"之说,从而留下了并未见于其他记载的一段资料,因此为后人理解摩尼教的教义形成提供了新的启示。

许多谈及摩尼教创世神话的古籍都提到宇宙形成之前明、暗二宗的战争。例如,叙利亚语的《注疏集》载:在天地和万物存在之前,有两种本原,一是善良,一是邪恶。善宗居于明界,称为大父尊;邪宗居于暗界,称为暗王。当大父尊得知暗王意欲侵入明界时,便决定亲自前去,与暗魔交战。于是,他从自身召唤出了诸神,让他们,亦即他自身的一部分,对付暗魔。

嗣后,"大父尊就召唤出了生命母;生命母又唤出了初人;初人则唤出了他的五个儿子,犹如一个人披上甲胄去作战一样。""于是,初人以自身及其五个儿子作为食物,让黑暗五子吞食了,恰如一个人将毒药和在饼中,给他的敌人吃一样。""黑暗诸子吞吃了初人的五子后,由于他们的恶毒意念的作用,五明

---

① 出自《新约·罗马书》第2章。
② 见《新约·罗马书》第4章。

神的智慧被夺走了,犹如一个人被疯狗或毒蛇咬了一般。"

　　显然,明暗初次交战的结果是光明一方的惨败,即初人(摩尼教汉语文书中的"先意")昏倒在黑暗深渊中,他的五个儿子(汉语文书中的"五明子")则被暗魔吞食。初人恢复心智后,便祈求大父尊(明尊)营救他们脱离黑暗。大父尊遂做了第二次召唤,让新诞生的生命神(汉语文书的"净风")及其五子等神前去拯救初人①。

　　又如阿拉伯文的《群书类述》载:世界由两种本原构成,一为光明,一为黑暗。最初,两种本原互不相干。光明有五个世界,即忍辱、知识、智能、深不可测和洞察力。黑暗也有五个世界,即云、火焰、瘟风、毒和阴晦。光明世界与黑暗世界相邻,二者之间并无阻碍。光明交界于黑暗的表面。光明世界的高度无限,其右侧和左侧亦然;黑暗世界深度无限,其右、左两侧亦然。

　　暗魔深入地下,始终贪婪地吞食、腐蚀和杀戮反对他的任何事物。他觊觎上层世界,一心想与光明竞争。由于暗魔的觊觎,光明世界察觉了他的杀戮和腐败欲望。此后,明界谋划对暗魔的征服事宜。明尊希望亲自征服暗魔,因此通过他的幸运神灵、五个世界以及十二要素,创造了一个后代,这即是初人,委任他与黑暗搏斗。

　　于是,"初人穿上了他的五要素,是为五个神灵:以太、风、光、水与火。他将他们作为甲胄。首先穿上的是以太,然后在这宽广的以太外披上勇敢的光明,覆盖在光明之上的是含水的尘土,再包在外面的则是吹拂的风。然后,他手中握着火,作为盾和矛。他快速地向下冲去,直到接近交战处的边界才停止"。

　　随后,暗魔也"修复了他的五要素,即烟、焰、阴晦、瘟风和云,用它们武装了自己,作为防护甲胄。当他前来与初人接仗后,他们交战了很长时间。暗魔击败了初人,吞食了他覆盖于外的光明要素"。后来,明尊又派出另一位神灵,救出初人,征服了黑暗②。

　　再如,《阿基来行传》第7章记载图尔博介绍的摩尼教教义云:摩尼教崇拜

－－－－－－－－－－

① 见 Jackson, 1932, pp.222—232。
② 见 Dodge(trans.), 1970, pp.777—781。

两种神灵,认为他们都是天生的,并且永久相互对立。其中之一坚持善良,称为光明;另一个则坚持邪恶,称为黑暗。光明构成人类的灵魂,黑暗则构成人类的肉体。

这两个神灵恰如两个对立的国王一样,从一开始就是仇敌,各占一块地盘。但是后来黑暗越出了自己的领域,意欲攻击光明。当善良父尊发觉黑暗侵入了自己的领地时,便从自身创造出生命母(即汉语文书的"善母")、初人等神;初人以五要素作为武装,降临下界,与黑暗交战。此后,暗王吞噬了初人的一部分武装,即灵魂,将初人重重地击倒在地。若非明尊听到初人的求救声,又派遣了另一神灵——也从他自身创造,名叫生命神——把他救出黑暗,初人就将长久地陷入危险境地了[①]。

以上所引三段记载的基本内容可以归纳如下:最初,明暗两界互相对立,却互不相干;但是后来暗魔入侵明界,明尊便从自身创造出新的神灵,与暗魔交战;明界的初人(先意)却被暗魔击败,其五子(五明子)被吞食;明尊第二次从自身创造出新的神灵,于是生命神(净风)等将初人救离黑暗深渊。

大体而言,各种文献对于明暗交战开端的记载大同小异,即黑暗首先侵犯光明。《阿基来行传》第 7 章载:"但是忽然间黑暗越出了自己的领域,欲与光明交战";"善良父尊发现黑暗业已侵入自己的领地"。《注疏集》载:"当黑暗之王攀升入光明区域时⋯⋯于是,大父尊经过认真思考后,说道:'⋯⋯我将亲自前去,参加这场战斗。'"《群书类述》载:"(暗魔)始终贪婪地吞食、腐蚀和杀戮反对他的任何事物。他觊觎上层世界,看见了光明的闪烁,一心要与之竞争";"用他的黑暗成分去接触他们"。

然而,《阿基来行传》第 28 章却记载了一个不同于其他诸说的"明暗交战开端",这便是摩尼所谓的"诱捕说"。摩尼讲了一个寓言:"邪恶者就像妄图偷偷接近善良牧人羊群的狮子,牧人见此情况,就挖了一个深坑,再从羊群中取来一只羊羔,放在坑中。狮子急于攻击它,馋涎欲滴地想吃掉它,于是冲向深

---

① 见 Vermes (trans.) & Lieu (comm.), 2001, pp.44—48。

坑,从而跌入其中。狮子再也无力攀爬出坑。牧人抓住了狮子,为小心起见,把它关在一个笼子里,并保护此前与狮子一起待在坑中的羊羔的安全和健康。就这样,通过这一方法,邪恶者变得衰弱了,犹如那狮子一样,再也无力作恶;整个灵魂之族将得到拯救,被毁坏者得以康复,回到自己的群体中。""这只是诱捕狮子的一个骗局而已。为了未来,天主将保护灵魂的安全。"

在此所谓的"狮子",是指黑暗势力"邪恶者";"牧人"亦即"天主",指光明神;"羊羔"则是指光明分子,即"灵魂"。按照此说,明、暗在最初的交战,是发端于光明一方的主动出击,即设计引诱黑暗势力来攻光明;这异于前引"由于黑暗垂涎明界之美妙才发动了侵略战争"的其他诸说。

这个"诱捕说"固然颇为生动,并且貌似展示了光明神的智慧,但是在阿基来尖锐的批驳面前,显得漏洞百出,十分荒谬。他辨析道,摩尼的这个说法实际上表明,光明神惧怕暗魔(狮子)的攻击,从而将灵魂舍弃给它,任其吞食;口头上却又声称这是为了灵魂未来的安全,将来可以从暗魔腹中救出灵魂!然而,假如光明神日后真有力量击败魔鬼,拯救灵魂,那么为何不在一开始就直截了当地击杀暗魔,保护灵魂,却还转弯抹角地先让暗魔吞食灵魂,再在日后进行"拯救"呢?

所以,"这就好比有个国王,敌人已经向他宣战,他却丝毫不相信自己的力量,而是因自己的软弱吓得心惊胆战,把自己紧闭在城墙里面,四周绕以城堡和防御工事,对自己的军队始终没有信心。假如他是个勇敢的人,他就会走出城去,奔赴远离本国边境之处迎击敌军,尽其所能地战斗,直到击败敌人,主宰敌人"。

显然,通过这番分析,阿基来指出摩尼所谓设计"诱捕"的光明神实际上只是不敢正面拒敌的懦夫,因此揭示出摩尼教的明尊并非完美之神;而这显然并不符合阿基来和摩尼都认可的"天主完美无缺"的观念。除此之外,阿基来还指出,既然摩尼主张善、恶两种本原绝不相容,那么他如今声称狮子(暗魔)吞食羊羔(光明分子/灵魂),也就违背了其二元论。这又是一个矛盾。

至此,摩尼的"诱捕说"几乎成了阿基来奚落和否定其"明暗二元论"的例证。那么,摩尼为何如此"犯傻",居然在这种公开辩论的场合提出与其二元论明显不相符合的教义呢?为探讨这个问题,我们不妨梳理一下摩尼提出"诱捕说"的背景。

《阿基来行传》第26—27章载:阿基来说道,既然明暗二元完全敌对,并且在最初互不干扰,那么在明暗两界之间肯定有着某种障碍,阻隔着二者的相互接触。于是,就产生了一个问题:这个障碍(分隔墙)是谁建造的?并且,筑墙者一定得比明暗二者都伟大,否则不可能为它们划界,将它们分隔开。阿基来紧紧抓住了这个问题不放,咄咄逼人地问道:"二者中的哪一个建造了这堵墙?以及一个在筑墙时,另一个在干什么?"这令裁判们也重视起来,要求摩尼立即给予答复:"摩尼,告诉我们,是谁标志出了两个国度的界限?以及是谁建造了中间的墙?阿基来所提的这个问题对于本次辩论具有非常重要的意义。"

在这种严厉逼问的气氛中,摩尼仓促地作了解答:"(天主/明尊)将苍穹置于中央,以隔离邪恶者,把它与自己分离开。"亦即是说,摩尼承认这"分隔墙"是由明尊主动建造的,其目的则是为了将邪恶的黑暗与善良的光明分隔开。

不料,摩尼的这个答复又引出了阿基来貌似合乎逻辑的推论:"如你所言,假若天主建造了那墙,那就证明他心怀恐惧,缺乏勇气。因为我们知道,生性多疑的人总是掉进陌生人设计的陷阱,惧怕敌人圈套的人往往用城墙围住自己。"这个推论,让摩尼背上了贬低天主的黑锅。然后,阿基来又作了进一步的批驳。

他继续说道:"让我们先同意墙作为两个国度的分界而建立起来的说法,因为若无这堵墙,双方就不可能有各自的国度。但是出于同样的道理,如果这堵障碍墙足够坚固的话,那邪恶者也不可能越出本界,侵入善良者境内,除非它偶然地被先行摧毁了。"这句话把焦点转移到了"分隔墙"的质量上,因为阿基来接着说:"是某种敌对力量摧毁了立在他们之间的城堡。因为他在先前的演讲中,声称黑暗曾越过了自己的边界,进入善良天主的国度。谁首先摧毁了这防御?因为当防御足够坚固时,邪恶者是不可能越过它的。"

这番话清楚地表明,摩尼的"黑暗入侵明界说"实际上把光明说得弱于黑暗,而这又不符合摩尼教"光明胜过黑暗"的基本教义。于是,为了解决这个矛盾,摩尼似乎只能把最初的明暗之战说成是由光明一方首先发动了,并且,他还得解释光明这样做的原因。

果然,阿基来又问道:"倘若你说是天主摧毁了它,那么我要问了:是什么动机促使他毁坏了自己先前为隔离开强硬的邪恶者而建造的墙?""反之,倘若你说这堵防御墙是被邪恶者摧毁的,那么善良天主的创制品怎么会被邪恶者破坏?在此情况下,邪恶本原变得比天主更强大了。又,既然邪恶者是完全黑暗的,那么它又怎么能胜过光明?因为福音传教士宣称'光在黑暗中照耀,黑暗决不能胜过他'①"显而易见,摩尼无论作何解答,都很难避免被指责为"违背《圣经》教导"。这些尖锐的问题似乎令摩尼穷于应付,于是,他接着讲述了一个利用羊羔诱捕狮子的寓言。

至此,我们似乎触摸到了"诱捕说"产生的缘由:摩尼最初设计的基本教义只是明暗对立、黑暗入侵明界、初人率领五明子迎敌、初人失败被困、光明分子被暗魔吞食等粗糙的情节,却并未设计严密的"逻辑体系"。所以,一旦在辩论中遭遇到"'黑暗入侵明界'体现了光明弱于黑暗"的责难时,便穷于应付了。而"诱捕说"恐怕是摩尼为了应付阿基来的这类质问而临时做出的辩词。

这样的推测似乎可以解释为何"诱捕说"只见于《阿基来行传》,以及此说颇多"逻辑漏洞"的现象。因此,我们可以认为,摩尼创教时设定的创世神话,当是暗魔入侵明界,光明神灵仓促应战,初人等神不敌暗魔,净风等神再来营救云云,其细节并不严谨。故后世对于摩尼教神学的细节描写若出现差异,很可能是出于两种原因:一是有意识地修改说法,使其神学体系更为严密,更少漏洞;二是无意识地曲解和误解教义,从而出现似是而非的说法。

《阿基来行传》"独家记载"的"诱捕说"当是属于前一种,但是恐怕由于摩尼是在仓促之间编造了这个解释,因此尽管用光明神"主动出击"的说法避免了"光明弱于黑暗"的指责,却又引来了"天主(光明神)并非完美"的嘲笑。

事实上,我们还可发现与"诱捕说"相仿的一个说法,即见于上引《注疏集》

---

① 语见《新约·约翰福音》第 1 章第 5 节。

所说的一句话："于是，初人以自身及其五个儿子作为食物，让黑暗五子吞食了，恰如一个人将毒药和在饼中，给他的敌人吃一样。"此语暗示的是：光明神灵之所以被暗魔击败，并非因为弱于对方，而是有意识让暗魔吞食，犹如将毒饼给敌人吃一样。由于找不到此语属于临时编撰的证据，所以我们或可将它视作是后世为了将摩尼教神学修改得更为严谨的例证之一。

至于可能属于"曲解"教义的一例，可以参看《阿基来行传》第 10 章第 1 节，图尔博向人们介绍摩尼教的教义道："我还将告诉你们，灵魂是如何转生入其他躯体的。首先，它的一小部分是净化的；然后，它转生入一只狗或一只骆驼，抑或其他动物的体内。但是，如果他犯了谋杀罪，灵魂就会转生入麻风病人体内；如果收割过庄稼，就会转生入哑巴体内。"

摩尼教戒杀，故对于犯了谋杀罪的人处以转生于麻风病患者的惩罚，是合乎情理的。另一方面，按摩尼教教义，光明分子(灵魂)存在于万物之中，包括动物、植物等；专业修道者"选民"必须素食，以便从蔬菜、水果中"回收"更多的光明分子。然而，他们却不可以亲手种植和收割庄稼，以免刀刃伤害了其中的"灵魂"或"光明分子"。于是，种植和收割庄稼，以及制作食品的一切工作都得由世俗修道者"听者"来代劳，而"听者"则会因此遭受相应的损害。不过，一般而言，他们只是不得不多次"转生"于人类，不似"选民"那样可以直接登升明界。所以，在此所谓收割庄稼者将转生哑巴，未免惩罚过严，涉及面过广，恐怕只是曲解和误传教义。

《阿基来行传》的"诱捕说"和"转生哑巴说"等给予我们一个启示：首先，最早创设的摩尼教教义似乎比较粗糙，不太完善，缺乏严密的逻辑性。其次，随着时间的推移，摩尼教教义有所演变。这类演变可能使之更为严谨，也可能使之更加脱离原始教义，盖因演变的原因既包括了有意识的修改，也包括了无意识的曲解。

3.《阿基来行传》保留的有价值资料

尽管《阿基来行传》被许多学者认为只是基督教反摩尼教人士杜撰的一篇故事，但是其中使用的若干基本素材应该并非出于胡乱编造，或者，至少具有相当的事实依据。其中,颇具价值的资料,除了第 7—13 章由图尔博转述的摩尼教教义外,第 62—65 章所载阿基来介绍的摩尼生平中还保留了不少真实的史料。在此,则简单地归纳一下后一部分内容,以更加全面地了解《阿基来行传》的史料价值。

第一方面,《阿基来行传》谈及摩尼撰写或者"抄袭"的几本摩尼教典籍,这些书名印证了其他史籍的相关记载内容。

无论是摩尼教的本教文献还是教外著述,都声称摩尼亲自撰写了多种著述。虽然诸说稍有出入,但都大同小异,通常为"七部书"之说。如摩尼教汉语文书《摩尼光佛教法仪略》(撰于唐代)记载摩尼的著述云:"凡七部,并图一。第一,大应轮部,译云《彻尽万法根源智经》;第二,寻提贺部,译云《净命宝藏经》;第三,泥万部,译云《律藏经》,亦称《药藏经》;第四,阿罗瓒部,译云《秘密法藏经》;第五,钵迦摩帝夜部,译云《证明过去教经》;第六,俱缓部,译云《大力士经》;第七,阿拂胤部,译云《赞愿经》;大门荷翼图一,译云《大二宗图》。右七部大经及图。"①

又,伊本·阿尔纳丁(Ebn al-Nadīm)在 987 年撰成的阿拉伯语《群书类述》也谈到摩尼的亲撰著述:"摩尼撰写了七部书,其中之一用波斯语,其他六本用叙利亚语撰写。它们是:《萨法尔·阿尔阿斯拉》(Safar al-Asrār),它包括如下章节……。《巨人书》,它包括……。《听者戒条》。《选民戒条》。《沙卜拉干》,它包括……。《生命经》,它包括……。《论文》,它包括……。"②

这两本书所载与《阿基来行传》提到的摩尼从塞西安努斯以及特雷宾图斯"继承"的四部书可以互为佐证。《阿基来行传》第 62 章第 6 节提到的摩尼教四部书的拉丁文书名分别为 Mysteria、Capitula、Evangelium、Thesaurus。其中,Mysteria 意为"秘密",也就相当于《摩尼光佛教法仪略》所言的《秘密法藏经》以及《群书类述》所言的《萨法尔·阿尔阿斯拉》③。Capitula 有"章节""概要"之意,应该相当于科普特语(Coptic)文献 Kephalaia,是摩尼的演讲摘要。Evangelium

---

① 见《摩尼光佛教法仪略》第 57—66 行,转录自芮传明,2014,第 51 页。
② Dodge, 1970, pp.797—798.
③ 阿拉伯语 safar 义为著述、书、经典等;al-Asrār 义为秘密、神秘、谜等,故词组 Safar al-Asrār 便当意为《秘密经》。

意为"福音",相当于《摩尼光佛教法仪略》所言的《彻尽万法根源智经》。The-saurus 意为"宝藏",相当于《摩尼光佛教法仪略》所言的《净命宝藏经》以及《群书类述》所言的《生命经》。

显然,《阿基来行传》所列的四部摩尼教典籍确实存在,并非虚构。它与其他文献记载的区别似乎只在于数量:前者谓四部,后者谓七部。而对于这一点,还有一个比较合乎逻辑的解释:《阿基来行传》成书较早(4 世纪上半叶),在摩尼去世后不久。此时的摩尼教信徒们正处于遭受迫害而四散避难的最艰苦处境中,故尚未形成后世流传的"摩尼亲撰七书"的成熟说法。

此外,《阿基来行传》不同于其他文献之说的另一点,是将《要义概说》(Ca-pitula,相当于科普特语的 Kephalaia)作为摩尼的亲撰作品;而从《克弗来亚》的导言可以推断出,这部著作是摩尼的弟子辑录导师的各种言论而成:

这个世界始终不允许我写下所有这些⋯⋯。如果你们,我的孩儿们和弟子们记下了我的一切智慧⋯⋯你们问过我的问题⋯⋯以及我不时地清楚给予你们的解释。我与导师们一起向教会领袖、选民及新信徒宣讲的布道、训诫⋯⋯我不时地宣讲的一切。它们未被记录下来。你们必须记住它们,把它们写下来。要在各地收集它们,因为大部分都是我曾对你们讲过的智慧。⋯⋯不管怎样,根据你们的能力,尽你们最大的努力,记住了!把你们从我那里听到的大智慧记一点下来。①

由此可知,严格地说,此书并非摩尼"亲自撰写",但是全书的内容实际上都出自摩尼的教导,只不过从形式上看,是摩尼"口述",弟子"笔录"而已。那么,若将此书视作摩尼的作品,也未尝不可;正如《论语》虽由孔子的弟子辑录,《大唐西域记》虽由辩机执笔,却都被理所当然地说成是孔子所作和玄奘所作。总之,尽管《阿基来行传》将四部书说成是摩尼获自他人,却清楚地展示了,它

① 见 Gardner, 1995, 616—27, 95—7, Introduction, pp.12, 14。

们确实是与摩尼有着密切关系的重要摩尼教典籍。

第二方面,《阿基来行传》提及了好几位与摩尼教相关的重要人物。可以肯定,其人其事并非虚构。

首先,《阿基来行传》第 61 章第 3—4 节,阿基来声称,要向众人介绍摩尼的来历,而提供这类信息的,则是曾为摩尼教信徒,后却改宗基督教的西西纽斯(Sisinnius)。关于西西纽斯,假若去除其"改宗"的夸张说法,确实是摩尼教中相当重要的一个角色。因按摩尼教本教文书,帕提亚语文书 M 5569(T II D 79)的描述,"在光明使者(指摩尼)般涅槃后,他的《福音》(Gospel)、他的《图经》(Ārdahang),他的外衣,以及他的手杖都被送往……教区……西西纽斯……"

在此所言的《福音》《图经》是摩尼撰写的两部书,前者用文字阐述摩尼教教义,后者则以图画来描绘教义。第四样物件的帕提亚语原文为 dst (dast),原义是"手";但是也有学者认为是"手"的引申义——手杖、权杖①,或许比较合理。虽然在原文书上,相当于"西西纽斯"的帕提亚语词只是残缺的 sisin,是由亨宁补足为 Sisinnius 的②,但是后来的学者都接受了这一辨读。因此,整个段落可以理解为:摩尼去世之后,经过一段时间(据说是相隔了五年),本教推举西西纽斯为摩尼的继承者,成为摩尼教的最高领袖;摩尼的两本著作是作为教义的传承,外衣和手杖则是作为摩尼权威的象征,全都留传给了西西纽斯。由此看来,尽管作为摩尼高级弟子的西西纽斯绝不可能为阿基来证实对摩尼的污蔑或歪曲之辞,更不可能改宗基督教,但是阿基来提到的"西西纽斯"这个人物确实存在。

其次,《阿基来行传》第 64 章第 4—6 节谈到摩尼的三个弟子:托马斯(Thomas)、阿达斯(Addas)和赫尔马斯(Hermas),并声称,摩尼派遣他们到各地传布摩尼教,托马斯到埃及,阿达斯到塞西亚,赫尔马斯则与摩尼在一起。尽管同书在另一处所说的与此不同("摩尼将其学说全部传给他的三个弟子,并命令他们各赴外地布教。阿达斯负责东方地区,托马斯负责塞西安人居地,赫尔

① 参见 Klimkeit, 1993, p.215 及 p.220, note 105。
② 见 Andreas & Henning, 1934, p.862。

马斯则前赴埃及。"①），但是后世的学者都将这些说法作为史实的一部分，他们结合其他资料梳理出的摩尼诸弟子的情况，通常都是以《阿基来行传》所述者为基础和核心的。

按照不同资料的记载，托马斯被说成曾经在叙利亚、耶路撒冷、犹地阿(Judea，巴勒斯坦南部)、埃及、印度等地布教②。虽然他有可能去过不止一地，但是显然不太可能去过所有这些地方。新柏拉图主义哲学家利科普利斯的亚历山大(Alexander of Lycopolis)③为托马斯在埃及传播摩尼教提供了证据："游历我地，最早诠释其学说(指摩尼教——引者)的，是一个名叫 Papos 的人；在他之后前来的则有托马斯，以及他俩之后的若干其他人。"不过，现代学者的研究表明，托马斯还可能在其他地区布教，如沙夫·索德堡所言："不得不承认，这些传统说法是有些矛盾的，但是似乎十分肯定的一点是，托马斯曾在叙利亚，并可能还在巴勒斯坦传布过摩尼教。"④显然，托马斯至少还曾在叙利亚及巴勒斯坦活动过。

关于摩尼的另一位早期弟子阿达斯(Addas，在其他文书中也称 Addā)的布教地区，《阿基来行传》及其他许多古代著述和摩尼教本教文书也有不少说法，其中包括东方、塞西亚、耶路撒冷、北方、叙利亚、也门、埃及等。谈述摩尼教传教史的中古波斯语文书 M 2 曾这样描述阿达斯的布教活动：他被任命为主教，前赴罗马帝国的统治地区传布摩尼教，他的上司是导师帕蒂库斯(Pattikios)；他们抵达了亚历山大里亚。大约一年过后，Pattikios 返回了宗教领袖摩尼所在的萨珊王朝的美索不达米亚地区，阿达斯便接管了传教团的领导权。阿达斯最大的成就是使一位罗马皇后的姊姊纳芙莎(Nafša)改宗了摩尼教。现代学者把这

---

① 见希腊文版本的第 13 章第 8 节，Vermes & Lieu, 2001, p.159。

② 参看 F. Forrester Chuch & Gedaliahu G. Stroumsa, *Mani's Disciple Thomas and the Psalms of Thomas*, Vigiliae Christianae, 34, p.49, North-Holland Publishing Company, 1980.

③ Alexander of Lycopolis，约公元 4 世纪人，他因其论文集《摩尼学说驳论》(*Alexandri Lycopolitani contra Manichaei opiniones disputatio*)而闻名；曾任 Lycopolis 城(位于埃及东部，在尼罗河左岸)的基督教主教。

④ Torgny Söve-Säderbergh, *Studies in the Coptic Manichaean Psalm-Book: Prosody and Mandafan Parallels*, Leipzig, 1949, p.165.

一阿达斯传教团的活动时间定在公元244—262年。所以,不管阿达斯曾经去过多少地方,埃及恐怕是他最主要的布教地区。

至于《阿基来行传》提到的摩尼三位早期门徒之一的赫尔马斯(Hermas)的布教区域,不同的古代著述也有不同的说法,只是异说较少而已,如只提到埃及、美索不达米亚(与摩尼在一起)、耶路撒冷等,且大部分声称是埃及。不过,若按刘南强的推测,Hermas 是同为摩尼弟子的 Mar Ammo(汉语文书作"末冒")的希腊化名字的话,则他的活动区域应该是在东方的中亚地区。因为摩尼教的许多文书都谈到了 Mar Ammo 的事迹,声称他是摩尼的得力门徒之一,因为能干并精熟帕提亚语,故前赴波斯东方流行帕提亚语的地区布教;他不仅圆满地完成了传教使命,还使得帕提亚语在随后的数百年间成为东方摩尼教教会的官方语言。据说末冒陪伴摩尼度过了在监狱中的最后日子;现存的摩尼教文书中,有的声称是摩尼写给末冒的信,有的描绘末冒前赴中亚布教的传奇故事,还有据说是末冒撰写的赞美诗。摩尼的这位门徒似乎是诸弟子中最为杰出的一位,至少就现有资料而言是这样。

第三方面,《阿基来行传》记载的摩尼的最终结局,也基本上与其他史籍的记载相吻合。例如,第66章第2—3节记载:"当阿基来揭示了这些真相后,摩尼立即逃亡了。他成功地逃脱了,没有被人追捕到,因为民众都因为兴奋地聆听阿基来的演讲而耽搁了时间。当然,仍旧有少数几人对摩尼紧追不舍。但是,摩尼从他原来走过的路线折返回去,跨过河,又回到了阿拉比昂要塞。稍后,他在那里被捕,被带到了国王的面前。国王对摩尼愤怒异常,要为两个人的死亡报复摩尼:一个是他的儿子之死,另一个是他的典狱官之死。他下令将摩尼处死后剥皮,悬挂在城门口,人皮中充填药草,肉则用以喂鸟。"

与之相仿的两段记载见于阿拉伯史家比鲁尼的《古族编年》:"摩尼教在阿尔达希尔(Ardashir)、其子沙普尔(Shapur)以及沙普尔之子胡尔穆兹(Hurmuz)治下时蓬勃发展,直到巴拉姆(Bahram)登基。巴拉姆发布诏令,搜捕摩尼;抓到后,他宣称:'此人鼓动民众摧毁这个世界,所以必须在他的计谋实施之前处死他。'众所周知,他处死了摩尼。剥去他的皮,塞以青草,悬挂在贡迪沙普尔

(Gundishapur)城门口;那城门至今还被称为摩尼门。胡尔穆兹还杀死了不少摩尼教信徒。"

"基督徒吉布雷尔·努赫(Jibrail Nuh)在其反驳雅兹旦巴克特(Yazdan-bakht)责难基督教的著述中说道,摩尼的一个弟子编撰了一本书,在书中谈到摩尼的遭遇:国王的一位亲戚被认为遭到魔鬼附身,摩尼承诺自己能治愈他,最终却未见效果,故被投入监狱,锁上手、足,最后死于狱中。他的头颅被挂在王宫门口,尸体则被抛在街上,以儆效尤。"[①]

综观《阿基来行传》全书,诸如此类的例证还有不少,在此不赘。总而言之,旨在批驳摩尼教,不乏丑化该教之语的《阿基来行传》尽管很可能存在虚构、曲解等情况,但是仍然有意无意地透露出不少颇具价值的真实信息,因此为后世科学地研究摩尼教提供了珍贵的原始文献。

---

① 见 Sachau(tr. & ed.), 1879, p.191。

第五章 简论圣奥古斯丁批驳摩尼教的著述

圣奥古斯丁(英文 Saint Augustine),因为中年之后在基督教神学等方面的杰出成就,获得教会赐授的圣徒(Saint)称号,遂被世人称为圣奥古斯丁。此外,由于他曾在罗马帝国北非行省的希波(Hippo,今阿尔及利亚的 Annaba 城;亦称 Hippo Regius,意为"王者之希波")担任多年的主教,故通常也被称为"希波的奥古斯丁"(Augustine of Hippo)。其拉丁名亦作 Aurelius Augustinus Hipponensis。

奥古斯丁生活在公元 4 世纪下半叶至 5 世纪上半叶(354 年 11 月 13 日—430 年 8 月 28 日),距摩尼教的创建和流行已有一百多年。奥古斯丁先是在年轻时成为摩尼教的俗家信徒,九年之后又毅然与之决裂,成为虔诚的天主教信徒,后来成为地区主教。他一生陆续撰写了许多十分犀利的驳斥摩尼教的文章和书籍,对这"异端"展开论战。奥古斯丁的这些活动和著述,不仅在当时的神学界和哲学界产生了不小的影响,更为后世了解早期的西方摩尼教留下了弥足珍贵的史料。

奥古斯丁对于摩尼教的了解远胜于其他的"教外人士",其批驳摩尼教的著述更为丰富,产生的影响也更为深远。本章将择要对奥古斯丁涉及摩尼教的论著作一番梳理和分析,介绍其内容,探讨其价值,考察其揭示的早期摩尼教史实,尤其是它们透露的摩尼教教义信息以及 4—5 世纪摩尼教在西方世界的传播概况,以便研究者更好地利用这些珍贵的资料。

一、奥古斯丁与摩尼教的离合简况

在谈论奥古斯丁驳斥摩尼教教义的著述之前,有必要先了解一下奥古斯丁相继信奉和叛离摩尼教,并对摩尼教大加挞伐的大体过程,以明白当时的宗教论战的背景,从而加深对奥古斯丁相关作品的理解。

公元 354 年 11 月 13 日, 奥古斯丁诞生于罗马帝国北非行省的塔加斯特城(Thagaste,即今阿尔及利亚的 Souk Ahras)。他的母亲莫尼卡(Monica,亦作 Monnica)是个虔诚的基督教徒;父亲帕提修斯(Patricius)则信奉异端,直到临终前才皈依了基督教。学界通常认为,奥古斯丁的家族出自北非的土著部落柏柏尔族(Berbers)。但是他们已经极大地罗马化了,在家中都操拉丁语,并为此感到自豪和荣耀。

奥古斯丁在 11 岁时就读于塔加斯特以南 50 余公里的小城 Madaurus(今天的 M'Daourouch)。他在此熟悉了拉丁文学,以及异教徒的一些信仰和宗教活动。此外,他还与调皮的小伙伴们一起干些不光彩的事情,如偷摘邻居的果子。他并承认,这不是出于饥饿,而是纯粹出于故意违规的犯罪心理。嗣后,他长久地对此抱有负罪感。

17 岁那年,他前赴迦太基(Carthage,非洲北海岸的城市,位于今突尼斯),继续研读修辞学。在那里,他的思想历程发生了第一次巨大转折。促使其思想发生变化的机缘,是阅读了西塞罗(Cicero,Marcus Tullius,公元前 1 世纪罗马帝国的政治家和雄辩家)的一篇题为 *Hortensius*[①]的文章,从而激发了他追求真正智慧的热情,以及对哲学的莫大兴趣。然而,他在迦太基尽管得到基督教会的培养,却颇受摩尼教声称的"真理"的蛊惑,成为该信仰追随者中的一员。这

---

① Hortensius 是西塞罗的一位朋友之名。此文以对话录的形式,规劝人们研习哲学,声称真正的人类幸福是掌握和使用哲学。此文已佚,只有少量词句残留在奥古斯丁的多篇著述中,如 *Contra Academicos*,III,14:31;*De Beata Vita*,X;*Soliloquia*,I,17;*De civitate Dei*,III,15;*Contra Julianum*,IV,15:78;*Epist.* CXXX, 10 等等。

令其母亲十分失望。

奥古斯丁是以"听者"的身份参与摩尼教的,时在 373 年,并且持续了 9 年之久。当时,摩尼教是被官方禁止的,信徒们只能秘密地从事宗教活动。因此,奥古斯丁的"听者"身份也带有一定的风险。"听者"相当于俗家信徒,亦即次级信徒;高级信徒称为"选民",专职从事修行,并且禁止吃肉、喝酒和性生活等行为。奥古斯丁最初虽然受惑于摩尼教的教义,却也始终没有盲从,他的好奇心和良好的哲学知识使他思考了很多,从而产生不少问题,希望获得令人满意的解答。

奥古斯丁强烈要求社区的高层神学家解答这些涉及教义的关键问题,然而,它们都被提交给了摩尼教的首席思想家福斯图斯(Faustus of Mileve,因其故乡在今阿尔及利亚东北的 Milevum 城,故名),然而,福斯图斯却远居意大利。多年之后,两人终于相聚于迦太基。然而,令奥古斯丁大失所望的,是福斯图斯坦白地承认,他无法解答这些问题。奥古斯丁丰富的天文学知识,使他明白了摩尼教有关宇宙和天象的教义的解释是非理性的,他们所谓的"智慧"只不过是神话和幼儿般想象的结合罢了。

有关与福斯图斯的聚谈以及对福斯图斯的最终看法,奥古斯丁在其《忏悔录》中有着较为具体的概括,例如:

> 几乎在9年的全部时间中,我心神不宁地等待着我始终以无限热情期盼的福斯图斯的光临,以给予我摩尼教的教诲。因为我遇到的该教派中的所有其他成员都无法解答我提出的问题,而都要求我等待他的来临。他们承诺道,只要与他进行探讨,这些问题乃至更大的难题——我若有的话——都会获得轻易的解答和充分的释疑。
>
> 他最终来了……
>
> 我长期热望与此人相聚,如今也确实对其辩论中的行为和思维,以及展示其观点的流畅和灵巧的言辞相当欣赏。因此,我很高兴地与其他人一起赞颂他,其程度甚至超过别人……

　　我向他当面道出了我的若干困惑。但是我立即发现，他对于文科，除了语法外，其他方面一无所知；即使语法，也不过普通水平。他只是读过一些西塞罗的演讲文、塞内卡①的少量著述、一些诗人的作品以及用出色的拉丁文撰写的数本摩尼教本派著述。他的学识贫乏，只是凭借着日常的演讲实践，才造就了一种辩才，这种辩才因其敏捷的才智和纯朴的魅力而显得更为讨人喜欢和令人迷惑……

　　我立刻明白了，福斯图斯对于我本来认为他十分杰出的那些学问其实并不知晓。我便不再寄希望于他能澄清和解释长期困扰我的那些疑问了。尽管我认识到，他若非摩尼教信徒，那么这样的无知未必会影响到其虔诚的真实性。他们的著作充满了有关天空、星辰和日月的冗长神话，从而使得我只能不再相信他会以令人满意的方式解答我热切希望获得解释的问题，本来期望这种出自摩尼教书文的解释无论是优于还是相仿于其他著作中的数学计算，我都可以接受。当我提议他考虑和讨论这些问题时，他十分谦虚地婉拒了此事，因为他知道自己并无这方面的知识，且不羞于承认这一点……

　　于是，我深入研究摩尼教宗教体系的热情受阻了，并且对他们的其他导师更加绝望，因为其中著名的福斯图斯对于困扰我的各种问题尚且显得如此难以招架，其他人则更是等而下之了。②

　　与福斯图斯的交谈对于奥古斯丁对摩尼教的看法产生了决定性的影响，从而以对立于摩尼教的视角审察和批判摩尼教的教义。由于他有过9年摩尼教俗家信徒("听者")的经历，对摩尼教的教义和规制的了解十分深刻，因此其批判也更加有的放矢，入木三分。

　　他的著名著作《驳摩尼教徒福斯图斯》(拉丁文名*Contra Faustum Manichaeum*；

---

① Lucius Annaeus Seneca(公元前4—公元65年)，罗马帝国时期的禁欲主义哲学家、政治家和剧作家。曾先后任罗马皇帝尼禄(Nero)的宫廷教师和顾问。

② Augustine: *Confessions*, Newly translated and edited by Albert C. Outler, Book 5, Chapter VI, §10, §11, Chapter VII, §12, §13。原载 The Library of Christian Classics, Vol. VIII, Philadelphia: Westminster Press, 1955；是公布于网络的无版权扫描版。

英文名 *Answer to Faustus, a Manichaen*)便是这类著述的重要代表,它的篇幅甚大,共 33 卷(Book),长达 300 余页。书中,奥古斯丁大段大段地引录了福斯图斯的辩词,从而让读者洞察到了摩尼教信徒们的内心世界。此书的另一个价值在于奥古斯丁合理而中肯地反驳了福斯图斯对《圣经·旧约》的大肆攻击,因此在《旧约》和《新约》之间建立了承袭关系,至少在基督教徒看来,后者完善了前者。

自从与福斯图斯辩论之后,奥古斯丁便不再信奉摩尼教,并且不久后离开了北非,前赴意大利。与之同行的还有他的儿子、母亲和朋友们。他的儿子名叫阿迪达图斯(Adeodatus),是个非常聪明的人。奥古斯丁 19 岁时与一位姑娘发生了性关系,虽然母亲希望他娶另一位与之门第相仿的女子为妻,但是这个小姑娘仍旧当了奥古斯丁十多年的情妇,并为他生下了这个儿子。

383 年,奥古斯丁在古罗马开办了一所学校,深信凭借自己出色的雄辩术和修辞学水平,将能创建一番兴盛的事业。然而,结果令他十分失望。因为按照惯例,学生要到学期的最后一天才向教授交纳学费;而许多学生整个学期都非常踊跃地前来听课,最后却分文未交!于是,奥古斯丁便难以为继了。

稍后,当地的摩尼教朋友把他引荐给了罗马古城的行政长官辛梅丘斯(Symmachus),因为米兰王廷正要求辛梅丘斯为他们寻找一位雄辩术教授。于是,奥古斯丁获得了这个教职,在 384 年年底北上米兰任职。这样,奥古斯丁年方三十就担任了最为显耀的学术职位。当时,这类职位通常只保留给有过政治经历的人。

在米兰,母亲对于基督教的极端虔诚、奥古斯丁本人对于新柏拉图主义的研究,以及朋友辛普利仙努斯(Simplicianus)的全力敦促,都使得奥古斯丁越来越倾向于基督教。不过,他在开初并未受到基督教教义和观念的强烈影响,直到与米兰的主教安布罗斯①接触交流之后,他才重新审察了自身,永久地皈依了基督教。

---

① 拉丁名 Aurelius Ambrosius(340—397 年),亦以英文名 Saint Ambrose(圣徒安布罗斯)著称于世。曾任罗马帝国 Liguria 和 Emilia 区的总督(总部设在米兰),并是基督教会的米兰主教,是公元 4 世纪非常有影响力的教会人物之一。

安布罗斯也是一位雄辩家，只是资历更深，更有经验。奥古斯丁受安布罗斯的影响极大，其程度甚至超过了母亲及其他仰慕者对他的影响。在其《忏悔录》中，奥古斯丁相当具体地描绘了自己从最初的不太以为然，到逐步接受安布罗斯，以及最终决定彻底抛弃摩尼教，信奉基督教的思想历程。这也是其人生中的又一次重大转折。《忏悔录》这样说道：

> 我来到米兰后，便去拜访安布罗斯主教。他作为优秀的人物之一，您(指上帝——引者)虔诚的仆人而闻名于世……
>
> 那位天主之人像父亲一样接待我，像杰出主教一样欢迎我的到来。当然，我在最初并不是把他视之为真理导师，而是一位友善之人而喜欢他的，因为我对于在您的教会中发现真理已经完全绝望。当他向人们布道时，我认真地听着，却并未抱着良好的动机，而只是试图发现，他的辩才是否与其声望相符，以及言辞的流利程度是超过还是逊于别人所声称者。于是，我全神贯注于他的言辞，对于演讲的主题，却只是一个心不在焉，乃至漠视的听众。
>
> 我很欣赏他演讲的魅力。与福斯图斯的风格相比较，他的演讲更为博学，虽然少了些欢乐与慰藉。然而，其主题则毫无可比性，因为福斯图斯完全漫游在摩尼教的欺诈骗局中，而安布罗斯则是在极为完美地教授拯救之道……
>
> 首先，我已经开始觉得他的观念具有说服力了；而我以前曾认为，在摩尼教徒的攻击面前，天主教信仰是无言以对的。如今我则认识到，天主教信仰并非推测和想象，而是言之成理的。尤其是，当我听了安布罗斯对《旧约》中一、二段文字作了隐喻式的解释后，我的这一想法更为清晰了①。此前，我只是从字面意义上解释它们，从而被它们在精神上"杀死"了。然而，如今这些书中的许多段落以这样的方式向我解释之后，我开始责怪自己以前

---

① 从隐喻角度来解释的方法开辟了奥古斯丁解释《圣经》的新视野。于是他以此方式作为一个固定原则，经常使用于他的布道演讲和《圣经》注释中。

不该陷入绝望:当时因为相信无法辩驳仇恨和嘲笑律法、预言书的人而陷入绝望……

　　于是,我作出决定,将弃离摩尼教,因为我认为,即使在我怀疑的时期,我也不能继续留在连其他哲学家也不及的教派中。①

奥古斯丁在31岁那年(386年)的8月底皈依了基督教。而在翌年的复活节守夜礼(Easter Vigil,387年4月24—25日)上,奥古斯丁正式受了洗。为他洗礼的,正是对其皈依发挥了决定性作用的米兰主教安布罗斯。同时受洗的,还有奥古斯丁的挚友阿利皮优斯 (Alypius) 以及他和情妇所生的儿子阿迪达图斯(Adeodatus)。他在其《忏悔录》中描述此事道:

　　当为我起名(施洗)的时间临近时,我们离开乡下,回到米兰。在此同时,阿利皮优斯也决定接受您赐予的新生。他已满怀谦逊,适宜于领受您的圣礼。他能十分勇敢地控制其肉身,以至可以赤足行走于意大利的冻土上,而这是需要非凡毅力的。我们还带着男孩阿迪达图斯,这是我在放纵肉欲后生下的罪孽之子。然而,您使他成了一名高贵的少年:他仅仅15岁,但是其聪明才智却已超过了许多重要和渊博的人物。我得承认,这全赖您的赐予,主啊,我的上帝……

　　我们携带他一起前来,仿佛我们的同龄人一样共享您的恩泽,一起接受您的训练。我们受洗之后,有关过去生活的种种思虑已经荡然无存。②

一年之后, 奥古斯丁与儿子一起返回了非洲,旨在投身于基督教教会的事业。而在此之前,奥古斯丁的母亲莫尼卡已逝世于意大利的奥斯蒂亚(Ostia)。他们抵达非洲后不久,阿迪达图斯也去世了。奥古斯丁卖掉自己的祖传产业,将钱财分发给穷人。他留下的唯一财产是家族住宅,以作为他和朋友们的修道基金。

① 见 *Confessions*, Book 5, Chapter XIII, §23; Chapter XIV, §24, §25, Outler(tr. & ed.),1955。
② 见 *Confessions*, Book 9, Chapter VI, §14, Outler(tr. & ed.),1955。

391 年,奥古斯丁被任命为希波的神甫,遂成为著名的布道师。395 年,他担任助理主教,旋即升任希波主教,并持续任职 35 年,直到 430 年去世;其"希波的奥古斯丁"(Augustine of Hippo)之名便因此而得。

二、奥古斯丁驳斥摩尼教的著述

自从皈依基督教之后,奥古斯丁一方面热情洋溢地布教,尽可能多地争取民众信奉基督教;另一方面则雷厉风行地抨击基督教的"异端",尤其是他曾信奉过九年的摩尼教。在公开的辩论中,奥古斯丁以雄辩家和哲学家训练有素的言辞能力,对摩尼教的教义进行了犀利的辩驳和批判。其相关的著述既对当时的宗教思想产生了巨大的影响,也为后世的学术研究留下了不可多得的资料。

大体而言,他最为重要的驳斥摩尼教的著述多达十几种,有的是篇幅不大的文章,有的则是相当冗长的专著。奥古斯丁被委任为神甫(391 年)之前,撰写过五种抨击摩尼教的著述,分别为《论意愿的自由选择》(拉丁文名 De libero arbitrio;英文名通常作 On Free Choice of the Will)、《驳摩尼教对〈创世记〉的诠释》(拉丁文名 De genesi contra Manichaeos;英文名通常作 On Genesis: a Refutation of the Manichaens)、《论基督教的伦理道德》(拉丁文名 De Moribus Ecclesiae Catholicae;英文名作 On the Morals of the Catholic Church)、《论摩尼教的伦理道德》(拉丁文名 De moribus Manichaeorum;英文名作 On the Morals of the Manichaeans)以及《论真正的宗教》(拉丁文名 De vera Religione;英文名作 The True Religion)。这五种著述质量很高,从而颇受后人的尊崇,以至有人以 Pentateuch,亦即"摩西五经"譬喻之;而"摩西五经"则是《圣经·旧约》前五卷的总称,即《创世记》《出埃及记》《利末记》《民数记》和《申命记》。

奥古斯丁在被任命为神甫之后,仍然十分勤勉,在 391 年发表了一篇小论文,题为《信仰的优点》(拉丁文名 De utilitate credendi;英文名作 The Advantage of Believing)。紧接着撰成的是《驳摩尼教的两种灵魂论》(拉丁文名 De duabus animabus;英文名作 The Two Souls, Against the Manichaeans)。翌年,则完成了《与摩尼教徒福图纳图斯的辩论》(拉丁文名 *Contra Fortunatum Manichaeum disputacio*；英文名作 *A Debate with Fortunatus, a Manichean*)。嗣后，经过了一段短暂的间隔之后，《驳摩尼门徒阿迪曼图斯》(拉丁文名 *Contra Adimantum Manichaei discipulum*；英文名作 *Answer to Adimantus, a Disciple of Mani*)、《驳摩尼的〈要义书信〉》(拉丁文名 *Contra epistulam Manichaei quqm vocant Fundamenti*；英文名作 *Answer to the Letter of Mani Known as the Foundation*)、《驳摩尼教徒福斯图斯》(拉丁文名 *Contra Faustum Manichaeum*；英文名作 *Reply to Faustus the Manichaean*)、《驳摩尼教徒费利克斯》(拉丁文名 *Contra Felicem Manichaeum*；英文名作 *Answer to Felix, a Manichean*)、《善良本原论——驳摩尼教》(拉丁文名 *De natura boni*；英文名作 *Concerning the Nature of Good, Against the Manichaeans*)以及《驳摩尼教徒塞孔迪努斯》(拉丁文名 *Contra Secundinum Manichaeum*；英文名作 *Answer to Secundinus, a Manichean*)等著述相继问世，可称是奥古斯丁抨击摩尼教的精彩之作。

当然，除了这些专门针对摩尼教的著述外，在其他一些作品中也或多或少地涉及了摩尼教的教义和历史，它们同样是后世了解和研究摩尼教的宝贵资料的一部分，诸如《布道书》《书信录》等；而其最为突出者当数《忏悔录》(拉丁文名 *Confessiones*；英文名作 *The Confessions*)。此书以作者向天主忏悔的自述形式，叙述和反思了自己在信仰、道德等方面的发展历程，故可以视之为奥古斯丁"精神生活的自传"。全书有多处谈及摩尼教的教义，以及与之相关的人和事(下文将对其中的若干内容再作具体介绍)，颇具参考价值。

下面，我们将选择其中的数篇，简略地介绍一下它们的来龙去脉和大致内容。

1.《论摩尼教的伦理道德》

奥古斯丁在 387 年 4 月接受洗礼后的第一部著作，亦即他对摩尼教的首次回应，是撰成于 387 年冬季至 388 年的《论摩尼教的伦理道德》。实际上，《论摩尼教的伦理道德》只是构成一部整书的两个部分中的后一部分。原来，全书名为《基督教的伦理道德和摩尼教的伦理道德》(*De moribus ecclesiae catholicae et de moribus Manichaeorum*)，其中的前半部分共 30 章，专门用以比较研究《旧约》和

《新约》中有关禁欲主义的说法。作者最初的设计似乎是想把《论基督教的伦理道德》(*De moribus ecclesiae catholicae*) 作为全书的整体来撰写，但是其补充部分(第 31 章)《论摩尼教的伦理道德》(*De Moribus Manichaeorum*) 篇幅不小（在 94 页手稿中有 57 页谈及摩尼教），并且内容与前 30 章平列，从而使得该书成了貌似相互独立的两篇作品的组合。有鉴于此，这两个部分有时以一部作品、有时则以两部作品流传于世。

后世在此书标题的翻译方面，就形式而言有所不同。例如，有人将其两部分分别英译为 On the Morals of the Catholic Church 和 On the Morals of Manichaeans[①]。因此按通常的理解，中文可以表述为：《论天主教的道德》和《论摩尼教的道德》。此外，也有译作 The Catholic Way of Life 和 The Manichean Way of Life 的[②]，那么，中文的表述既可作《论天主教的生活方式》和《论摩尼教的生活方式》，也可作《论天主教的行为准则》和《论摩尼教的行为准则》。显然，后一种译法更切合作者的原义；至于有的译作《摩尼教之路》，则恐怕有误解之嫌。

奥古斯丁开始撰写此书是在 387 年，那时候，他已接受洗礼，正式皈依了基督教，正在古罗马等待机会返回非洲。他由于再也不能忍受摩尼教用虚假的禁欲主义将天真的基督教徒引入歧途，才开始撰写这部直接抨击摩尼教的著述。在这相关的两个部分或两本书中，第一本书是用哲学和《圣经》诠释的方式来捍卫基督教伦埋道德的优越性，第二本书则揭露了摩尼教伦理道德的缺陷和矛盾。

《论摩尼教的伦理道德》一书可分三个部分。第一部分指出了摩尼教有关道德原则的荒谬观点。第二部分则强调了摩尼教特殊的道德戒律的谬误，而这些戒律便是所谓的"三印"——口印、手印、心印(胸印)。第三部分论述摩尼教信徒在现实生活中的腐败堕落之处。

此书被分成 20 章(chapter)，斯托瑟特(Stothert)的英译文为每章各列了一个标题，遂令读者得以轻易地了解全书的主要内容。兹将这些标题的大致意思转

---

① 见 Rev. Richard Stothert 的译文，载 Schaff (ed.), 1887, pp.54—157。
② 见 Teske, 2006, pp.15—103。

述于此。

第1章：至高无上的善即是拥有至高无上之存在的本原；第2章：恶即是违反天然本原者，因此，摩尼教实际上驳斥了自己；第3章：假如邪恶被定义为专门伤害他物的事物，那么又一次驳斥了摩尼教；第4章：善良本身和被分享之善之间的区别；第5章：如果邪恶被定义为腐败，则完全驳斥了摩尼教异端；第6章：什么是腐败；第7章：创造和制作的区别；第8章：邪恶并非本质，而是敌对于本质者；第9章：摩尼教关于事物善、恶的虚妄想象是相互矛盾的；第10章：摩尼教发明的三个道德符号；第11章：对天主犯有亵渎之罪的摩尼教徒的"口印"的价值；第12章：摩尼教的托词；第13章：从其动机判断摩尼教的禁食戒律；第14章：禁食某些食品的三个善性理由；第15章：为何摩尼教禁止吃肉？第16章：揭露摩尼教的荒诞教义；第17章：谈摩尼教的"手印"戒律；第18章：关于摩尼教的"心印（胸印）"和可耻的神秘故事；第19章：摩尼教的罪恶；第20章：在古罗马发现的摩尼教的无耻行为。

2.《驳摩尼教的两种灵魂论》

奥古斯丁在391—395年担任希波的神甫，《两种灵魂论》便是在此期间写成的。按照奥古斯丁的理解，摩尼教认为每个人都有两个灵魂，一个灵魂出自天主或光明王国的本原，另一个灵魂则出自邪恶或黑暗王国的本原，他便以此说法作为其批判的对象，展开他的辩说。然而，学界对奥古斯丁提出的这个摩尼教教义颇有疑问。因为按照他们的理解，摩尼教似乎并无清楚的两个灵魂的说法，而更确切地说，应该是这样的教义：每个人都有一个灵魂，它源自善良本原或光明王国；还有一个躯体，它则源自邪恶本原或黑暗王国。不过，奥古斯丁仍然坚持自己的看法，其理由是：摩尼教的暗族是与一切具有生命、意识、智力的存在物共居，是有活动执行能力的，而没有灵魂的躯体无执行力。

《驳摩尼教的两种灵魂论》一文的篇幅不大，按内容分，包括长短相差颇大的24个段落，分别列入15章内。今扼要地介绍一下各章的主要内容。

第1章（由段落1构成） 奥古斯丁指出，每个灵魂都是一个生命，它只可能源自天主。他很后悔自己曾在摩尼教中虚度了好多年的光阴。假若他早就认识到一切生命只可能源于唯一的真神天主,那么他早就脱离摩尼教的罗网了。

第2章 (由段落2构成) 他还后悔自己早先没有认识到智慧优于感觉,对事物的理解优于对事物的感觉。因此,生命优于我们通过感官而感知到的一切事物,其中也包括摩尼教视之为神灵的太阳和月亮。所以,既然摩尼教承认日月光明源自天主,那么灵魂也肯定源自天主。

第3章(由段落3构成) 奥古斯丁责备自己此前未能明白,具有智慧的灵魂优于摩尼教所崇拜的躯体。他并要求他昔日的摩尼教朋友(诸如 Romanianus 和 Honoratus,都是他以前的好朋友,当年由他引荐而信仰了摩尼教,至今仍然信奉着这一异端)相信,他们所崇拜的"光明"的价值,还不及被他们指为必须逃离的"邪恶灵魂"。

第4章 (由段落4的约一半篇幅构成) 即使一只小小苍蝇的灵魂也能够干出惊人的事情,这证明它优于摩尼教所崇拜的物质性光明。因为苍蝇的灵魂有一定的智慧,它超过了任何可被感觉的事物,诸如令眼睛感觉到闪烁的光明。

第5章 (由段落4的一部分和段落5构成) 这一说法可能会遭到驳斥:那些非正义和过度纵欲的不端行为,尽管也是由智力掌控的,但无论如何不能说它们比我们赞扬的可感觉的事物更好吧。对此,奥古斯丁辩解道,并不是说,我们赞扬的每件事物都优于我们责备的每件事物,对于它们的褒贬,是要列入各自的类别中来考察的。因此,非正义和过度纵欲的灵魂仍然优于可见的光明,虽然这类灵魂是应该受到谴责的。

第6章(由段落6、7、8和段落9的小部分构成) 奥古斯丁认识到,真正的问题并不是关于非正义和纵欲的灵魂,而是非正义和纵欲本身,它们作为领悟的对象,应该优于任何感觉的对象。那么,为何这些恶行不能归因于灵魂的始创者天主?奥古斯丁为此作了冗长的辩解。他说道,当光明衰减时,人们看不见衰减,而只感觉到光亮度的降低。同样的道理,道德就像智慧的光明,恶行即是道德的缺失。那么,正如光明的衰减并非可见的事物那样,道德的缺失(即恶行)也并非智力领悟的事物。

奥古斯丁申辩道,尽管智慧性的灵魂优于感觉性的肉体,但是灵魂的缺陷即使称为"智慧性",也不能优于肉体的缺陷,因为缺陷都是负面事物。不过,他仍然声称,道德的缺失比肉体的缺陷更为糟糕。因此,如果摩尼教徒要主张任何光明物体都源自天主,那么他们也得承认,一切生命——亦即一切灵魂——也源自天主,于是,即使邪恶的灵魂也比优秀的肉体更好。

第 7 章(由段落 9 的大部分构成) 奥古斯丁坚持说,摩尼教徒得承认,任何存在的事物都源自天主。他说道,假若有人引用《福音》之语,譬如耶稣对某些犹太人说的"你们不是出于天主"①,那么,他也可以引证意思与之相反的其他段落,诸如保罗所说的"一切都出于天主"②。他敦促摩尼教的朋友们与他共同寻找一位导师,能解答这貌似冲突的说法。这样,他们就能明白,一个活生生的罪人之所以"出于天主",是因为他是有生命的;之所以"不是出于天主",是因为他是个犯罪之人。

第 8 章(由段落 10 构成) 摩尼教的信徒们可能会问,那么罪恶来自哪里?奥古斯丁责备他们试图用提出难题的方式来显示自己有知识,但是承认自己过去在信奉摩尼教时也是这么干的。他要求他们认可,若无天主,任何事物都无生命;若无天主,任何事物都无聪慧。他希望他们了解最高的善良天主。只有了解了最高的善良,才能知道最大的邪恶。

第 9 章(由段落 11 和段落 12 的小部分构成) 奥古斯丁坦承,当初有两个原因导致他长期逗留在摩尼教中。一是他与不少摩尼教信徒的友情,他们都显得具有良好的道德。二是他在辩论中利用获自摩尼教的知识击败基督教论敌,这种获胜的感觉令他十分享受。

第 10 章(由段落 12 的大部分和段落 13、14 构成) 奥古斯丁说,他身为摩尼教信徒时是不能辨别感觉性事物和智力理解性事物的。他如今很奇怪自己当初怎么会认识不到罪过只存在于意愿之中。奥古斯丁只要求每个人认可他是有

---

① 语出《新约·若望(约翰)福音》第 8 章第 47 节,耶稣对犹太人说:"出于天主的,必听天主的话;你们所以不听,因为你们不是出于天主。"(思高,1968 年,第 1656 页)

② 语出《新约·格林多(哥林多)前书》第 11 章第 11—12 节:"然而在主内,女不可无男,男也不可无女,因为就如女人是出于男人,同样男人也是借女人而生;但一切都出于天主。"(思高,1968 年,第 1780 页)

生命的,并且意欲活着,这两点是不可能搞错的。所以,奥古斯丁把"意愿"定义为"灵魂的活动,没有任何外力强迫它丧失或获得什么"。

第11章(由段落15构成) 在利用这个定义对付摩尼教之前,奥古斯丁还对"罪过"作了定义:是为一种意愿,它旨在"保留和仿效被正义禁止的行为,意愿对这类行为无所戒忌"。因此,若无意愿的自主,是不可能有任何罪过存在的。

第12章(由段落16、17、18构成) 奥古斯丁利用这两个定义,通过简短而威力巨大的辩说,几乎摧毁了摩尼教的基本教义。因为按奥古斯丁之说,摩尼教主张人有两个灵魂,一善一恶,出于完全不相容的两个本原。而他的"意愿"和"罪恶"定义则使两个"灵魂"融混在一起了。

奥古斯丁说,一切宗教都认为,天主是通过深谋远虑的全面考虑而管理万物的,因此必然会按照人类灵魂的功过而进行审判和奖惩。其结果无非是判处有罪和无罪两种。然而,若是无罪,便是没有邪恶,从而与摩尼教的"两种灵魂"说不符。所以,摩尼教必须承认,天主是责罚了某些灵魂;这些灵魂的邪恶却不是由本原,而是由意愿造成。于是,摩尼教所谓的本原邪恶的灵魂是不存在的。

既然"邪恶灵魂"是不存在的,那么一旦出现罪过,摩尼教徒只能将它们归咎于"善良灵魂"了,而这类灵魂是出于天主的本原。基督说过,罪过是可以宽恕的,所以如若罪过出自邪恶灵魂,待其被宽恕后,邪恶灵魂岂非变成善良了?这与摩尼教的说法不符,因此也就不存在"邪恶灵魂"。于是,唯一能够承担罪过之源的,便是"善良灵魂"了。

第13章(由段落9、20、21构成) 摩尼教徒为了证明人体内存在着两种灵魂,遂借助于这样的现象而辩解道:人们的意见有时候倾向于善良一侧,有时候倾向于邪恶一侧。奥古斯丁则反驳道,为什么不可以把这个现象解释为是单一的灵魂由意愿左右着,一会儿倾向于一方,一会儿倾向于另一方呢?

即使我们同意摩尼教所谓因低级灵魂的诱惑而犯下罪过的说法,也不能说这种低级灵魂便是出于邪恶本原,而另一较高级的灵魂便是出于最高级的善良本原。更大的可能是,较低级灵魂是因其本身的意愿而变得邪恶的,并且,它们还会变回到善良。

因此,摩尼教的这些辩解不足以证明人体内存在两种灵魂。不管怎样,人们不会不明白奥古斯丁论说的"意愿"和"罪过"问题,这些辩词显然能够证明摩尼教是个欺诈性的异端。

第 14 章(由段落 22、23 构成) 接着,奥古斯丁又转到忏悔的问题,并问道,忏悔之举应该归属于哪个灵魂?它既不能归属于不干恶事的灵魂,也不能归属于不干善事的灵魂,因为忏悔之举表明,此人曾经干过坏事,而如今则改恶向善了。所以,摩尼教徒要么否认忏悔的益处,从而不再成为基督教徒;要么不再宣扬两个灵魂论(一个专干善事,一个专干恶事),从而不再成为摩尼教徒。

第 15 章(由段落 24 构成) 最后,奥古斯丁呼吁其摩尼教的好朋友改变信仰。他告诉他们,他如今提出的这些观念远比他们从摩尼教学得的教义可靠。他以一段祈祷结束了全文,恳请天主不要让他的老朋友们继续逗留在摩尼教中,在对天主的崇拜上与他意见相左。

3.《与摩尼教徒福图纳图斯的辩论》

在奥古斯丁生活的那个年代,世人对于神学问题的兴趣十分浓厚,因此,除了有关神学争论的书面读物外,还经常举行公开的神学辩论会。在罗马帝国的北非行省,这类神学辩论会甚至仿佛成了群众性的娱乐活动,大批的民众踊跃出席,热情参与;而会议主办方则往往将辩论的全过程记录下来,整理成书面文件,进一步扩大影响。因此,这类实录性报告通常都比较真实地反映了辩论双方所持的神学观点,或者相关的时代背景。奥古斯丁的《与摩尼教徒福图纳图斯的辩论》便是此类"实录"的一种,全文的叙述形式基本上是辩论双方的对话记录。

392 年,奥古斯丁还在担任神甫之职,应天主教会和多纳图派(Donatist)之邀,与希波当地的摩尼教修士福图纳图斯(Fortunatus)进行辩论。据说,福图纳图斯起初颇为胆怯,因为奥古斯丁善辩的名声令他望而生畏,后经其他信徒的鼓励,才答应参加辩论。与会者约定,辩论只基于理性的论说,而不征引《圣经》。因为摩尼教认为,《新约》中凡是不利于摩尼教的段落都是被后世篡改的内容。并且,摩尼教对于《旧约》完全持否定的态度。所以,辩论的主题只涉及天主教和摩尼教的信仰,而不涉及伦理道德的观点。

辩论分成两场，分别在 8 月 28 日和 8 月 29 日举行；当场有速记员录下辩论的内容。辩论的气氛很活跃，双方不断地一问一答，很是简洁。第二天，则各自就本派信仰发表了冗长的陈述。不过，福图纳图斯颇有取巧之嫌，当他难以解答奥古斯丁的问题时，就往往顾左右而言他，提出另一个新问题。

福图纳图斯关于摩尼教教义的陈述，提供了很有意思的善恶二元论观点。福图纳图斯不断地追问奥古斯丁：他是不是否认世界上除了"善良"之外，还有其他性质的事物？辩论的很大一部分集中在最高尊神的不朽性上。摩尼教对于最高尊神(他们称为"明尊")的永恒性、不可摧毁性和完全的善性非常坚持。然而，其神学声称的明尊派遣光明分子(是其本原的一部分)去和暗魔搏杀一事表明，邪恶本原是有可能伤害善良本原的。并且，明尊很残忍，因为他让光明分子陷入了痛苦境地。福图纳图斯的辩才远不及奥古斯丁，因此他最终承认已无法解答奥古斯丁的问题，声称将去寻求同仁们的帮助，一旦他们也无法回答，那么他将返回这里，虚心向奥古斯丁请教。不过，后来再无有关此事的下文。

《与摩尼教徒福图纳图斯的辩论》的文本共分 37 节(section)，按照辩论场次的时间分成"第一天的辩论"和"第二天的辩论"两大部分。前一部分内容包括第 1—19 节，后一部分包括第 20—37 节。今依次简介各节的内容如下。

第 1 节 奥古斯丁一开始就提出，摩尼教一方面声称自己的尊神是不可损毁的，另一方面又说，出自其本原的光明分子陷入暗魔的罗网，遭受折磨和蹂躏，亟待拯救云云。这显然表明，摩尼教所奉的尊神是可能被损毁的。那么其教义岂非自相矛盾？福图纳图斯试图回避这个问题，遂转移到摩尼教伦理道德的问题上。

第 2 节 奥古斯丁坚持说，与会者是来听取有关信仰的辩论的，而非伦理道德问题。福图纳图斯则说，他是想向那些听闻过有关摩尼教不道德谣传的人辩白一下。

第 3 节 奥古斯丁说，他以前只是摩尼教的次级信众"听者"，从未参加过高级信徒"选民"的宗教仪式，无法谈论摩尼教的所有规制、戒条，因此只谈此前约定的"信仰"主题。福图纳图斯只能简单地谈了明尊派遣其"话语"作为救世主，来到凡世将灵魂(光明分子)救回明界的说法。

第4—5节　奥古斯丁两次重复同一问题:"是什么原因导致灵魂陷入死地?"福图纳图斯则两度重复同一反问:"你是否认为,世上除了尊神就别无他物了?"

第6节　奥古斯丁再问:天主有什么必要派遣灵魂陷入俗世?福图纳图斯则改换了问题,答称尊神派遣其独生子降世解救灵魂云云。

第7节　奥古斯丁警告对方:不要离开此前约定的主题,从而糊弄听众。他再次逼问道:既然双方都认可,尊神是不可侵犯的,那么他为什么还要派遣灵魂到俗世受罪?福图纳图斯则引保罗《腓立比书》之言(第2章第5节以降),谈基督以奴仆形象临世之事,以展示我们应如何看待自己的灵魂。

第8节　奥古斯丁指出,要谈论的是我们为何到了这个世界,而不是我们如何从死亡得救。福图纳图斯答道,犹如基督按天父的意愿而受苦和被杀一样,我们也是如此。

第9—10节　奥古斯丁接着指出了摩尼教教义的矛盾之处:假如暗族能够伤害天主,那么他就不是不可侵犯的;假如他不能被伤害,那么他毫无理由地派遣我们来到这里受罪就是残酷了。福图纳图斯问:灵魂是否属于天主?奥古斯丁指责他不回答自己的问题,福图纳图斯则又重复了这个问题。

第11节　奥古斯丁说道,灵魂是否来自天主,这是个大问题。但是,不管它们是否来自天主,灵魂肯定不是天主。天主是不可损毁的,故灵魂的变化表明,它不是与天主同一本原。福图纳图斯说,奥古斯丁似乎是在否认灵魂源自天主;而他则认为,从基督临世之事可以看出来,灵魂源自天主。

第12节　奥古斯丁解释:他否认灵魂与天主为同一本原,而不否认它由天主制造。福图纳图斯则问道:假若除了天主之外别无他物,那么天主是用什么质料来制造灵魂的呢?

第13节　奥古斯丁答道:由于天主是万能的,所以他不需要任何原料就可以制作出他想要的任何事物,亦即可以从虚无制造万物。福图纳图斯便问道:是否天下万物都是因天主之命而出现的?

第14节　奥古斯丁同意这个说法。福图纳图斯承认,天主制造的每件事物都是和谐、协调的,但是黑暗与光明、谎言与真话、死亡与生命等的对立则表明,除了天主之外,还存在着另一种本原。

第 15 节　奥古斯丁解释道:天主创造一切,并且妥善安排它们,不过,他并不制造罪过。除了罪过的邪恶之外,还有惩罚罪过的邪恶。由于天主赋予具有理性的灵魂以自由的选择,所以我们会因为罪过而遭受惩罚。

第 16 节　奥古斯丁问道:天主因为什么而遭受痛苦?福图纳图斯答道:天主是为了阻止罪恶。他还引用了《以弗所书》中的大段文字(第 2 章第 1—18 节),谈及基督为人类赎罪之事。

第 17 节　奥古斯丁随即指出:福图纳图斯引证的使徒保罗的这段话,对于天主教来说比对摩尼教更有利,因为它谈到了我们的罪过以及对天主的服从。摩尼教徒无法解释罪过的由来,以及谁能接受罪过的宽恕,也无法解释我们怎么会曾经是天生的愤怒之子。福图纳图斯答道:使徒保罗所说我们曾是天生的愤怒之子,是针对肉体而非灵魂而言的。

第 18 节　奥古斯丁提醒福图纳图斯道,使徒保罗曾说过,我们的道德行为背离了天主的教诲。福图纳图斯则重复了他的善恶二元论,并声称,如保罗所言,基督是天主派来解救我们的。

第 19 节　奥古斯丁指出:他们本来达成协议,只通过讲理而不引证《圣经》来辩论二元信仰的问题,但是如今既然对方引用保罗之言,那么他也不妨引用《罗马书》开首保罗所说的话:若就肉体而言,基督是由大卫(David)的后裔所生;而摩尼教是始终反对此说的。福图纳图斯则引用保罗的另一句话"血肉之躯不能拥有天主之国"①予以答辩。

这时,听众们骚动起来,因为他们发觉福图纳图斯无意于接受保罗的全部说法。人群大声喧闹,遂使第一天的辩论只能到此结束。

第 20 节　翌日,辩论继续进行,也有速记员当场记录。福图纳图斯说道:尊神本身不带任何邪恶,故俗世与善良相反的其他一切事物均非源自尊神。摩尼教徒因此认为,邪恶的物质信仰是与尊神格格不入的。

---

① 出自《新约·哥林多前书》第 15 章第 50 节。

奥古斯丁答道,天主教信仰认为,天主从未创造邪恶。既然天主教和摩尼教都认为最高尊神是不会腐朽的,那么可让在场的信众判断一下,哪一种信仰更为纯洁,更尊崇天主:是声称天主完全不会腐朽,还是实际上是说天主可以部分腐朽和被侵犯的?此外,若非天主给予我们选择的自由,则既无正义的惩罚,也无忏悔的必要。福图纳图斯答称,尊神只是善良的创造者,并是邪恶的报复者,因为邪恶并非源自他。人类是在邪恶本原的强迫下而犯下罪过的。假如体内没有邪恶本原,只有灵魂单独存在,就不会有罪过产生。

第 21 节　奥古斯丁坚称,没有自由意愿就没有罪恶,奖赏和惩罚是以意愿的自由为前提的。万能的天主创造了一切善良事物,但是这些事物并不等同于他。罪过是邪恶之源,例如,贪婪是一切邪恶之源。他问福图纳图斯道,摩尼教的邪恶本原是不是一个整体,人类的邪恶是否只是从它而来? 若是这样,灵魂并无罪过,也不必遭受惩罚;它也不必忏悔,不可能因它并未干过的事而得到宽恕。所以,主张暗族犯罪,灵魂获得宽恕的说法是精神错乱的观念。

福图纳图斯说,灵魂是被敌对本原强迫而犯下罪过的。他反对"贪婪是一切邪恶之源"的说法。除了躯体的邪恶之外,还有其他的邪恶,遍布全世界,它们来自邪恶本原。他引用基督关于邪恶之树的话,说此树结出的不是善果,它也不是天父所栽。这证明摩尼教有关邪恶本原的信仰是正确的。福图纳图斯还引用了保罗关于肉身智慧的教导以及精神和肉体之间斗争的观点,以支持摩尼教的二元论。

第 22 节　奥古斯丁指出,只要肉身智慧依然是肉身智慧,它就不可能服从于天主的律法。但是,当天主启示了我们的心灵后,肉身智慧就会转变成灵魂的善良气质。主所说的善树和恶树,指的不是本原,而是意愿;所以我们主要让树变善。此外,天主的每件创造物都是善良的,但是罪过通过人而进入了世界,正是这种罪过使得我们屈从于罪恶和死亡的律法。

福图纳图斯答道,灵魂被遣来凡世,与基督派遣其门徒的方式一样,犹如羔羊进入狼群。尊神派遣他们前来,是为了召回他们固有的本原。灵魂被遣而对付敌对本原,是在世界被创造之前。因此,邪恶不仅仅存在于我们体内,也存在于世界的每个地方。

第 23 节　奥古斯丁解释道:主派遣门徒,犹如驱羊入狼群,那是为了让义人在罪人中传播福音。同样地,使徒谈到我们是与强权而非血肉之躯斗争,是因为魔鬼及其守护神因罪过而降世,掌控了世俗世界,即有罪的人类。只要我们是罪人,就被他们所束缚;但若我们是义人,就被正义所控制。

第 24 节　奥古斯丁又问道:按照摩尼教的教义,尊神为什么派遣我们来此世界?福图纳图斯答道:我只知道尊神是不可能被伤害的,以及他派遣我们来此世界。但是,由于你的信仰与我们的不同,所以请你回答一下,尊神急于解救的灵魂为何来这世界?

第 25 节　奥古斯丁再次指责福图纳图斯没有回答自己的问题。不过他又说道:我们的灵魂之所以陷于悲惨境地,是因为意愿在作自由选择时犯了罪过。他再度要求对方回答"不可伤害的尊神为何派遣灵魂来此"的问题。福图纳图斯则又答非所问地重复了一遍问题。

第 26 节　奥古斯丁再提出同一问题:"如果天主是不可伤害的,那他为什么派遣我们来此地?"福图纳图斯则引用了保罗"被制品无权追问制造者将它造成那般模样之原因"的一番话①来应付奥古斯丁的问题。不过,他又补充道,假若尊神出于必要性的考虑将灵魂遣来俗世,那么他也确实有拯救他们的意愿。

第 27—28 节　奥古斯丁立即抓住福图纳图斯的话,追问道:那么,尊神是迫于必要性的压力而派遣灵魂了?福图纳图斯连忙解释,试图否认。奥古斯丁逼着他再将刚才的原话念了一遍,并指出,尊神即使是不可伤害的,但是他将灵魂派往如此险境,就表明了他的残忍心理。福图纳图斯则想转移到"尊神收养灵魂"的话题,以避开"尊神派遣灵魂前往险境"的问题。

第 29—31 节　奥古斯丁指出,"收养灵魂"问题与当前的辩论无关。福图纳图斯说,灵魂前去抗击敌对本原,不会伤害到尊神。奥古斯丁再问尊神派遣灵魂

---

① 语出《新约·罗马书》第 9 章第 20—21 节:"人呀! 你是谁,竟敢向天主抗辩?制造品岂能对制造者说:你为什么这样制造了我?难道陶工不能随意用一团泥,把这一个作成贵重的器皿,把那一个作成卑贱的器皿吗?"(思高,1968 年,第 1752 页)

的必要性。福图纳图斯则问他是否确认基督来自天主?奥古斯丁再度抗议对方拒绝回答他的提问。福图纳图斯则说,他相信基督降临俗世是出于天主的意愿。

第32—33节　奥古斯丁又问:为什么无人能伤害他的万能的尊神要派遣灵魂降世受苦?福图纳图斯便引用了基督关于他自愿舍弃生命的话①来证明灵魂是顺从尊神意愿而自觉降世的。奥古斯丁再问:既然无人能伤害尊神,则灵魂又为何降世?福图纳图斯答道:尊神派遣灵魂降世,是为了给敌对本原设置限制,等到完成这种限制设置,尊神便会将灵魂召回天界。

第34节　奥古斯丁声称,每个人都知道基督曾经说过,他有权舍弃自己的生命并再次取回,因为他将受难和复活。那么,天主派遣灵魂降临凡世是为了什么呢？福图纳图斯又重复了其答案:是为了对敌对本原加以限制。

第35—36节　奥古斯丁问道:尊神派遣灵魂来此对敌对本原施以限制,是否是为了让灵魂不受任何限制？福图纳图斯答道:他这样做是为了召回灵魂。奥古斯丁又问道:假如尊神从限制的缺失,从罪过,从谬误,从不幸中召回灵魂,那么灵魂有必要如此长期地受苦受难,直到世界末日吗？福图纳图斯无言以对。

第37节　奥古斯丁告诉福图纳图斯,自己在当摩尼教的"听者"时,对于同样的问题也找不到任何答案。正因为如此,天主警告他,要他放弃谬误的信仰,转而信奉天主教。如果你承认对此无话可答,那么我将向在场的所有信众解释天主教的信仰。福图纳图斯答道:他将带着这个问题去请教本派的长老们,假若得不到令人满意的解释,便将再来请教奥古斯丁。奥古斯丁以"感谢天主"一语结束了全部辩论。

在奥古斯丁驳斥摩尼教的各篇著述中,可以视作原始资料的,还有《驳摩尼教徒福斯图斯》。关于此书,上文第一节中已经作过不少介绍,在此再简要地提及。奥古斯丁在383年曾与福斯图斯当面交流,结果令他很失望,但也因此发现了摩尼教教义的许多谬误和不足。后来,福斯图斯发表了抨击基督教信仰的小册

---

① 语出《新约·若望(约翰)福音》第10章第18节:"谁也不能夺去我的性命,而是我甘心情愿舍掉它;我有权舍掉它,我也有权再取回它来:这是我由我父所接受的命令。"(思高,1968年,第1659页)

子,导致天主教徒的强烈反感,纷纷要求予以公开驳斥,遂委托奥古斯丁承担此事。于是,奥古斯丁最终撰成了长达 33 卷的《驳摩尼教徒福斯图斯》(成于 400 年左右),批驳福斯图斯所持的摩尼教观点。书的形式虽非实录,却也基本上包括了福斯图斯的全部观点,甚至他的原话,因此颇具史料价值。

奥古斯丁的这部著述针对福斯图斯猛烈抨击《圣经·旧约》的言论而发。福斯图斯显然是奥古斯丁那个时代的基督教会的最为机敏、最为坚定以及最肆无忌惮的敌手。他的写作风格竭力模仿阿迪曼图斯(Adimantus)[①],甚至在观点的表述上比他更为轻率。福斯图斯对阿迪曼图斯十分仰慕,称他为"最有学问者","是我们的圣父摩尼之后唯一精通教义的人"。

福斯图斯不仅完全否定《旧约》,即使对《新约》也只是采用有利于摩尼教教义的章句抨击那些具有"异见"意味的段落。他的主要攻击点之一,是基督的化身,包括他由妇女孕诞的说法。他还以诸《福音》所记系谱的某些相异之处作为依据,指出整个系谱都是伪造的。他推测道,如今所见的四《福音》书均非使徒们的原著,而是后世犹太化的伪作。他最藐视的是《旧约》的整个体系,他辱骂犹太人的始祖、摩西和先知等,理由是他们的私生活和教导都有问题。至今见到的对于《旧约》的道德观的大部分批评在奥古斯丁时代已经流传了。

尽管福斯图斯的观点只是似是而非,并且其轻率的表述暴露出其诚意的不足以及对问题缺乏真正的兴趣,但是奥古斯丁的答词只是辩解性的陈述,而非系统性的反击,显然并不十分令人满意。其原因,恐怕主要在于奥古斯丁当时对于《旧约》和《新约》的关系尚未了然于胸。不管怎样,此文在撰写的那个时代还是具有很大作用的。此文无论是从《圣经》评论角度,还是从摩尼教批判角度来看,都是颇有意义的。

《驳摩尼教徒费利克斯》也是奥古斯丁与摩尼教徒辩论的实录,同样是他有关这个主题的重要文章之一。费利克斯(Felix)是摩尼教的"选民",即专职修道者。他

---

① 据奥古斯丁,Adimantus 名 Addas(即摩尼教汉语文书所称的"阿驮"),是摩尼的十二个直系门徒之一,曾被摩尼派往埃及布教,取得了很大的成果。奥古斯丁在担任希波的神甫期间曾读过他的著述,并在不久后撰写了《驳摩尼门徒阿迪曼图斯》一文,对其观点予以驳斥。

前来非洲,旨在传播摩尼教。奥古斯丁对他的评价是:很有学问,十分精明,其机敏程度甚至超过当年的福图纳图斯;但是他在文科方面显得相当无知。

有的学者认为,这位费利克斯即是后来改宗天主教,并成为奥古斯丁的朋友和第一位传记作者的那人,也是奥古斯丁第 79 号书信的收受者。奥古斯丁在那封信中,向并未指明姓名的一位摩尼教徒提出挑战,要求他解答此前福图纳图斯也无法回答的难题:假如尊神拒绝交战,那么暗族将会采取什么行动?

奥古斯丁与费利克斯的第一次辩论在 404 年的 12 月 7 日举行,时在星期三。当时,奥古斯丁已经担任了多年的天主教会希波(Hippo)主教。奥古斯丁带来了摩尼的重要著作《要义书信》,作为摩尼教教义的依据。于是,第一日辩论的主要形式基本上是二人简单的一问一答,直到奥古斯丁反复提出"暗族是否能够伤害尊神"的问题,令费利克斯难以正面回答,费利克斯遂提出了将下一次辩论推迟到下星期一的请求。奥古斯丁有条件地同意了这个提议,其条件是:如果费利克斯到星期一还不能回答他的问题,那么就得承认辩论失败。费利克斯答应了这个条件,并承诺不趁机溜走。

五天过后,即 12 月 12 日,星期一,第二场辩论在希波的和平大教堂举行。这一次,两人的陈述都比较长。尤其是奥古斯丁的阐述展示了他对基督学和救赎学的卓越见解,以及对创造、生殖和制造之间的区别的深刻洞察力。费利克斯则试图用基督的布道和教导为依据,来维护摩尼提出的二元论。不过,他根本没有达到目的,反而暴露了自己没有能力来理解"灵魂出自天主,属于天主,却与天主并非同质"的问题。所以,这场辩论的结果是,费利克斯承认失败,并且亲笔写下否定摩尼及其教义的字据。

辩论的会议记录,亦即以奥古斯丁名义发表的《驳摩尼教徒费利克斯》一文的最后作了这样的描述:费利克斯问,如今要求他做什么?奥古斯丁答道,他得谴责摩尼。费利克斯提出,如果奥古斯丁先行谴责,那么他也可以模仿。于是,奥古斯丁拿出纸来,以"我,天主教会的一个主教,谴责摩尼……"的句式,写下了一段话。费利克斯则在同一张纸上,也亲笔写下了类似的话:"我,费利克斯,曾经相信摩尼,如今则谴责他和他的教义,以及他体内诱惑人的灵魂……我谴责所有这些事情,以及摩尼对天主的亵渎言辞。"

　　奥古斯丁与费利克斯的两场辩论会是由天主教会主办的,因此那些辩论实录本来应该作为天主教会的会议记录而保存起来,不过,教会要求奥古斯丁以自己的名义发表此文,故二者属于同一作品。全文分为两卷(Book),第一卷为第一场辩论的实录,共有 20 章;第二卷则为第二场辩论的记录,共有 22 章。此文通过两人的辩论,展示了摩尼教信徒普遍接受的摩尼教信仰体系的一些观点,以及支持其教义的若干论据,因此具有相当的价值。

　　《驳摩尼的〈要义书信〉》一文当是奥古斯丁驳斥摩尼教的诸文中重要的文章之一。它试图通过温言相劝的说理方式,让那些摩尼教徒——尤其是以前与他一起信仰摩尼教的朋友——放弃"谬误",改宗天主教。它引用了《要义书信》中有关摩尼教教义的不少说法,因而保存了摩尼的这部重要著作中的不少内容。由于本书的第三章已经专门对奥古斯丁的此文作了译释, 并附了今人辑录的摩尼的《要义书信》,故在此只简单提及,不再作具体的介绍。

三、奥古斯丁著述保存的摩尼教资料例释

　　如上文所言,奥古斯丁专门针对摩尼教的驳斥著述为数不少,它们显然是后世了解和研究摩尼教的重要资料。然而还不止于此,因为在他的篇幅更胜于前者的,"非专门"针对摩尼教的许多著述中,也包括了很多有关摩尼教的信息,乃至对其教义的全面概括。在此则择其要者,略举数例,简要地介绍一下相关资料,以进一步展现奥古斯丁著述对于摩尼教研究的重要史料价值。

　　尽管百余年来,相继在东方的中国吐鲁番、敦煌和西方的埃及等地发现了为数巨大的摩尼教"本教资料",从而令世人对摩尼教的教义、历史等问题有了更为全面和深刻的了解,但是,奥古斯丁的"教外资料"所保存的有关摩尼教的许多资讯,仍然有助于我们比照、补缺乃至修正"本教资料"所言者。在此举例展示奥古斯丁著述保留的摩尼教教义资料。

　　《异端》(拉丁文名作 *De Haeresibus*;英文名作 *The Heresies*)是奥古斯丁的

著作之一,它用简洁的文辞介绍了他视为基督教的"异端"的许多宗教派别,共计88个,分列88章。摩尼教即是其中之一,列在第46章。就章节来看,有关摩尼教的内容约是全书的九十分之一,故该书不能作为专门针对摩尼教的著述。然而,它不仅是篇幅较大的一章,还是奥古斯丁涉及摩尼教教义的各段文字中最为完善和最有组织性的一种转述。

《异端》第46章的内容简介如下:摩尼的波斯名字本为 Manes,后来其弟子改用希腊名 Manichaeus 称呼之,是为了避免被人曲解为"疯狂"之意。

摩尼倡导永远对立的善恶二元论,声称两种本原相互搏斗和相互混合,以及善良本原的净化等,并由此衍生出许多神话传说。这些荒谬之说令人不得不认为,天主和混合在邪恶本原中的善良灵魂是属于一体的同一本原。

摩尼教声称,世界是由善良本原创造的;可是,这个世界仍是由善良本原和邪恶本原混合而成。他们说,不仅天主的威力影响善良本原的净化,选民(摩尼教的专职修道者)吃下的食物也有助于"净化"。他们认为,"选民"的生活模式比"听者"(世俗修道者)更为神圣,更为优秀。

他们还相信,善良本原在人体中受到的禁锢比在食物中所受者更强烈,更残忍,在那些繁育后代的人体内更是如此。完全净化的光明分子由载具太阳和月亮运回天主之国"明界",这些载具也由善良本原构成。

黑暗本原产生出暗族的五要素:烟、暗、火、水、风。两足动物(包括人)生自烟,爬行动物生自暗,四足动物生自火,水生动物生自水,飞行动物生自风。明界的另外五要素与黑暗五要素搏斗,从而产生混合:气与烟、明与暗、善火与恶火、善水与恶水、善风与恶风分别混合。月亮由善水构成,太阳由善火构成。

日月上有神圣威力,有时化身男相,引诱敌对方的女性;有时化身女相,引诱敌对方的男性。其目的是使得被敌方禁锢的光明分子脱离束缚,回归明界。

摩尼教选民不吃肉,是因为肉出自死尸,神圣本原(光明分子)已从其逃逸,或者存留很少,故不值得他们去解救或"净化"。他们也不吃蛋,因为蛋打破后就无生命,神圣本原也已逃逸。此外,他们不喝酒,甚至不喝牛奶、鲜榨果汁等,都有相当奇特的理由。

摩尼教徒相信植物也有生命(包含光明分子),故采摘果子、收割庄稼等都是杀害光明分子的行为,是犯罪。因此选民绝对不从事任何农务和食品制作,一切饮食都由听者提供。由于听者为选民提供了可以净化光明分子的食品,所以他们的这些"罪过"都可以获得赦免。

世俗人可以结婚,但应当尽量避免生育,以免神圣本原(光明分子)被一代接一代地禁锢在肉体中。所以,摩尼教徒显然对婚姻和生育是持否定态度的。他们认为亚当、夏娃与其暗魔父母一样,将神圣本原牢牢地束缚在其子孙们的肉体内。

他们说,《圣经》所言的蛇即是基督,是他使得人类先祖亚当、夏娃睁开了知识之眼,能够识别善恶。嗣后,基督又来尘世解救灵魂,却非肉体。他们还说,通过摩西而给予律法,以及希伯来《先知书》中所谈到的那位神灵,并非真正的尊神,而是暗魔之一。即使对于《新约》,他们也只接受自己喜欢者,而排斥不喜欢者。他们更喜欢某些伪经,认为其中包含了全部真理。

他们说,主耶稣允诺派遣的保惠师(圣灵)即是他们的教主摩尼。因此,摩尼在著述中称自己为"耶稣基督的使徒"。摩尼还设立了十二个门徒,以模仿耶稣的十二使徒。而其"十二"之数,还隐含在其他规制中,如十二"大师"(汉语文书称"慕阇"或"承法教导者")、七十二"主教"(汉语文书称"拂多诞"或"侍法者"),以及三百六十长老(汉语文书称"默奚悉德"或"法堂主")。

他们声称,以水作洗礼不能拯救任何人。他们白天向太阳祈祷,晚上向月亮祈祷;若日月未显,则向北方祈祷。他们是站着祈祷的。

他们将罪恶的根源归因于混杂在人体内的敌对本原。声称肉体并非尊神所造,而是源自敌对本原的邪恶心灵的制品。人体内的善恶两种灵魂永远争斗不息,永不调和。但是,邪恶本原在与善良本原分离之后,即使经过世界末日的大火,也不会消失,而会存在于永恒的牢狱中①。

除了《异端》之外,奥古斯丁的另一部并非专门针对摩尼教的著作《忏悔录》

① 有关摩尼教的这段文字的拉丁原文和英译文的对照,见 Liguori G.Müller, *The De Haeresibus of Saint Augustine: A Translation with an Introduction and Commentary*, pp.85–97, The Catholic University of America Press, 1956.(Patristic Studies, Vol.90)

中也保存了不少涉及摩尼教教义的资料,例如该书的第 3 卷第 10 章:

> 我对此一无所知,因此我嘲笑您的神圣仆人和先知们。我嘲笑他们所得到的结果,岂非正是您倒过来嘲笑我? 不知不觉地,我被逐渐导向如此愚蠢的境地,以至相信,无花果树被采摘时会哭泣,其树液便是其眼泪。尽管如此,只要无花果不是由自己,而是由别人摘下来,那么罪过就是别人的;这位摩尼教圣徒便可以吃它,让它在腹内消化,然后以天使之形呼出体外。他会在其祈祷中向尊神的分子叹息诉说,声称虽然最为高贵和真实的尊神的分子被禁锢在无花果内,但是可以通过某个"选民圣徒"的牙齿和肚子来使之获得解脱。虽然我曾是个坏蛋,但是我仍认为,摩尼教对于人间水果的仁慈超过了对人类的同情,因为这些果实本来就是为了他们而创造的。假如一个并非摩尼教徒的饥饿者向人乞食,我们哪怕给他一小片水果,也会遭到谴责,乃至被判死刑。①

奥古斯丁在此谈到摩尼教的一个奇特教义和不近情理的教规:光明本原富藏于植物中,但是栽种植物和制作食品是伤害它们的犯罪行为,只能由低级信徒"听者"从事,供高级修士"选民"享用;后者则因此"解救"光明本原,得成"正果"。作者的措辞虽然不无嘲讽之意,但是文中的描述十分有助于读者对摩尼教的了解。

当然,在奥古斯丁专门批驳摩尼教的著述中,保存了更多有关摩尼教的教义、观点、规制等的资料。例如,《论摩尼教的伦理道德》第 15 章谈及摩尼教解救光明分子的教义,说道:

尊神的一部分与邪恶本原混合起来,以阻止后者的狂怒爆发。用摩尼教通俗的说法,在善恶两种本原混合后,世界就被创造出来了。但是,神圣本原每天都从世界各处被净化出来,回归到故国。由于神圣本原从大地升向天空,所以扎根于大

---

① 语见 Outler, 1955, Book 3, Chapter 10, § 18。

地的树木花草和一切植物都受到它的滋养,从中获得生命力。于是,倘若动物吃了植物,并且交配,那么就会将这些神圣本原禁锢在它们及其后裔的肉体中,从而改变良好的净化进程,导致神圣本原陷入痛苦和谬误之境。然而,假如这些水果和菜蔬由摩尼教的"圣徒"(即选民)吃下去,则通过他们的祈祷、赞美等仪式,食物中的神圣本原便会被净化,摆脱一切污秽,回归天界的故国。

正因为如此,摩尼教禁止信徒们施舍给非摩尼教徒的乞丐以任何面包、蔬菜,甚至根本不值钱的清水。其原因即在于害怕乞丐的"罪过"玷污了尊神的神圣本原,从而延迟了它们的回归①。

又如,《驳摩尼教徒福斯图斯》卷二〇记述了福斯图斯反驳奥古斯丁的"太阳崇拜",指责道:我们也是一神崇拜,是崇拜具有三种称号——圣父、圣子、圣灵——的全能天主。我们相信,尊神的威力住于太阳,其智慧住于月亮。我们还相信,圣灵位于整个天空中,由于他的精神影响力,大地孕育了肉身耶稣,他被禁锢在每棵树木中,并是人类的生命和救星。与你们赋予面包和酒以神圣之义相仿,我们只是赋予一切事物以神圣之义②。

由此,我们不仅了解了摩尼教有关"耶稣住于树木中"的教义,还明显地感觉到,摩尼教——至少是奥古斯丁时代的摩尼教——十分迫切地试图将本派信仰与"正统的"基督教建立密切关系;易言之,当初它是十分依附于基督教的。这与它传播至东方后展示的浓烈"佛教色彩"形成了鲜明的对照。

奥古斯丁的著述中,除了保留着有关摩尼教教义的许多资料外,也涉及摩尼教历史的一些细节。这类例子可以《异端》第46章为证。

在奥古斯丁时代,摩尼教在北非已经传播了一个多世纪,业已形成颇具影响力的"异端"。

摩尼教至少在公元4—5世纪时就已分成多个流派了,其中包括卡他利派和马塔里派,并且,这个现象只是就西亚、欧洲和北非地区而言;若兼及中亚或更

---

① Augustine, *The Manichean Way of Life*, Chapter 15, § 36, in Teske, 2006, pp.85–86。

② 参见 *Reply to Faustus the Manichaean*, Book XX, Chapter 2, tr. by Richard Stothert, in Schaff (ed.), 1887, p.435.

东的地区,则其流派可能更为繁杂,那么,其仪式、教义等也完全可能出现相当的变化。奥古斯丁的记载为后世研究摩尼教的发展、演变提供了很好的参考资料。

综上所述,大体上可以达成如下认识。

第一,奥古斯丁的生活年代距离摩尼去世不过百余年,故可称之为早期摩尼教的"同时代"或"准同时代"人。此外,他曾在长达9年的时间里身为摩尼教的世俗信徒"听者"。所以,相比数百上千年乃至更长时间后获自辗转相传的其他记述,奥古斯丁有关摩尼教的描写应该更为可信,更加接近事实真相;或者,至少与之相仿。

第二,奥古斯丁是从批驳摩尼教的角度撰写那些著述的,难免有宗教偏见和感情色彩,但是以他基督教著名主教的身份以及严谨的治学态度,至多是言辞激烈的抨击和批判,不可能有意捏造摩尼教的教义、历史。有鉴于此,奥古斯丁著述中包含的摩尼教资料的研究价值,并不亚于摩尼的亲撰著述及其后世信众所撰的"本教资料"。

第三,正因为奥古斯丁的著述成于早期摩尼教的"同时代",距离摩尼本人的生活年代也相当接近,所以奥古斯丁保留的摩尼教资料更真实地揭示了"早期摩尼教"或"早期西方摩尼教"的情况。这对于主要利用吐鲁番"本教资料"、敦煌汉语文书以及其他汉文资料等"东方文书"的研究者来说,是个极好的补充、佐证,甚至反证。更可贵的是,鉴于摩尼教在一千多年自西向东的传播过程中经历了很大的演变,故奥古斯丁所保存的早期(西方)摩尼教资料,十分有助于还原摩尼教的整个传布和发展进程。这对于研究古代欧亚大陆或"丝绸之路"上的宗教和文化交流都具有重要的资料价值。

第六章 明心和摩尼的"圣灵"名号辨析

公元 3 世纪中叶,摩尼教始创于西亚的两河流域(今伊拉克境内)。它借鉴和融合了此前流行于当地及其周近的各种宗教和文化因素,故被后人称为"调和性宗教"(syncretistic religion)。所以,人们可以轻易地发现摩尼教所包含的基督教、琐罗亚斯德教、佛教、犹太教以及埃及、希腊、罗马等文化因素。

摩尼教的神灵体系便是这种多元文化特色的一个体现方面。姑不论它与琐罗亚斯德教一样,也主张善恶二元论(至少形式上是如此),又将基督教的耶稣(Jesus)直接借用为摩尼教的重要神灵,即使诸多次要神灵的名号与职能,也往往雷同于其他的非摩尼教信仰。

"圣灵"(Holy Spirit)之称便是一个典型例子,它显然借自基督教的神学。基督教经过几个世纪的争论之后,形成了大体上一致认可的教义,即所谓的"三位一体"(Trinity),亦即是说,上帝是由出自同一本原的三个位格构成,这三个位格便是圣父、圣子(耶稣基督)、圣灵。换言之,圣父、圣子和圣灵这三者并非相互异质的个体,而是上帝自我体现的三种不同形态。即作为人类创造者的称"圣父";显现凡世,作为人类拯救者的称"圣子";体现于人类心灵,作为其圣化者的称"圣灵"。《圣经》中并无"三位一体"的专名,而只在《新约》中提供了"三位一体"的信仰依据,后世的神学家们才从理论上探讨了这"既三又一"的教义。

不管怎样,摩尼教十分清楚地借用了基督教的"圣灵"称号,频繁地使用于诸多场合,凸显出这一神名的重要性。然而,在摩尼教中,"圣灵"之号并非只冠之于同一个角色,而是被多位神圣人物所拥有,尤其是重要神灵之一"明心"(Light Mind / Light Nous,摩尼教汉语文书称"惠明")和摩尼教的创教者摩尼,都曾清楚地被称为"圣灵"。于是,遂有必要具体辨析"圣灵"之号与明心、摩尼的相互关系,易言之,哪位神圣角色最适宜称为"圣灵"?或者,都被称为"圣灵"的明心和摩尼是否属于同一位神圣者?是本章试图辨析的主要问题。

一、明心和摩尼的职能

为辨析明心、摩尼各自与"圣灵"的关系,必当先了解他们在摩尼教中通常的职能和地位,在此,首先谈谈明心在摩尼教万神殿中的地位和职能。有关他的描述多见于摩尼教奇特的创世神学中,兹略述相关的叙说如下。

按照摩尼教教内和教外的记载,最初之时,明界占据东、北、西三方,暗界占据南方,二者互不交接、往来。但是,后来暗界魔众因贪婪而入侵明界,明尊便召唤(或放射)出诸神进行抵抗。先是召唤出生命母(Mother of the Living),生命母相继唤出初人(the First Man),初人再唤出其五个儿子(五明神)。初人及其五子与暗魔交战,却遭惨败;初人被困深渊,五子被暗魔吞食。于是明尊再次召唤出明友(Friend of Lights),明友召唤出大建筑师(Great Builder),大建筑师再召唤出生命神(Living Spirit)。生命神及其五子救出了陷于暗狱中的初人,并屠杀暗魔,用其尸体创造了宇宙——十天、八地和日月星辰等。于是,"大世界"即宇宙便创生了。

然而,还有众多光明分子(灵魂)被暗魔形成的肉体所束缚,于是明尊又作了第三次召唤,以救赎灵魂。他便创生了第三使(The Third Messenger);第三使又相继召唤出三大神灵,即光耀柱(Pillar of Glory)、光辉耶稣(Jesus the Splendour)、光明少女(Virgin of Light,亦称明女)。光辉耶稣则以同样的模式也召唤出三大神灵,即明心(Light Mind)、大法官(Great Judge)、青年耶稣(Jesus the Youth)。又,明心亦按耶稣的模式召唤出了三大神灵:光明使者(Apostle of

Light)、神我(Counterpart)、光明形貌(Light Form)。光明形貌则会以光明使者的相貌显现在每个获救的灵魂面前,并伴随着三位神圣的天使。

由此可知,在摩尼教的创世神学中,明心的出场次序较后,且其业绩仿佛也不及生命神等创造宇宙那般辉煌。所以这似乎表明,明心的重要性要略逊一筹。其实不然,盖因摩尼教实际的和真正的教义教规和宗教活动几乎全都集中在"如何拯救灵魂"上,因此专注于在人体的"小世界"内救赎灵魂的明心,实际上成为摩尼教现实宗教生活中重要的神灵之一。

在《克弗来亚》第7章内,摩尼所归纳的摩尼教五位"父尊",便清楚地展示了明心的重要地位:第一父尊是最高神大明尊,他用三次"召唤"直接创生了三位大神——生命母、明友、第三使。其中的第三使便被称为第二位父尊。而作为第二父尊的第三使所召唤出的三大神灵光耀柱、光辉耶稣和光明少女中,耶稣被称为第三父尊。第三父尊创生的三大神灵明心、大法官、青年耶稣中,明心被称为第四父尊。明心所创生的三大神灵光明使者、神我、光明形貌中,光明形貌称第五父尊。显然,明尊早期创生的生命母、明友,以及次生的生命神等均未能厕身"父尊"之列,而明心则有幸与明尊同列,足见他的重要性。

有关明心"拯救灵魂"的细节,上文选译的《克弗来亚》第38章有相当具体的描述。摩尼(开悟者)向他的一位选民解释道,由于暗魔的禁锢,"灵魂出现了谬误和失忆。它忘记了它的本质、它的族群和它的亲戚,不再知道对父尊的祈祷之门的方位。它变得对父尊怀有敌意……本身,成为邪恶的……其自身的光明……"在此情况下,明心降临了:

> 明心前来,发现灵魂……它呈现在……它的智慧……他将成为……镣铐……肉身的肢体。他将解除灵魂心智的禁锢,把它从骨头中释放出来。他将把灵魂的思想从筋肌中释放出来,并把罪恶的思想禁锢在筋肌中。他将把灵魂的洞察力从脉络中释放出来,并把罪恶的洞察力禁锢在脉络中。他将解除灵魂慎思的禁锢,把它从肉中释放出来,并把罪恶的慎思禁锢在肉中。他将把灵魂的深虑从皮中释放出来,并把罪恶的深虑禁锢在皮中。

这即是他释放灵魂肢体,使得它们脱离罪恶五体的情况。相应地,他将把释放出来的罪恶五体禁锢起来。他将正确地安置灵魂的肢体,塑造它们和净化它们,从而构建成一个新人,即正义少年。当他制作和净化新人时,他将展示源自伟大五体的伟大生命五体。他把它们置于新人的肢体中。他将把他的心智——此即是爱——置于新人的心智中。他还将把思想——此即是信仰——置于他将净化的新人的思想中。他将把他的洞察力——此即是圆满——置于新人的洞察力中。他将把他的慎思——此即是忍耐——置于新人的慎思中。他还将把他的深虑——此即是智慧——置于新人的深虑中。他将净化罪恶的话语,把自大的话语加诸话语形象,从而他的……变得更有教养和更为强大……

当他将完善……十二肢体。这即是……及其智慧的情况。他的……变得正义,如他完善……当此前他奔跑时……如今,他则奔跑……他的大路和小径,以及他的……他还登升至高空,前赴伟大的永世……于是,故人被禁锢在……以及在这些身躯的五体中的他的欲望、他的……他的愚蠢……暗魔与它们一起被极其痛苦地监禁起来。

新人由其爱、信仰、圆满、忍耐和智慧主导着。他的国王……明心是整体之王。他按照自己的意愿而管理着它。各肢体……于是,罪恶被监禁。明心仍是国王,而躯体内则会不时地产生痛苦。①

与之相似的描述,亦见于摩尼教的汉语文书《摩尼教残经》中:五明身被暗魔禁缚后,"废忘本心,如狂如醉。犹如有人以众毒蛇,编之为笼,头皆在内,吐毒纵横;复取一人,倒悬于内,其人尔时为毒所逼,及以倒悬,心意迷错,无暇思惟父母亲戚及本欢乐。今五明性在肉身中,为魔囚缚,昼夜受苦,亦复如是"。在此情况下,明心,亦即汉语文书所称的"惠明"便降临了:

---

① 见 *Kephalaia*, Chapter 38, §96–97, Gardner, 1995, pp.100–101。

(惠明)既入故城,坏怨敌已,当即分判明暗二力,不令杂乱。先降怨憎,禁于骨城,令其净气,俱得离缚;次降嗔恚,禁于筋城,令净妙风,即得解脱;又伏淫欲,禁于脉城,令其明力,即便离缚;又伏忿怒,禁于肉城,令其妙水,既便解脱;又伏愚痴,禁于皮城,令其妙火,俱得解脱……

惠明大智,以善方便,于此肉身,诠救明性,令得解脱。于己五体,化出五施,资益明性。先从明相,化出怜悯,加彼净气;次从明心,化出诚信,加彼净风;又从明念,化出具足,加彼明力;又于明思,化出忍辱,加彼净水;又于明意,化出智惠,加彼净火……

如是五种极大斗战,新人、故人,时有一阵。新人因此五种势力,防卫怨敌,如大世界诸圣记验;怜悯以像持世明使,诚信以像十天大王,具足以像降魔胜使,忍辱以像地藏明使,智惠以像催光明使……

或时故人兵众退败,惠明法相宽泰而游。至于新人五种世界无量国土,乃入清净微妙相城。①

按摩尼教教义,宇宙是个"大世界",人体是个"小世界",二者是相对应的。因此,明心/惠明创造新人,与故人战斗,即是相当于早期诸神在开创宇宙时与暗魔的战斗。上引《摩尼教残经》所言的"新人因此五种势力,防卫怨敌,如大世界诸圣记验",便是这个意思。所以,接着提及的"持世明使""十天大王"等五神即相当于西方史料中生命神(净风)的五个儿子:持世明使,即科普特语文书中的光辉守护者(Keeper of Splendor);十天大王,即科普特语文书中的光荣大王(King of Honor);降魔胜使,即光明阿达马斯(Adamas of Light);地藏明使,即是负重者阿特拉斯(Supporter Atlas);催光明使,即是荣耀之王(King of Glory)。

明心创造新人,拯救明性,也就相当于这五神击杀诸魔,创建宇宙。《克弗来亚》第38章对此说得很清楚:

人体的情况亦然如此。尽管身躯的尺寸很小,却有一股强大的力量居

---

① 录自《摩尼教残经》第44—48、57—61、71—74、107—111、114—116行(芮传明,2014年,第7—8、10页)。

于其中。无论如何,罪孽居于其中,故人居于其中。他肯定是残酷的,极为奸诈的。直到明心发现如何降伏肉身,并随心所欲地驱使它。

他的外界弟兄们所主管的各监察区的情况正是如此。在那巨大的躯体中,不时发生地震和叛乱。位于肉体中的心灵的监察区也是这样,不时产生罪孽,在体内骚动不安。

如今,你们应该理解了,光明的诸力是善良的。世界的开端和结局都向他们揭示了。他们所做的一切都是按照正确的判断而完成的。因此,他们可以容许敌对的心态引发一些谬误,暂时随心所欲一番。然后,他们俘获了……他们首先以公正的审判采取了行动。[1]

由此可知,明心的基本——也是最重要的——职能即是"拯救人类灵魂"。对于摩尼教的修道者来说,这是最实际和最关键的一位神灵。学界将明心简洁地定义为"附身于使徒内的神灵,救赎灵魂(使新人替代旧人)和教会;是人格化的知识、教会权威和真理"[2],是较为恰当的。

至此,似可归纳明心的形象特色为:就形式上看,他是一位次级神灵,在摩尼教诸神中的出场顺序也较后。他的主要职能是进入人类体内,以影响和控制肉身感官的方式净化灵魂和拯救人类灵魂。因此,明心予人的印象,是个相当虚幻的精神性灵体,亦即货真价实的来自天界的"神灵"。

接着,概括一下摩尼的职能和地位。关于摩尼的有些情况出自他本身的自述,有些情况则源自其同时代和后世之拥戴者或敌对者的介绍。这些内容无论真伪和夸张程度如何,与有关明心的记载相比,都很明显地展示出摩尼的"人"的形象。

成于公元10世纪的阿拉伯语《群书类述》谈及摩尼的家世及其创教过程道:摩尼是安息朝 (汉文古籍之称,Arsacid Dynasty; 即今通常所称之帕提亚王朝,Parthian Dynasty)王族的后裔。其母名满艳(Mays),父名福图克(Futtuq)。摩尼是

---

① *Kephalaia*, Chapter 38, §94, Gardner, 1995, p.99。

② 语见 Gardner & Lieu, 2004, "Glossary", p.294。

胡希(Ḥūḥī)地方人,即在巴达拉亚(Bādarāyā)和巴库萨亚(Bākusāyā)境内①。

其父原居哈马丹(Hamadhān),后来移居巴比伦,生活在首都泰西封(Cte-siphon)。当摩尼之母怀有身孕时,摩尼之父在一座神庙中连续三天感应到神灵的启示,要他不要吃肉、喝酒等。于是,他参加了神灵所要求的那个教派。满艳声称,她在诞育摩尼前,曾梦见有天使将儿子抱上天去,并在那里待了一两天。

摩尼自幼追随父亲,信奉与之相同的宗教。但是在 12 岁时首次获得神的启示;向他宣示天启的,是所谓的"神我",即摩尼在天堂的另一个精神本体。该天使要求摩尼脱离现有的信仰,追求清净和禁止肉欲;但是也不要马上公开传播新的宗教思想。嗣后,当摩尼 24 岁时,天使再度传达尊神的指示,要求摩尼坚忍不拔地开始传播真理和福音。于是,摩尼在萨珊朝第二位君主沙普尔一世的登基之日公开露脸,宣讲他的新宗教。摩尼是由沙普尔一世的兄弟引见而得以晋见国王的。他的信徒们声称,国王对于摩尼颇怀好感,允诺其教徒在本国境内自由布教。于是,摩尼的宗教得以繁荣发展②。

有关摩尼的死亡,《群书类述》是这样描绘的:

> 摩尼是在巴拉姆·伊本·沙普尔(Bahrām ibn Shāpūr)在位期间被杀的。他处决摩尼之后,还将他尸身的两半悬挂示众,一半挂在君迪沙普尔(Jundī–Shāpūr)城③的某个城门口,另一半则挂在另一个城门口。这两个地方被称"上圣徒"和"下圣徒"④。据说他(摩尼)先是被关押在沙普尔的监狱中,沙普尔去世后,巴赫拉姆则释放了他。也有一种说法是他死于狱中。不管怎样,他被悬尸示众是没有疑问的。⑤

---

① Bādarāyā 和 Bākusāyā 构成了 Bandanījīn 地区,该地区从 Nahrawān 运河(在底格里斯河以东,巴格达附近,长约 60 英里)之东延伸到 Zagros 山脉及 Media 或 Jibāl 省边界地区。

② 以上叙述见 Dodge(trans.), 1970, pp.773—776。

③ Jundī–Shāpūr,亦作 Djundai–Sābūr,波斯南部的一个城市,由萨珊王朝的沙普尔一世始建,极具重要性。沙普尔一世曾将希腊战俘移民该城。

④ 阿拉伯语 al–Mār al–A'lā 意为"上部的(或靠北的)圣徒";al–Mār al–Asfal 意为"下部的(或靠南的)圣徒"。这显然是后世摩尼教教徒为了纪念摩尼殉难而创造的名称。

⑤ 见 Dodge(trans.), 1970, p.794。

关于摩尼的结局和摩尼教的兴衰，伊斯兰学者比鲁尼(Biruni,973—1048年)在其《古族编年》中也有过类似的简洁、生动的描述：

在阿尔达希尔(Ardashir)、其子沙普尔(Shapur)以及霍尔木兹·本·沙普尔(Hurmuz b. Shapur)的治下，摩尼教逐步兴盛，直到巴拉姆·本·霍尔木兹(Bahram b. Hurmuz)登上王位。他下令搜捕摩尼，抓到摩尼后，他说道："此人一直号召人们摧毁这个世界，因此必须在他的企图实现之前，先把他摧毁。"

众所周知，他处死了摩尼，并将皮剥下，内中填草，悬挂在贡迪萨普尔(Gundisapur)城门口；此处至今仍被称为"摩尼门"。霍尔木兹还杀死了许多摩尼教信众。

基督教徒吉布拉伊尔·本·努赫(Jibra'il b. Nuḥ)在答复雅兹丹巴赫特(Yazdanbakht)对基督教的批驳时说道，摩尼的一个弟子曾编过一本书，其中谈到摩尼的厄运，说摩尼之所以被投入监狱，是因为他认为国王的一位亲戚被魔鬼附身，他承诺可以治愈，却又不见效果。因此手、足俱被锁住，最终死在牢中。他的头颅被挂在宫殿的门口示众，尸体则被抛在大街上，以警告其他类似的人物。[1]

与伊斯兰学者的《群书类述》和《古族编年》相比，基督教徒的《阿基来行传》所描绘的摩尼更像一个普普通通的凡人(诚然，其中不乏丑化和敌视的成分)，而远非神通广大和玄虚异常的神灵。《阿基来行传》载：

摩尼的外观十分古怪：穿着厚底的鞋子，披着多色的斗篷，手执黑檀木手杖。左腋下夹着一本巴比伦古书。两条裤腿管颜色迥异：一条腿管深红色，另一条腿管葱绿色。其模样就像一个年迈的波斯巫师。(第14章，第3节)

在阿基来与摩尼的第一次辩论中，阿基来最终取得了完全的胜利，听众们

---

① 见 Sachau(tr. & ed.), 1879, p.191。

赋予阿基来极大的荣誉。马塞卢斯站起身来,脱下斗篷,披在阿基来身上,亲吻和拥抱他,以展示对阿基来的敬意。随后,聚集在此的儿童们开始向摩尼投掷石块,迫使他迅速地逃离;其他人也仿效他们,致使人群骚动,将摩尼逐出了城。(第43章,第1节)

阿基来在与摩尼第二次辩论后,向听众们讲述了摩尼的履历:摩尼的宗教思想并非其始创,而是得自前人。首先,一个名叫塞西安努斯(Scythianus)的人引用和发展了这类二元论,撰写了《秘密经》等四部书。他在埃及安了家,并有一个弟子,名叫特雷宾图斯(Terebinthus)。塞西安努斯去世后,特雷宾图斯继承了他的财产和学说,并移居波斯的巴比伦。他与一个寡妇姘居,但不久后摔死了。于是,那老寡妇便继承了他的财产和书籍。她买了个名为科比修斯(Corbicius)的7岁男孩为奴。科比修斯12岁那年,老妇人去世,其财产和四部书也就归科比修斯所有。科比修斯旋即移居都城中心,并改名为"摩尼"。

摩尼勤奋研读这四本书,重新抄录,并添入自己新创的学说;删去原来的署名,使之貌似摩尼独立撰写一般。他还招收了三名弟子,名为托马斯(Thomas)、阿达斯(Addas)和赫尔马斯(Hermas),教导他们学习和传播他的学说。

国王的儿子生了重病,悬赏全国,寻求良医。摩尼则求见国王,声称自己能治愈病人。结果是患者非但不见好转,反而病死了。国王因此大怒,立即将摩尼投入大牢,并通缉他的弟子。后来,摩尼贿赂了狱卒,得以逃脱,躲藏在阿拉比昂(Arabion)要塞里。不过,摩尼最终仍被国王追捕到。国王愤怒异常,决意惩罚导致儿子死亡的摩尼,于是下令将他处死后剥皮,悬挂在城门口,人皮中充填药草,肉则用来喂鸟。(第62—66章)

诚然,以上列举的有关摩尼的描述都出自视摩尼教为"异端"的人士之手,故难免或多或少地贬低和歪曲摩尼的形象。然而,即使出自摩尼亲口叙述和亲手撰写,或者后世摩尼教信众编撰的"本教文书",也颇能反映出摩尼是个生活在现实世界的真实的"人",而非虚无缥缈和不可捉摸的"神"。

例如,摩尼最想展示,并希望人们相信的,是他乃新宗教的缔造者,至少并列于此前的几大宗教的创造者。他在呈献给波斯国王沙普尔一世的《沙卜拉干》中说道:"智慧和善举,始终不时地通过尊神的使者们带给人类。于是,在某个时代,它们由称为佛陀(Buddha)的使者带到印度;在另一个时代,由琐罗杜什特(Zarādusht)带到波斯;在又一个时代,则由耶稣(Jesus)带到西方。如今,启示已经降临了,在这最后时代的预言是通过我,摩尼,真理之神的使者带到巴比伦。"[①]

将摩尼与佛教、基督教等宗教"教主"相提并论的说法也见于后世的摩尼教颂诗中,突厥语的《摩尼大颂》第36颂称:"你在四佛之后降世,获得无上正等觉。你拯救了亿万生灵,将他们救离暗狱。"[②]通常认为,在此所谓的"四佛",乃是指摩尼教之前的四个"先知"或光明使者:塞思(Seth)、琐罗杜斯特拉(Zarathustra)、佛陀(Buddha)、耶稣(Jesus)。显然,摩尼及其教众很愿意把他说成是伟大宗教的始创者,而这类角色,更近似于现实之"人"而非虚幻之"神"。

同样体现摩尼"现实之人"形象的,是他夸耀自己撰写的著述。《克弗来亚》记录摩尼对其弟子们的话道:在他之前的"使者"——耶稣、琐罗杜斯特拉、佛陀——虽然也努力地传播光明和真理,但是他们与自己相比,都有很大的不足之处,即在世时未能将其教义和真理亲笔书写下来,而只是由其追随者在嗣后追录和编写,从而难免掺入非权威的观念和说法,导致本教逐步衰败。

至于摩尼自己,则有许多亲撰著述留给后世,其中包括《伟大福音》(The Great Gospel,即汉语文书《摩尼光佛教法仪略》所说的《彻尽万法根源智经》)、《生命宝藏》(Treasury of the Life,《摩尼光佛教法仪略》称为《净命宝藏经》)、《论文集》(The Treatise,汉语文书作《证明过去教经》)、《神秘经》(The One of the Mysteries,汉译《秘密法藏经》)、《书信集》(The Epistles,汉语文书称《律藏经》)、《祈祷文》(The Prayers,汉译作《赞愿经》),以及《赞美诗》(The Psalms)和有关帕提亚人的著述等[③]。

我们不难发现,"教外资料"倾向于将摩尼描绘成邪恶的"异端"领袖,曾经从前人或者"神灵"那里获得若干宗教思想,后来广为传播,创建摩尼教;最终则

---

① 见 Sachau (tr. & ed.), 1879, p.190。

② 汉译文录自芮传明:《突厥语〈摩尼大颂〉考释——兼并谈东方摩尼教的传播特色》,《传统中国研究集刊》第六辑,上海人民出版社,2009年6月,第189—202页。

③ 见 Gardner (trans.), 1995, pp.11,13。

因"邪不胜正"而被统治者处死。"本教资料"则显示,摩尼犹如此前各伟大宗教的缔建者一样,始创了摩尼教;甚至胜过琐罗亚斯德、佛陀和耶稣摩尼,因为他拥有大量亲撰著述,从而可保证本教教义始终不变质地流传后世。

于是,我们可以概括摩尼的形象特征:从形式上看,摩尼更像一位凡人,他有父有母,历经沧桑,最后被捕入狱,终遭处死。他的职责或事业即是热情传播其宗教理念,因此创建了一个世界性宗教,从而得以比肩于此前的各个伟大创教者,如琐罗亚斯德、佛陀、耶稣等。因此,尽管不乏有关摩尼的"神迹"之说,但是总体而言,摩尼给人的印象,是相当真实的历史人物;至少,远非明心那样,是个难以捉摸的精神灵体。

二、明心和摩尼的名号

下面,将简略地梳理一下明心和摩尼的各种名号,并特别注意他们的"圣灵"冠名。

"明心"即"光明之心"的简称,英文作 Light Mind。由于西文在很多场合也称之为 Light Nous(nous 源自希腊词 νοῦς,义为心灵、智力、真理、理智、思想等,多见于古典哲学词语中),故汉译名也作"光明诺斯"。

有关明心的各种称号,学界多有论述。它除了在摩尼教汉语文书中被称为"惠明"外,在西方诸多非汉语资料中还有不少异名。例如,林德在其《摩尼教神话角色之名号》一书中曾归纳道:"或许,'真理的诺斯(the Nous of Truth)''伟大者之诺斯(the Nous of Greatness)''伟大的思想(the Great Thought)''父尊之华丽光明的诺斯(the Nous of Shining Light of the Father)''光明的诺斯(the Nous of Light)'以及'教会的诺斯(the Nous of Church)'等都可能是用以指称明心的名号。"[1]作者在此虽然罗列了明心的好几个异称,却也只是见于科普特语文书中,若涉及希腊语、拉丁语及伊朗系诸语的文献,则其异名的数量将会更多。

---

[1] 语见 Lindt, 1992, p.168。

不过,本章旨在探讨明心与"圣灵"称号的关系,故不欲穷尽明心的其他异称,而是关注明心的"圣灵"之称。《克弗来亚》第56章很具体地谈及明心降伏肉身,让真理控制肉身的情况,说道:

> 明心降临后,就会接管对于肉身孔窍的操控权……明心会利用它的智慧、敬畏和勤奋降伏设置在肉身孔窍的卫士们……由于通往义人肉身的门闩掌控在明心的手中,所以愉悦于尊神的一切事物都被接纳入内……如今通过弥漫于明心全身及其体内的威力,他战胜了贪欲……由于明心的威力,这些贪欲的声音、魔幻的言辞以及邪恶的谜团在他面前都变得十分可恶了……

> 圣灵成为支配所有肢体的主人。他用一根和平之链束缚了它们,并用真理之印封印了它们。他使得躯体的孔窍向善良开放,从而善良得以通过耳朵和眼睛进入体内。他居于心脏中。圣灵统管全局。他干着他愿意干的所有事情。他在开初和最终都消除了罪孽的意愿。相反,让圣灵的意志,即明心的意愿产生。①

显而易见,引文前半部分不断谈到的操控肉身的"明心"(Light Mind),也就是后一部分所言的"支配所有肢体"的"圣灵"(Holy Spirit)。则明心在此被称为圣灵,是毫无疑问的。

接着,再检视摩尼的名号。汉文"摩尼"一名的语源,在不同语种的西方史料中有不同的书写方式,如中古波斯语作 m'n' 和 m'nyy,新波斯语作 m'ny,希腊语作 manēs,希腊语和科普特语也作 Manichaios,拉丁语作 manes 和 manis,亦作 Manichaeus,叙利亚语作 mny,即 Mānī 或 Mānē,如此等等。虽然诸名有些出入,但是大体上的读音都接近今英文的 mani。有关摩尼名字的各种读音和书写形式,克利马(Klima)在其著述中作过几乎穷尽的罗列②。

---

① *Kephalaia*, Chapter 56, §142—143, Gardner, 1995, pp.149—150.

② O.Klima, *Manis Zeit und Leben*, Prague, 1962, pp.260—270.

由于《阿基来行传》声称,摩尼最初之名是科比修斯(Corbicious),"摩尼(Manes)"是他迁入都城,独立生活后才改称的名字(见第 64 章),因此后世的学者往往视"摩尼"为颇有涵义的称号,但是其说法则五花八门。例如,或谓这是奴仆的专名,流行于小亚细亚,源自古伊朗语,通常用以指称从事家务的劳工。另一种说法谓 Manichaios 之名是阿拉米语(Aramaic)Mānī ḥayyā 的转写,意为"生命力的容器",亦即圣灵的化身。又有人认为,mani 源自阿拉米语 mānā,即曼达派(Mandaeans)的一位光明神的名字。诸如此类的说法不少。不过,我则认为,摩尼在早期从东方的佛教中借鉴了"珍珠"的观念。用"珍珠"(梵文 maṇi)作为自己的尊号,突出与"光明"和"智慧"的密切关系[①]。

不管怎样,"摩尼"无论是作为这位创教者的本名还是他嗣后改称的尊号,都只能算是他的"大名",而与其徒众赞美他的种种神圣称衔仍有较大的区别。下面,则就摩尼的各种"神圣称号"略作梳理。

上文已经提及,摩尼在创教之初,将其简论摩尼教教义的著作《沙卜拉干》呈献给刚刚登基的波斯国王沙普尔一世(Shapur I),而在书中则声称,尊神历来向人类派遣过好几位使者,相继为佛陀(Buddha)、琐罗杜什特(Zarādusht)和耶稣(Jesus)等;如今,最后时代的使者则是号称"真理之神的使者"的摩尼本人。据此,则知摩尼早期的自称是"真理之神的使者";而"真理之神"(The God of Truth) 乃是摩尼对于本教最高神灵——甚至是一切宗教的最高神灵——的称呼,摩尼既然是他的"使者"(Messenger),便与此前的"尊神的使者们"地位相同,亦即与创建佛教的佛陀、创建琐罗亚斯德教的琐罗杜什特,以及创建基督教的耶稣同为尊神的使者,只是时间稍后而已。

科普特语的《克弗来亚》(Kephalaia)是摩尼的弟子和信众编纂的摩尼对教义的诠释和演讲,它的基本形式是信徒提出问题,然后由摩尼答复。而在此书中,作答的摩尼不是被称为"开悟者"或"启蒙者"(Enlightener),便是被称为"使

---

① 可参看芮传明:《"摩尼光佛"与"摩尼"考辨》,《传统中国研究集刊》第 4 辑,上海:上海人民出版社,2008 年,第 60—76 页。

徒"(Apostle)。在基督教中,"使徒"通常是指耶稣的十二门徒。不过该书在此并非暗示摩尼乃是耶稣的骨干弟子,而是以耶稣与十二门徒的关系喻指摩尼教最高神"大明尊"与摩尼的关系。亦即是说,《克弗来亚》中"使徒"(Apostle)的涵义同于上引《沙卜拉干》中的"使者"(Messenger)。

然而,在基督教徒撰写的《阿基来行传》中引用的摩尼致马塞卢斯的书信中,却谓摩尼自称"摩尼,耶稣基督的使徒(Manichaeus, apostle of Jesus Christ)"(第 5 章)。这一称衔则很清楚地将摩尼指为耶稣的"使徒"。这不仅因为《阿基来行传》是由基督徒编撰,也因为摩尼在当时急欲争取基督教著名人物的信任,故肯定会十分"谦虚"地承认是耶稣的门徒或使者。《阿基来行传》第 15 章描述摩尼在辩论前的开场白中所说的话,更确认了他乃"耶稣的门徒"的说法:"弟兄们,我肯定是基督的弟子(disciple of Christ),确实是耶稣的使徒(apostle of Jesus)。"显然,同样的"使徒"称号,在不同的场合,所指的摩尼的地位并不相同。

现在姑不论摩尼的"使徒"称呼的实际含义,且来看看他还有哪些辉煌的称衔。庇麻节是摩尼教最重要的节日,该词源自希腊语 bēma,本义为"讲坛""舞台""审判者之座"。此节日一为纪念摩尼的殉道之事,二为赞颂摩尼的个人品格和救世之举。因此,在摩尼教庇麻节的赞美诗中,可以发现摩尼的不少荣誉称衔。

例如,科普特语文书《赞美诗》第 219—241 章是篇幅巨大的庇麻赞美诗[①],其中展示了信众对摩尼的许多尊称,如"真理之灵"(the Spirit of Truth)、"尊神"(God)、"主"(Lord)、"神圣者"(Holy One)、"父尊摩尼"(Father Mani)、"伟大的神"(the Great God)、"救世主"(the Saviour)、"使徒"(Apostle)、"父尊的灵心"(Mind/Nous of the Father)、"荣耀者"(Glorious One),等等。

然而,庇麻赞美诗中出现频率最高的摩尼尊称,似乎是"保惠师"(Paraclete)。例如,"荣耀归于我们的父尊,真理之灵,保惠师;胜利和光荣归于我们的

---

① 见 Allberry, 1938, pp.1—47。

主,我们的光明,摩尼"(第 224 章,第 14—15 行);"我们崇拜你,审判官,保惠师,我们祝福你所安坐的庇麻。你宁静地降临,啊,真理之灵,耶稣派来的保惠师。你宁静地来临,人类灵魂的新太阳。你宁静地降临,我们的主,摩尼"(第 227 章,第 19—24 行);"我们崇拜你,保惠师,我们在你的庇麻前恳求你,宽恕我们在这一年中犯下的罪过"(第 229 章,第 18—20 行);"荣耀和胜利归于保惠师,来自父尊和主的真理之灵"(第 229 章,第 30—31 行)。如此等等。

希腊语 παράκλητος 原义为辩护者、劝慰者、安抚者等,被多种语言借用,如拉丁语作 paracletus,英语作 paraclete,科普特语也借用了此词。在基督教的《圣经》中,Paraclete 便是耶稣承诺升天后求请天主再派来凡世的 Holy Spirit;汉文《圣经》则通常将 Paraclete 译作"保惠师"或"护慰者",将 Holy Spirit 译为"圣灵"。因此,按照基督教教义,"保惠师"和"圣灵"是同一个概念。由此可知,摩尼教曾经很清楚地将摩尼说成"圣灵";而这一"圣灵"的观念便源自基督教。

三、"圣灵"名号的形式与实质之辨

于是,我们可以清楚地看到,摩尼教中至少有两个重要角色被冠之以"圣灵"的称号,他们即是明心和摩尼。那么,如何理解这个现象呢?一般而言,当可解释为两种可能性:其一,明心和摩尼既然共有同一称号,则二者实为同一个体;其二,二者并非同一个体,而只是出于某些原因,才拥有了同一个称号。我倾向于后一种说法,具体辨析如下文。

在辨析"圣灵"与明心和摩尼的关系之前,先得确认一个原则:鉴于摩尼教的"圣灵"观念显然源自基督教,故在比照和分析摩尼教的圣灵概念时,也大体上应以基督教的圣灵观为对照标准,从而便于厘清该名号在摩尼教中的涵义。

1. 摩尼的"圣灵"名号更为确定

应该承认,就"圣灵"名号的明确性和权威性而言,摩尼是当之无愧的。首先,按《阿基来行传》,摩尼在与阿基来的第一场辩论的开场白中,就明白无误地宣称,他就是耶稣请求天主派往凡界的那个保惠师,亦即圣灵:"我确实是耶

稣预言的,即将派遣来'指证世界关于罪恶、正义和审判所犯的错误'的那个护慰者(保惠师)①。并且,由于先我被遣的保罗(保禄)曾说,他'所知道的,只是局部的;我们作先知所讲的,也只是局部的'②,于是便将圆满的知识留给了我,我因此能够摧毁局部的知识。"(第 15 章第 3 节)摩尼在此自称"保惠师/圣灵",其概念完全袭用基督教的说法,他接连引用两段《新约》语录便是明证。

对于摩尼如此狂妄地自称"圣灵/保惠师",阿基来反复地予以驳斥,以至相关的话题占据了篇幅不大的《阿基来行传》中的相当一部分。阿基来不惜花费大量精力来驳斥摩尼的自称圣灵,清楚反映了摩尼的"圣灵"之号不仅在本教信众,即使在基督教徒中也已产生了很大的影响。

同样将摩尼教视作"异端"的基督教徒圣奥古斯丁在其著作《驳摩尼的〈要义书信〉》中,也用大量篇幅谈及和批驳摩尼的"圣灵/保惠师"名号。 奥古斯丁分析道,摩尼"希望人们认为,他并非由保惠师派遣来,而是保惠师的托生者,以至他本身可称作保惠师"。摩尼还"希望被人认为自己是由基督曾承诺的圣灵(保惠师)托生的;这样,当我们听到'摩尼,圣灵(保惠师)'时,就会理解为这是指耶稣基督的一个使徒,即耶稣基督曾经承诺过要派遣的某人。这是何等的胆大妄为,何等难以言表的亵渎神圣啊! "(语见第 6 章)

在此,奥古斯丁尽管严厉斥责摩尼自称"圣灵/保惠师"是严重的渎神行为,但是因此也清楚地揭示出,摩尼在世时,其"圣灵/保惠师"的称号已经被摩尼教信众所确认,并且在教外世界也已广为人知了。

当然, 更为清楚和确定地宣称摩尼之圣灵/保惠师地位的记载来自摩尼教的本教著述,例如,《克弗来亚》第 1 章便开宗明义地宣告了摩尼的圣灵/保惠师身份。摩尼在回答信徒有关使徒降临的问题时,解释道,他是历届使徒中的最后一位,是继耶稣基督之后,奉尊神派遣的圣灵/保惠师化身于他,前来拯救万民和教会。

---

① "指证世界……"一语的出典见《新约·若望(约翰)福音》第 16 章第 8 节(思高,1968 年,第 1670 页)。
② 本语出自《新约·哥林多(格林多)前书》第 13 章第 9 节(思高,1968 年,第 1784 页)。

"当救世主的教会登升上天时,你们所询问的我的使徒地位便开始了。那时候,真理的圣灵保惠师受到派遣;他即是降临于你们的最后一代保惠师。"在此所谓的"最后一代保惠师",显然是指尊神所遣的降附于摩尼的圣灵,亦即实际上的摩尼。颇有意思的是,摩尼相当"虔诚"地直接引用了《圣经·新约》中的耶稣语录:"我去为你们有益,因为我若不去,护慰者(保惠师)就不会到你们这里来;我若去了,就要派遣他到你们这里来。当他来到时,就要指证世界关于罪恶、正义和审判所犯的错误。"①

"就在阿尔达希尔国王加冕的那一年,充满生气的保惠师降临于我。他与我谈话了。他向我揭示了他隐藏的奥秘,那是隐藏了许多世和许多代的奥秘,是大地深处和上天高处的奥秘。""他的弟子们听他讲完这些事后,万分高兴。他们的心灵得到开悟。他们向他说出了自己的欢乐:'我们感谢您,我们的主!因为您把您降临及如何来此的事情写在了经典中,我们接受了它,我们相信它。您在这里还以摘要的形式向我们复述这些内容。就我们而言,已经充分地接受了它。我们也相信,您是保惠师,是天父派来的那一位,一切隐秘事物的揭示者。'"②

诸如此类的记述都清楚地表明,摩尼教在"圣灵/保惠师"的称号方面,十分明确地承袭自基督教,并且相当肯定地将它赋予了摩尼。相比之下,明心的"圣灵"称号则不及摩尼的那样明晰而确定。除了上文所引《克弗来亚》第56章明显地指称同一位神灵为"明心"和"圣灵",从而确认明心亦称圣灵外,似乎未见明心确凿号称"圣灵"的其他记述,而多为间接的比定和譬喻。

例如,摩尼教汉语文书《摩尼教残经》引《应轮经》之语道:"若电那勿等身具善法,光明父子及净法风,皆于身中每常游止。其明父者,即是明界无上明尊;其明子者,即是日月光明;净法风者,即是惠明。"③在此解释构成光明父、光明子和净法风三位一体的三者分别是无上明尊、日月光明、惠明;而汉语文书

① 语见《新约·若望(约翰)福音》第16章第7—8节(思高,1968年,第1670页)。
② 语见《克弗来亚》第1章。
③ 语见《摩尼教残经》第132—134行。

中的"惠明"即是西语文书中的"明心"(Light Nous)。因此,《应轮经》是通过套用基督教"圣父、圣子、圣灵"三位一体的模式来展示明心/惠明的"圣灵"地位的。

与之类似的表达方式也出现在摩尼教科普特语文书《赞美诗》中。有一段文字称:"太阳、月亮和完人,这三股威能是大世界的教会;而在内部的耶稣、少女和明心,这三股威能则是小世界的教会。"①显然,耶稣、明女(少女)、明心是"小世界"(即人体)中的三重组合,它与"大世界"(即宇宙)的三重组合相对应。

这个"内部的"三重组合在另一处便对应着另一种"外部的"三重组合:"耶稣、少女、明心,他们在内部施爱;父尊、儿子、圣灵,他们则在外界监管。"②于是,"小世界"中的明心便对应了"大世界"的圣灵,耶稣—明女—明心的三重组合也就被譬喻为父亲—儿子—圣灵的三位一体了。正是通过这种间接的方式,明心与圣灵划上了等号。当然,就其"权威性"或"名正言顺"而言,明心的圣灵称号是远不及摩尼的。

2. 明心的职能更似"圣灵"

然而,"圣灵"的名号在形式上固然更当属于摩尼,在实际上却应赋予明心,盖因就二者的身份和职责而言,明心更像是基督教神学中的"圣灵",摩尼却日益演变成"教主"的角色,从而有意无意地比肩于耶稣;而基督教中的耶稣则是"圣子"而非"圣灵"。兹辨析这个问题如下。

按照基督教神学,圣灵是应耶稣的请求而由天主派遣来的,他即是天主的灵,住于信众们的内心,将天主的真理和指示转达给他们。《新约·约翰福音》第14章中,耶稣用了大量篇幅向信众们解释有关圣灵的情况(第15—27节),这也是圣灵/保惠师首次出现在《福音》中。例如:

> 如果你们爱我,就要遵守我的命令;我也要求父,他必会赐给你们另一位护慰者(保惠师),使他永远与你们同在;他是世界所不能领受的真理之

---

① 见 Allberry,1938,16016—19。
② 见 Allberry,1938,16413—15。

神,因为世界看不见他,也不认识他;你们却认识他,因为他与你们同在,并在你们内。①

当护慰者就是我从父那里要给你们派遣的那发于父的真理之神来到时,他必要为我作证;并且你们也要作证,因为你们从开始就和我在一起。②

当那一位真理之神来时,他要把你们引入一切真理,因为他不凭自己讲论,只把他所听到的讲出来,并把未来的事传告给你们。他要光荣我,因为他要把由我所领受,传告给你们。凡父所有的一切,都是我的;为此我说:他要由我领受而传告给你们。③

在此,被称为护慰者(保惠师)的圣灵也被称为"真理之神",显然是因为他将神的真理传授给了广大信众。有关信众在接受真理之前和其后的变化,《圣经》有个很形象的譬喻——从"旧人"变成"新人"。例如,《新约·以弗所书》载:

为此我说,且在主内苦劝你们,生活不要再像外邦人,顺随自己的虚妄思念而生活;他们的理智受了蒙蔽,因着他们的无知和固执,与天主的生命隔绝了。这样的人既已麻木,便纵情恣欲,贪行各种不洁。但你们却不是这样学了基督。如果你们真听过他,按照在耶稣内的真理,在他内受过教,就该脱去你们照从前生活的旧人,就是因顺从享乐的欲念而败坏的旧人,应在心思念虑上改换一新,穿上新人,就是按照天主的肖像所造,具有真实的正义和圣善的新人。④

《圣经》的这类文字还有不少,简而言之,一是指圣灵(保惠师/护慰者)由天主所遣,其本原同于天主;二是其职责是向信众转达神的真理;三是其终极目标是抑制和消除信众内心之恶,转而向善,以至去除"旧人",改换成"新人"。

① 《新约·若望(约翰)福音》第 14 章第 15—17 节(思高,1968 年,第 1667 页)。
② 《新约·若望(约翰)福音》第 15 章第 26—27 节(思高,1968 年,第 1669 页)。
③ 《新约·若望(约翰)福音》第 16 章第 13—15 节(思高,1968 年,第 1670 页)。
④ 《新约·厄弗所(以弗所)书》第 4 章第 17—24 节(思高,1968 年,第 1822—1823 页)。

基督教之"圣灵"的这几个职能要点,正与摩尼教"明心"的职能要点几无差别。除了上文所引摩尼教科普特语文书《克弗来亚》第38章以及汉语文书《摩尼教残经》谈及的明心/惠明的情况外,我们还可再举一例,以证明就实际职能而言,摩尼教的"明心"最适合对应于基督教的"圣灵":

"灵魂出现了谬误和失忆。它忘记了它的本质、它的族群和它的亲戚;不再知道对父尊的祈祷之门的方位。它变得对父尊怀有敌意……"

"明心前来,发现灵魂……他将解除灵魂心智的禁锢,把它从骨头中释放出来。他将把灵魂的思想从筋肌中释放出来,并把罪恶的思想禁锢在筋肌中……"

"这即是他释放灵魂肢体,使得它们脱离罪恶五体的情况。相应地,他将把释放出来的罪恶五体禁锢起来。他将正确地安置灵魂的肢体,塑造它们和净化它们,从而构建成一个新人,即正义少年。当他制作和净化新人时,他将展示源自伟大五体的伟大生命五体。他把它们置于新人的肢体中。"①

于是,在摩尼教中,与明尊出自同一本原的明心,由于传播了明尊的灵知,遂使得旧人/故人变成了新人,亦即得以获救。在基督教中,与天主出自同一本原的圣灵(是为"三位一体"之一),由于转达了天主的真理,使得旧人变成了新人,亦即使信众获得拯救。显而易见,明心与圣灵的职能完全相同,明心即是圣灵角色的借鉴者和承袭者。

相比之下,摩尼的职能和地位,与基督教的"圣灵"相去甚远。如上文已经征引过的文书所展示的那样,摩尼在《沙卜拉干》中声称,他是继琐罗亚斯德、佛陀和耶稣之后的最后一位使者,俨然平列甚至胜于其他几位宗教之主。此外,摩尼教的本教文书《摩尼大颂》也谓摩尼是在"四佛"(塞思、琐罗亚斯德、佛陀、耶稣)之后降世的救世主。与之类似的资料尚有不少,它们指向的一个共同点是:摩尼教的身份和地位,与其说是相当于负有"拯救灵魂"的具体职责的一位次级神灵,不如说更像创建和主宰伟大宗教的一位教主,犹如其前辈琐罗亚斯德、佛陀、耶稣一样。

---

① 见 *Kephalaia*, Chapter 38, §96, Gardner, 1995, pp.100—101。

而对于这些先行者,摩尼最欲模仿和比拟的则是基督教的"教主"耶稣。尽管摩尼在早期始终声称自己是"耶稣的使徒",似乎承认其地位要低于耶稣。然而,他的实际行为却处处是在模仿耶稣。

例如,突厥语的《摩尼大颂》(可能成于 10 世纪初)这样赞颂摩尼的伟业道:"为了寻找拯救众生的种种途径,你走遍了四面八方的地域。当你见到需要获救的众生,你就毫无例外地拯救他们每一个。对于我辈这样虚度光阴的众生,你详细地宣讲《福音书》之宝。我们懂得了自由与获救的种种途径,我们从那书中了解了一切。"①在此描述的摩尼事迹,与耶稣到处布道,宣讲"福音"(真理),以拯救世人的事迹完全一致,足证摩尼形象与耶稣形象的吻合。

又,《摩尼大颂》第 38 颂云:"你营救了那些曾是邪恶的人,你治愈了那些双目失明的人。你使他们从事光荣之业,你为他们指明了通往神界的正确道路。"在此,摩尼治愈盲人的说法,表明其传教的一个特色是利用奇异的治病能力赢得世人的信任和信仰。

摩尼试图施展"治病奇迹"而获取宗教利益的事实亦见于其反对者的记载中,例如,《阿基来行传》载:"国王的儿子生了重病,国王为了治愈他,遂发布诏令,许诺大笔赏金,奖给能够治好王子之病的任何人。"于是,摩尼"前去觐见国王,声称他能够治愈这个男孩。国王得知此事,非常有礼貌地接见了他,很高兴地欢迎了他"。然而,很不幸的是,摩尼失败了:"那男孩最终死在了摩尼的手中,或者,不如说是被他害死了。"②

摩尼的"治病奇迹"无论是成功了还是失败了,都不会否定他借助"治病奇迹"而发展摩尼教的特色。而这个特色显然完全模仿了耶稣当年的治病神迹:耶稣曾使天生的盲人得见光明,将异地病危的大臣之子治愈,使瘫痪 38 年的患者康复,甚至令死亡 4 天的拉撒路复活。这是摩尼的行径酷肖耶稣的又一个例证。

① 《摩尼大颂》第 33—34 颂,见芮传明:《突厥语〈摩尼大颂〉考释》,《传统中国研究集刊》第 6 辑,上海:上海人民出版社,2009 年 6 月,第 191—192 页。
② 见《阿基来行传》第 64 章第 7—8 节,译自 Vermes & Lieu,2001,p.145。

更令人易于将摩尼比拟为耶稣的一个例证是，摩尼教最重要的节日庇麻节(Bema)当是模仿基督教的复活节(Easter)而设。复活节是为纪念耶稣被钉死三日后复活，重临人世而设；庇麻节也是为纪念摩尼殉道而设，且在节日再临凡世。复活节举行的时间在公历3至4月；而庇麻节亦在相仿的日期——3月。耶稣是被钉死在十字架上；传闻摩尼也是被处死于十字架上。显然，即使摩尼本人并非出于故意，至少其后世信徒是蓄意把他塑造成耶稣形象的。

如果考虑到《摩尼大颂》"他们怀着勤勉之心，遵奉你所制定的戒律"(第85颂)诸语，以及科普特语《庇麻赞美诗》频繁称呼摩尼为"我们的主"[①]等词句，则摩尼更像是制定戒律，被信徒称"主"的"教主"角色了。

基于以上辨析，我们可以对明心、摩尼二者与"圣灵"称号之间的不同关系作如下表述：

第一，摩尼教的"圣灵/保惠师/护慰者"称号，几乎完全借鉴自基督教的神学，因此，基督教的"圣灵"成为衡量摩尼教"圣灵"的标准。

第二，就"圣灵"名号的明确性和权威性而言，摩尼远胜于明心。前者被频繁和明确地称呼，后者则鲜见明确称呼，往往通过譬喻而间接地被指为"圣灵"。

第三，就"圣灵"住于信众内心，拯救其灵魂的职能而言，则与之最为相似的是明心；至于摩尼，其形象、地位和职能更相似于耶稣一般的"教主"，并非"拯救灵魂"的一介次级神灵可比。

---

① 参看 Allberry, 1938, pp.1—47。

第七章 摩尼教饮食规制考辨

摩尼教创建于 3 世纪上半叶，其缔造者摩尼在创教之初就声称，自己是继此前各大宗教之始创者佛陀、琐罗亚斯德、耶稣之后的"真理之神的使者"[①]。这似乎表明，摩尼教在形成之初就包含了遍布于欧亚大陆各大文明的文化因素；后世的学者对此大多持有共识。人们还认为，由于摩尼教的传播范围极广，且又尽可能融合当地的文化，故其教义在经过相当的时空间隔后，往往颇有演变，呈现出新的异质文化因素。本章将以摩尼教的饮食规制为例，探讨它在东传过程中的演变情况[②]。

一、回纥摩尼教"敬水而茹荤不饮乳酪"之辨

众所周知，摩尼教在波斯虽然有过一段"黄金时期"，但是在其最大的庇护

[①] 摩尼在呈献给波斯国王沙普尔一世的《沙卜拉干》中说道："智慧和善举，始终不时地通过尊神的使者们带给人类。于是，在某个时代，它们由称为佛陀（Buddha）的使者带到印度；在另一个时代，由琐罗杜什特（Zarādusht）带到波斯；在又一个时代，则由耶稣（Jesus）带到西方。如今，启示已经降临了，在这最后时代的预言是通过我，摩尼，真理之神的使者带到巴比伦。"语出阿拉伯史家比鲁尼成于 11 世纪的《古族编年》的引文，见 C.Edward Sachau（tr. & ed.）, *Al-Biruni, The Chronology of Ancient Nations*, William H. Allen and Co., London, 1879, p.190.

[②] 这里所言摩尼教在东方的传播过程，是将它理解成历史发展的实际影响，而非具体的传承。易言之，尽管就文字记载而言，摩尼教当是首先传入中土，然后再传入回纥。但是鉴于真正积极推动摩尼教在中央欧亚和中国兴盛发展的是回纥人，故我将摩尼教传的过程理解成西亚→中亚绿洲地区→中央欧亚的回纥汗国据地→中原地区→中国东南的闽浙地区。

者沙普尔一世(Shapur I)去世(270/272年)后不久,它便遭到了朝廷的严厉镇压,从而教主摩尼被处死,大批教徒则被迫逃往境外避难。前往东方的教徒在中亚站稳脚跟以后,继续向东发展,遂在中央欧亚的游牧人政权回纥汗国中争取到大量信众,乃至最终获得最高统治者牟羽可汗的支持,使得摩尼教成为回纥的"国教"。

回纥与唐王朝关系密切,且牟羽可汗又是帮助唐廷收复一度陷于安史叛军占据的两京的"大功臣",因此回纥的摩尼教信徒得以频繁地往来于中土,汉文史籍对他们的记载也为数颇多。其中,唐代李肇的《唐国史补》记回纥/回鹘的摩尼教徒饮食戒律道:"回鹘常与摩尼议政,故京师为之立寺,其法曰:'晚乃食,敬水而茹荤,不饮乳酪。'"[1]若按该标点,则可将回纥摩尼教的饮食规制理解为:日落后再就餐;尊崇水,敬之若神;可以吃肉食等荤品,但是禁饮乳酪。

然而,人们的普遍认识是,摩尼教信徒是吃素的。例如,回纥第九位可汗保义可汗在位期间(808—821年)设立的《九姓回鹘可汗碑》描述回纥推行摩尼教后的盛况道:"祈神拜鬼,并摒斥而受明教。熏血异俗,化为蔬饭之乡;宰杀邦家,变为劝善之国。"[2]又如成于唐代的摩尼教汉语文书《摩尼光佛教法仪略》在谈及摩尼寺的寺规时说道:"每日斋食,俨然徒施,若无施者,乞丐以充。唯使听人,勿畜奴婢及六畜等非法之具。"[3]显而易见,无论是所谓的"蔬饭"还是"斋食",都是指吃素或者戒荤,因此,摩尼教在饮食方面的一般规制为素食,应该是没有疑问的。

于是,随之而来的一个问题是,上引《唐国史补》的"敬水而茹荤不饮乳酪"句应该作何解释?特别是"茹荤"一词,真的应该理解为"吃肉食"吗?事实上,对于此语的解释和理解,历来颇有分歧。例如,陈垣在其《摩尼教入中国考》中引述《唐国史补》的此语后,曾评论道:"摩尼斋食,不茹荤。曰茹荤者,非讹字,即

---

① 见[唐]李肇:《唐国史补》卷下,曹中孚校点,《唐五代笔记小说大观》,上海:上海古籍出版社,2000年,第201页。

② 见碑文第7—8行,录自程溯洛:《释汉文〈九姓回鹘毗伽可汗碑〉中有关回鹘和唐朝的关系》,《唐宋回鹘史论集》,北京:人民出版社,1993年,第104页。

③ 文书第88—90行(录自芮传明,2014年,第52页)。

脱字。"①在此,作者虽然指出了"茹荤"的说法是因脱字或讹字所致,但是并未解释究竟脱了何字,或者哪个字出现了舛讹。

然而,王见川对陈垣的此说提出了异议,他认为,《新唐书·回鹘传》《资治通鉴》《唐国史补》以及《九姓回鹘可汗碑》四种文献都作"茹荤"说,故很难想象它们都出自同一文献源而造成了与"吃素"说相矛盾的说法。所以,更可能的情况倒是陈垣的看法有错误。于是,王见川表述了他认为应该是正确的观点:

"我们知道摩尼教僧侣要遵守'三戒'中,有一戒是不许吃肉。这是一般人认为摩尼教斋食的原因。其实,不吃肉当然包括斋食或素食,但是在中国佛教词汇中的斋食(或素食)的意涵是把五'荤'即蒜、葱、韭等五种辛臭的菜排除在外的。然而摩尼教僧的不肉食意指不要吃肉即可,他可以吃任何植物或菜类维生,包括荤菜在内。因而,我们主张摩尼教'其法茹荤'并没有违反摩尼教戒律,反倒是凸显陈垣受中国佛教词汇的误导而不自知的情形。依此,我们认为文献记载摩尼教'其法茹荤'并没有伪②字或脱字。"③

实际上,将这里的"茹荤"说成是食用强烈辛味的蔬菜,并非出于王见川的首创,因为元代胡三省在注释《资治通鉴》有关回纥摩尼教的饮食规制时就提出了这样的说法:"荤,许云翻,辛臭菜也。"④此外,百余年前法国汉学家沙畹与伯希和在其研究古代中国摩尼教的文章中,也很明确地数次将"荤"说成"烈辛之菜";他们将《新唐书·回鹘传》《唐国史补》等汉文古籍提及的"茹荤"都翻译成法文"de manger des légumes forts",意即"食用具有强烈气味的蔬菜"⑤。

鉴于前人的这些看法,则对于"敬水而茹荤不饮乳酪"一语的理解方式,至少可以分成两大类:一是"脱讹说",认为原语存在脱字或讹字,当修正后才能

---

① 见陈垣:《摩尼教入中国考》,《陈垣学术论文集》第一集,北京:中华书局,1980年,第340页。

② 陈垣原文作"非讹字,即脱字",而繁体字"譌"即今简体字"讹"。王见川转引时,却数将"譌(讹)"录作"僞(伪)",遂令原义变更。在此虽仍照录王氏之"僞(伪)",但作注说明,以免读者误解。

③ 王见川:《从摩尼教到明教》,台北:新文丰出版公司,1992年,第177页。

④ [宋]司马光:《资治通鉴》卷二三七《唐纪五十三·宪宗元和元年》,北京:中华书局,1956年,第7638页。

⑤ MM. ÉD. Chavannes & P. Pelliot, "Traité Manichéen Retrouvé en Chine, Traduit et Annoté", *Journal Asiatique*, Mars-Avril, 1913, pp.265, 266, 268.

反映其真实含义;一是"非舛讹说",认为原语并不存在舛讹,只要正确解释诸词的涵义,就能反映出整句的真实意思。

首先,让我们按照"脱讹说"的思路推测,看看将会获得哪些结果?第一,不妨推想句中的"茹荤不"系"不茹荤"的笔误,那么整句可作"敬水而不茹荤、饮乳酪"。水是摩尼教的"光明五要素"气、风、光、水、火之一,被视为神圣本原的一部分,故被崇拜和敬奉,当在情理之中;则"敬水"是可以理解的。又,如上文所言,素食是世所公认的摩尼教的饮食戒条,因此,在此作"不茹荤"也是合情合理的。至于"茹荤"之前置"不",其后再加顿号,则可用一个"不"字连续否定"茹荤""饮乳酪"两种举止。于是,此句可以理解为:摩尼教信徒在饮食方面的规制是不吃荤,不喝乳酪。这是"脱讹说"的一种推测。另一种推测是,整句作"敬水而不茹荤,饮乳酪",即在句读方面将顿号改成逗号。于是,其意思便变成"不吃荤,但是可饮乳酪"。

由此看来,两种推测都可以把这条记载的含义解释为"不吃荤"(禁食肉类),从而符合通常认为的摩尼教的饮食戒律。但是,这也产生了另一个疑问:禁止或者允许饮用乳酪,与摩尼教的饮食戒律有什么关系?对于这点,下文的辨析将会做出解释。

接着,再按照"非舛讹说"的思路探讨一下这条记载。当然,前引"荤即烈辛菜"的说法已经提供了一种不无道理的解释。然而我认为,另有一种解释似乎更接近事实真相。为便于分析,先将上文提及的有关此语的四种记载具体罗列于下。李肇《唐国史补》叙述回纥摩尼教信徒的饮食规制云:"晚乃食,敬水而茹荤,不饮乳酪。"[1]设立于9世纪初(814年)的《九姓回鹘毗伽可汗碑》记载摩尼教在回纥境内的布教业绩道:"开正教于回鹘,以茹荤屏湩酪为法,立大功绩。"[2]《新唐书·回鹘传》记回纥摩尼教信徒的情况道:"元和初,再朝献,始以摩尼至。其法日

① [唐]李肇:《唐国史补》卷下,曹中孚校点,《唐五代笔记小说大观》,上海:上海古籍出版社,2000年,第201页。
② 碑文第6行,录自程溯洛:《释汉文〈九姓回鹘毗伽可汗碑〉中有关回鹘和唐朝的关系》,《唐宋回鹘史论集》,北京:人民出版社,1993年,第104页。

晏食,饮水茹荤,屏湩酪,可汗常与共国者也。"①《资治通鉴》的记载与之类似:
"是岁,回鹘入贡,始以摩尼偕来,于中国置寺处之。其法日宴乃食,食荤而不食
湩酪。回鹘信奉之,可汗或与议国事。"②

以上所列的四条史料,两条出自唐代,两条出自宋代。显而易见,文字形成
的时间是在回纥摩尼教兴盛的时代,或者与之相距很近的时代,至少并不遥
远。那么,若将这四条史料都视作录自同一谬误之源,显然不太具有说服力。我
们即使不认为这四条史料出自四种独立来源,也当认为,其中至少存在两种独
立来源(如上引王见川所言)的观点恐怕更为接近事实。既然如此,那么"当代
的和官方的不同记载不约而同地出现重大误记"的可能性便微乎其微了。鉴于
此,剩下的问题便在于如何合理地解释"敬水而茹荤不饮乳酪"的涵义。

1. "荤"字意指肉食

摩尼教的信众分成两大类——"选民"和"听者",每一类都包括男女性别。
大体而言,"选民"相当于专职修道者,他们必须遵奉的戒律十分严格,但是因
此也更容易"得救",即其"灵魂"回归明界乐土。"听者"则相当于俗家信徒,所
应遵奉的戒律稍微宽松,却也因此较难"得救"。于是,摩尼教遂制定了分别适
用于"选民"和"听者"的戒条;在此所举的一例见于一份中古波斯语的摩尼教
"本教文献":

"(听者)应该具有仁慈之心,这样,就不会像邪恶者那样杀死它们了。然
而,他们可以食用任何已死动物的肉,无论这些动物是自然死亡的还是被宰杀
的;也不管他们是通过贸易,还是营生或礼品方式获得这些肉,他们都可以食
用。这对他们来说已经足够。这即是听者必须遵奉的第一条规则。"③由此可知,
摩尼教的"肉食戒规"对于世俗信徒来说,是"网开一面"的。

这份中古波斯语文书见于中国的吐鲁番地区,亦即是说,它成于摩尼教东

① [宋]宋祁等:《新唐书·回鹘传下》,北京:中华书局,1975年,第6126页。
② [宋]司马光:《资治通鉴》卷二三七《唐纪五十三·宪宗元和元年》,北京:中华书局,1956年,第7638页。
③ 原文的文书编号为 T II D 126 II = M 5794 II。其英译文见 Asmussen,1975,p.27。

迁,并在中央欧亚站稳脚跟之后,时代稍晚。不过,摩尼教在较早时期对于"听者"似乎也有这类允许肉食的规制。例如,在4世纪下半叶曾当过9年摩尼教信徒("听者")的基督教神学家奥古斯丁(Aurelius Augustinus,354—430年)曾这样谈到摩尼教听者的戒律:"他们之中称为'听者'的人可以吃肉和耕种土地[①],并且只要他们愿意,还可以娶妻。但是那些称为'选民'的人则根本不能干这些事。"[②]

由此二例可以清楚地看到,摩尼教从创教之始,就并非绝对禁止信徒食肉,相反,其教规明文允许俗家信徒吃肉,只要此肉并非他亲手宰杀而已,略似于佛教所谓的"净肉"[③]。鉴于此,如果《唐国史补》中的"茹荤"是将摩尼教的听者戒律误解成了其全体信众的饮食规制,则也不无可能。

此外,宋代的同类记载称:"陈州末尼聚众反,立毋乙为天子。朝廷发兵,擒毋乙,斩之。其徒以不茹荤饮酒。"[④] "末尼"即是"摩尼",都是摩尼教教主称号Mani的汉文异译名。故这条资料说的是摩尼教之事,当无疑问。而它声称摩尼教教徒"不茹荤饮酒",则是明白无误地道出了摩尼教通常的饮食规制——禁止肉食和饮酒;亦即是说,在此的"茹荤"应该指的是"食肉",而不是强调"吃烈辛之菜"。又如,《佛祖统纪》引良渚之语,谓信奉"二宗",拥有《大小明王出世经》等经典的"魔教"(无疑是指摩尼教)的戒律是"不茹荤、饮酒"[⑤]。显然,此"茹荤"也是意谓"吃肉",而不是吃葱、韭之类。

---

① 按摩尼教的教义,"光明分子"(为大明尊的一部分,亦即"灵魂")无所不在,存在于万物之中。故为了避免"伤害"光明分子,修道者要尽可能不损坏诸物,特别是饱含光明要素的物质,其中包括水、土、植物等。于是,专职的修道者"选民"就不得从事耕地、种植庄稼、煮烧食物等维持生计的必需活动,而只能由低一级的世俗修道者"听者"代劳。故摩尼教的戒律中有是否允许"耕地"之说。

② 转引自 Gardner & Lieu (ed.), 2004, p.244。

③ 佛教有三种净肉、五种净肉及九种净肉说。例如,"(佛)告诸比丘:'有三种肉不得食:若见、若闻、若疑。见者,自见为己杀;闻者,从可信人闻为己杀;疑者,疑为己杀。若不见、不闻、不疑,是为净肉,听随意食。'"语见[刘宋]佛陀什、竺道生等译:《弥沙塞部和醯五分律》卷二二,《大正新修大藏经》第22册,第1421号,大正一切经刊行会,大正十五年四月,第149页。至于五种、九种净肉,则是在三种净肉的基础上再添加"自死"(诸鸟兽命尽自死者)、"鸟残"(鹰、鹫等食它鸟兽所余之肉)等名目。

④ [宋]志磐:《佛祖统纪》卷四二,《大正藏》第49册,第391页。

⑤ [宋]志磐:《佛祖统纪》卷三九,《大正藏》第49册,第370页。

所以,我们不妨这样考虑:《唐国史补》和《佛祖统纪》同样谈及摩尼教的"茹荤"一词,是都意为"吃肉",还是都意为"吃辛菜",抑或一指"吃辛菜",一指"吃肉"呢?我认为,第三种解释过于随心所欲,没有固定的原则,故不足取。第二种解释将摩尼教的饮食特色集中到是否"吃辛菜"上,几乎是毫无根据地生造了一条摩尼教饮食规制,也不足取。唯有第一种解释,既有摩尼教教义依据,又合乎行文逻辑,因此,这类资料所谓的"茹荤",最可能意为"吃肉"。既然如此,便可认为"敬水而茹荤不饮乳酪"句几无脱讹。

2. "乳酪"指的是乳酒

接着辨析另一个问题:如何解释句中的"不饮乳酪"? 中古波斯语文书 M2 记载了摩尼的骨干弟子之一末冒(Mār Ammō)首次赴东方传教的一个故事,姑不论其事迹是否全部属实,但它至少揭示了摩尼教的若干基本教义:末冒一行人来到中亚贵霜帝国的边界时,镇守边界的"女性精灵"最初并未允许他们入境;他们便斋戒两天,向太阳祈祷,念诵摩尼教经典。于是边界精灵再次出现。末冒以自述的口吻记道:

"(精灵)对我说道:'你为什么不回到你的故乡去?'我答道:'我为了宗教远行而来。'精灵问:'你传播的宗教是怎样的?'我答道:'我们不吃肉,不饮酒,也不近女色。'她立即说道:'在我们国内也有许多人像你一样。'我背诵了《净命宝藏经》中的《收藏诸门》章,她便对我表示了尊崇,说道:'你是位清净的正直者。从今以后,我将不再称你为信教者,而改称为宗教的真正传播者,因为你超过了其他所有人。'"[①]不难看出,不吃肉,不饮酒,不近女色是摩尼教的基本教义。

又,成于 10 世纪的阿拉伯语《群书类述》记述摩尼宣称成为摩尼教信徒的标准道:"想信奉宗教的人必须先检查他的灵魂。如果他发现他能够抑制欲望和贪婪,克制自己不吃肉,不饮酒,以及不结婚,如果他还能够不伤害水、火、树

---

① 中古波斯语文书 M2,原文转写和若干注释见 Boyce, 1975, text h, pp.41—42;英译文见 Klimkeit, 1993, p.204。

木以及一切生灵,那么就可以让他入教。"①显然,摩尼教的一般饮食戒律,似乎有两个重点,即除了不吃肉之外,还须不饮酒。于是,很可能因为酒是发酵酿造而成,故凡属发酵制品也都被列入禁食之列。

例如,由摩尼口述,弟子们笔录的《克弗来亚》记载摩尼宣讲的"第一正义"的涵义,"其内容如下:首先,他能够信奉节欲和清净。其次,他还能够获得'手之宁静',从而使其手在光明十字架前保持宁静,不去伤害它。第三,保持嘴的洁净,从而使其嘴不吃一切肉和血,绝不品尝任何酒,包括发酵的饮料"②。

看了摩尼教的这一戒条,便很容易理解《唐国史补》"不饮乳酪"的说法了。盖因乳酪乃是发酵的奶制品(包括牛奶、羊奶等),它在古代中国的农耕地区虽然不很流行,但是在以畜牧业为主的回纥汗国则是一种常见食品。

不过,需要指出的是,古史在此所谓的"乳酪"一名,尽管按现代的通常理解,当是指一种半凝固、半液体的奶制品,类似于今之"酸奶";它并可制成软、硬程度不同的品种,故既可称"食",也可称"饮"。然而我认为,结合回纥人特定的生活环境(游牧生活)来看,这一"乳酪"更可能是指用牲畜乳汁酿成的酒类饮品。

按古籍记载,西汉武帝时代的名将李陵(前134—前74年)因战败而长年陷身匈奴之后,曾与同时代被匈奴所困的汉廷使臣苏武(前140—前60年)有过数度书信往来,其中不乏有关游牧人生活情景的描绘,例如:"李陵重报书曰……自从初降,以至今日,身之困穷,独坐愁苦。终日无睹,但见异类。韦韝毳幕,以御风雨;膻肉酪浆,以充饥渴。举目言笑,谁与为欢?凉秋九月,塞外草衰。夜不能寐,侧耳远听,胡笳互动,牧马悲鸣,吟啸成群,听之不觉泪下。"③

不难看出,作者相当生动地描述了游牧人匈奴居地的自然环境、居住情况、

---

① Dodge(trans.),1970,p.788。

② Gardner(trans.),1995,Chapter 80,p.201。

③ 对于所谓的《李陵答苏武书》,古人早就疑为伪作,故后世多持这种观点。至于所推测的伪作时间,则有多说,跨度较大的为"汉末至晋初说"。在此的引文录自[唐]欧阳询:《艺文类聚》卷三〇,《人部十四·别下》,汪绍楹校,上海:上海古籍出版社,1965年,第532—533页。

饮食特色,以及作者本人的愁苦心情。其中,"膻肉酪浆,以充饥渴"一语最为明晰地道出了游牧人的饮食特点:膻肉,本义是指羊肉,在此则代表各种牲畜的肉。酪浆,是指游牧人的特产"乳酒",亦即用马、牛、羊(尤其是马)的乳汁酿成的酒类饮料。它自古以来就闻名于以农耕为主的中原;却也曾被中原汉人蔑称为"虏酒"[①]。而最为通常的称呼则是"马奶酒"[②]或"马奶子"[③],因为一般都以马奶而非牛奶、羊奶酿制。马奶所含糖分高于牛奶和羊奶,发酵之后的酒精含量亦较高,成为不错的酒类饮料。它亦即中央欧亚地区各游牧民族自古迄今酿制的著名饮料"忽迷思"(原名 kumis,kumiss、kumiz、kymys、kymyz、kimiz 等);其通常的定义是"发酵的马奶","发酵的马奶和致醉的酒类饮料"等[④]。

于是,我们从《李陵答苏武书》得知,牛羊肉和马奶酒是匈奴人解决其"饥"和"渴"的具有代表意义的食品和饮料;从上注所引《黑鞑事略》则可得知,马奶酒甚至还是蒙古人军粮的一部分。由此可见,肉食和马奶酒对于古代游牧人的生活起着多么重要的作用。那么,当史籍作者谈及同样作为游牧人的回纥摩尼教信徒的饮食情况时,也从"肉食"和"酒类饮料"两大方面进行观察,便是顺理成章的现象了。结果是:他们(当然,其实只是人数占比极大的"听者",而不包括少数"选民")可以吃肉,因为这是教规允许的;但是不得饮"乳酪",因为此即发酵的马奶,而教规则禁止信徒饮用任何类似酒的发酵饮料。

3. "饮水"比"敬水"更为达意

辨析至此,"敬水而茹荤不饮乳酪"语中的两个关键词"茹荤"和"不饮乳酪"已得到比较合理的解释,在此再对"敬水"一词略作考察。因为如上文指出

---

① 例见唐人高适的诗:"营州少年厌原野,狐裘蒙茸猎城下。虏酒千钟不醉人,胡儿十岁能骑马。"录自《全唐诗》卷二一四《高适四·营州歌》,北京:中华书局,1960 年,第 2242 页。

② "北方有葡萄酒、梨酒、枣酒、马奶酒,南方有蜜酒、树汁酒、椰浆酒,《酉阳杂俎》载有青田酒;此皆不用曲糵,自然而成者,亦能醉人,良可怪也。"引自[明]谢肇淛:《五杂俎》卷一一《物部三》,北京:中华书局,1959 年,第 308 页。

③ "其军粮,羊与沴马。马之初乳,日则听其驹之食,夜则聚之以沴,贮以革器,颇洞数宿,味微酸始可饮。谓之马奶子。"语出[宋]彭大雅:《黑鞑事略》;录文见许全胜:《黑鞑事略校注》41"其军粮",兰州:兰州大学出版社,2014 年,第 144—145 页。

④ 释见 Clauson, 1972, p.629, kimiz 条。

的那样,史籍作者在此要描述的,显然是回纥摩尼教信徒的饮食规制,而"敬水"之语虽可用"摩尼教尊奉水、火等光明元素"来解释,却与同句的饮食情况无关。更重要的是,《新唐书·回鹘传》却用了"饮水茹荤,屏湩酪"来记载同一现象;显然,在此的"饮水""茹荤""屏湩酪"三词涉及的都是饮食现象,就逻辑联系而言,远比"敬水""茹荤""不饮乳酪"强。由于胡三省注释《资治通鉴》时转引的文字为"饮水茹荤而不食乳酪",也很清楚地采用了"饮水"而非"敬水",因此我们似乎可以认为,这些史料原来想表达的本意,恐怕应该是"饮水"。

那么,如何确切地理解此语的意思呢?我认为,由于普通的回纥人完全可以吃"膻肉",饮"酪浆(乳酒)"而解决他们的"饥"和"渴",但是摩尼教的信众却因教规的制约而无法饮乳酒解渴,于是,他们只能代之以水,"饮水"便成了他们的饮食特色。若不作如此理解,则极为普通的"喝水"之事,何必列在教规中?所以,此句中的"饮水"有着特殊的含义:摩尼教信徒们不能像其他回纥人那样喝乳酒,而只能饮水解渴,这一"饮水"是针对"不能饮酒"而言的,并非泛泛而谈的"喝水"。

所以,相比《唐国史补》使用的"敬水"一词,《新唐书·回鹘传》等使用的"饮水"更为贴切,更为达意。此外,严格地说,"敬水而茹荤不饮乳酪"一语也并非完全没有舛讹,因为"敬水"虽然也属摩尼教的教义,在此却缺少了关键的"饮水"之意。不管怎样,通过上文的逐一辨析,我们解开了表述颇为古怪的"敬(饮)水而茹荤不饮乳酪"一语的谜团,看到了回纥摩尼教信徒在并不违背教规的前提下,如何在新的,即游牧社会的环境中生存和发展。

然而,必须强调的一点是,尽管"允许听者肉食"是摩尼教最初的饮食规制,但是它毕竟并不提倡信众们食肉,尤其是大规模地食肉。因此,回纥摩尼教"听者"之"茹荤",应该只是教会在新环境中的无奈之举,是最大限度地兼顾"教规"和"生存"之法。他们在以肉类为主食的游牧社会中,通过大量"听者"的"茹荤",把极为有限的素食资源保留给了为数不多的专职修道者"选民",从而也就保存了本教继续发展的基础或核心。有鉴于此,《九姓回鹘可汗碑》"熏血异俗,化为蔬饭之乡"之语倒显得过于夸张,不切实际,或者一厢情愿了。总之,回纥摩尼教的"茹荤"规制,实际上可以视作摩尼教在迁移和发展过程中为适应社会环境而做出的某种演变。数百年后,这类演变更清楚地体现在中国东南沿海的摩尼教(明教)身上。

二、闽浙地区摩尼教的"食菜"特色

1. 盛行的"吃菜"信仰

对汉文古籍稍作检视,便不难发现,自宋代以来,在浙、闽等东南沿海地区的民间信仰中,经常见到以"吃菜"(素食)为主要特色的宗教流派,以至它们的通俗称呼中往往包含了"菜"字。

成于公元 10 世纪的《大宋僧史略》谈及五代时期的一则摩尼教叛乱事件道:"梁贞明六年(920 年),陈州末尼党类立母乙为天子。发兵讨之,生擒母乙,余党械送阙下,斩于都市。初,陈州里俗喜习左道,依浮图之教,自立一宗,号上上乘。不食荤茹,诱化庸民,糅杂淫秽,宵集昼散。"[1]成于南宋的《佛祖统纪》对此事的记载大同小异:"梁贞明六年,陈州末尼反,立母乙为天子。朝廷发兵禽斩之。其徒以不茹荤饮酒,夜聚淫秽。画魔王踞坐,佛为洗足。云:'佛止大乘,我乃上上乘。'"[2]显然,戒荤或素食是当时末尼(摩尼)信仰的重要特色之一。

当然,同样戒荤或"吃菜(素食)"的信仰远不止此,例如,《佛祖统纪》还列举了另外两个以"菜"为名的宗教流派。一谓"白云菜":"白云菜者,徽宗大观间,西京宝应寺僧孔清觉居杭之白云庵,立四果、十地,造论数篇。教于流俗,亦曰十地菜。觉海愚禅师辨之,有司流恩州。嘉泰二年,白云庵沈智元自称道民,进状乞额。臣寮言:'道民者,吃菜事魔,所谓奸民者也。既非僧道童行,自植党与,千百为群。挟持袄教[3],聋瞽愚俗。或以修桥砌路,敛率民财;创立私庵,为逋

---

[1] [宋]赞宁:《大宋僧史略》卷下《大秦末尼》,《大正藏》第 54 册,第 253 页。

[2] [宋]志磐:《佛祖统纪》卷五四《事魔邪党》,《大正藏》第 49 册,第 474 页。

[3] 袄教:此"袄"通"妖",意为反常怪异。故"袄教"在此是指异端、邪教。

逃渊薮。乞将智元长流远地,拆除庵宇,以为传习魔法之戒。'奏可。"

另一种则称"白莲菜":"白莲菜者,高宗绍兴初,吴郡延祥院僧弟子元,以仿天台,出《圆融四土图》《晨朝礼忏文》《偈歌四句》。《佛念五声》,劝男女修净业戒,护生为尤勤,称为白莲。导师有以事魔论于有司者,流之江州。其徒展转相教,至今为盛。"①

《佛祖统纪》所引良渚的归纳,更清楚地指出了这些民间信仰的共同点:形式上假托佛教,规制上戒绝荤、酒,"此三者②皆假名佛教,以诳愚俗,犹五行之有沴气也。今摩尼尚扇于三山,而白莲、白云,处处有习之者。大抵不事荤、酒,故易于裕足;而不杀物命,故近于为善。愚民无知,皆乐趋之,故其党不劝而自盛。甚至第宅姬妾,为魔女所诱,入其众中,以修忏念佛为名,而实通奸秽。有识士夫,宜加禁止"③。

南宋的陆游也曾谈及当时颇为流行的民间信仰,即他口中的"妖幻邪人";而这类信仰的共同特色之一,便是"食菌蕈",亦即"吃菜"(素食)。陆游在其《条对状》中说道:"惟是妖幻邪人,平时诳惑良民,结连素定,待时而发,则其为害,未易可测。伏缘此色人处处皆有,淮南谓之二檜子,两浙谓之牟尼教,江东谓之四果,江西谓之金刚禅,福建谓之明教、揭谛斋之类,名号不一。明教尤甚,至有秀才、吏人、军兵亦相传习,其神号曰明使;及有肉佛、骨佛、血佛等号。白衣乌帽,所在成社。伪经妖像,至于刻版流布,假借政和中道官程若清等为校勘,福州知州黄裳为监雕。以祭祖考为引鬼,永绝血食;以溺为法水,用以沐浴。其他妖滥,未易概举。烧乳香则乳香为之贵,食菌蕈则菌蕈为之贵。"④

陆游列举了"妖幻邪人"各流派的不同名号,计有二檜子、牟尼教、四果、金

---

① [宋]志磐:《佛祖统纪》卷五四《事魔邪党》,《大正藏》第49册,第474—475页。

② 在此所谓的"三者",意指《白云菜》《白莲菜》及"末尼"(摩尼教)三类信仰,但是实际上作者颇有误解,即是将"末尼"(摩尼教)混同于了"大秦"(景教)与"火祆"(祆教)。因此,即使就这段文字而言,所谓的"吃菜"信仰,也不止三种。

③ [宋]志磐:《佛祖统纪》卷五四《事魔邪党》,《大正藏》第49册,第475页。

④ [宋]陆游:《渭南文集》卷五《条对状》。转引自涂小马:《渭南文集校注》一,钱仲联、马亚中主编:《陆游全集校注》,杭州:浙江教育出版社,2011年,第125页。

刚禅、明教、揭谛斋,等等。它们既然名号相异,其教义可能也有所不同,然而,焚香("烧乳香")和素食("食菌蕈")则是共同的规制。

似乎正是因为这类被官方视作"非正统"的形形色色的民间信仰具有严格素食的共同特点,故被冠以"吃菜事魔"的贬称。这一称号至少在南宋初期就流行于官方文书中了,例如,南宋初,枢密院上书称:"宣和间,温、台村民多学妖法,号吃菜事魔。鼓惑众听,劫持州县。朝廷遣兵荡平之后,专立法禁,非不严切。访闻日近又有奸滑改易名称,结集社会,或名白衣礼佛会,及假天兵,号迎神会,千百成群,夜聚晓散,传习妖教。"① 由此可知,名为"白衣礼佛会"的一个流派亦属"吃菜"信仰。

当时,纷杂众多的"吃菜"信仰如雨后春笋般地出现,尤其盛行于东南沿海地区,颇有脱离官府控制,引发社会不安的趋势——至少朝廷是这样认为的。于是,严禁这类信仰,甚至明令苛责素食者的法律条文频繁颁布,足见其时素食("吃菜")风气之盛。北宋末至南宋初的庄绰曾谈及浙闽地区严禁"吃菜事魔"信仰的情况:"事魔食菜,法禁甚严。有犯者,家人虽不知情,亦流于远方,以财产半给告人,余皆没官。而近时事者益众,云自福建流至温州,遂及二浙。睦州方腊之乱,其徒处处相煽而起。闻其法断荤酒,不事神佛、祖先,不会宾客。"②

官方对于"吃菜"信仰的惩罚,不仅罪及个人,还会祸延家属,乃至没收全部财产,真正导致"家破人亡"。类似的处罚条例层出不穷,兹略举数例如下:"结集五愿,断绝饮酒为首人徒二年""禁东南民吃菜。有妄立名称之人,罪赏并依事魔条法""诸吃菜事魔或夜聚晓散,传习妖教者,绞;从者配三千里,妇人千里""许人捕至死,财产备赏,有余,没官""禁师公劝人食素""师公劝人食素,未有夜聚晓散之事,除为首师公立愿断酒依上条断罪追赏外,欲今后若有似此违犯,同时捕获之人,为首人从徒二年断罪"③。

---

① [清]徐松(辑):《宋会要辑稿》第165册《刑法二》之一一一,北京:中华书局,1957年,第6551页。
② [宋]庄绰:《鸡肋编》卷上,萧鲁阳点校,《唐宋史料笔记丛刊》,北京:中华书局,1983年,第11页。
③ 这些法令颁于绍兴三年至二十年(1133—1150年),足见当时"吃菜"风气之盛。诸语摘自《宋会要辑稿》第165册,《刑法二》之一一一至一一三,北京:中华书局,1957年,第6551—6552页。

这里所谓的"师公",当是指闽浙一带使用某些宗教仪式,为普通民众祈福、禳灾的男性术士。显然,在南宋初期,即使他们仅仅劝人吃素,也会被官方视作重罪。可见素食已经因为它的极度流行而引发了官方的猜疑与误解,作为"事魔"的象征而竟然成了一种罪名。

2. 东南摩尼教属于"吃菜"流派之一

"吃菜事魔"者以素食为最大特色,而摩尼教也以标榜素食而著名,因此,世人往往将汉文史籍记载的"吃菜事魔"视同于原创于西亚的摩尼教,至少,在稍早时候基本如此。例如,王国维在其《摩尼教流行中国考》一文中,相继罗列《佛祖统纪》"吃菜事魔,三山尤炽"诸语、《泊宅编》"其流至今蔬食事魔,夜聚晓散"诸语、《建炎以来系年要录》"两浙州县有吃菜事魔之俗"诸语、《高峰先生文集》"今之吃菜事魔,传习妖教"诸语,以及《渭南文集》《老学庵笔记》《嘉定赤城志》《至正金陵新志》等相关段落后,最终归纳称:"右古书所记摩尼教事,其概如此。"①

显然,作者将古籍资料称为"吃菜事魔"的多种民间信仰都归入了摩尼教的范畴。其后,持类似观点的也不乏其人,例如:"摩尼教又称明教,亦称食菜事魔,其源于波斯人摩尼所创,其教杂佛教、基督教、祆教而成。"②当然,不久之后,多数学者都逐步认识到,古代所谓的"吃菜事魔"信仰并不等同于摩尼教,而只是包含了较多或部分摩尼教文化因素的宗教信仰。

例如,陈高华认为:"说得具体一点,吃菜事魔是当时各种异端宗教的总称,摩尼教只是其中的一种。整体与局部的关系既不是对等的关系,也不是一分为二的关系。所以,说吃菜事魔就是摩尼教,当然不确;将吃菜事魔理解为不同于正统摩尼教的异端摩尼教,也是不很合适的。"③林悟殊的观点与之类似:"在宋代,吃菜事魔一词之专用于摩尼教(明教),看来只局限于一些佛教徒而

---

① 王国维:《摩尼教流行中国考》,《王国维遗书》,上海:上海古籍书店(据商务印书馆 1940 年版影印),1983 年。
② 方庆瑛:《白莲教的源流及其和摩尼教的关系》,《历史教学问题》1959 年第 5 期,34 页。
③ 陈高华:《摩尼教与吃菜事魔——从王质〈论镇盗疏〉说起》,《中国农民战争史论丛》第四辑,郑州:河南人民出版社,1982 年,第 98 页。

已;而就统治者而言,始终都没有用该词来专指明教。因此,历史上被称为吃菜事魔的人,可能与摩尼教有关,亦可能无关。是故,以往国内外的一些学者在考察宋代的一些农民起义军或农民起义领袖时, 仅仅因为被考察者曾被冠以吃菜事魔之号,就断言其为摩尼教徒,这是不够谨严的。"①

我的看法与之大同小异②,然而,在此要强调的是,在被古人冠以"吃菜事魔"之名的诸多民间信仰中,毕竟包含了不少可以真正称之为摩尼教或者"准摩尼教"的宗教流派;而我们则完全可以通过这些流派,看到摩尼教之饮食规制在中国东南地区的演变情况。

至少有两个标志可以判别"吃菜事魔"信仰中的摩尼教元素。首先,从名称上看,所谓的"明教"的主体应该仍属摩尼教。因为顾名思义,"明教"即是"光明之教",而光明则是摩尼教最为崇奉的本原,它与"黑暗"一起构成摩尼教二元论的两要素。又,"吃菜事魔"的另一流派"牟尼(末尼)教",显然与"摩尼教"是同名异译,故无疑也是指摩尼教。

其次,从教义上看,"吃菜事魔"的许多要素相同或类似于摩尼教。例如,"末尼"信仰等"事魔邪党""大抵不事荤酒……不杀物命"③;"事魔者不肉食"④;明教信徒有"听者"等名,经文有《证明经》《日光偈》《月光偈》等名,神像有《先意佛帧》《夷数佛帧》等名⑤;"吃菜事魔……称为明教会……其经名《二宗三际》"⑥。如此等等,不一而足。

吃菜事魔者的这些教义或特色,都与"正统"摩尼教无异;关于其素食和不

① 林悟殊:《摩尼教及其东渐》,北京:中华书局,1987 年,第 142 页。
② "'吃菜事魔'信仰乃是融合摩尼教、佛教、道教、土著传统信仰等多种文化成分的一类大众信仰。它大体上以素食和聚众诵经为共同点,但是各支派又都有自己的特色,有的更像摩尼教,有的更像佛教,有的更像道教,如此等等。所以,我们既不能因为它们具有某一宗教的鲜明特色而遽然指称它为某宗教,但亦不能无视它们与这些宗教的密切渊源关系。"语见芮传明:《论宋代江南之"吃菜事魔"信仰》,《史林》1999 年第 3 期,第 12—13 页。
③ [宋]志磐:《佛祖统纪》卷五四《事魔邪党》,《大正藏》第 49 册,第 475 页。
④ [宋]李心传:《建炎以来系年要录》卷七六,北京:中华书局(据商务印书馆 1936 年排印本重印),1956 年,第 1249 页。
⑤ [清]徐松(辑):《宋会要辑稿》第 165 册《刑法二》之七八,北京:中华书局,1957 年,第 6534 页。
⑥ [宋]志磐:《佛祖统纪》卷四八,《大正藏》第 49 册,第 431 页。

杀生,上文早已明确指出。"听者"乃是摩尼教的俗家信众,与专职修道者"选民"共同构成摩尼教信徒的两大部分。摩尼教汉语文书《摩尼光佛教法仪略》所列摩尼的亲撰著述之一名为《钵迦摩提夜》,意译《证明过去教经》,这亦即明教的《证明经》。此外,摩尼教崇拜光明,颂扬日月,故《日光偈》《月光偈》为摩尼教对日月的赞美诗,当无疑问。在摩尼教创世神话中,"初人"(Primal Man)乃是早期神灵之一,汉语文书译作"先意";而另一重要神灵"耶稣"(Jesus)则被汉译成"夷数"。二者为"真正的"摩尼教神灵,殆无疑义。至于摩尼教的最根本教义,则是主张明(善)、暗(恶)二宗永远对立;世界经历过去、现在、未来三个阶段(三际)。故诵读《二宗三际》经的,必属摩尼教信徒。

经过这番分析,我们当可认定,自宋代以来,逐步兴盛于东南沿海地区的诸"吃菜事魔"宗教流派中,包括了真正的摩尼教或者经过了若干演变的"准摩尼教"。因此,与唐代后期回纥地区的摩尼教相比,东南浙闽地区的摩尼教——或牟尼教、明教——在饮食规制方面的最大"异化"是极端严格的素食。在此,不但见不到哪怕只宽容"听者"的肉食规制,并且空前严格地强调素食之必需,乃至素食("吃菜")成为虔诚信奉其宗教("事魔①")的第一标志。另一方面,从官方对单纯的素食行为也满怀疑惧,从而严禁的做法(如上文所举之例:即使受人之劝吃素,却未参与其他宗教活动者,为首之人也得判两年徒刑)上可以看出,当时,"吃菜"之举和"事魔"的关系已达到非常密切的程度。

三、结语

于是,我们看到了摩尼教在向东传播的过程中,其饮食规制发生的明显演变:在西亚或摩尼教的早期发展阶段,摩尼教禁止肉食和饮酒(也包括类酒的

---

① 或以为"吃菜事魔"之"魔"系"摩尼教"之"摩"的谐音和贬称;或以为此"魔"只是泛指"非正统"的诸邪派异端信仰。不管怎样,"魔"字系指某个宗教信仰则无疑义。因此,以"吃菜"与"事魔"并列,足见素食在这类信仰中举足轻重的地位。

酿造饮料);虽然肉食禁忌对于俗家信徒"听者"有一定的宽容度,不过这恐怕只是停留在口头上,似乎未见真正付诸实施的例证。当公元 8 世纪摩尼教正式成为中央欧亚地区的游牧政权回纥的"国教"后,我们却发现,"吃荤"成了回纥摩尼教信徒的饮食规制的鲜明特征,它不再是"说说而已",而是以相当大的规模落实到了现实生活中。在数百年后的宋代,摩尼教以明教、牟尼教等的称号流行于中国东南的闽浙地区,此时它的最大特色是被视作"吃菜事魔"的信仰之一;亦即是说,闽浙地区摩尼教的素食规制达到了空前严格的程度,从而在饮食方面与回纥摩尼教形成了鲜明的对照。

同样是摩尼教,却出现了貌似迥然不同的饮食规制。究其原因,恐怕也不难理解。就回纥摩尼教而言,如上文指出的那样,游牧人依赖畜牧业维持生计,故食品以肉类为主;与之相比,通过种植而收获的农产品则仅占极小的比例。所以,同样作为游牧人的回纥摩尼教信徒,尤其是人数众多的俗家信徒"听者",是不可能仅仅依靠素食而生存下去的。因此,他们援引前辈"允许听者有条件地吃肉"的规制,既维持了生存,又不违背戒律,是完全合乎情理的。以是观之,回纥摩尼教之"茹荤",是该教为适应不同的社会环境而做出的权变之举,并无不当,可以理解。

至于东南闽浙等地以"明教"或"牟尼教"等为号的摩尼教却严格"吃菜"的缘由,则当也因具体的社会环境导致,只是可能因素不止一个而已。

首先,世人往往将信徒热衷于"吃菜"的现象归因于经济拮据——素食比肉食更为省钱:"江浙山谷之民,平时食肉之日有数,所以易于食菜""凡事魔者不肉食……盖不肉食者则费省,故易足"①。确实,史载的"吃菜事魔"者大多属于下层阶级,甚至多为最为贫苦的普通大众,因此,素食对于他们来说,本来就是一种"常态",无须刻意追求。另一方面,闽浙等地都以农业为主,有足够的谷物、蔬果赖以维生,完全不必如回纥人那样,不肉食就难以度日。这样的社会环

①〔宋〕李心传:《建炎以来系年要录》卷六三、卷七六,北京:中华书局,1956 年,第 1082—1083 页、第 1249 页。

330 | 摩尼教西方文献研究

境当然有利于素食规制的维持和推广。

其次，或以为比摩尼教更早六七百年入华的佛教也对"吃菜"现象发挥了积极的推动作用。盖因佛教戒杀，素食是其基本戒条之一，甚至"不杀"是其最为重要的戒律，例如："佛说，十不善道中，杀最在初，五戒中亦最在初。若人种种修诸福德而无不杀生戒，则无所益……是故知诸余罪中，杀罪最重；诸功德中，不杀第一。"①尽管我曾经认为，唐宋以来闽浙等地诸多大众信仰的"吃菜"特色，更多的是源于摩尼教而非佛教的思想和理论②，但是同样主张素食的佛教对于"吃菜"规制的维持乃至盛行，仍然具有积极的"推波助澜"作用，而不是相反。

最后，对于宗教组织的素食问题，现代不乏研究者。有人认为，教团之所以提倡素食，乃至形成十分严格的"吃斋"规制，旨在有效地笼络住各个信徒，"因为改变一个人的饮食，成为有别于一般人的吃斋，就等于改变了这个人的人际关系，也等于教首吸纳了这个人，成为他信仰圈内的人③"。此语虽然是在归纳清代教团的吃斋情况之后而发，却不无普适性。倘若西亚的摩尼教辗转传播到中国的东南沿海地区后，教团自觉地意识到素食规制的重要性，从而顺应当地的具体环境，主动强化"吃菜"戒条。这样的推测似乎也不无道理。

总而言之，摩尼教在向世界各地传播的过程中，为了维持生存和继续发展，不时地适应不同的环境，做出或多或少的改变和演化，这便是摩尼教的特色之一。

---

① ［后秦］鸠摩罗什译：《大智度论》卷一三《释初品中·戒相义第二十二之一》，《大正藏》第 25 册，第 155 页。

② 可参看芮传明：《论古代中国的"吃菜"信仰》，《中华文史论丛》第 63 辑，上海：上海古籍出版社，2000 年，第 1—33 页。

③ 林荣泽：《吃斋与清代民间宗教的发展机制》，《台湾师大历史学报》第 33 期，2005 年 6 月，第 135 页。

第八章 摩尼教的宗教色彩述论

　　摩尼出生于西亚的美索不达米亚，在公元3世纪中叶创建了新的宗教,后世通常称为摩尼教。在摩尼教面世之前,西亚已经存在多个影响很大、历时很久的大宗教,如琐罗亚斯德教、犹太教、基督教等;更向东去,在中亚和南亚则也早已流行着佛教。不仅如此,古希腊、古罗马文明也继续在欧洲、西亚乃至其他地区发挥着巨大影响。因此,不管是有意还是无意,摩尼教都或多或少地融合了这些宗教和文明中的某些因素。

　　有关摩尼教融入多种文化因素的现象,有的学者曾作过简短的归纳:

　　　摩尼是位伟大的宗教设计师,他在其体系的豪华结构中,展示了神妙的技巧,将吸纳自此前诸宗教和哲学的五花八门的要素结合在一起。吉本(Gibbon)曾评论道,摩尼的主要努力是"调和琐罗亚斯德和基督的教义"。然而,我们现今的知识清楚地表明,这个说法并不完善,因为(摩尼教中)还有其他诸多要素。我们还能从中识别出佛教因素,以及犹太和巴比伦影响的痕迹;而后者又深受琐罗亚斯德教的影响。它还明显地融入了隐含原始基督教教义的诺斯替派(Gnostic)教义,还有新柏拉图派(Neo-Platonic)思想的基本特征;这种思想随后影响了亚历山德里亚(Alexandria)和雅典的哲学界和小亚细亚的某些学派,并流行于美索不达米亚,如上文指出的那样。摩尼是作为"新思想"的使徒而出现的,而这种"新思想"不仅试图把东方各大宗教的教义,还想把东西方的各种哲学也都纳入自己的体系中而合成之。摩尼在创建自己的体系时所展示的魄力和观念独创性,使得他有资格被视为一流的天才。[①]

帕弗里的话虽然指出了摩尼教教义所包含的多种文化因素,但是实际上也仍然只看到了摩尼教创教时或其发展前期的情况,摩尼教嗣后因布教或避难而传播至世界其他地区后的演变状况,却未曾被描述在内。因此,摩尼教随着时代和地区的不同而呈现出的形形色色的宗教、文化色彩是非常繁多和纷杂的,也是古代欧亚之间宗教文化交流的一个典型例证。

摩尼教的种种"异质文化"因素,有的在其创建之前就已融入,有的则是在其传播和发展过程中逐步演变而成。本章将初步梳理这个问题,并作若干论说。

一、摩尼教与琐罗亚斯德教的文化传承关系

琐罗亚斯德教(Zoroastrianism)是约公元前6世纪由伊朗的"先知"琐罗亚斯德(Zoroaster或Zarathustra)创建的一个二元论宗教,以崇拜火与光明为其主要特征。它的历史远比摩尼教悠久,当摩尼教形成时(3世纪中叶),琐罗亚斯德教已在西亚流行了近千年。所以,不可避免地,琐罗亚斯德教对摩尼教产生了十分巨大的影响。至少,二者在形式上有许多相似之处,从而往往被人混淆,无论

---

① Jal Dastur C. Pavry, "Manichaeism, a Rival of Zoroastrianism and Christianity", *The Journal of Religion*, Vol.17, No.2(Apr., 1937), p.163.

中外都曾出现过这种现象①。

如今,我们可以查看一下,摩尼教从琐罗亚斯德教传承了哪些文化因素?在此,将分两大方面论说,即神魔名称和宗教教义。

首先,在摩尼教中,无论是神名还是魔名,都有多个角色承袭自琐罗亚斯德教,它们或者相同,或者类似,总之,一眼便能分辨出其间的借鉴关系。摩尼教的最高善神,汉语文献通常称之为明尊或大明尊,而在非汉语文献中,他还有一个令人肃然起敬的名号,即"楚尔凡"。此名的中古波斯语作Zarvān或Zruvān,本是古伊朗的一个超级神灵,代表无穷的时间、空间和命运。它最初只是一个通称,因为该神无名、无性别、无情欲,乃至就善与恶而言,也是中性的。琐罗亚斯德教将楚尔凡神奉为最原始的创造者,亦即时间和空间的本原。后来,琐罗亚斯德教的分支楚尔凡教派(Zurvanism)更将楚尔凡说成是最高善神奥尔密兹德(Ohrmuzd,即Ahura Mazda)和恶神魁首阿赫里曼(Ahriman,即Angra Mainyu)这对孪生兄弟的父亲。摩尼教则借鉴了琐罗亚斯德教的这一神名,有时用"楚尔凡"指称本教的最高光明神大明尊。

又,琐罗亚斯德教的最高善神被称为奥尔密兹德(古波斯语作Ahuramazda,帕提亚语作Aramazd,中古波斯语作Ohrmazd/Hormizd,新波斯语作Ormazd),意为智慧之主,拥有无所不知之能。而"奥尔密兹德"之名在摩尼教中便成为其早期重要神灵"初人"(The Primal Man;汉语文书称"先意")的另一称号。按摩尼教创世神学,最初,暗魔侵入明界,大明尊便从自身"召唤"或"发射"出新的神

---

① 例如,唐代《通典》中便有此舛讹:"袄者,西域国天神……武德四年置袄祠及官。常有群胡奉事,取火咒诅……开元二十年七月敕:末摩尼法,本是邪见,妄称佛教,诳惑黎元,宜严加禁断……"(《通典》卷四〇《职官二十二·序品五·大唐官品》有关"萨宝府袄正"的注释文,浙江古籍出版社据万有文库《十通本》影印,2000年,第229页)。又,宋代《佛祖统纪》也有此混淆:"末尼火袄者,初,波斯国有苏鲁支行火袄教,弟子来化中国。唐正(贞)观五年,其徒穆护何禄诣阙,进袄教。敕京师建大秦寺。武后延载元年,波斯国拂多诞持《二宗经》伪教来朝。玄宗开元二十年敕:末尼本是邪见,妄称佛教……(《佛祖统纪》卷五四《事魔邪党》,《大正藏》第49册,第474页)。在此,"袄""火袄"实际上均为琐罗亚斯德教之称;"苏鲁支"即该教教主琐罗亚斯德的异译名。至于"末摩尼""末尼"则是摩尼教之称;"拂多诞"是摩尼教的高级教职,《二宗经》是摩尼教的基本经典。显然,两书均混淆了袄教和摩尼教,当是因为二者均源出西亚,且教义多有类似甚或相像者。另一方面,域外的古人也有此混淆:尽管阿胡拉·马兹达(Ahura Mazda)是琐罗亚斯德教崇拜的最高善神,人们却曾将摩尼教称为"马兹达之崇拜者的宗教"(the Mazdayasnian Religion;中古波斯语作 *dēn māzdēs*),显然是将二者视为同一个教。

灵,称为生命之母(汉语文书称"善母")。生命母再从自身召唤出初人;初人又召唤出五个"儿子",即五明子,使之成为自己的甲胄,遂前赴下界与暗魔交战。但是不幸战败,昏迷在深渊。于是又发生了大明尊再行召唤出其他神灵,前往拯救初人及其五子的诸般事情。在摩尼创教之初呈献给波斯国王沙普尔一世的《沙卜拉干》中,凡是涉及初人的名号,都被称作"奥尔密兹德"①。

按摩尼教教义,俗世修道者最为重要和关键的目标,便是"解救"被暗魔禁锢在人类肉体或其他物质中的"光明五子"(即创世早期由初人"召唤"出的"五个儿子"),使之脱离暗质的束缚,回归明界故土。所以,"五明子"或"五明神"便成为摩尼教信徒接触最多的宗教概念;同时,由于它们间接地从大明尊产生,故亦如明尊那样神圣无比。而摩尼教中如此重要的角色"五明子"的另一个名号,便是来自琐罗亚斯德教。

这一名号即是摩尼教汉语文书所称的"摩诃罗萨本"。此名的中古波斯语作Ameš spand,琐罗亚斯德教的巴拉维方言作Amahraspand或mahraspand。它出自古波斯的宗教经典《阿维斯陀》,原义为"神圣的/博爱的不朽者",是位慈善神。由于这类神灵经常与琐罗亚斯德教的最高善神奥尔密兹德一起被提及,并作为奥尔密兹德的助手,形成最高恶神阿赫里曼及其诸魔的对立面。因此,他们的地位与角色逐步相似于最高善神的本原之一。可能是出于这样的原因,摩尼教遂把被暗魔(肉体)囚禁的灵魂(即光明分子,亦即最高善神大明尊发射出的本原的一部分)称为mahraspand,汉语典籍则译之为"摩诃罗萨本"。这样的称号也见于《沙卜拉干》文献中。

琐罗亚斯德教主张明暗二元论,摩尼教同样主张明暗二元论,姑且不论摩尼教对这基本教义在多大程度上承袭了琐罗亚斯德教的文化因素,至少,它对

① 《沙卜拉干》是摩尼早期的重要著作之一。今所见的大篇幅残存文书用中古波斯语撰写,题名 š'bwhrg'n (šābuhragān),义为"(献)给 šābuhr(之书)";Šābuhr 即是新建萨珊波斯王朝的第二代君主沙普尔一世 (Shapur I,约210—270年)。《沙卜拉干》系统地概括了摩尼教的教义,解释了"光明之国"以及各大神灵。其目的是试图说服国王了解和接受摩尼教,以利于摩尼教的传播。有关《沙卜拉干》的残片梳理和翻译、注释,可参看 MacKenzie, D.N.,"Mani's *šābuhragān*[I]"(BSOAS 42/3,1979)和 *Mani's šābuhragān*[II](*BSOAS* 43/2,1980)。

黑暗魔首即最高邪魔的称呼之一,便是完全借鉴自琐罗亚斯德教,这个名号即是"阿赫里曼"(阿维陀语作Angra Mainyu,中古波斯语作Ahreman或Ahremen)。在琐罗亚斯德教中,它作为最高善神奥尔密兹德的对立面,是邪魔之首,因而有"众魔之魔"(daēvanam daēvō)①之称;同时,他也是欺诈、不洁、毁灭、死亡、黑暗等的象征。简言之,阿赫里曼是邪恶和黑暗的最高精灵,是最高善神奥尔密兹德的死对头。摩尼教借用"阿赫里曼"一词作为暗魔魁首的名号,并将他置于光明尊神"大明尊"的绝对对立面。于是,光明至尊象征了光明、善良、生命、美妙、灵魂,等等,阿赫里曼则代表了黑暗、邪恶、死亡、丑陋、肉体,等等。人类被认为是由阿赫里曼的一部分黑暗本原(即肉体)禁锢了光明至尊的一部分光明本原(即灵魂)而构成的。因此,努力修行,最终拯救灵魂,使之脱离肉体的监禁便成为摩尼教修道者的终生使命。

另有一个邪魔称号,摩尼教不但继承自古伊朗文化和琐罗亚斯德教,还进一步发展了它的含义。这即是Āz;由于此前未见相应的汉译名,故我译之为"阿缁"。Āz频繁地使用于古伊朗的文献中。在《阿维斯陀》里,Āz作为邪魔,通常与Ātar(火)相对立,但是被献祭的牛乳和肥肉所克制。总的说来,当时的Āz在神话传说和宗教方面均无特别重要的意义。嗣后,在琐罗亚斯德教的文书中,Āz往往具有贪婪、贪得无厌的含义,从而与"满足"相对立,以至严重威胁到对奥尔密兹德的虔诚信奉。迨至摩尼教,则将Āz的角色进一步发展为禁锢光明分子(灵魂)的恶魔,甚至,将阿缁(Āz)作为最高级的暗魔,称之为贪欲和一切罪孽之母。许多摩尼教文书对此都有程度不同的描述②。

以上略举数例,从摩尼教的神、魔名号看它对于琐罗亚斯德教的文化借鉴。如今再从摩尼教的教义来看它对琐罗亚斯德教的承袭。有关这方面的例证很多,在此则主要以宇宙创生神学为例,作一简介。

见于吐鲁番的摩尼教中古波斯语文书M 98在描述早期的重要神灵生命神

① 这可能是模仿了古波斯阿黑门尼德王朝时期的君主称衔"众王之王"(king of kings)。
② 有关摩尼教中的"阿缁"问题,可参看芮传明:《摩尼教 Hylè、Āz、贪魔考》,《史林》2006年第5期,第88—99页。

(Living Spirit,汉语文书称"净风")创造宇宙的情况道:"他固定了七行星,并还束缚了二龙,将它们缚定在最低天的高处;为了令它们随召唤而转动苍穹,他委托一男一女两位天使看管它们。"①在此所谓的"七行星"和"二龙"便来自古伊朗文化和琐罗亚斯德教教义。

先看"七行星"之说。中古波斯语 'b'xtr(*abāxtar*)义为行星,而在伊朗的传统宇宙学中,"七行星"是邪恶势力的代表之一。例如,按琐罗亚斯德教教义,"七行星"与暗魔之首阿赫里曼(Ahriman)的邪恶力量一起,大肆破坏天界的秩序。作为主要反映琐罗亚斯德教宇宙创生观的古籍《创世记》(*Bundahishn*)便多处谈及"七行星"代表黑暗方与光明方交战的情况,如:"这些行星就这样进入苍穹,它们与诸星座交战:暗日、暗月与发光体之王太阳、月亮搏斗;木星与北方魁首七熊星座(Seven Bears)搏斗;金星与南方魁首萨塔维萨星座(Satavaesa)搏斗;火星与西方魁首心大星座(Antares)搏斗;水星与东方魁首天狼星座搏斗;土星与众魁之首中天之主搏斗。"②显然,摩尼教文书所言生命神控制了"七行星"之语,完全承袭了琐罗亚斯德教的宇宙说。

至于"二龙"中的"龙",中古波斯语作*azdahāg*或者*uzdahāg*、*ažδahāg*,均指同一类神话生物,是为各种形貌的蛇状怪物,通常十分巨大,或居空中,或居地面,或居海里;有时候与自然现象相关,特别是下雨和日月食。在大多数情况下,它都是指称邪恶的魔类③。在琐罗亚斯德教中,这种魔类与天象关系密切,所以摩尼教的类似观念显然是借鉴自琐罗亚斯德教。

《创世记》描绘的蛇状魔类或"龙怪"中的两个主要角色,一称古契尔(Gōčihr),一称穆希佩里(Mūšparīg),它们的通称即是azdahāg,亦即"龙怪",其状貌呈现长尾或翼翅。如,"古契尔位处天空中央,状若龙怪,其头在双子座,尾

---

① 转译自 Jackson,1932,p.31。有关这件文书(包括 M 98、M 99),胡特尔(Hutter)认为当包括在摩尼亲撰的《沙卜拉干》中,并配有对应的拉丁字母转写、德文翻译以及注释,参见 Hutter, 1992, pp.10—23。

② Behramgore Tehmuras Anklesaria（transliteration and translation in English）, *Zand-Akasih*, *Iranian or Greater Bundahishn*, *Bombay*, 1956, Chapter V, A, 3, p.64; Digital edition copyright 2002 by Joseph H. Peterson.

③ 这样的"龙"与中国的传统概念截然不同,故在此只是借用"龙"字而已,因为这一中古波斯语通常译作英文 dragon。

在人马座""龙怪古契尔将被熔化的金属所烧""有尾的穆希佩里配有双翼。太阳将她羁缚在自己的光芒中,以使之无法再作恶"①。

古契尔与穆希佩里在琐罗亚斯德教的宇宙学中扮演了重要的角色,它们与五大行星(这在琐罗亚斯德教和摩尼教中都属于邪恶一方)一起对付光明和善良的一方。例如:"行星的七个魁首对抗星座的七位领袖:水星对付提什塔尔(Tishtar),火星对付哈普托林(Haptoring),木星对付瓦南德(Vanand),金星对付萨特维斯(Sataves),土星对付天中央的伟大者,古契尔与鬼鬼祟祟的穆希佩里(它们都有尾巴)则对付太阳、月亮和星辰。"② 这段文字暗示了龙怪古契尔和穆希佩里是太阳和月亮这两个最大光明体的邪恶对应者,这一点在伊朗版《创世记》(即更为详细的 Great Bundahishn) 的相应段落中得到了更清楚的展示:"在苍穹中,暗日对付太阳,暗月对付拥有驯良动物之种的月亮……七个行星魁首对付七个星座领袖,例如水星对付提什塔尔,木星对付北斗七星哈普托林,火星对付瓦南德,金星对付萨特维斯,行星之首土星对付中天之主,而有尾的龙怪和穆希佩里则对付太阳、月亮和星辰。"③

在此,首先提到暗日对付太阳,暗月对付月亮;紧接着的详细叙述中,则谈到"有尾龙怪"(显然是指古契尔)和穆希佩里对付太阳、月亮。那么,可以推定龙怪古契尔和穆希佩里即是"暗日"和"暗月"。事实上,这两个魔怪与光明天体太阳、月亮的对应关系,在《创世记》的其他地方也反映得很清楚,例如:"在这些行星中,暗日和穆希佩里以混合的状态被羁缚起来,暗日被拘于太阳的光芒中,暗月被拘于月亮的光芒中。"④上引摩尼教M98文书提到光明之神"束缚了二龙",其意与《创世记》的古契尔、穆希佩里二龙被分别羁缚于日月光芒中之说相似。故若谓摩尼教文书中的"二龙"即是借用了琐罗亚斯德教文献中的古契尔、穆希佩里,亦即所谓的"暗月""暗日",是完全合乎情理的。

① 分别见 Bundahishn, Chapter V A, 5(Iranian recension), p.65;Chapter XXXIV, 27(Iranian recension), p.142;Chapter V A, 6 (Iranian recension), p.65.

② Bundahishn, Chapter V, 1 (Indian recension), p.159.

③ Bundahishn, Chapter V, 4 (Iranian recension), pp.63—64.

④ Bundahishn, Chapter V A, 7 (Iranian recension), p.65.

除了宇宙学外,摩尼教还承袭和借鉴了琐罗亚斯德教其他方面的教义,如"善恶账本""灵魂称重"等。盖按琐罗亚斯德教的教义,每个人一生中的善、恶之业,无论巨细,都会被记载在"善恶账本"上,从而累计出其多寡和轻重。每个人去世后都得接受灵魂审判,由上天委派的一个或多个审判员,将其一生的善恶之业置于天平上称重,然后按善重恶轻、善轻恶重及善恶相等三种情况分别予以奖惩。这类观念虽然也见于埃及和其他地区,却是琐罗亚斯德教的传统悠久的重要教义。而有证据表明,摩尼教也存在同样的教义,这在摩尼教的本教文书中可以发现不少例证①。

二、早期摩尼教具有浓厚的基督教色彩

摩尼教的教义与公元2世纪开始盛行于地中海东岸的诺斯替教(Gnosticism,亦称"灵智教")的教义颇多类似之处,而诺斯替教则有着相当程度的犹太教和基督教文化渊源,乃至往往被"正统派"斥为基督教的"异端"。由于摩尼教的这种文化渊源,再加上创教早于摩尼教二百多年的基督教已经拥有了巨大的影响力,所以早期的摩尼教无论是出于主动还是被动的原因,始终带着浓厚的基督教色彩。

在此主要根据成于4世纪上半叶的《阿基来行传》(Acta Archelai)的描述,观察一下早期摩尼教与基督教的密切关系②。

1. 从《阿基来行传》看摩尼教的基督教色彩

《阿基来行传》第65章以阿基来的口吻说道:摩尼为国王的儿子治病无效,

---

① 有关这个问题的论述,可以参看 A.V.Williams Jackson, "Studies in Manichaeism", *Journal of the American Oriental Society*, Vol.43 (1923), pp.20—24。

②《阿基来行传》的作者署名为"海格摩纽斯"(Hegemonius),但是很可能只是假托,而实无其人。书中记载了美索不达米亚北部卡尔恰尔城(Carchar)的主教阿基来(Archelaus)与异教领袖摩尼进行两次大辩论,驳斥摩尼教教义的情况,并转述了摩尼的若干事迹。是否实有其事,历来颇遭怀疑。不过,无论古今的学者都认可其中的若干说法是有根据的,从而将《阿基来行传》列为有关摩尼教的重要典籍之一。在此引用的相关文字出自 Mark Vermes 英译,Samuel N.C.Lieu (刘南强) 导言和注释的 *The Acts of Archelaus*, Lovanii, 2001。

反而致其死亡,故被投入监狱。事后,摩尼的弟子们陆续探望他,并诉说自己的困境。摩尼则"鼓励他们不要害怕,并且起身向他们发表演说。最终,他一方面在监狱中备受苦难,另一方面则要求弟子们取得基督教徒的律法书籍。因为他派遣出去宣教的人在各地遭到许多人,特别是那些有着'基督教徒'之名的人的痛恨。于是,他们带了大量金子,前往出版这些基督教徒书籍的地方,假称是新皈依的基督教徒,要求购买适合于他们的书籍。简而言之,他们获得了有关我们《圣经》的所有书籍,并把它们转给了监狱中的摩尼。这个狡猾的人得到了这些书,开始在我们的这些书籍中寻找可以支持他的二元论的章节段落……"

"他还试图用我们书中的内容来证实他自己的观点,就如他与我辩论时所做的那样,攻击其中的一些说法,篡改另一些内容,只是添加了基督的名字。他假意借用了基督的名字,这样,在所有的城市里,当人们听到基督的神圣名字时,就不会再憎恨和排斥他的门徒了。此外,当他在圣经中发现有关保惠师①的段落后,便认为自己就是那位保惠师。但是,他并未仔细阅读这些内容,因为当使徒们仍在世时,保惠师就已经降临了。这样,他把这些邪恶的解释糅合起来,派遣他的门徒到处传播这些大胆伪造的谎言,宣扬新的和欺诈的学说。"②

《阿基来行传》把摩尼借鉴基督教之事置于他被囚之后,即其晚年,显然不合逻辑,故我们可以理解成他自创教之始就这般施为了。从阿基来的介绍中,我们获得的大致印象是:从形式上看,摩尼教与基督教很相似,特别是关键神灵——如基督、保惠师——的名号都一样。从教义上看,二者也很容易被视为同一,因为摩尼努力在基督教的书籍中"寻找可以支持他的二元论的章节段落",试图用基督教典籍中的话来证明摩尼教的观点。

正因为如此,在普通大众眼里,当时的摩尼真像一位虔诚的基督教信徒。《阿基来行传》第5章谈及,摩尼为了诱使著名的基督教教徒马塞卢斯赞成自己

---

① "保惠师"的原文作 Paraclete,源出希腊语 παράκλητος(paráklētos),意为安慰别人的人、鼓励别人的人、帮助别人的人、为别人辩护的人等。但是在基督教文化中,通常用以特指三位一体(Trinity)中的第三位,即圣父、圣子、圣灵中的"圣灵";有的汉译《圣经》亦称"圣神""护慰者""保惠师"或"训慰师"等。

② Hegemonius, *Acta Archelai*(*The Acts of Archelaus*), tr. by Mark Vermes, with Introduction and Commentary by Samuel N.C.Lieu, Manichaean Studies IV, Lovanii, 2001, pp.146—147.

的教义，便写了一封信给他，希望与之面谈。该信的遣词造句则充满了基督教色彩："摩尼，耶稣基督的使徒，以及一切追随我的圣徒和贞女，向其最亲爱的儿子马塞卢斯致意。来自父尊天主与我主耶稣基督的恩典、仁慈与和平。""他们不相信我们的救世主和主耶稣基督在《福音》中讲的话：'坏树不能结好果，好树也不会结坏果。'"①

又，《阿基来行传》第15章记载摩尼在马塞卢斯家中与阿基来辩论前的演说："弟兄们，我肯定是基督的弟子，确实是耶稣的使者。""我确实是耶稣预言的，即将派遣来'指证世界关于罪恶、正义和审判所犯的错误'的那个保惠师。并且，由于先我被遣的保罗曾说，他'所知道的，只是局部的；我们作先知所讲的，也只是局部的'，于是便将圆满的知识留给了我，我因此能够摧毁局部的知识。""第三个证据是，我是基督选中的使徒，因此，如果你们愿意听从我的教导，你们就能得救；若不愿意的话，那么永恒的大火就将把你们烧光。"以及诸如此类的说法。

摩尼在此所引的"指证世界……"以及"所知道的，只是局部的……"等语录分别出自《新约·约翰福音》第16章第8节和《新约·哥林多前书》第13章第9节，足见他对基督教的经典十分熟悉，以至达到信手拈来、灵活运用的地步。摩尼在与阿基来辩论时，更是使用了大量《圣经》语录来证明自己观点的正确或者对方看法的谬误。这给人的清晰印象是：辩论双方都认可基督教的基本教义，其分歧只在于对具体词句或事件的理解有所不同。有关这点，可以再举两个例子。

《阿基来行传》第32章和33章载，摩尼对于摩西律法持否定态度，他在阐述时使用了好几条《圣经》语录："基督'为他们赎出了律法的诅咒。'"②"保罗亲口说：'文字只会杀人，不会给予任何人生命。'"③"律法是死亡的帮助者，是罪恶的力量。"④"耶稣对不信天主者说：'你们是出于你们的父亲魔鬼，并愿意追随你

---

① 语出《圣经·新约·马太福音》第7章第18节，此处及下文录引的所有《圣经》汉译文字，均据自思高圣经学会译释的《圣经》，香港，1968年版。由于引用数量较多，故下文不再逐一注明具体页码。
② 语出《新约·加拉太书》第3章第13节。
③ 语出《新约·哥林多后书》第3章第6节。
④ 语出《新约·哥林多前书》第15章第56节。

们父亲的欲望。'①这无疑意味着,凡世的邪恶之王无论需要什么,追求什么,他都通过摩西书写下来,交给人类去完成。"显然,无论摩尼是正确理解还是曲解了《圣经》的词句,他在形式上都是以基督教的圣典作为其观点的最高依据。

另一个例子:《阿基来行传》第44章谈及,摩尼与阿基来的第一次辩论失败后,逃往一个偏僻的村庄,仍然假借基督教的名义传播其自己的教义。而当地一位虔诚的基督教修士迪俄多鲁斯(Diodorus)则发现了他对《圣经》的歪曲和篡改,遂写信给阿基来,转述了摩尼蒙骗普通大众的宣传,并希望阿基来能够前来本村,当面驳斥摩尼的邪说。

迪俄多鲁斯在信中告诉阿基来道:"近日,有个名为摩尼的人来到我们这里,声称他完全领悟《新约》的教义。诚然,他所说的某些部分属于我们的信仰,可是,他的一些观点却与我们的历代神父传授的学说大相径庭。他用相当奇特的方式解释某些问题,并且掺入他自己的看法。"

摩尼说:"摩西的律法并不属于善良的天主,而是属于邪恶之王。"他还说道:"那律法与基督的新法毫无关联,而是与之相反和敌对的,二者相互对立。""摩尼从律法中选录了许多内容,以及来自《福音》和使徒保罗的话,以证明它们似乎是矛盾的。他自信十足和毫无畏惧地演说所有这些内容。""他引用了《旧约》中天主的话:'我创造了富人和穷人。'而在《新约》中,耶稣称穷人为受祝福者。"摩尼还说,"耶稣教导说,邻居的东西不能觊觎,而摩西带着人们逃出埃及时,却拿了埃及人的银子和金子。"

"他还说,摩西在律法中规定,一个人确实可以'以眼还眼,以牙还牙'②;而主却要求,若被人打了一侧的脸,应将另一侧脸也给他打。他又说,摩西教导人们,任何人倘使在安息日劳作,并且不严格遵守律法写下的每一条款,都要受到石刑的处罚,哪怕在安息日樵采一捆柴火,也要遭到这样的惩罚;但是耶稣在安息日吩咐他治愈的一个病人去搬床,并且不阻止其门徒在安息日采摘玉米穗,以及用手挫擦它们,而这都是不允许在安息日干的事。"

---

① 语出《新约·约翰福音》第8章第44节。
② 语出《旧约·出埃及记》第21章。

"他借助了形形色色的这类例子来论证,尽其最大的努力和热情来传播他的教义。他利用了使徒的权威,企图主张摩西的律法乃是死亡的律法,而耶稣的律法则是生命的律法,他依据的经文是:'是他(天主)使我们能够做新约的仆役:这约并不是在于文字,而是在于神,因为文字叫人死,神却叫人活。'①"

"他还说保罗本身曾谈到他自己:'如果我把我所拆毁的,再修建起来,我就证明我是个罪人。'②此外,他还引用了保罗有关割礼的一段话:外表上是犹太人,未必是真犹太人;外表上损伤肉体的割礼,也未必是真割礼;按照文字的律法,并不具有优越性③。他还引用经文关于亚伯拉罕'拥有荣耀,但不是在天主前'的说法④,以及采用律法,只会产生犯罪意识。他还举出其他许多批判律法的例子,以至令人感到律法似乎即是罪恶一般。而一些头脑简单的人则被这些话说服了。"

摩尼在传教时娴熟运用《圣经》内容和词句的现象表明,早期的摩尼教具有浓重的基督教色彩。这一方面揭示出摩尼教的源流融入了很大成分的基督教因素,另一方面也表明,当时的摩尼教为了尽量吸引信众,故意在基督教流行地区主打基督教的旗号,鱼目混珠,以图扩大本教的影响。迪俄多鲁斯在信中所言的"一些头脑简单的人则被这些话说服了"之语,比较客观地反映了早期摩尼教在西方传教的"盛况"。

2. 从《沙卜拉干》看摩尼教对基督教的借鉴

《沙卜拉干》在谈及其借鉴自基督教的重要神灵耶稣时,几乎完全抄袭了基督教《圣经》的一大段内容。在此不妨比照一下二者各自的记载。先看《沙卜拉干》,它使用了"赫拉德沙"(Xradešahr,中古波斯语,义即"智慧世界〈神〉")的尊号来称呼耶稣:

---

① 语出《新约·哥林多后书》第 3 章第 6 节。
② 语出《新约·加拉太书》第 2 章第 18 节。
③ 出自《新约·罗马书》第 2 章。
④ 见《新约·罗马书》第 4 章。

赫拉德沙神灵将会派遣使者前赴东方和西方,去把修道士及其协助者①、邪恶者及其帮凶们一起带到赫拉德沙面前,他们将向他致敬。

修道士会对他说道:"神啊,我们的主! 如果您愿意的话,我们将把这些罪人对我们所干的一些告诉您。"赫拉德沙神将回答他们道:"面对着我,高高兴兴地(说吧)。无论谁伤害了你们,我将为你们讨回公道,追查到底。不过,你们要告诉我的每件事情,我也已经知道了。"

然后,他祝福他们,抚慰他们的心灵,并把他们置于自己的右侧,与将获福佑的诸神在一起。他把恶人与修道士分隔开来,置于自己的左侧,诅咒他们,对他们这样说道:"我要你们根本不能升天,完全不见光明,因为你们犯下了那样的罪过,导致了不公正的苦难,以及对人子干下了……"

他对站在右侧的修道士的协助者们这样说道:"欢迎你们,你们将会获得伟大父尊的福佑,因为当我饥渴时,你们给了我食物。当我裸露时,你们给我衣穿。当我生病时,你们为我治疗。我被束缚时,你们给我松绑。我被囚禁时,你们将我释放。当我被放逐而四处流浪时,你们把我带回你们的家中。"此时,修道士的协助者们全都深深地鞠躬,对他说道:"主啊,您是神灵,永世长存,贪婪和欲望不能征服您,您不会饥饿,不会干渴,也没有病痛能折磨您。那么,我们什么时候为您做过这些事情啊?"于是,赫拉德沙对他们说道:"你们为修道士所做的事,就是为我所做。我将把你们送上天界,以示奖赏。"他将使他们欢乐异常。

他又对站在他左侧的恶人们说道:"你们这些恶人物欲横流,专干坏

---

① 中古波斯语 dynwr (dēnwar) 义为宗教(性)的、虔诚的、从事宗教修行的人等;其同义词 dynwryh (dēnwarī) 则成为虔诚修道者的专名,甚至,后世几乎成为摩尼教之专职修道者亦即"选民"的专称。这类摩尼教修士在汉语文书中往往音译为"电那勿"。而 hy'r (hayyār) 则义为帮助者、协助者、朋友等,他们极似摩尼教的世俗信徒"听者"(摩尼教的"选民"必须过严格的独身生活,专门从事宗教修炼和布道、说教;"听者"则为在家信徒,可以结婚、生育,但一项重要的职责则是为选民提供饮食,否则就是罪过)。因此,这里的 dynwr (修道士) 与 hy'r (协助者) 很可能是指"选民"与"听者"。但是,由于摩尼的《沙卜拉干》旨在尽可能深入浅出地向国王宣传摩尼教,其著述中就未必会用很专门的摩尼教术语;再说,当时在摩尼教初创之际,也未必已经形成一套成熟的术语。所以,在此仍按 dynwr 和 hy'r 二词的原义,译作"修道士"和"协助者"。

事,贪得无厌,我要控诉你们。当我饥饿和干渴时,你们不给我食物。当我裸露时,你们不给我衣穿。当我生病时,你们不治疗我。当我被俘和离乡背井时,你们没有将我收容进家。"那些恶人便将这样对他说道:"我们的神和主啊,您什么时候受此苦难,我们却未救援您?"赫拉德沙对他们说道:"你们对修道士们干了这些事情,因此也就是伤害了我,我就有理由指控你们。你们是罪人,因为你们始终是修道士的狡诈敌人。你们使他们遭受苦难,毫无怜悯之心。在诸神的面前,你们是有罪过的。"然后,他吩咐天使们控制这些恶人,抓住他们,把他们投入地狱。①

关于耶稣将善人与恶人分置于右侧和左侧，并分别赞扬和指责二者的整段内容，亦见于《新约·马太福音》：

当人子在自己的光荣中,与众天使一同降来时,那时,他要坐在光荣的宝座上,一切的民族,都要聚在他面前;他要把他们彼此分开,如同牧人分开绵羊和山羊一样:把绵羊放在自己的右边,山羊在左边。那时,君王要对在他右边的说:"我父所祝福的,你们来吧!承受自创世以来,给你们预备了的国度吧! 因我饿了,你们给了我吃的;我渴了,你们给了我喝的;我作客,你们收留了我;我赤身露体,你们给了我穿的;我患病,你们看顾了我;我在监里,你们来探望了我。"那时,义人回答他说:"主啊!我们什么时候见了你饥饿而供养了你,或口渴而给了你喝的?我们什么时候见了你作客,而收留了你,或赤身露体而给了你穿的?我们什么时候见你患病,或在监里而来探望过你?"君王便回答他们说:"我实在告诉你们:凡你们对我这些最小兄弟中的一个所做的,就是对我做的。"然后他又对那些在左边的说:"可咒骂的,离开我,到那给魔鬼和他的使者预备的永火里去吧! 因为我饿了,你们

---

① 有关《沙卜拉干》残片的整理和英译,可主要参看 D.N.MacKenzie, *Mani's šābuhragān*[I], BSOAS 42/3, 1979; *Mani's šābuhragān* [II], BSOAS 43/2, 1980; repr. of both articles in *Iranica Diversa*, ed. C. G. Cereti and L. Paul, Rome, 1999。本段文字译自 *Mani's Šābuhragān*[I], pp.507—509。

没有给我吃的;我渴了,你们没有给我喝的;我作客,你们没有收留我;我赤身露体,你们没有给我穿的;我患病或在监里,你们没有来探望我。"那时,他们也要回答说:"主啊!我们几时见了你饥饿,或口渴,或作客,或赤身露体,或有病,或坐监,而我们没有给你效劳?"那时,君王回答他们说:"我实在告诉你们:凡你们没有给这些最小中的一个做的,便是没有给我做。这些人要进入永罚,而那些义人却要进入永生。"①

显而易见,摩尼教文献《沙卜拉干》不仅从基督教借鉴了重要神灵耶稣及其所扮演的角色"末日审判官",甚至连他在奖善罚恶时所说的一番话,也几乎一字不改地照搬照抄。所不同的,只是在《沙卜拉干》中,耶稣的尊号被改成了"赫拉德沙"。当然,在其他许多摩尼教文献中,仍然称之为耶稣(Jesus),从而摩尼教的汉语文书(如《下部赞》)名为"夷数"。

有关早期摩尼教的浓重基督教色彩的例证不胜枚举,在此不拟赘述。我们随后不妨看看摩尼教东迁中亚之后,其越来越浓厚的佛教色彩。

三、摩尼教东迁后的佛教色彩

尽管摩尼在创教之前就可能颇受佛教的影响,早期的摩尼教也具有一定的佛教色彩②,但是其较为浓厚的佛教色彩,乃至达到可被误认为佛教的程度,都是"后天"形成的,亦即是说,是在它逐步演变、发展的过程中形成的。有的学者对于摩尼教中的佛教因素作过这样的评论:"从根本上来说,东方摩尼教的整个

---

① 见《新约·玛窦(马太)福音》第25章,第31—46节(思高,1968年,第1548页)。
② 例如,《阿基来行传》称,传授摩尼二元论教义及相关经典的特雷宾图斯(Terebinthus)曾经自称"佛陀"(《阿基来行传》第63章第2节)。又如,摩尼教《沙卜拉干》中说:"智慧和善举,始终不时地通过尊神的使者们带给人类。于是,在某个时代,它们由称为佛陀的使者带到印度;在另一个时代,由琐罗亚斯特带到波斯;在又一个时代,则由耶稣带到西方。如今,启示已经降临了,在这最后时代的预言是通过我,摩尼,真理之神的使者带到巴比伦。"(见比鲁尼《古族编年》的引文,Sachau (tr. & ed.), 1879, p.190)再如,摩尼在开始创教后改名"摩尼",很可能是借鉴了古印度及佛教的重要象征符号mani,义为珍珠(见芮传明《"摩尼光佛"与"摩尼"考辨》,《传统中国研究集刊》第4辑,上海:上海人民出版社,2008年,第60—76页),这些例证都表明,摩尼正式创教之前在相当程度上受到了佛教的影响。

历史取决于和佛教的接触,因此,这可理解为是摩尼教在中亚借鉴了佛教的形式与内涵;而这一借鉴过程亦可理解为是两个宗教之相似的人生态度为基础的。"①显然,作者一是认为东方摩尼教的佛教色彩很浓;二是认为这种现象是摩尼教在东渐过程中逐步融合佛教文化而致。于是,我们不妨按照这个思路来察看一下摩尼教在东迁过程中的"佛教化"现象。

1. 所谓《摩尼致末冒信》的佛经形式与内涵

末冒(Mār Ammō)是摩尼的骨干弟子之一,他主要负责摩尼教的东向传播。当摩尼去世之后,末冒更是率领避难的信徒们,在中亚大力布教,为摩尼教日后在中亚建立稳固的基地,并进一步向东发展奠定了坚实的基础。

发现于中国吐鲁番的一份摩尼教帕提亚语文书 (文书编号T II D II 134 I,亦即M 5815 I)最初被说成是摩尼致末冒的一封信,嗣后则被不少学者视作伪托摩尼的"伪信",撰写年代也被定在5—6世纪。我则认为,此文书并非真的书信,而是以教主的口吻对信众的训诫,且撰写年代亦当在末冒在世或去世后不久的摩尼教初期②。该文书包含了许多佛教的观念、术语和典故,因此从形式到内涵都极似佛教经文。兹按汉译佛经的风格翻译该文书如下:

龙象菩萨教诫经

……打不报打,瞋不报瞋,嫉不报嫉。其若忿恚,善言诱喻。己所不欲,莫施于人。应忍众凌辱,既忍胜己者,又忍等己者,更忍下劣者。清净电那勿,能忍诸凌辱,纹丝不动摇,犹如花雨象,象无纤毫伤,亦如水滴石,石不坏分毫。行忍电那勿,任凭诸欺凌,正心不倾动。

清净电那勿,或时现高大,尊如须弥山;清净电那勿,或时应谦卑,屈似旃陀罗。清净电那勿,或时似弟子,或时似师长,或时似奴仆,或时似主人。

清净电那勿,当勤坐禅思,弃诸恶思惟,转为众善念。

---

① Heuser & Klimkeit,1998, p.238。

② 相关观点以及文书的内容可参看芮传明:《帕提亚语"摩尼致末冒信"的译释与研究》,《史林》2010年第4期,第77—89页。

［…………］

龙象末摩尼,今是说法人;汝名为末冒,即是受持者。又有阿空达,是魔阿梨曼。我为汝说法,当谛听信受;凡闻法受持,躬自奉行者,皆能得救度,出离生死地,销(消)灭诸罪障。龙象末摩尼,及与汝末冒、往世一切众、今世福德人、来世轮回者,若奉清净戒,若具微妙慧,若生柔顺心,悉能得救度,离生死流转。生死流转中,觉者积福善,是为殊胜业。凡奉末摩尼,祈愿先意佛,并尊电那勿,清净正直人,悉皆获救度,离生死流转。

《龙象菩萨教诫经》竟

显而易见,若非文书中包括"末摩尼""末冒""先意"(Primal Man,初人)、"电那勿"(dēnāβar,选民)、"阿梨曼"(Ahreman,暗魔之首)、"阿空达"(Ākundag,琐罗亚斯德教和摩尼教的邪魔之称)等属于摩尼教的专用名称,人们确实极易把它视作佛教经文。事实上,这篇简短的文字中确也涉及了许多佛教元素。

例如:

第一,佛教的"忍辱"(梵语ksānti)观在文书中体现得淋漓尽致。例如,文书"打不报打,瞋不报瞋,嫉不报嫉"句相应的佛经句式即是"于诸有情应修安忍,打不报打,骂不报骂,谤不报谤,瞋不报瞋,诃不报诃,忿不报忿,恐不报恐,害不报害,于诸恶事皆能忍受"[1]。又如,文书"既忍胜己者,又忍等己者,更忍下劣者"句的思想显然相同于佛经 "忍胜己者名怖忍,忍等己者畏闘净,忍下劣者名盛忍"[2]。

第二,有的譬喻完全源自佛经,如文书"清净电那勿,能忍诸凌辱,纹丝不动摇,犹如花雨象,象无纤毫伤,亦如水滴石,石不坏分毫"句,显然采自佛经"能受恶骂重诽谤,智者能忍花雨象。若于恶骂重诽谤,明智能忍于慧眼,犹如降雨于大石,石无损坏不消灭"诸句[3]。

① 语出《大般若波罗蜜多经》卷五八九《第十三安忍波罗蜜多分》。
② 语出《杂宝藏经》卷三《二九:龙王偈缘》。
③ 语出《杂宝藏经》卷三《二九:龙王偈缘》。

第三,文书在多处直接使用了梵语借词以及佛教的术语组。例如,"若奉清净戒,若具微妙慧,若生柔顺心,悉能得救度,离生死流转"句,实际上体现了佛教的"戒—定—慧"之说:帕提亚语cxš'byd(ĉaxšābed)义为命令、戒律,乃是佛教梵语śik ṣāpada(学处、戒律)的借词;帕提亚语jyryft(žīrīft)义为智慧,相当于佛教的"慧""智",梵语prajñā,音译"般若";帕提亚语prxyz(parxēz)有柔顺、驯良之义,而按佛教教义,"柔顺"则是"禅"(梵语dhyāna)的重要前提。所以,这段文字分明借自佛教。

此外,帕提亚语pwn(pun)直接借自义为福、福德、功德的梵语puṇya,义为灵魂转世或生与死之间循环的z'dmwrd(zādmurd)借自梵语jātimaraṇa(汉译常作"生死流转"),以及smyr(sumēr)源自梵语sumeru(须弥山,佛教的圣山)等例证,无不表明这份摩尼教文书有意识地借用了大量的佛教观念和术语,间接和曲折地传播了摩尼教教义。至于摩尼教为什么采取这种掩掩藏藏的方式来布教,则恐怕是为了便于在佛教徒众多的中亚地区争取信众,犹如早先在西亚竭力表现得像是基督教徒一样。

2.《摩尼大颂》展现的佛教因素

摩尼教在中亚绿洲地区(索格底亚那,Sogdiana)站稳脚跟之后,便进一步东进,接着取得巨大成就,令活动于内陆欧亚地区的游牧政权回纥于8世纪下半叶正式接受摩尼教为"国教"。回纥的摩尼教高层和精英多为粟特人,通常作为专职的修道者"选民";占据信众大部分的则为俗家信徒"听者",他们多为操突厥语的回纥人。因此,供他们使用的摩尼教文献也就往往用突厥语撰写。

一份据称成于10世纪初期的突厥语文书题为《摩尼大颂》[1],总共120颂,是对摩尼的赞美诗,其佛教色彩十分浓重,是摩尼教沿着丝绸之路东进途中日益推进"佛教化"的一个重要例证。它大致在如下几个方面展示出回纥时期摩尼教的佛教色彩。

---

[1] 有关该文书的汉译和研究,可参看芮传明:《突厥语〈摩尼大颂〉考释》,《传统中国研究集刊》第六辑,上海:上海人民出版社,2009年,第189—202页。

第一，频繁见于突厥语佛经的burxan（佛）一词在《摩尼大颂》中指称摩尼教的各种神灵。诸如第1颂的"摩尼佛"（mani burxan）、第28颂的"如佛般的日神"（burxanllγ kün tngrig）、第30颂的"诸佛之界"（burxanlar uluši）、第36颂的"四佛"（tört burxan）、第84颂的"神圣的佛师"（baxšllγ burxan tngrii）以及第115颂的"佛土"（burxanlar uluš）等，无不直接采用了突厥语佛经中的"佛"字（burxan），不过其内涵却迥异于佛经。譬如，"摩尼佛"是指摩尼教的创建者摩尼；"日神"是指摩尼教的主神之一夷数，亦即借鉴自基督教的耶稣（Jesus）；"诸佛之界"或"佛土"指的是摩尼教众神所居的光明乐土"明界"；"四佛"是指摩尼降世之前，由大明尊派遣的四位使者或先知，即塞思、琐罗亚斯德、佛陀、基督；"神圣的佛师"也指称摩尼。

第二，常见于突厥语佛经中的"法"及其相关词组也见于《摩尼大颂》。如第4—13颂和第31颂的"妙法"（edgü nom）、第35颂和90颂的"净法"（arlγ nom）、第29、31和88颂的"正法"（könii nom）等均是。突厥语edgü义为善、好；nom意为法、教义，故该词组相当于佛教所言的"无上妙法"。突厥语arlγ nom义为"净法"，是对应了"佛陀所说之法能令众生超三界，得解脱，身心清净"的说法。又，突厥语könii义为正直的、合乎正道的等，故词组könii nom便相应于佛教的梵文术语sad dharma，即"正法"。由此可知，《摩尼大颂》中的多个突厥语词组各自模仿和对应了佛教术语"妙法""净法"和"正法"，则其浓厚的佛教色彩可见一斑。

第三，突厥语frnibran（般涅槃）见于第17颂，nirvan（涅槃）见于第19、29、117和118颂。显然，这是个外来词，对应于佛教梵文术语parinirvāṇa。"般涅槃"意为灭尽诸恶、圆满诸德，本来专指佛陀之死，即灭尽烦恼而进入大彻大悟的境地，也就是脱离生死之苦，全静妙之乐，穷至极的果德。汉译佛经除音译此词为般涅槃外，还常意译作圆寂、灭度、入灭、入寂等。至于突厥词nirvan则是梵语nirvāṇa的直接借词，其意与parnirvāṇa（般涅槃）相仿，也是指超越生死迷界，到达悟智境界（菩提），为佛教的终极实践目标。汉文音译作"涅槃"；"般涅槃"多一前缀pari，为完全、圆满之意。这是《摩尼大颂》直接借来佛教术语的典型例证。

第四，突厥词sansarta（轮回）见于第26、28、78、82及91颂等处，此为佛教梵文术语saṃsāra的直接借词。佛教认为,一切众生由于"业因"的缘故,往往始终在天、人、阿修罗、饿鬼、畜生、地狱这样六种生存形态(或说五种,即不置阿修罗)中循环转生,永无穷尽,饱受生死之苦,故称轮回。摩尼教文书借用佛教术语"轮回",尽管隐含的教义未必一致①,但形式上却与佛教完全相同。

第五,有些专用词组在《摩尼大颂》中尽管只出现过一两次,却都是明显的佛教术语,例如:第15和114颂的aṃwrdŝn(禅定)、第17颂的bilig(智慧)以及第87颂的čxŝapt(戒律)都非常清晰地一一对应了一组佛教梵语:aṃwrdŝn对译dhyāna(汉译作"禅那",即"禅定"或"定",意为专注于某一对象,心不散乱的精神境界);bilig对译prajñā(汉译作"慧"或"般若",即最高智慧);čxŝapt对译śikṣāpada(汉译作"戒"或"戒律")。而戒、定、慧三者合称佛教的"三学"或"三胜学",是佛教的实践纲领。

az(贪欲)、ot(瞋怒)和biligsiz(愚痴)分别见于第14、16、17颂,同样是一组重要的佛教概念:az对译梵语lobha(贪),ot对译梵语dvesa(瞋),biligsiz则对译梵语moha(痴)。而佛教认为,贪、瞋、痴是毒害众生出世善心的最甚者,合称"三毒""三垢"或"三不善根"等。

除此之外,《摩尼大颂》还借用了不少佛教术语,如Sumir(须弥山,源自梵语Sumeru)、arxant(阿罗汉,借自梵语arhat)、alt qačíγ(六根或六情,对应于梵语ṣaḍ indriyāṇi)、awiš(阿鼻[地狱],佛教梵语avici的借词),以及无常、有情、恶业、苦海、魔、功德海、慈悲、出家、无上正等觉、正遍知等等,莫不彰显了《摩尼大颂》的佛教色彩。

以上列举的《摩尼致末冒信》和《摩尼大颂》二文,可以视为摩尼教东传至中亚粟特地区和回纥汗国后,佛教色彩进一步增强的例证。

---

① 有关摩尼教与佛教轮回观的比较研究,可参看芮传明:《摩尼教"平等王"与"轮回"考》,《史林》2003年第6期,第28—39页。

3. 摩尼教汉语文书的佛教特色

至于摩尼教在中土的布教情况①，则不妨用唐玄宗8世纪的一份诏书作一概括："开元二十年七月敕：末摩尼法，本是邪见，妄称佛法，诳惑黎元，宜严加禁断。以其西胡等既是乡法，当身自行，不须科罪者。"②诏书指责摩尼教为"邪见"，当可认为是朝廷自恃"正统"，故意贬低摩尼教，犹如西方的基督教视摩尼教为"异端"一般。然而说摩尼教"妄称佛教"，则显然是因为此时的摩尼教在形式上极似佛教，易于令人混淆，甚至信徒们故意给人以"佛教"的感觉，以便于暗中传播真正的摩尼教教义。

百余年前在敦煌发现了三份撰于唐代的摩尼教汉语文书，被分别名为《摩尼教残经》《摩尼光佛教法仪略》及《下部赞》，是为迄今仅见的较大篇幅的摩尼教汉语文献。在此则以《下部赞》为例，查看它所反映的中土摩尼教的佛教元素。

"佛性"，本是梵文Buddhatā 的音义混译，原指佛陀的本性，后引申为成佛的可能性、因性等。由于"佛"（Buddha）即"觉悟（者）"之意，故"佛性"亦即"觉悟之性"，实际上指最高的认识与觉悟。而在《下部赞》中，"佛性"频见，多达8处，如"我今蒙开佛性眼，得睹四处妙法身。又蒙开发佛性耳，能听三常清净音"（第10颂）；"大圣速申慈悲手，按我佛性光明顶"（第39颂）等。

"轮回"是汉译佛经中的常用术语，乃梵语saṃsāra或jātimaraṇa的意译。但是它也多次出现在《下部赞》里，如"一切地狱之门户，一切轮回之道路"（第26颂）；"愿我常见慈悲父，更勿轮回生死苦"（第62颂）；"平等王前皆屈理，却配轮回生死苦"（第99颂）；"远离痴爱男女形，岂有轮回相催促"（第272颂）；"清净师僧，大慈悲力，救拔彼性，令离轮回"（第407颂），等等。

同样重要的佛教术语"涅槃"也频见于《下部赞》中，如"决定安心正法门，

---

① 按照一般的文字记载，摩尼教是在7世纪末的武则天执政时期正式传入中土（694年），但是有迹象表明，可能在7世纪中叶的高宗时期就已传入了。虽然从形式上看，摩尼教传入中原似乎早于传入回纥，但是通过"民间渠道"传播的时间，很难说孰先孰后。另一方面，回纥对于摩尼教的接纳和崇奉远胜于中原王朝，故摩尼教在中土的流行，在很大程度上要归因于回纥人。相关论述可参看芮传明：《唐代摩尼教传播过程辨析》，《史林》1998年第3期，第20—27页。

② 语见《通典》卷四〇《职官二十二·序品五·大唐官品》"萨宝府祆正"注释文，浙江古籍出版社据万有文库《十通本》影印，2000年，第229页。

勤求涅槃超大海"(第85颂);"舍除骄慢及非为,专意勤修涅槃路"(第97颂);"普愿齐心登正路,速获涅槃净国土"(第119颂);"幽深苦海寻珍宝,奔奉涅槃清净王"(第252颂);"得睹无上涅槃王,称赞哥杨大圣威"(第309颂),等等。

还有佛经的另一常用名"伽蓝"(亦作"僧伽蓝",梵语saṃghārāma的音译)也被《下部赞》借来指称明界诸神的居所。如:"圣众法堂皆严净,乃至诸佛伽蓝所"(第267颂);"诸圣严容微妙相,皆处伽蓝宝殿阁"(第318颂);"平等普会皆具足,安居广博伽蓝寺"(第324颂);"伽蓝清净妙庄严,元无恐怖及留难"(第325颂);"一切法堂伽蓝所,诸佛明使愿遮防"(第346颂)。

"金刚"(梵语vajra的意译)在佛经中譬喻能摧毁一切的锐利武器,更譬喻最高的智慧"般若"(梵语prajñā)。而《下部赞》则借以譬喻拟人化的灵知——光明分子(灵魂),或者由光明构成的境界——明界。如:"常荣宝树性命海,基址坚固金刚体"(第73颂);"金刚宝地极微妙,无量妙色相晖曜"(第276颂);"彼圣清虚身常乐,金刚之体无眠睡"(第285颂);"金刚之体叵思议,大小形容唯圣别"(第313颂);"具足丈夫,金刚相柱,任持世界,充遍一切"(第365颂),诸如此类。

当然,《下部赞》所包含的佛教词汇远不止以上列举的那些,它们为数众多,重复率高,贯穿于全文。如:三常、慈悲、解脱、烦恼、罗刹、善业、恶业、三界、五趣、大法药、大医王、法身、生死海、正法、真如、甘露、无常、卢舍那(佛)、法门、地狱、神足、饿鬼、极乐世界、三灾、八难、观音、势至、平等王、三宝。《下部赞》如此众多的佛教术语极易导致世人视之为佛教经文。因此,这些摩尼教汉语文书最初被收载于《大正藏》中,也就不足为奇了。摩尼教在中原地区之所以更加"佛教化",恐怕主要是为了尽量适应佛教业已对民众信仰发挥关键性影响的大环境。

四、摩尼教在闽浙地区的演变

宋代,摩尼教在中土最为活跃的地区是今天的福建、浙江等地,而其名号通常也改称"明教(光明之教)"。与唐代的摩尼教相比,闽浙地区的明教展现出新的"异化",其最大特色则是道教色彩大为增强,并且融入大量民间信仰的成分。兹就这两点分述如下。

1. 宋代摩尼教在形式上融入道教

有关宋代摩尼教的"道教化",学界已有颇为透彻的论述。今主要征引林悟殊的相关观点,对此现象略作介绍。

实际上,摩尼教的"道化"在盛唐时期已见迹象,因为成于开元十九年(731年)的《摩尼光佛教法仪略》引《老子化胡经》之语云,道教始祖老君"乘自然光明道气,飞入西那玉界苏邻国中,示为太子,舍家入道,号曰摩尼"[1],亦即将摩尼说成是道教始祖的化身之一,颇有依托道教而自尊之意(盖因李唐朝廷是尊崇道教的)。尽管唐玄宗在《摩尼光佛教法仪略》撰成的翌年便下诏禁止中原汉族人信奉摩尼教[2],但是摩尼教的"道化"趋向却已开始,并呈愈演愈烈之势。至宋代,摩尼教经典已被合法地纳入《道藏》,显然已被高层视同于道教或者其中的一支了。

张君房在所编《云笈七籤》的序言中说道:"臣于时尽得所降到道书,并续取到苏州旧《道藏》经本千余卷,越州、台州旧《道藏》经本亦各千余卷,及朝廷续降到福建等州道书、《明使摩尼经》等,与诸道士依三洞纲条、四部录略、品详科格,商较异同,以诠次之。"而最终编成的书则题为《大宋天宫宝藏》[3]。《大宋天宫宝藏》是奉旨编纂的宋代官修道藏,而摩尼教的《明使摩尼经》等得以位列其中,表明其道教色彩确已浓重到足以"乱真"的地步。

又,南宋学者黄震(1213—1280年)更清楚地谈及,宋廷曾经数度征集闽浙地区呈献摩尼教经典,以纳入《道藏》:"希声复缄示所谓《衡鉴集》,载我宋大中祥符九年、天禧三年两尝敕福州,政和七年及宣和二年两尝自礼部牒温州,

---

[1] 见《摩尼光佛教法仪略》第36—37行。

[2] 禁断非"西胡"者信奉"末摩尼法"的开元二十年七月的诏书,载于《通典》卷四〇《职官二十二·序品五·大唐官品》"萨宝府祆正"的注释文,浙江古籍出版社据万有文库《十通本》影印,2000年,第229页。

[3] 语见[宋]张君房:《云笈七籤·序》,中国社会科学院语言研究所据涵芬楼翻明正统道藏本整理,济南:齐鲁书社,1988年影印,第1页。

皆宣取摩尼经,颁入《道藏》,其文尤悉。"①大中祥符九年为1016年,宣和二年为1120年,则知在这百余年间,闽浙地区的摩尼教（明教）在"融入"道教方面取得了相当大的进展。

林悟殊认为,宋代明教的"道化"不仅体现在其经典被收入《道藏》,还体现在摩尼教寺院向道观的演变方面②。例如,慈溪四明山上的崇寿宫本是明确的摩尼教寺院,但是在南宋时期则越来越呈现出道观的风貌:绍兴元年（1131年）敕赐"崇寿宫"的匾额;而此名显然为典型的道观名。嘉定四年（1211年）初建"三清殿";而"三清"为道教之专名,自不待言。后又于1235年、1252年、1255年、1263年分别增设其他建筑,更令道教色彩大增。于是,摩尼教尽管仍然保留着其教义,但是从外表来看,与道教日益相近了。

2. 摩尼教沦为"吃菜事魔"流派之一

然而,摩尼教无论是努力"佛化"还是拼命"道化",最终都没有取得完全成功,亦即是说,早已被历代官方认可的"三教"之一的"正统"佛教、道教都没有正式接纳摩尼教或明教的意思,而是始终视之为"邪教"和"异端"。于是,摩尼教为了生存,越来越多地迎合普通民众的传统理念和习俗,从而融入了更多的"民间信仰"色彩,因此混同于被当局所指责乃至镇压的"吃菜事魔"信仰。

南宋的佛僧志磐在其《佛祖统纪》中专列"事魔邪党"条,将摩尼教、白云菜、白莲菜均置于其中。三者的共同点大体是:都以崇佛为形式,即所谓"皆假名佛教","修忏念佛"。都不食肉,也不饮酒,即所谓"不茹荤饮酒"或"不事荤、酒""不杀物命"③。

又,按照《宋会要辑稿》记录的地方政府的奏文,北宋末年在浙江温州等地盛行明教,信徒们到处私建无名额佛堂,号称"斋堂"。所念经文有《证明经》《日光偈》《月光偈》等,所挂神像则有《先意佛帧》《夷数佛帧》等。其"佛号"（神名）

---

① [宋]黄震:《黄氏日抄》卷八六《崇寿宫记》,《景印文渊阁四库全书》子部十四《儒家类》,台北:台湾商务印书馆,1986年,第708—890页。
② 林悟殊:《摩尼教及其东渐》,北京:中华书局,1987年,第76—86页,第83—85页。
③ 参见[宋]志磐:《佛祖统纪》卷五四《事魔邪党》,《大正藏》第49册,第474—475页。

不见于佛经、道经;经文也不同于佛、道经文,且"字、音又难辨认"①。在此所述的若干经名和神名确实都属摩尼教(如"先意"即初人,"夷数"即耶稣),"字音难辨"也是因为音译或意译自非汉语的缘故,所以,这一"明教"即为摩尼教无疑。然而,它是否还杂入了新的宗教或文化因素,却不宜轻易否定。因为奏文罗列的其他多个经名、神名,以及"(明教)上僭天王、太子之号"等说法未必全都出于初创时的摩尼教。

十余年后的南宋初期,枢密院的奏文称:"宣和间,温、台村民多学妖法,号吃菜事魔。鼓惑众听,劫持州县。朝廷遣兵荡平之后,专立法禁,非不严切。访闻日近又有奸滑改易名称,结集社会,或名白衣礼佛会,及假天兵,号迎神会,千百成群,夜聚晓散,传习妖教,州县坐视,全不觉察。"②在此明确指出,宣和年间温州等地的宗教流派号称"吃菜事魔",此信仰显然就是指北宋末年(宣和三年)奏文所言的"明教",则明教(摩尼教)被视同于"吃菜事魔"是显而易见的。而奏文接着说,他们于近日又改名为"白衣礼佛会",可知明教在遭到政府的压制和镇压之后,确有改头换面、逃避制裁的现象。鉴于此,陆游在其《条对状》中归纳的,包括明教在内的诸般"妖幻邪人",不无可能确是摩尼教的"变种",或者是融入若干民间信仰因素的明教,以及融入若干摩尼教因素的民间信仰。陆游说道:

> 自古盗贼之兴,若止因水旱饥馑,迫于寒饿,啸聚攻劫,则措置有方,便可抚定,必不能大为朝廷之忧。惟是妖幻邪人,平时诳惑良民,结连素定,待时而发,则其为害,未易可测。伏缘此色人处处皆有,淮南谓之二桧子,两浙谓之牟尼教,江东谓之四果,江西谓之金刚禅,福建谓之明教、揭谛斋之类,名号不一。明教尤甚,至有秀才、吏人、军兵亦相传习,其神号曰明使;

---

① 参见[清]徐松(辑):《宋会要辑稿》第165册《刑法二》之七八,北京:中华书局(据北平图书馆影印本重印),1957年,第6534页。奏文日期为宣和三年(1121年)十一月四日。

② 见[清]徐松(辑):《宋会要辑稿》第165册《刑法二》之一一一,北京:中华书局,1957年,第6551页。奏文日期为绍兴三年(1133年)二月二十九日。

及有肉佛、骨佛、血佛等号。白衣乌帽,所在成社。伪经妖像,至于刻版流布,假借政和中道官程若清等为校勘,福州知州黄裳为监雕。以祭祖考为引鬼,永绝血食。以溺为法水,用以沐浴。其他妖滥,未易概举。烧乳香则乳香为之贵,食菌蕈则菌蕈为之贵。更相结习,有同胶漆,万一窃发,可为寒心。汉之张角、晋之孙恩、近岁之方腊,皆是类也。①

在此提到的五六个教派名号中,虽然只有"牟尼教"和"明教"可以直接视同于"摩尼教",但是作者既然明确声称它们只是因地区不同才"名号不一",那么二桧子、四果、金刚禅、揭谛斋诸派,未必与明教(摩尼教)绝无关系。正因为如此,除了"烧乳香"(焚香)、"食菌蕈"(素食)是诸派的共同特色外,"以溺为法水"之类的怪诞教义,也很可能已经融入了当时的明教(摩尼教)中。

鉴于宋代明教与"吃菜事魔"称号的关系十分密切,故被归之于"吃菜事魔"者的宗教特色也相当有可能为明教所具有。例如,庄绰谓"事魔食菜"者"自福建流至温州,遂及二浙……其法断荤酒,不事神佛、祖先","但拜日月",以及"死则裸葬"云云②。显然,其流布状况和教义都与明教(摩尼教)相符,故在此所谓的"事魔食菜"者应该主要指的是明教。那么,这些吃菜事魔者的其他信仰特色,如魁首称"魔王",辅佐者分别称"魔翁""魔母","亦颂《金刚经》","以张角为祖"等现象,也未必不可能出现在仍以明教或摩尼教自居的宗教流派中。

总而言之,摩尼教在闽浙地区与道教和民间宗教的融合情况,可以由众多的文献资料予以证实。在此则以近年发现于福建霞浦县的明教文书《乐山堂神记》(成于元代以后)为例,借用杨富学对它的研究结论,概括明教(摩尼教)自宋以来融入道教和民间信仰的情况:

> 乐山堂及《乐山堂神记》堪称摩尼教中国化的典型代表。首先,《乐山

---

① [宋]陆游:《渭南文集》卷五《条对状》。转引自涂小马:《渭南文集校注》一,钱仲联、马亚中主编:《陆游全集校注》,杭州:浙江教育出版社,2011 年,第 125 页。
② 见[宋]庄绰:《鸡肋编》卷上"事魔食菜教"条,萧鲁阳点校,北京:中华书局,1983 年,第 11—12 页。

堂神记》具体而详实地记载了霞浦摩尼教的神谱,其中除摩尼教旧有神祇外,又增入了许多神祇,其中以道教居多,有北方镇天真武菩萨、九天贞明大圣、太上三元三品三官大帝等,还有福建地方民间信仰,如顺懿夫人、龙凤姑婆等,佛教已退居次要地位,仅吸收了当时在东南沿海地区受到崇拜的普庵祖师。这些现象堪称福建摩尼教所特有……从《乐山堂神记》看,霞浦摩尼教大量吸纳了当地流行的各种法术,如闾山道法、瑜珈坛法与梨园坛法,崇尚强硬法术,与原始摩尼教教义迥然有别……所有这些都说明,霞浦摩尼教之民间宗教色彩极为浓厚,堪称摩尼教在中国地方化、民间化的稀见而典型的范例。[①]

摩尼曾经十分自豪地声称:"我所选择的宗教在十个方面优于此前的其他各个宗教。第一,早先的各宗教都是在一个国度,使用一种语言。而我的宗教将出现在每个国度,使用所有的语言,将在遥远的地区布道。"[②]显然,摩尼认为他胜过其他诸教的最大优点,即是能将其宗教传遍全世界;而达到这一目的的重要手段,便是使用各地语言传播摩尼教,实际上亦即尽量适应各地的具体情况而布教。

最终,摩尼及其追随者们确实在相当大的程度上实现了这一宏伟目标。摩尼教不仅曾经在"本土"西亚盛极一时,还向西远播至北非,并向东沿着"丝绸之路",相继在中亚绿洲地区、中央欧亚的草原地区奠定了基础,扩大了影响;广大的中原王朝也曾为摩尼教提供过良好的布教环境,乃至千年之后,摩尼教(明教)仍在中国的闽浙地区留下了清晰的信仰痕迹。

然而,摩尼教也为自己高效的"入乡随俗"的布教原则付出了相当的代价:它不得不随着不同的地区和环境,改变着自己的外在形象,甚至教义、教规。就

---

① 语见杨富学:《〈乐山堂神记〉与福建摩尼教——霞浦与敦煌吐鲁番等摩尼教文献的比较研究》,《文史》2011年第4辑,第172—173页。

② 语见出土于吐鲁番的摩尼教文书,编号T II D 126,即M 5794,中古波斯语。引自Asmussen,1975,p.12。

如我们在上文所见,摩尼教在波斯曾被误解成"马兹达崇拜者的宗教"（马兹达实际上是琐罗亚斯德教的最高善神）。面对虔诚的基督徒,摩尼只能信誓旦旦地声称:"我肯定是基督的弟子,确实是耶稣的使者。"而在中原唐王朝的眼中,摩尼教不过是"妄称佛教,诳惑黎元"的冒牌货。至于在宋代的闽浙地区,摩尼教更被朝廷视为非佛非道、吃菜事魔、传习妖教的邪幻异端。

由此看来,摩尼教为了生存和发展而进行的这类演变,除了扩大影响之外,似乎也会带来"异化"本教的风险。利弊兼具,此之谓也。

主要参考文献略语表

一、外文缩写

1.ADAW

    Abhandlungen der Deutschen Akademie der Wissenschaften zu Berlin

2.AM

    Asia Major

3.APAW

    Abhandlungen der preussischen Akademie der Wissenschaften

4.BSOAS

    Bulletin of the School of Oriental and African Studies

5.CAJ

    Central Asiatic Journal

6.JAOS

    Journal of the Ameracan Oriental Society

7.JRAS

    Journal of the Royal Asiatic Society

8.SPAW

    Sitzungsberichte der preussischen Akademie der Wissenschaften

9.ZDMG

    Zeitschrift der Deutschen Morgenländischen Gesellschft

二、中文文献

1.慈怡(编),1989年

慈怡主编:《佛光大辞典》,北京:北京图书馆出版社(据[台]佛光山出版社1989年6月第五版影印),2004年。

2.[日]高楠顺次郎(编),1924—1932年

高楠顺次郎编辑兼发行:《大正新修大藏经》(1924年创刊,1932年完成,共85册)台北:新文丰出版公司,1983年。

3.林悟殊,1987年

林悟殊:《摩尼教及其东渐》,北京:中华书局,1987年。

4.林悟殊,2005年

林悟殊:《中古三夷教辨证》,北京:中华书局,2005年。

5.林悟殊,2011年

林悟殊:《中古夷教华化丛考》,兰州:兰州大学出版社,2011年。

6.林悟殊,2011年

林悟殊:《林悟殊敦煌文书与夷教研究》,上海:上海古籍出版社,2011年。

7.林悟殊,2014年

林悟殊:《摩尼教华化补说》,兰州:兰州大学出版社,2014年。

8.马小鹤,2008年

马小鹤:《摩尼教与古代西域史研究》,北京:中国人民大学出版社,2008年。

9.马小鹤,2013年

马小鹤:《光明的使者——摩尼与摩尼教》,兰州:兰州大学出版社,2013年。

10.马小鹤,2014年

马小鹤:《霞浦文书研究》,兰州:兰州大学出版社,2014年。

11.芮传明,2009年

芮传明:《东方摩尼教研究》,上海:上海人民出版社,2009年。

12.芮传明,2014年

芮传明:《摩尼教敦煌吐鲁番文书译释与研究》,兰州:兰州大学出版社,2014年。

13.思高,1968年

思高圣经学会(译释):《圣经》,香港,1968年初版,台湾,1980年四版。

14.王见川,1992年

王见川:《从摩尼教到明教》,台北:新文丰出版公司,1992年。

15.王见川、林万传(编),1999年

王见川、林万传:《明清民间宗教经卷文献》,台北:新文丰出版公司,1999年。

16.王媛媛,2012年

王媛媛:《从波斯到中国:摩尼教在中亚和中国的传播》,北京:中华书局,2012年。

三、外文文献

17.*Allberry*,1938

C.R.C.Allberry (ed. & tr.),*A Manichaean Psalm-Book (Part II)*,Stuttgart,1938.

18.Andreas & Henning,1932

F.C.Andreas & W.Henning,*Mitteliranische Manichaica aus Chinesisch-Turkestan*,I,SPAW 1932 (pp.173—222).

19.Andreas & Henning,1933

F.C.Andreas & W.Henning,*Mitteliranische Manichaica aus Chinesisch-Turkestan*,II,SPAW 1933 (pp.294—363).

20.Andreas & Henning,1934

F.C.Andreas & W.Henning,*Mitteliranische Manichaica aus Chinesisch-Turkes-*

tan，III，SPAW 1934（pp.848—912）.

21.Anklesaria（tr.），1956

Behramgore Tehmuras Anklesaria （tr.），*Zand—Akasih*，*Iranian or Greater Bundahishn*，Bombay，1956; Digital edition copyright 2002 by Joseph H. Peterson.

22.Arnold–Döben，1978

Victoria Arnold –Döben，*Die Bildersprache des Manichäismus*， E. J. Brill，Köln，1978.

23.Asmussen，1965

Jes Peter Asmussen，*X^uāstvānift: Studies in Manichaeism*，Prostant Apud Munksgaard，Copenhagen，1965.

24.Asmussen，1975

Jes Peter Asmussen，*Manichaean Literature: Representative Texts Chiefly from Middle Persian and Parthian Writings*，New York，1975.

25.Bang & von Gabain，1929a

Von W. Bang & A. von Gabain，*Türkische Turfan–Texte I* ，SPAW，Mai 1929.

26.Bang & von Gabain，1929b

Von W. Bang & A. von Gabain，*Türkische Turfan–Texte II* ，SPAW，Juli 1929.

27.Bang & von Gabain，1930a

Von W. Bang & A. von Gabain，*Türkische Turfan–Texte III* ，SPAW，April 1930.

28.Bang & von Gabain，1930b

Von W. Bang & A. von Gabain，*Türkische Turfan–Texte IV* ，SPAW，Juli 1930.

29.Bang & von Gabain，1931

Von W. Bang & A. von Gabain，*Türkische Turfan–Texte V* ，SPAW，April 1931.

30.BeDuhn，2000

Jason D.BeDuhn，*The Manichaean Body*，*in Discipline and Ritual*，The Johns Hopkins University Press，London，2000.

31.BeDuhn（ed.），2009

Jason D. BeDuhn, *New Light on Manichaeism: Papers from the Sixth International Congress on Manichaeism*, Brill, Leiden, 2009.

32.BeDuhn & Mirecki, 2007

Jason D. BeDuhn & Paul Mirecki, *Frontiers of Faith: The Christian Encounter with Manichaeism in the Acts of Archelaus* (Nag Hammadi and Manichaean Studies, Volumn 61), Brill, Leiden, 2007.

33.Boyce, 1952

Mary Boyce, *Some Parthian Abecedarian Hymns*, BSOAS, Vol.14, No.3, 1952.

34.Boyce, 1954

Mary Boyce, *The Manichaean Hymn –Cycles in Parthian*, Oxford University Press, London, 1954.

35.Boyce, 1960

Mary Boyce, *A Catalogue of the Iranian Manuscripts in Manichean Script in the German Turfan Collection*, in Deutsche Akademie der Wissenschaften zu Berlin Institut für Orientforschung, Veröffentlischung Nr. 45, Berlin, 1960.

36.Boyce, 1975

Mary Boyce, *A Reader in Manichaean Middle Persian and Parthian*, Brill, Leiden, 1975.

37.Boyce, 1977

Mary Boyce, *A Word–List of Manichaean Middle Persian and Parthian*, Brill, Leiden, 1977.

38.Bryder, 1985

Bryder, P., *The Chinese Transformation of Manichaeism—A Study of Chinese Manichaean Terminology*, Löberöd, 1985.

39.Burkitt, 1925

Burkitt, F.C., *The Religion of the Manichees*, Cambridge University Press, 1925.

40.Chavannes & Pelliot, 1911

Chavannes, E. & Pelliot, P., *Traité Manichéen Retrouvé en Chine——Traduit et Annoté*, Journal Asiatique, Nov.–Dec., 1911.

41.Chavannes & Pelliot, 1913*a*

Chavannes, E. & Pelliot, P., *Traité Manichéen Retrouvé en Chine——Traduit et Annoté* (Deuxième Partie), Journal Asiatique, Jan.–Feb., 1913.

42.Chavannes & Pelliot, 1913b

Chavannes, E. & Pelliot, P., *Traité Manichéen Retrouvé en Chine——Traduit et Annoté* (Deuxième Partie, suite et fin), Journal Asiatique, Mar.–Apr., 1913.

43.Clark, 1982

Larry V. Clark, *The Manichean Turkic Pothi-Book*, in Altorientalische Forschungen IX, Akademie Verlag, Berlin, 1982.

44.Clauson, 1972

Sir Gerard Clauson, *An Etymological Dictionary of Pre –Thirteenth –Century Turkish*, Oxford, 1972.

45.Coyle, 2009

John Kevin Coyle, *Manichaeism and Its Legacy*, Brill, Leiden, 2009, Nag Hammadi and Manichaean Studies, Volumn 69.

46.Dodge, (trans.) 1970

Bayard Dodge, *The Fihrist of al-Nadīm——A Tenth-Century Survey of Muslim Culture*, Volume 1, Chapter IX, Section I, "Manichaeans", Columbia University Press, 1970.

47.Durkin-Meisterernst, 2004

Desmond Durkin –Meisterernst, *Dictionary of Manichaean Texts*, *Vol.III Texts from Central Asia and China*, Part 1 Dictionary of Manichaean Middle Persian and Parthian, Turnhout: Brepols Publishers, 2004.

48.Durkin-Meisterernst & Morano, 2010

Desmond Durkin-Meisterernst & Enrico Morano, *Mani's Psalms: Middle Per-*

sian,*Parthian and Sogdian Texts in the Turfan Collection*,Brepols,Turnhout,2010; Berliner Turfantexte XXVII.

49.Franzmann,2003

Majella Franzmann,*Jesus in the Manichaean Writings*,New York,2003.

50.Gabain,1952

A. von Gabain,*Türkische Turfan-Texte VIII*,ADAW,1952,Nr.7.

51.Gabain,1958

A. von Gabain,*Türkische Turfan-Texte X*,ADAW,1958,Nr.1.

52.Gabain & Winter,1956

A. von Gabain & Werner Winter,*Türkische Turfan-Texte IX*,ADAW,1956, Nr.2.

53.Gardner,1995

Iain Gardner, (trans.) *The Kephalaia of the Teacher——The Edited Coptic Manichaean Texts in Translation with Commentary*,E.J.Brill,Leiden,1995.

54.Gardner & Lieu,2004

Iain Gardner & Samuel N.C.Lieu (ed.),*Manichaean Texts from the Roman Empire*,Cambridge University Press,2004.

55.Gharib,1995

B. Gharib,*Sogdian Dictionary (Sogdian-Peisian-English)*,Tehran: Farhangan Publications,1995.

56.Hamilton,1986

James Hamilton,*Manuscrits ouägours du IXe-Xe siècle de Touen-Houang*,I–II, Paris,1986.

57.Henning,1936

W.B.Henning,*Ein manichäisches Bet-und Beichtbuch*,APAW 1936,Nr.10; also *W.B.Henning Selected Papers I*,E.J.Brill,Leiden,1977.

58.Henning,1948

W.B.Henning, *A Sogdian Fragment of the Manichaean Cosmogony*, BSOAS, 12, 1948; also *W.B.Henning Selected Papers*, II, Leiden, 1977.

59.Heuser & Klimkeit, 1998

Manfred Heuser & Hans-Joachim Klimkeit, *Studies in Manichaean Literature and Art*, E.J. Brill, Leiden, 1998.

60.Hutter, 1992

Manfred Hutter, *Manis Kosmogonische Šābuhragān-Texte: Edition*, *Kommentar und literaturgeschichtliche Einordnung der manichäisch-mittlepersischen Handschriften M 98/99 I und M 7980-7984*, Otto Harrassowitz, Wiesbaden, 1992.

61.Jackson, 1928

A.V.Williams Jackson, *Zoroastrian Studies: the Iranian Religion and Various Monographs*, Columbia University Press, 1928.

62.Jackson, 1932

A.V.Williams Jackson, *Researches in Manichaeism——with Special Reference to the Turfan Fragments*, Columbia University Press, 1932.

63.Klimkeit, 1993

Hans-Joachim Klimkeit, *Gnosis on the Silk Road : Gnostic texts from Central Asia*, New York, 1993

64.Le Coq, 1911

A von Le Coq, *Türkische Manichaica aus Chotscho* (*I*), APAW, 1911, Nr.6.

65.Le Coq, 1919

A von Le Coq, *Türkische Manichaica aus Chotscho* (*II*), APAW, 1919, Nr.3.

66.Le Coq, 1922

A von Le Coq, *Türkische Manichaica aus Chotscho* (*III*), APAW, 1922, Nr.2.

67.Lieu, 1985

Samuel N.C.Lieu, *Manichaeism in the Late Roman Empire and Medieval China*, Manchester University Press, 1985.

68.Lieu,1998

Samuel N.C.Lieu,*Manichaeism in Central Asia and China*,E.J.Brill,Leiden,1998.

69.Lieu,1999

Samuel N.C.Lieu,*Manichaeism in Mesopotamia and the Roman East*,E.J.Brill,Leiden,1999.

70.Lindt,1992

Paul Van Lindt,*The Names of Manichaean Mythological Figures——A Comparative Study on Terminology in the Coptic Sources*,Wiesbaden,1992.

71.MacKenzie,1979

MacKenzie,D.N.,*Mani's Šābuhragānā*[*I*],BSOAS,42/3,1979.

72.MacKenzie,1980

MacKenzie,D.N.,*Mani's Šābuhragān* [*II*],BSOAS,43/2,1980.

73.Mirecki & BeDuhn,1997

Paul Mirecki & Jason BeDuhn (ed.),*Emerging from Darkness——Studies in the Recovery of Manichaean Sources*,E.J.Brill,Leiden,1997.

74.Mirecki & BeDuhn,2001

Paul Mirecki & Jason BeDuhn (ed.),*The Light and the Darkness: Studies in Manichaeism and Its World* (Nag Hammadi and Manichaean Studies,50),E.J.Brill,Leiden,2001.

75.Müller,1904

F.W.K.Müller,*Handschriften -Reste in Estrangelo -Schrift aus Turfan,Chinesisch-Turkistan II*,APAW,1904.

76.Müller,1956

Liguori G.Müller,*The De Haeresibus of Saint Augustine: A Translation with an Introduction and Commentary*,The Catholic University of America Press,1956 (Patristic Studies,Vol.90).

77.Ort,1967

Lodewijk Josephus Rudolf Ort,*Mani: A Religio-Hostorical Description of His Personality*,E.J.Brill,Leiden,1967.

78.Outler (tr. & ed.),1955

Albert C. Outler (newly tr. & ed.),*Augustine: Confessions.* 原载 The Library of Christian Classics,Vol. VIII,Philadelphia: Westminster Press,1955.(是公布于网络的无版权扫描版)

79.Pettipiece,2009

Timothy Pettipiece,*Pentadic Redaction in the Manichaean Kephalaia*,E.J. Brill,Leiden,2009 (Nag Hammadi and Manichaean Studies,Vol.66).

80.Polotsky,1934

Hans Jakob Polotsky,*Manichäische Homilien*,*Band I*,W. Kohlhammer,Stuttgart, 1934.

81.Rachmati,1936

G.R.Rachmati,*Türkische Turfan-Texte VII*,APAW,1936,Nr.12.

82.Robinson (ed.),1988

James M. Robinson Gen. Ed.,*The Nag Hammadi Library in English*,E.J.Brill, Leiden,1988.

83.Sachau (tr. & ed.),1879

C.Edward Sachau (tr. & ed.),Al-Biruni,*The Chronology of Ancient Nations*, William H. Allen and Co.,London,1879.

84.Schaeder,1936

H.H.Schaeder,*Der Manichäisnus nach neuen Funden und Forschungen*,Morgenland 28,1936.

85.Schaff (ed.),1887

Philip Schaff (ed.),*St. Augustin:the Writings Against the Manichaean and Against the Donatists*,A selected Library of the Nicene and Post Nicene Fathers of the

Christian Church, Volumn IV, Edinburg, 1887.

86.Sundermann, 1973

Werner Sundermann, *Mittelpersische und parthische kosmogonische und Parabeltexte der Manichäer*, mit einigen Bemerkunges zu Motiven der Parabeltexte von Friedmar Geissler, Akademie-Verlag, Berlin, 1973 (Berliner Turfantexte IV).

87.Sundermann, 1979

Werner Sundermann, *Namen von Göttern, Dämonen und Menschen in iranischen Versionen des manichäischen Mythos*, Altorientalische Forschungen, VI, 1979.

88.Sundermann, 1981

Werner Sundermann, *Mitteliranische manichäische Texte kirchengeschichtlichen Inhalts*, mit einem Appendix von N.Sims-Williams, Berlin: Akademie Verlag, 1981 (Berliner Turfantexte XI).

89.Sundermann, 1992

Werner Sundermann, *Der Sermon von Licht-Nous: eine Lehrschrift des östlichen Manichäismus; Edition der parthischen und soghdischen Version*, Akademie Verlag GmbH, Berlin, 1992.

90.Sundermann, 1997

Werner Sundermann, *Der Sermon von der Seele: Lehrschrift des östlichen Manichäism us Edition der parthischen und soghdischen Version*, Turnhout, 1997 (Berliner Turfantexte XIX).

91.Sundermann, 2001

Werner Sundermann, *Manichaica Iranica: Ausgewählte Schriften von Werner Sundermann*, Band 1 (Serie Orientale Roma LXXXIX, 1) & Band 2 (Serie Orientale Roma LXXXIX, 2) Roma, 2001.

92.Teske, 2006

Roland Teske (tr.), *The Manichean Debate*, in Boniface Ramsey (ed.) *The Works of Saint Augustine* (*A Translation for the 21st Century*), Part I, Volumn 19,

New City Press, 2006.

93.Vermes（trans.）& Lieu（comm.）,2001

Hegemonius,*Acta Archelai*（*The Acts of Archelaus*）,tr. by Mark Vermes,with Introduction and Commentary by Samuel N.C.Lieu,Manichaean Studies IV,Lovanii, 2001.

94.Waldschmidt & Lentz,1926

E. Waldschmidt und W. Lentz,*Die Stellung Jesu im Manichäismus*,APAW,Nr. 4,Berlin,1926.